Zimmer
Morgenstern

Die großen Fragen

Robert Zimmer
Martin Morgenstern

Die großen Fragen

Eine Geschichte
der philosophischen Probleme
im Überblick

Philipp Reclam jun. Stuttgart

RECLAM TASCHENBUCH Nr. 20216
Alle Rechte vorbehalten
© 2011 Philipp Reclam jun. GmbH & Co. KG, Stuttgart
Umschlaggestaltung: büroecco!, Augsburg
unter Verwendung des Bildes »Die Heilung vom Wahnsinn«
von Hieronymus Bosch © akg-images
Gesamtherstellung: Reclam, Ditzingen
Printed in Germany 2011
RECLAM ist eine eingetragene Marke
der Philipp Reclam jun. GmbH & Co. KG, Stuttgart
ISBN 978-3-15-020216-6

www.reclam.de

Inhalt

Einleitung: Auf dem Weg zum Stein der Weisen?
Über Denk-Wege und Fort-Schritte in den großen
Fragen der Philosophiegeschichte 7

1. Urstoff und Urprinzip der Wirklichkeit
Der Beginn der westlichen Philosophie
in Griechenland 15
2. Der beste Staat und seine Verfassung
Die Anfänge der politischen Philosophie 32
3. Das gute Leben
Die antike Ethik und ihre Fortführung
in der neuzeitlichen Moralistik 45
4. Gott, das Eine und die Erlösung
Religiös orientierte Metaphysik in der Spätantike
und im frühen Mittelalter 64
5. Kirche, Staat und Heilsgeschichte
Staats- und Geschichtsphilosophie von der Spätantike
bis zur Reformation 78
6. Vernunft als Brücke zum Glauben
Die Metaphysik der Scholastik 95
7. Quellen, Gewissheit und Methoden
menschlicher Erkenntnis
Rationalismus und Empirismus in der neuzeitlichen
Erkenntnistheorie 110
8. Der Geist und die Maschine
Natur- und Menschenbild in der neuzeitlichen
Philosophie 128
9. Der Gesellschaftsvertrag
Politische Philosophie von der Renaissance
bis zur Aufklärung 142
10. Der Gott der Philosophen
Das Für und Wider einer Vernunftreligion
in der neuzeitlichen Philosophie 158
11. Rationale und irrationale Weltanschauung
Der Deutsche Idealismus und seine Kritiker

in der theoretischen Philosophie des 19. und frühen
20. Jahrhunderts 175
12. Evolution, Natur, Mensch
    Moderne Metaphysik und Naturphilosophie 193
13. Bewusstsein, Lebenswelt, Vernunft
    Erkenntnistheorie, Anthropologie und
    Kulturphilosophie in der kontinentaleuropäischen
    Philosophie der Moderne 208
14. Sprache, Wissenschaft, Welt
    Der moderne Empirismus als Sprach- und
    Wissenschaftstheorie 229
15. Die Eigenart der Kunst
    Fragen der philosophischen Ästhetik
    seit der Aufklärung 252
16. Die Grundlagen der Moral
    Die Ethik von der Aufklärung bis zur Gegenwart . . 267
17. Freiheit und soziale Gerechtigkeit
    Die politische Philosophie im 19. und
    20. Jahrhundert 285

Anhang

Zeittafel 304
Personenregister 323

Einleitung: Auf dem Weg zum Stein der Weisen?

Über Denk-Wege und Fort-Schritte in den großen Fragen der Philosophiegeschichte

Die Frage nach dem Stein der Weisen könnte jeder berechtigterweise an die Philosophie stellen. Denn der Philosoph ist, in der ursprünglichen griechischen Wortbedeutung, ein »Freund der Weisheit«. Etwa 2500 Jahre ist die westliche Philosophiegeschichte alt. Sind die vielen Weisheitsexperten, die diese Geschichte geprägt haben, dem Stein der Weisen näher gekommen?

Die Philosophie hat ihre Bemühungen um Weisheit und Erkenntnis nicht ziellos begonnen. Sie ist durch bestimmte Fragen und Probleme in eine bestimmte Richtung gelenkt und »auf den Weg« gebracht worden. So haben der Blick auf den Sternenhimmel und den Wechsel der Gezeiten bei den frühgriechischen Philosophen zur Frage nach dem Ursprung und dem Urprinzip des Kosmos geführt. Sie zeichneten den Weg der europäischen Metaphysik und Naturphilosophie vor. Das Griechische hat für einen solchen Untersuchungsweg den Begriff »methodos«. Mit dem eingeschlagenen Weg war die Entdeckung von Frage- und Untersuchungsmethoden verbunden. Die Geschichte der westlichen Philosophie ist eine Geschichte eben solcher Denk-Wege, die begonnen, weitergeführt, abgebrochen oder umgeleitet wurden.

Haben die Philosophen inzwischen die Denkwege gefunden, die zum Stein der Weisen führen? Mit anderen Worten: Gibt es einen erkennbaren Fortschritt in der Philosophiegeschichte? Oder können wir aus der Beschäftigung mit dieser Geschichte nichts weiter entnehmen als die ernüchternde Erkenntnis, dass sich jede Generation von Philosophen aufs

Neue die Zähne an den gleichen unlösbaren Fragen ausgebissen hat?

Die Auffassung, dass es so etwas wie Fortschritt in der Philosophie gar nicht geben kann, ist bis heute auch unter Philosophen weit verbreitet. Die Vorstellung, spätere Denker hätten die Lehren ihrer Vorgänger »widerlegt« oder »überwunden« und damit einen Schritt voran auf dem Weg der Erkenntnis gemacht, ist nach dieser pessimistischen Sicht der Philosophiegeschichte eine Illusion. Wer einen Fortschritt in der Philosophie leugnet, kann zwar durchaus zugestehen, dass es ein ursprüngliches Bedürfnis des Menschen gibt, sich ein gedankliches Bild von der Welt zu machen und seinem Leben eine geistige Orientierung zu geben. Doch er behauptet zugleich, dass das Scheitern aller philosophischen Bemühungen vorprogrammiert ist. Wäre diese Ansicht richtig, dann hätte die Beschäftigung mit der Philosophiegeschichte tatsächlich eher einen ästhetischen oder vielleicht sogar einen therapeutischen Charakter: Wir wären desillusionierte Zuschauer eines absurden Theaterstücks, in dem Sisyphos in jedem Zeitalter aufs Neue vergeblich versucht, den Stein den Berg hinaufzuwälzen und zusehen muss, wie dieser prompt wieder herunterrollt.

Doch es ist keineswegs so, dass wir in der Philosophie nur auf der Stelle treten oder uns nur im Kreis drehen. Wir stehen mit unseren Erkenntnisbemühungen keineswegs mehr dort, wo die griechische Philosophie vor 2500 Jahren begonnen hat. Platons philosophische Weltanschauung, nach der unsere gesamte wahrnehmbare Welt in einer ewigen geistigen Modellwelt der »Ideen« vorgebildet ist, wird von der heutigen Philosophie ebenso wenig aufrechterhalten, wie sein späterer Entwurf eines gerechten Staates, der unveränderlich in drei streng voneinander getrennten Ständen gegliedert ist und unter der Herrschaft einer kleinen Kaste von Philosophenkönigen steht.

Doch dies bedeutet natürlich nicht, dass uns antike Philosophen wie Platon und Aristoteles nichts mehr zu sagen hätten. Platons Ideenlehre wurde u.a. durch die Vermutung angeregt, dass die Bedeutung eines Allgemeinbegriffs etwas grundsätzlich anderes ist als die vielen konkreten Einzeldinge, auf die wir mit unseren Begriffen verweisen. Die Frage, was wir eigentlich mit der »Bedeutung« von Begriffen meinen, ist aber bis in die Gegenwart hinein eine wichtige Frage der Philosophie geblieben. Das Gleiche gilt für Platons Anliegen, die Maßstäbe für einen gerechten Staat zu formulieren. Die griechischen Denker haben sich als Erste auf das Abenteuer des freien, nur der Vernunft verpflichteten Denkens über die Welt eingelassen. Sie haben die ersten Denkwege beschritten und ihre gemachten Denkerfahrungen in der Wegekarte der westlichen Philosophie eingezeichnet – eine Karte, an der auch die Philosophen der Gegenwart noch weiterarbeiten. Die Geschichte der Philosophie ist also nicht nur eine zeitliche Aufeinanderfolge von Denkern und Theorien, sondern eine fortgesetzte Arbeit an dem Projekt, die Wege des philosophischen Denkens zum Stein der Weisen zu vervollständigen und zu präzisieren.

Die Ansicht, dass es in der Philosophie keinen Fortschritt gebe, entsteht gewöhnlich durch einen Vergleich mit dem Fortschritt der Wissenschaften. Auch wenn über die genaue Art des wissenschaftlichen Fortschritts – nämlich ob er geradlinig-evolutionär oder sprunghaft-revolutionär erfolgt – durchaus Meinungsverschiedenheiten bestehen, ist doch offensichtlich, dass die modernen Wissenschaften immer tiefer in die Geheimnisse der Natur und des Kosmos eingedrungen sind. Die in Europa entstandene wissenschaftliche Forschungstradition hat unser Wissen über die Welt, von der Beschreibung unseres Planetensystems bis zur Aufschlüsselung des genetischen Codes, erheblich erweitert. Wir glauben, dass heutige wissenschaftliche Theorien deshalb besser als frühere sind, weil sie mehr von der Welt erklären und weil sie die Naturvorgänge in immer mehr Bereichen voraussagen können. Gerade die hochentwickelte moderne Technik ist der praktische Beleg dafür, dass die ihnen zugrundeliegenden wissenschaftlichen Theorien der Wahrheit zumindest sehr nahe kommen müssen. Es ist dieser wissenschaftlich-technische Fortschritt, der Fortschritt als Wissensfortschritt, der unseren Begriff von »Fortschritt« maßgeblich geprägt hat.

Einen solchen Fortschritt kann es in der Philosophie freilich nicht geben, weil sie nämlich keine empirische Wissenschaft ist, die Naturvorgänge erklären und voraussagen würde. Historisch gesehen war es ja gerade so, dass bestimmte Bereiche der menschlichen Erkenntnis aus dem Gebiet der Philosophie ausscherten und sich als selbständige Wissenschaften etablierten, nachdem sie einen methodisch gesicherten empirischen Weg zur Erforschung ihres Gegenstandsbereichs gefunden hatten. In der Neuzeit waren es zunächst Astronomie und Physik, später Chemie und Biologie, in der Moderne schließlich Soziologie und Psychologie, die sich so von der Philosophie abspalteten.

Wenngleich die Themen der Philosophie damit in gewisser Weise mit dem Bereich der wissenschaftlich nicht oder noch nicht behandelbaren Fragen zusammenfallen, so gibt es doch, wie Karl Popper, einer der wichtigsten Wissenschaftstheoretiker des 20. Jahrhunderts, gezeigt hat, eine grundlegende Gemeinsamkeit von Philosophie und Wissenschaft: In den Wissenschaften wie in der Philosophie ist die kritische Grundhaltung der eigentliche Motor des Fortschritts. Wie die Wissenschaften durch versuchsweise aufgestellte Theorien und ihre anschließende kritische Prüfung zu besseren Theorien voranschreiten, so beruhen auch die Fort-Schritte in der Philosophie auf dem Bemühen der menschlichen Vernunft um Kritik und Selbstkritik, also auf dem Streben, philosophische Ansichten so klar wie möglich zu formulieren, sie anschließend der Kritik auszusetzen und sie gegebenenfalls zu revidieren.

Eine Gemeinsamkeit von Wissenschaft und Philosophie gibt es aber auch in ihrem jeweiligen Fortschritt. Der wissenschaftliche Fortschritt verbessert unser Wissen von der Welt, aber dies bedeutet nicht, dass die Anzahl der Probleme, die sich dem menschlichen Verstehen der Welt entgegenstellen, dadurch geringer geworden wäre. Es ist im Gegenteil eher so, dass mit dem Vordringen in neue Dimensionen der Wirklichkeit auch neue Probleme aufgeworfen wurden. So wurden die Naturwissenschaften bei der Erforschung des Aufbaus der Materie zunächst mit der Frage nach dem Aufbau des Atoms und später mit der Frage nach dem Aufbau der Elementarteilchen konfrontiert. Der wissenschaftliche Fortschritt führt also nicht einfach nur zu einer Zunahme des Tatsachenwissens, sondern er ist auch, wie Popper betont hat, ein ständiges Fortschreiten zu einem tieferen Problembewusstsein.

Eine Vertiefung des Problembewusstseins findet sich auch in der Philosophiegeschichte. Ein Beispiel aus der theoretischen Philosophie ist das viel diskutierte Problem der apriorischen Erkenntnis, d. h. die Frage, ob es Erkenntnisse vor oder unabhängig von aller Erfahrung gibt. Als ein Musterbeispiel einer solchen apriorischen Erkenntnis diente seit jeher das Prinzip der Kausalität, d. h. der Grundsatz, dass alle Veränderungen in der Welt eine Ursache haben – ein Grundsatz also, den wir in unserem alltäglichen Denken als selbstverständlich voraussetzen. Im Laufe der neuzeitlichen und modernen Diskussion, die mit Descartes' Lehre von den »angeborenen Ideen« begann, ist nach und nach deutlich geworden, dass im Problem der apriorischen Erkenntnis mehrere Teilfragen stecken, die voneinander unabhängig sind und daher auch verschiedene Antworten erlauben. So muss z. B. die Frage, ob bestimmte Ideen *angeboren*, also genetisch verankert sind, klar von der Frage unterschieden werden, ob es bestimmte Vorstellungen oder Grundsätze gibt, deren *Geltung* sich unabhängig von Erfahrung nachweisen lässt. Diese Entdeckung, dass im Problem der apriorischen Erkenntnis verschiedene Fragen liegen, ist schon für sich allein ein philosophischer Fortschritt – ganz unabhängig davon, welchen Stand die kritische Diskussion um die Antworten auf diese Fragen erreicht haben mag.

Einer kritischen Diskussion ist z. B. auch Platons politische Philosophie unterzogen worden, die im Entwurf eines idealen Staates mündet. Platon lebte in einer Zeit der Bürgerkriege und Umbrüche, und sein Problem bestand darin, eine Staatstheorie zu entwerfen, in der die Autorität der politisch Herrschenden nicht angezweifelt werden kann. Platon identifizierte Gerechtigkeit mit Stabilität. Der Engländer Thomas Hobbes erkannte im 17. Jahrhundert, dass dieses Problem nur dann gelöst werden kann, wenn sich die Bürger mit dem Staat identifizieren, da es sonst immer wieder zu Revolution und Anarchie kommt. Deshalb gründete er den Staat auf einem Vertrag aller Bürger. Damit war das Problem eines gerechten Staates zum ersten Mal zum Problem der Legitimation des Staates durch den Bürger geworden. Dennoch ist auch bei Hobbes der Herrscher mit unumschränkter Macht ausgestattet. Seit der Aufklärung haben die politischen Philosophen zunehmend erkannt, dass Stabilität und Autorität eines Staates am besten dann gesichert sind, wenn den Bürgern die Freiheit gegeben wird, die Geschicke des Staates kritisch mitzugestalten. Das Problem des gerechten Staates hat sich also vertieft: Es ist nicht mehr die Frage nach absoluter Stabilität, sondern nach der Möglichkeit einer Demokratie.

Wir verstehen also heute besser als die antiken Denker, welche Probleme wir uns einhandeln, wenn wir klassische Fragen, etwa die nach der Erkennbarkeit der Wirklichkeit, aufwerfen oder nach einer allgemein gültigen Begründung moralischer Normen suchen. Wir kennen nunmehr auch Irrwege und Sackgassen, in die das philosophische Denken sich leicht verirrt. So haben wir vor allem lernen müssen, dass moralische Bewertungen etwas grundsätzlich anderes sind als Aussagen über Fakten und dass sich moralische Gebote deshalb nicht ohne weiteres aus Tatsachen herleiten lassen.

Mögen diese Fortschritte der Philosophie, verglichen mit denen der Wissenschaften, auch klein erscheinen, so sind es doch reale Schritte voran. Wir wissen heute besser, welche Richtungen wir in unserem philosophischen Denken einschlagen müssen, um uns der Wahrheit wieder etwas zu nähern, auf welche Argumente wir uns dabei stützen können und auf welche nicht.

Wie in den Wissenschaften haben wir auch in der Philosophie damit noch keine endgültigen Wahrheiten erlangt, aber sehr wohl eine Eingrenzung unserer Irrtümer. Vergleichen wir unsere heutige philosophische Landkarte mit der der Antike, so enthält sie eine viel genauere Wegbeschreibung. Aber auch auf der neuesten Karte gibt es noch viele weiße Flecken, vermutlich auch noch unentdeckte Kontinente. Wir können inzwischen einige Regionen nennen, in denen wir nicht mehr vorrangig zu suchen brauchen. Viele Wege haben sich als Sackgassen erwiesen und sind von der Philosophie auch als solche ausgeschildert worden. Die Philosophie ist auf ihren Denk-Wegen nicht im Schnellzugtempo und schon gar nicht im Fluge, sondern eben nur in kleinen »Fort-Schritten« vorangekommen. Es gibt also in der Philosophie einen tatsächlichen, wenn auch bescheidenen Fortschritt, einen Fortschritt jedenfalls, der uns Mut machen kann, uns philosophischen Fragen zuzuwenden, ohne dabei von vornherein die Hoffnung aufzugeben, auf den *Denkwegen* voranzukommen.

Die Auffassung von der Philosophiegeschichte als »Problemgeschichte« der großen Fragen ist nicht neu. Sie wurde bereits am Ende des 19. und zu Beginn des 20. Jahrhunderts von den sogenannten »Neukantianern« vertreten, von denjenigen deutschen Philosophen also, welche die Philosophie Immanuel Kants erneuern wollten. So hat Wilhelm Windelband sein 1891 erschienenes, berühmtes *Lehrbuch der Geschichte der Philosophie* mit der Absicht geschrieben, »die Geschichte der Probleme und Begriffe« darzustellen. Den eigentlichen Begriff der Philosophiegeschichte als »Problemgeschichte« hat 17 Jahre später Nicolai Hartmann geprägt. Für Hartmann sind die Probleme die »Gleise«, auf denen sich die Philosophiegeschichte bewegt. Die Philosophiegeschichte ist eben nicht nur einfach »Geschichte«: Die Auseinandersetzung mit dem Denken der Vergangenheit hat unmittelbar etwas mit den gegenwärtigen systematischen Problemen der Philosophie zu tun. Und alle wichtigen systematischen Probleme haben ihrerseits ihre Wurzel in der Philosophiegeschichte.

Auf diese Idee einer Philosophiegeschichte als Problemgeschichte stützt sich das vorliegende Buch. Es will die Denkwege verfolgen, auf denen sich die Diskussion der wichtigsten philosophischen Fragen weiterentwickelt hat. Die Vertiefung oder Veränderung der Problemstellungen sollen an den wichtigsten Stationen dieses Weges sichtbar gemacht werden. Kurze Porträts zu den großen Denkern der Philosophiegeschichte sind in die Kapitel eingefügt. Eine Zeittafel mit chronologisch zusammengestellten Informationen zu Autoren, Werken und wichtigen geschichtlichen Ereignissen findet sich als Ergänzung im Anhang. Auf die Frage, wo der Stein der Weisen zu finden ist, können wir also nur mit der Vorlage einer Karte antworten, die mehrere Routen zu verschiedenen Zielen verzeichnet. Viele haben sich diesen Zielen schon genähert, ohne sie je erreicht zu haben.

1. Urstoff und Urprinzip der Wirklichkeit

Der Beginn der westlichen Philosophie in Griechenland

In archaischen Gesellschaften wird das Weltbild des Menschen durch Mythen bestimmt. Erzählungen von Göttern, Helden oder außergewöhnlichen Ereignissen haben die Funktion, die Entstehung und Ordnung der Welt, das Wesen des Menschen und die Sitten der Gemeinschaft verständlich zu machen. Solche mythischen Erzählungen werden durch Traditionen beglaubigt und bewegen durch ihre Anschaulichkeit die Phantasie und Emotionen der Menschen. Doch die Macht des Mythos beginnt dort zu verblassen, wo Menschen verschiedener Völker und Kulturen friedlichen Umgang miteinander pflegen. Das eigene Weltbild verliert seine Selbstverständlichkeit, wenn es mit den Weltbildern anderer Völker verglichen wird. Vor allem dort, wo Handel getrieben wird, regt sich das kritische Denken und sucht nach Erklärungen, die sich, anstatt auf Traditionen oder Autoritäten, auf die Erfahrung und die Vernunft stützen und daher von jedermann eingesehen werden können. Solche rationalen Erklärungen berufen sich nicht mehr auf übernatürliche, göttliche Wesen, sondern auf natürliche, unpersönliche Prinzipien wie Kräfte, Ursachen und Gesetze. In diesem Bemühen um ein rationales Weltverständnis liegt der Ursprung der Philosophie.

Ursprung der Philosophie

Der Übergang vom mythischen zum kritisch-rationalen Denken vollzog sich in der westlichen Welt im 6. vorchristlichen Jahrhundert in den griechischen Kolonien in Kleinasien, an der Westküste der heutigen Türkei. Städte wie Milet und Ephesos waren Handelszentren, in denen Menschen verschiedener Herkunft zusammenkamen. Die Auseinandersetzung mit den Kulturen Lydiens, Phönikiens, Babylons und Ägyptens öffnete den Griechen die Augen für die Eigenart und die Schwächen ihrer Kultur und setzte kritisches Denken in Gang. Auch Athen wurde zur Hauptstadt der Philosophie erst, als die Stadt nach den

Perserkriegen (500–479 v. Chr.) zu einem wichtigen Handelsplatz geworden war.

Die Frage nach dem Urstoff

Die griechische Philosophie begann mit der Frage nach dem Grundprinzip oder dem Urgrund (griech. »arché« = Anfang) der Welt. In dieser Frage waren zwei Teilfragen verborgen, die erst nach und nach klarer voneinander unterschieden wurden, nämlich die Frage nach dem Urstoff und die Frage nach dem Urgesetz der Wirklichkeit. Beide begründeten die später sogenannten Disziplinen der Metaphysik und Naturphilosophie. Ausgangspunkt der Überlegungen der ersten griechischen Denker, der sogenannten Vorsokratiker, war das Entstehen und Vergehen der Dinge, wie es sich in der Folge der Jahreszeiten sowie im Wachstum und Tod der Lebewesen zeigt. Angesichts des unaufhörlichen Wandels der Natur fragte man nach dem Urstoff, der diesem Wandel zugrunde liegt. Man ging also davon aus, dass das Entstehen und Vergehen der Naturdinge Umwandlungen eines oder mehrerer unvergänglicher Urstoffe sind. Als Antworten auf die Frage nach dem Urstoff wurden, wie z. B. bei THALES (625–545 v. Chr.) und ANAXIMENES (585–525 v. Chr.), bekannte Stoffe der Sinnenwelt wie Wasser oder Luft vorgeschlagen. Doch bereits ANAXIMANDER (611–549 v. Chr.) betrachtete solche Erklärungsversuche offenbar als unbefriedigend und behauptete demgegenüber, dass der gesuchte Urstoff von allen gewöhnlichen Stoffen der Natur verschieden und daher »unbestimmt« und »unbegrenzt« sein müsse. Er bezeichnete den Urstoff deshalb als »apeiron« (»das Unbegrenzte«).

Die mathematische Ordnung der Welt bei Pythagoras

Die unmittelbare Folge dieses Übergangs auf eine abstraktere Erklärungsebene war freilich, dass die Frage nach dem Urstoff für einige Zeit hinter der Frage nach der Ordnung der Wirklichkeit, dem Urgesetz, vollständig zurücktrat. Diese Entwicklung begann mit dem auch heute noch als Mathematiker bekannten PYTHAGORAS (580–500 v. Chr.). Durch Experimente mit schwingenden Saiten hatte er die Entdeckung gemacht, dass die Stufen der Tonleiter bestimmten Zahlenverhältnissen gehorchen. Pythagoras verallgemeinerte diese Entdeckung zu der These, dass Zahlen das Wesen der Wirklichkeit sind, d. h. dass die Wirklichkeit mathematisch geordnet ist. Eine solche mathematische Ordnung fand er auch in den Abständen der Planeten wieder und deutete sie als Harmonie der Sphären (»Sphärenmusik«). Die Idee einer mathematischen Gesetzlichkeit der Welt wurde von Pythagoras und der von ihm begründeten Schule, den Pythagoreern, mit religiös-mystischen Ideen verbunden, insbesondere mit der aus östlichen Religionen stammenden Lehre von der Seelenwanderung. Diese für Pythagoras charakteristische Verbindung von Mathematik, Metaphysik und Religion hat vor allem Platon stark beeinflusst.

Auch bei HERAKLIT (544–483 v. Chr.) stand die Frage eines rationalen Urprinzips im Vordergrund. Die Existenz eines unvergänglichen Urstoffes dagegen leugnete er. Nach seiner nur in kurzen Sinnsprüchen erhaltenen Philosophie gibt es in der Wirklichkeit einen unaufhörlichen Wandel. Auch das anscheinend Stabile und Feste ist in unmerklicher Veränderung begriffen. Deshalb wird seine Philosophie häufig mit dem Leitgedanken »Alles fließt« assoziiert, der jedoch nicht von Heraklit selbst stammt. Doch zugleich hat Heraklit in den Prozessen der Realität einen Kampf von Gegensätzen am Werk gesehen, und zwar sowohl im Kampf gegensätzlicher Kräfte in der Natur als auch im Kampf gegensätzlicher Interessen in der Gesellschaft. Dieser Kampf der Gegensätze macht für ihn die Antriebskraft aller Entwicklung aus. Nicht Frieden und Harmonie halten die Welt in Gang, sondern der Krieg ist, nach einem seiner berühmten Worte, der »Vater aller Dinge«. Doch ebenso wie ein dynamisches Gleichgewicht auf zwei gegensätzlichen Kräften beruht, so liegt dem Kampf der Gegensätze und allen Veränderungen der Natur eine harmonische, göttliche Ordnung zugrunde, die er als Weltvernunft (»Logos«) begreift. Der Logos stellt Heraklits Urprinzip und Grundgesetz der Wirklichkeit dar. Mit seiner Lehre vom Kampf und von der Einheit der Gegen-

Die Welt als reines Werden bei Heraklit

Die Welt als reines Sein bei Parmenides

sätze hat Heraklit das philosophische Denken bis in die Neuzeit und Moderne nachhaltig beeinflusst. Insbesondere bei Hegel und Marx sind seine Spuren nachweisbar.

Während nach Heraklit alles Stabile und Feste eine bloße Oberflächenperspektive darstellt, betrachtete PARMENIDES (540–480 v. Chr.) umgekehrt Veränderungen und Bewegungen in der Welt als bloß scheinbar. Die Wirklichkeit ist für ihn vielmehr ein unveränderliches »reines Sein«. Der Gedankengang, durch den Parmenides zu dieser Auffassung gelangt, setzt bei einer anscheinend trivialen Aussage an: Nur das Seiende ist, das Nichtseiende ist nicht und kann nicht gedacht werden. Nach Parmenides folgt aus dieser Aussage aber, dass es keinen leeren Raum gibt, weil der leere Raum etwas Nichtseiendes wäre. Aus der Leugnung des leeren Raums wiederum schließt er auf die Unmöglichkeit der Bewegung, weil Bewegung ohne leeren Raum, worin sich etwas bewegt, unmöglich sei. Wenn also etwas existiert, so muss es nach seiner Ansicht als unbeweglich und unveränderlich gedacht werden. Die wahrhafte Wirklichkeit kann daher nur durch das Denken erfasst werden, wohingegen die Wahrnehmung die Quelle von Schein und Täuschung ist. Mit dieser Lehre von der Unveränderlichkeit der Wirklichkeit haben Parmenides und die von ihm begründete Schule der »Eleaten« (nach dem Ort Elea auf Sizilien) erstmals eine Unterscheidung getroffen, die in der Geschichte der europäischen Metaphysik eine große Rolle spielen sollte: die Unterscheidung zwischen einer der Wahrnehmung zugänglichen Erscheinungswelt und einem nur dem Denken zugänglichen wahrhaften Sein, oder kurz: zwischen »Erscheinung« und »Wirklichkeit«.

In der folgenden Generation der Vorsokratiker versuchte man, die Fragen nach dem Urstoff und nach dem Urprinzip miteinander zu verknüpfen. So nahm EMPEDOKLES (490–430 v. Chr.) mit Wasser, Erde, Luft und Feuer vier unvergängliche Grundstoffe und mit Liebe und Hass zwei Grundkräfte an. Die Liebe ist die anziehende Kraft, die die Elemente zu Dingen verbindet und dadurch eine geordnete Welt entstehen lässt, während der Hass die abstoßende Kraft ist, die die Dinge wieder in ihre Elemente auflöst.

Die bedeutendste dieser frühen naturphilosophischen Konzeptionen entwickelte DEMOKRIT (460–370 v. Chr.) mit seiner Atomlehre. Demokrit betrachtete die Urstoffe als unteilbar und nannte sie daher Atome (»atomon« = das Unteilbare). Die Atome unterscheiden sich nach Gestalt, Größe und Gewicht, die sinnlich wahrnehmbaren Eigenschaften von Geruch, Geschmack und Farben bestehen dagegen lediglich in den Wirkungen, die durch die Einwirkungen der (aus Atomen bestehenden) Dinge auf unsere Sinnesorgane entstehen, kurz: Sie sind Merkmale unserer Wahrnehmung der Dinge, aber nicht der Dinge selber. Als Voraussetzung der Bewegung und Vielheit der Atome akzeptiert Demokrit ausdrücklich die Existenz des leeren Raums. Der Grundgedanke der Atomlehre lautet daher: »In Wirklichkeit gibt es nur die Atome und den leeren Raum.« Alle Bewegungen der Atome geschehen notwendig durch Stoß und Druck, sodass alle Ereignisse in der Welt durch Ursachen eindeutig bestimmt sind. Es gibt also weder Zufall noch zweck- oder zielgerichtete Kräfte in der Natur. Auch die Seele betrachtete Demokrit als einen Komplex von Atomen. Damit wurde sein Atomismus zur klassischen Form des Materialismus. Schon in der Antike sah man in Demokrits Materialismus den offenen oder heimlichen Hauptgegner philosophischer Positionen, die mit Grundideen der Religion im Einklang bleiben wollten. Während er von religiöser Seite immer bekämpft wurde, erlebte er im Atomismus der neuzeitlichen Mechanik und Chemie eine glanzvolle Wiederauferstehung.

Demokrits Atomismus und Materialismus

Einen neuen, folgenreichen Versuch, das wahrhaft Seiende hinter der vergänglichen Natur zu erfassen und die ewige Ordnung des Kosmos aufzuweisen, unternahm PLATON (427–347 v. Chr.). Im Unterschied zu seinem Lehrer Sokrates beschäftigt er sich nicht nur mit moralphilosophischen Fragen. Anders auch als die früheren Naturphilosophen

Platon und die sophistische Herausforderung

war Platon von Anfang an mit der Aufklärungsbewegung der Sophistik konfrontiert, die die Möglichkeit einer Erkenntnis der wahren Wirklichkeit bezweifelte. Besonders der Relativismus des PROTAGORAS (480–410 v. Chr.), wonach die Wahrnehmung keine allgemeingültige Erkenntnis liefern kann, weil dieselbe Sache von jedem Menschen verschieden wahrgenommen wird, war eine Herausforderung, die Platon zur Entwicklung seiner »Ideenlehre« führte. Platon hielt an der von Parmenides formulierten These fest, dass die wahre Wirklichkeit ewig und unveränderlich ist. In der Ideenlehre hat der von Parmenides stammende Gegensatz von Erscheinung und Wirklichkeit seine klassische Form erhalten.

Platons Ideenlehre

Platons Ideenlehre gründet auf der Unterscheidung zweier Wirklichkeitsbereiche. Die Ideen (oder Formen) machen den Bereich des unveränderlichen, unvergänglichen wahrhaften Seienden aus; die Dinge der Natur gehören dagegen zum Bereich des veränderlichen, vergänglichen, uneigentlichen Seienden. Die Ideen sind die vollkommenen Urbilder, während die Naturdinge nur deren unvollkommene Nachbilder oder Abbilder sind. Das Verhältnis beider Bereiche besteht nach Platon darin, dass die Dinge an ihrem jeweiligen Urbild teilhaben oder dass die Dinge die Ideen nachahmen. Diesem Unterschied zweier Seinsbereiche entspricht nach Platon auch ein erkenntnistheoretischer Unterschied. Während der Mensch von den Dingen der Natur eine auf Wahrnehmung gegründete und daher fehlbare »Meinung« hat, gibt es von den Ideen ein auf geistiger Schau beruhendes, unbezweifelbares »Wissen«.

Das Höhlengleichnis

Den Grundgedanken der Ideenlehre hat Platon im 7. Buch der *Politeia* in dem berühmten »Höhlengleichnis« erläutert. Die alltägliche Situation des Menschen vergleicht er darin mit den Gefangenen in einer Höhle, die lediglich die Schattenbilder der Dinge wahrnehmen. Die Gefangenen sind so gefesselt, dass sie weder das Feuer hinter ihrem Rücken noch die Mauer zwischen dem Feuer und ihrem Rücken sehen können. Gehen nun vor dieser Mauer

Menschen vorbei, so werfen die von ihnen getragenen Gegenstände, die über der Mauer hervorragen, Schatten an die Wand. Die Gefangenen sehen daher nur diese Schatten und halten sie für die Wirklichkeit. Schließlich löst ein Gefangener seine Fesseln, verlässt die Höhle und sieht die realen Dinge im Licht der Sonne. Als er später zu seinen Mitgefangenen zurückkehrt und ihnen von der wahren Wirklichkeit berichtet, findet er nur Unglauben und Gespött, da er, noch geblendet vom Sonnenlicht, nun die Schatten an der Wand schlechter als vorher erkennt. Der Sinn des Gleichnisses besteht offenbar darin, dass nur der Philosoph die wahrhafte Wirklichkeit durch vernünftige Einsicht erfassen kann, während der unphilosophische Alltagsmensch Gefangener der Sinne bleibt und daher bloße Erscheinungen für das wahrhaft Wirkliche hält.

Unter dem Einfluss der Pythagoreer spielte die Mathematik in Platons Denken eine zentrale Rolle. In ihr liegt auch eine Wurzel seiner Ideenlehre. In der Mathematik glaubte er nämlich, zweifelsfreie Erkenntnisse gefunden zu haben. Ein mathematisches Urteil wie »Die Summe der Winkel in einem Dreieck ist 180 Grad« enthält eine Erkenntnis, die jeder einsehen kann. Nun wird jedoch in einem solchen Urteil nicht von diesem oder jenem vorliegenden Dreieck gesprochen, sondern von einem Dreieck überhaupt. Ein konkret vorliegendes Dreieck aus Holz oder Metall ist offenbar für die mathematischen Erkenntnisse vom Wesen des Dreiecks ganz unwesentlich. Das Dreieck, auf das sich die Mathematik bezieht, ist auch von dem Entstehen und Vergehen realer Dreiecke unabhängig. Das mathematische Dreieck ist daher nach Platon kein reales Objekt, sondern ein idealer Gegenstand oder eine ideale Form, die wie eine Backform das Muster beliebig vieler Einzeldinge ist. Die Mathematik hat es nach Platon also mit einem von der wahrnehmbaren Welt verschiedenen Bereich idealer, d.h. ewiger und unvergänglicher Gegenstände zu tun. Die übliche Übersetzung des griechischen Ausdrucks »eidos« mit »Idee« ist leicht irreführend: Sachlich angemessener ist die Übersetzung »ideale Form«.

Die Mathematik als Vorbild sicherer Erkenntnis

Das allgemeine Wesen der Dinge

Ein anderer Ursprung der Ideenlehre liegt in Platons Auseinandersetzung mit der Frage nach dem Wesen oder Begriff der Dinge. Sokrates hatte nach dem Wesen von Tugenden wie Gerechtigkeit oder Tapferkeit gefragt. Platon verallgemeinerte diese Fragestellung auf den Bereich der Natur und gab ihr eine metaphysische Wendung. Wenn man nach dem Wesen des Guten oder nach dem Wesen eines Pferdes fragt, dann geht es nicht um ein gutes Ding oder um die Eigenschaften eines konkreten Pferdes, sondern um das allgemeine Wesen des Guten bzw. des Pferdes. Das allgemeine Wesen ist im Gegensatz zu den konkreten Dingen aber nicht sinnlich wahrnehmbar, sondern kann nur durch das Denken erfasst werden. Da nun das allgemeine Wesen unabhängig von den konkreten Dingen besteht, ist es nach Platon ein unveränderlicher, unvergänglicher idealer Gegenstand, also eine »Idee«. Während Namen wie »Sokrates« Individuen der wahrnehmbaren Realität benennen, bezeichnen allgemeine Ausdrücke wie »Hund« oder »Katze« nach Platon allgemeine, ideale Gegenstände jenseits der wahrnehmbaren Welt der Einzeldinge.

Argumente für die Unsterblichkeit der Seele

Eng verbunden mit der Ideenlehre ist Platons Seelenlehre, die er in Anlehnung an die pythagoreische Seelenlehre entwickelt hat. Auch bei Platon ist die Seele etwas Unkörperliches und Unsterbliches. Sie hat damit auch eine Ähnlichkeit mit den Ideen. Die Verschiedenheit von Körper und Seele zeigt sich vor allem darin, dass die Seele den Körper beherrschen kann und soll. Der sinnenfeindliche Zug in Platons Denken ist mit seinem Glauben an die Seelenwanderung verbunden. Die Seele durchläuft verschiedene Verkörperungen, bis sie sich so weit geläutert hat, dass sie erlöst wird und in ihrer jenseitigen Heimat bleibt. Vor allem im Dialog *Phaidon*, einem Text, in dem der Tod des Sokrates eindrucksvoll geschildert wird, hat Platon verschiedene Argumente für die Unsterblichkeit der Seele vorgetragen. Ein Argument geht davon aus, dass mathematische Erkenntnisse nicht aus der Erfahrung stammen können, da es in der Erfahrung keine vollkommenen, idealen Gebilde wie Dreiecke oder Kreise gibt. Mathematische Erkenntnisse sind nach Platon nur dann verständlich, wenn man annimmt, dass die Seele vor der Geburt die mathematischen Ideen schon geschaut hat, an die sie sich nun wieder erinnert. Platon verwendet also seine Lehre, dass (mathematische) Erkenntnis Wiedererinnerung ist, als Argument für die Unsterblichkeit der Seele. Auch aus der Tatsache, dass die Seele als denkendes, erkennendes Ich in aller Erfahrung identisch bleibt, schließt er, dass sie eine unkörperliche, unvergängliche Einheit ist. Dennoch unterscheidet Platon in dieser Einheit drei verschiedene Funktionen oder Kräfte, nämlich die Vernunft, den »Mut« und die sinnlichen Begierden. Die Vernunft als höchste Seelenkraft besitzt die Fähigkeit, die beiden niederen Kräfte der Seele zu beherrschen, nämlich die sinnlichen Begierden zu zügeln und den »Mut«, eine Art praktischer Energie oder Willenskraft, auf vernünftige Ziele hinzulenken.

Als Platon die Ideen als Urbilder der materiellen Dinge annahm, entdeckte er, dass Ideen wie »Hund« und »Tier« unterschiedliche Grade der Allgemeinheit besitzen. Um diesen Unterschieden Rechnung zu tragen, gelangte er schließlich zur Annahme einer hierarchischen Ordnung im Reich der Ideen. Die Spitze der Hierarchie der Ideen bildet nach seiner Ansicht die »Idee des Guten«, die sowohl das höchste Prinzip der Wirklichkeit als auch das oberste Prinzip des Handelns repräsentiert. In den Schriften seiner Spätzeit, z. B. in dem Dialog *Parmenides*, hat Platon sich vor allem mit den Beziehungen der Ideen untereinander beschäftigt. Die Untersuchung der komplizierten gegenseitigen Verknüpfungen der Ideen hat er dabei als »Dialektik« bezeichnet und damit die ursprüngliche Bedeutung von Dialektik als Dialog und Gespräch durch eine weitere, sehr einflussreiche Bedeutung ergänzt. Dialektik in diesem Sinne bildete den Mutterboden, auf dem bald die Logik gedeihen sollte. *Platons Hierarchie der Ideen*

Platons Ideenlehre mit ihrer Gegenüberstellung einer wahren Wirklichkeit und einer Welt der Erscheinungen kann als eine Weiterentwicklung der Lehre des Parmeni- *Wirkung der platonischen Ideenlehre* des vom unveränderlichen Sein aufgefasst werden, wobei durch die Annahme einer veränderlichen Sinnenwelt auch dem von Heraklit betonten Aspekt des Werdens Rechnung getragen wird. Sie ist das Original aller Positionen, die eine jenseits der Natur gelegene wahrhafte Wirklichkeit annehmen. Die neuplatonische und christliche Metaphysik der Spätantike und des frühen Mittelalters, die eine geistige Wirklichkeit als Ursprung der materiellen Welt postuliert, wäre ohne Platon ebenso undenkbar wie der mittelalterliche Streit um die Seinsweise des Allgemeinen (im sogenannten »Universalienstreit«). Noch in der modernen Diskussion um die Grundlagen der Mathematik werden Positionen, die ein ideales Sein mathematischer Gebilde und Begriffe annehmen, als »Platonismus« bezeichnet. Auch Platons Seelenlehre und seine Argumente für die Unsterblichkeit haben in der Geschichte der Philosophie eine große Rolle gespielt. Seine mathematische Naturphilosophie ist schließlich der Vorläufer moderner physikalischer Theorien, die physikalische Gesetze auf Geometrie zurückführen. Angesichts des Reichtums an Ideen und Argumenten hat im 20. Jahrhundert Alfred N. Whitehead, selbst ein bedeutender Metaphysiker, das Bonmot geprägt, dass die Geschichte der Philosophie lediglich aus »Fußnoten zu Platon« bestehe.

Entstehung des Namens »Metaphysik« Höhepunkt und Abschluss des Nachdenkens über den Ursprung und die Prinzipien der Wirklichkeit bildet in der klassischen griechischen Philosophie jene Schrift des ARISTOTELES (384–322 v. Chr.), die als *Metaphysik* bekannt ist. Zwar erhielt sie ihren Titel erst von einem Herausgeber des ersten vorchristlichen Jahrhunderts, doch charakterisiert der griechische Ausdruck »meta ta physika« (also das, was nach oder hinter der Physik kommt) die philosophische Frage nach den Grundprinzipien der Natur, die selbst die Physik noch voraussetzen muss, offenbar so gut, dass er sich als Name für die entsprechende philosophische Disziplin eingebürgert hat.

Aristoteles selbst bezeichnet diese Disziplin noch als »Erste Philosophie« und behandelt unter diesem Titel zwei grundlegende Fragen: Einerseits fragt er nach den Grundprinzipien des »Seienden als Seiendem«, mit der die Bestimmungen gemeint sind, die jedem Seienden – unabhängig davon, ob belebt oder unbelebt, geistig oder materiell – zukommen. Diese Frage führt somit zur Lehre vom Sein, die in der Neuzeit den Namen »Ontologie« erhalten hat. Andererseits fragt Aristoteles nach dem höchsten Seienden, d. h. nach Gott, seinen Eigenschaften und seinem Verhältnis zur Welt. Metaphysik umfasst bei ihm also Ontologie und Theologie – eine Doppelbedeutung des Begriffs, die sich durch die ganze Geschichte der Metaphysik zieht.

Die beiden Grundfragen der Metaphysik bei Aristoteles

Einen Zugang zur Ontologie findet Aristoteles wie Platon über eine Analyse sprachlicher Begriffe, die er, neben der Lehre vom Schluss und der Lehre vom Beweis, zum Bestandteil der »Logik«, einer von ihm neu begründeten Disziplin, macht. Ein Begriff ist, im Gegensatz zur anschaulichen Wahrnehmung, die abstrakte Vorstellung einer Sache, die die allgemeinen Eigenschaften dieser Sache erfasst; ein Begriff, wie z. B. der Begriff »Mensch«, enthält also die Merkmale, die alle Individuen einer Art gemeinsam haben. Die Definition eines Begriffs erfolgt nach Aristoteles dadurch, dass man die nächst höhere Gattung (lat. »genus proximum«) und das spezifische Merkmal der Art (lat. »differentia specifica«) angibt. Im Falle des Begriffs »Mensch« ist die nächst höhere Gattung »Lebewesen« und das spezifische Merkmal ist »vernünftig«, die Definition des Begriffs »Mensch« lautet daher »vernünftiges Lebewesen«.

Definition von Begriffen als Basis der Ontologie

Da zur Definition eines Begriffs stets ein höherer, allgemeinerer Begriff notwendig ist, können nach Aristoteles die höchsten, allgemeinsten Begriffe selber nicht definiert werden. Diese Begriffe sind also Grundbegriffe oder »Kategorien«. In ihnen werden die allgemeinsten Strukturen der Wirklichkeit abgebildet. Die Lehre von den Kategorien ist bei Aristoteles somit Teil der Ontologie. Es gibt nun genau zehn Kategorien: Substanz, Quantität, Qualität, Relation, Ort, Zeit, Lage, Zustand, Tätigkeit und deren Ge-

Die Kategorienlehre des Aristoteles

genteil, Leiden, d.h. die Art, wie etwas erfahren und erlitten wird. Substanz ist nach Aristoteles zunächst das Einzelding, das Eigenschaften (»Akzidensen«) hat und das im Gegensatz zu den Eigenschaften, die nur an oder in ihm vorkommen, ein selbstständiges Dasein hat. Von Substanzen kann daher z.B. gesagt werden, welche Größe (Quantität) und Beschaffenheit (Qualität) sie haben, welchen Ort und welche Zeit sie einnehmen.

Das allgemeine Wesen in den Dingen Doch anders als bei Platon bezeichnen Allgemein- und Grundbegriffe nicht ein selbstständiges Reich der Ideen, sondern das allgemeine Wesen in den Dingen, das ihre Gestalt und Entwicklung bestimmt. Dieses allgemeine Wesen bewirkt zwar Veränderungen, ist ihnen aber selbst nicht unterworfen. Wie Platon und Parmenides hält Aristoteles damit an der Auffassung fest, dass das wahre Sein unveränderlich und nur durch die Vernunft erkennbar ist. Dies wird auch an einer weiteren, von Aristoteles vertretenen Auffassung von Substanz deutlich, die in der Philosophiegeschichte äußerst einflussreich wurde: Entsprechend dieser gelten nicht die selbstständigen Einzeldinge, sondern nur die ihnen zugrundeliegenden unzerstörbaren Urstoffe als Substanzen. Substanz in diesem Sinne meint unvergängliche Elemente oder »Substrate« der Wirklichkeit.

Die Lehre von den vier Ursachen Auf die Frage nach dem Urprinzip der Wirklichkeit antwortet Aristoteles auch mit seiner Lehre von den vier Ursachen, für sich die im Mittelalter geprägten lateinischen Ausdrücke eingebürgert haben. Die »causa materialis« ist der Stoff, aus dem eine Sache besteht, etwa der Marmor einer Säule. Die »causa formalis« ist die räumliche Gestalt, z.B. die räumliche Form der Säule. Die »causa efficiens« ist die »Wirkursache«, durch die die Säule entstanden ist, also die Tätigkeit eines Bildhauers. Die »causa finalis« ist schließlich der Zweck einer Sache, etwa die Verwendung der Säule zur Dekoration einer Halle. Was heute in den Naturwissenschaften unter Ursache verstanden wird, ist das, was Aristoteles mit »Wirkursache« gemeint hat. Von »Zweckursachen« spricht man heute meist nur noch in Bezug auf das absichtliche Handeln des Menschen.

Aristoteles (384–322 v. Chr.)

Aristoteles wurde 384 v. Chr. in Stageira auf der thrakischen Halbinsel Chalkidike geboren. Sein Vater war Leibarzt des makedonischen Königs. Aristoteles war daher mit Methoden der Naturforschung vermutlich bereits vertraut, als er mit 18 Jahren nach Athen kam und 20 Jahre lang Mitglied in Platons Akademie war. Nach Platons Tod lehrte er zunächst an verschiedenen Orten in Kleinasien. Im Jahre 343 v. Chr. wurde er zum Lehrer Alexanders an den makedonischen Hof berufen, doch kehrte er im Jahr 335 v. Chr. nach Athen zurück und entfaltete in den folgenden Jahren eine umfassende Lehr- und Forschungstätigkeit an seiner Schule, dem »Lykeion«.

Aristoteles war im Gegensatz zu dem »Visionär« Platon eher ein nüchterner, umfassend interessierter Naturforscher. Er hat Abhandlungen zu fast allen philosophischen Disziplinen verfasst. Die Schriften, die unter dem Titel Organon (Werkzeug) zusammengefasst sind, enthalten seine Begründung der Logik. Beiträge zur Metaphysik und Naturphilosophie liefern die Werke Physik, Über die Seele *und vor allem die* Metaphysik. *Der Untersuchung menschlichen Handelns sind die* Nikomachische Ethik *und die* Politik *gewidmet.*

Nach Alexanders Tod im Jahre 323 v. Chr., als Athen das Joch der makedonischen Herrschaft abzuwerfen versuchte, wurde Aristoteles wegen seiner Verbindungen zum makedonischen Hof heftig angefeindet und, offenbar mangels konkreter Vorwürfe, der Gottlosigkeit angeklagt. Doch anders als Sokrates entzog er sich der drohenden Verurteilung durch Flucht. Im folgenden Jahr starb er auf der Insel Euböa.

Wie Platon wurde Aristoteles zum Begründer einer einflussreichen Philosophenschule, die unter dem Namen »Peripatetiker« (nach griech. »peripatei«, den Wandelhallen) bekannt wurde. Der Name leitet sich von dem Gebäude ab, in dem Aristoteles beim Unterricht auf und ab zu gehen liebte.

1. Urstoff und Urprinzip der Wirklichkeit

Der aristotelische Gott als unbewegter Beweger

Als eine Fortsetzung der Ursachenlehre lässt sich auch die Theologie des Aristoteles auffassen. Als Gott versteht Aristoteles nämlich die erste Ursache und das letzte Ziel der Welt. Gott gibt einerseits der kosmischen Entwicklung den Anstoß und ist andererseits das letzte Ziel, nach dem alle Dinge streben. Wenngleich Gott Ursprung und Ziel des kosmischen Prozesses ist, ist er als vollkommenes Wesen doch selber keiner Veränderung unterworfen. Gott ist daher der »Unbewegte Beweger«. Der aristotelische Gott ist also kein Schöpfergott: Er schafft die Welt nicht aus nichts, sondern er bildet aus dem vorhandenen Material eine zweckmäßige Ordnung. Der aristotelische Gott ist aber auch kein persönlicher Gott: Er ist von aller Materie frei, also »reine Form« oder reiner Geist und damit ein geistiges Grundprinzip der Wirklichkeit, jedoch kein persönliches Wesen jenseits der Welt. Mit dieser Annahme eines göttlichen Prinzips als geistigem Grundprinzip der Wirklichkeit befindet sich Aristoteles ganz in Übereinstimmung mit vorsokratischen Naturphilosophen, z.B. mit Heraklit, doch unterscheidet er sich mit dieser Sichtweise grundlegend von der christlichen Gottesvorstellung.

Das teleologische Weltbild des Aristoteles

Im Natur- und Weltbild des Aristoteles nimmt die Vorstellung der »causa finalis« einen zentralen Platz ein. Sie bildet den Kern seiner »teleologischen« Wirklichkeitsdeutung, nach der jedes Lebewesen sein »telos« hat, d.h. sich nach einem in ihm angelegten Ziel (telos) und Zweck entwickelt. Aristoteles ist nämlich der Ansicht, dass nicht nur das menschliche Handeln, sondern auch Naturprozesse wie das Wachstum von Pflanzen und Tieren zweck- oder zielbestimmt ablaufen. Wie ein Keim sich zu einem Baum entwickelt, so entfaltet sich alles organische Geschehen in der Natur als Verwirklichung von Anlagen oder, wie Aristoteles sagt, als Verwirklichung (»Aktualität«) einer Möglichkeit (»Potenzialität«). Diese Verwirklichung bezeichnet er auch als »Entelechie« (also als das, was sein Ziel in sich selbst hat). In diesem Zusammenhang erhält der Begriff der Form (»causa formalis«) bei Aristoteles eine zweite, wichtigere Bedeutung im Sinne zweckmäßig gestaltender Kräfte. Solche Kräfte sind nach seiner Ansicht aber nicht auf die organische Natur beschränkt. Aristoteles nimmt vielmehr an, dass selbst die Prozesse der anorganischen Natur auf Ziele angelegt sind und dass insbesondere die kosmische Gesamtentwicklung sich in allmählicher Höherentwicklung befindet. Das teleologische Weltbild des Aristoteles behauptet die Zweckmäßigkeit der Welt im Ganzen.

Aristoteles geht davon aus, dass alle konkreten Dinge der Natur geformte Materie sind, also aus einem bestimmten Stoff bestehen, der eine bestimmte räumliche Gestalt hat. So ist ein Tisch geformtes Holz und ein Lebewesen eine zweckmäßig organisierte Form von verschiedenen Stoffen. Daraus entwickelt er die Vorstellung, dass die jeweils aus geformter Materie bestehenden Naturdinge ein Stufen- oder Schichtenreich bilden, das von der anorganischen Materie über Pflanzen und Tiere bis hin zum Menschen als dem höchsten Lebewesen der Natur reicht.

In engem Zusammenhang mit seiner Naturphilosophie steht die Seelenlehre, die er in seiner Schrift *Über die Seele* entwickelt. Die Seele ist für Aristoteles die bewegende und gestaltende »Form« oder Kraft des Körpers und hat bei Pflanze, Tier und Mensch verschiedene Ausprägungen. Die menschliche Seele hat wie bei Platon wiederum selber eine geschichtete Struktur, insofern die Merkmale der pflanzlichen und tierischen Seele als Naturbedingungen in sie eingehen. Die unterste Schicht der menschlichen Seele ist die vegetative oder Pflanzen-Seele, die mit den Fähigkeiten der Ernährung und Fortpflanzung ausgestattet ist. Die mittlere Schicht ist die animalische oder Tier-Seele, die über die Fähigkeiten der Wahrnehmung und Ortsveränderung verfügt. Die höchste Schicht der Seele, also die Menschen-Seele, ist der Geist oder die Vernunft mit ihrer Fähigkeit des Denkens. Diesen spezifisch menschlichen Teil der Seele begreift Aristoteles als Teil einer kosmischen Vernunft und als unvergänglich. Im Unterschied zu Platon scheint die mit dieser These vertretene Annahme der Un-

Die aristotelische Seelenlehre

sterblichkeit der menschlichen Seele eher eine Art überindividueller Unsterblichkeit zu sein.

Die Bedeutung des Aristoteles Die Bedeutung des Aristoteles für die Geschichte der theoretischen Philosophie kann kaum überschätzt werden. Aristoteles unterschied nicht nur als Erster die philosophischen Disziplinen der Logik, Metaphysik, Naturphilosophie, Ethik, der politischen Philosophie und Ästhetik, sondern er prägte auch eine Vielzahl philosophischer Fachausdrücke, denen im Deutschen die Begriffe »Substanz«, »Ursache«, »Materie«, »Form« und »Zweck« entsprechen. Im späten Mittelalter war er die maßgebende philosophische Autorität, ja er galt schlicht als »der Philosoph«. Dante bezeichnete ihn als »Meister aller Wissenden«. So inspirierte seine Lehre von Gott als unbewegtem Beweger die mittelalterlichen Gottesbeweise. Besonders einflussreich wurde die aristotelische Philosophie bei Thomas von Aquin. Die teleologische Wirklichkeitsauffassung des Aristoteles wurde zum wesentlichen Bestandteil des mittelalterlichen Weltbildes, das erst durch die neuzeitlichen Naturwissenschaften erschüttert wurde. Die aristotelische Logik galt unverändert bis ins 19. Jahrhundert, und die aristotelische »Lehre vom Sein« hat auch noch der modernen Metaphysik, z. B. bei Heidegger, N. Hartmann und Whitehead, wichtige Anregungen gegeben.

Das griechische Denken als Grundlage der Metaphysik und Naturphilosophie Nach der Befreiung von der Autorität des Mythos gaben die frühen griechischen Naturphilosophen erste rationale Antworten auf die Fragen nach Urstoff und Urgesetz der Wirklichkeit. Sie entwickelten so bedeutende Ideen wie die der mathematischen Gesetzlichkeit der Welt und die einer durch polare Kräfte bestimmten Natur. Auch die grundlegenden Positionen des Materialismus und Idealismus wurden in jener Epoche begründet. Ihren Höhepunkt erreichte die griechische Philosophie in den umfassenden Systemen des Platon und Aristoteles. Platon wurde zum klassischen Vertreter des Idealismus, d. h. einer Auffassung, die die sinnlich wahrnehmbare Welt nicht als die wahrhafte Wirklichkeit, sondern als bloße »Erscheinung« versteht und hinter oder neben dieser materiellen Realität noch eine höhere, geistige Wirklichkeit annimmt. Aristoteles wurde der Klassiker des teleologischen Weltbildes, das die ganze Natur als zweckmäßig organisiert betrachtet und eine zielstrebige Entwicklung aller Dinge zu größerer Vollkommenheit annimmt. Der Streit zwischen teleologischem, idealistischem und materialistischem Denken beherrscht die Geschichte der Metaphysik und Naturphilosophie bis in die Gegenwart.

2. Der beste Staat und seine Verfassung

Die Anfänge der politischen Philosophie

Mit der Aufklärungsbewegung der Sophisten in der Mitte des 5. Jahrhunderts v. Chr. verschoben sich die Themenschwerpunkte in der griechischen Philosophie. Der Mensch und die von ihm geschaffene kulturelle und gesellschaftliche Welt rückten ins Zentrum des Interesses. Die traditionellen Ordnungen des gesellschaftlichen und politischen Zusammenlebens wurden nun auf ihre rationale Begründbarkeit hin überprüft. Die Ansicht, dass das im Staat geltende Recht den Menschen von den Göttern verliehen worden sei, war ins Wanken geraten. Mit den Sophisten, zu deren Umkreis auch die Geschichtsschreiber Herodot, Thukydides und Xenophon gehörten, begann die antike Ethik und politische Philosophie.

Demokratie als Nährboden der politischen Philosophie

Dieser Themenwechsel muss vor dem entsprechenden zeitgeschichtlichen Hintergrund gesehen werden. Nach den Perserkriegen (500–479 v. Chr.) und der Gründung des Attischen Seebundes stieg Athen zur führenden Macht und zum kulturellen Mittelpunkt der hellenischen Welt auf. Durch die Reformen des Kleisthenes (509–506 v. Chr.) war Athen zu einer Demokratie geworden, die zwar auf die freien, männlichen Bürger beschränkt war, aber doch die Volksversammlung zu einem mächtigen politischen Organ gemacht hatte. Wer auf die Geschicke des Staats Einfluss nehmen wollte, musste sich durch öffentliche Rede geschickt in Szene setzen können. Genau dieses Bedürfnis suchten die Sophisten zu befriedigen. Mit der Entwicklung der Rhetorik gaben sie auch dem einfachen Bürger ein Mittel an die Hand, seine Interessen gegenüber politischen Machthabern öffentlich zu vertreten, und setzten diese damit unter Druck, ihre Entscheidungen zu rechtfertigen. Nicht zufällig hatten die Sophisten ihre Hauptwirkungsstätte in Athen, einer Stadt, in der es Freiheit und Raum für öffentliche Diskussionen gab.

Sprechen griechische Philosophen der Antike von Demokratie, Aristokratie oder von einer »Tyrannis«, so klingt uns dies zunächst ganz vertraut. Es macht uns darauf aufmerksam, dass viele Begriffe aus dem Bereich der Politik und Gesellschaft, die zu unserem alltäglichen Sprachgebrauch gehören, im antiken Griechenland geprägt wurden. Das gilt auch für den Begriff »Politik« selbst, denn er ist von »polis« abgeleitet, dem griechischen Wort für »Staat«. Doch seit der Entstehung der griechischen »polis« sind 3000 Jahre vergangen. Deshalb ist es nicht erstaunlich, wenn wir heute mit »Staat« oder »Demokratie« nicht genau dasselbe meinen wie die Griechen mit »polis« oder »demokratia«. Hinter den griechischen Begriffen stand eine andere Wirklichkeit: Eine »polis« war kein »Nationalstaat« in unserem Sinne, sondern ein kleiner überschaubarer Stadtstaat, von der Fläche etwa vergleichbar mit einem Schweizer Kanton. Sie war nicht nur eine politische, sondern auch eine Kultgemeinschaft, verbunden durch die gleichen Götter und religiösen Riten. Deshalb hatten religiöse Meinungsverschiedenheiten auch sofort eine politische Bedeutung. Eine staatliche Bürokratie und Verwaltung in unserem Sinne gab es noch nicht. Auch die Demokratie war im alten Griechenland nur eingeschränkt »demokratisch«. Sklaven, Frauen und Fremde hatten kein Wahlrecht. Versuchen wir uns eine Vorstellung von der »Volksversammlung« in Athen zu machen, so hilft auch hier der Blick auf einen Schweizer Kanton, in dem sich noch sehr viel Tradition erhalten hat: In Appenzell versammeln sich heute noch die wahlberechtigten Männer jährlich zur »Landsgemeinde«, einer öffentlichen, auf einem großen Platz veranstalteten Versammlung, auf der die wichtigsten politischen Beschlüsse gefasst werden. In der polis Athen gab es etwa 40000 wahlberechtigte Bürger. Etwa 5000 bis 6000 davon kamen mindestens vierzigmal im Jahr zusammen.

Die griechische »polis«

Doch nicht alle griechischen Stadtstaaten waren Demokratien. Im alten Griechenland, von der Dorischen Wanderung ab dem 11. Jahrhundert v. Chr. bis zu Alexan-

Sparta und Athen

der dem Großen im 4. Jahrhundert v. Chr., gab es eine durch gemeinsame Kultur und Sprache zusammengehaltene, bunte Mischung von Stadtstaaten mit unterschiedlichen Herrschaftsformen. So war Sparta, der große Rivale Athens, im Gegensatz zu Athen ein Königtum unter großem Einfluss des Militärs. In den Kriegen gegen die Perser kämpften griechische Stadtstaaten gemeinsam, doch bekämpften sie sich auch häufig gegenseitig. Der berühmteste dieser innergriechischen Konflikte war der Peloponnesische Krieg zwischen Sparta und Athen (431–404 v. Chr.).

Die politische Philosophie in Griechenland begann, als man die Frage stellte, mit welcher Begründung bestehende Gesetze Geltung beanspruchen können. Gab es ein von jeher geltendes »Naturrecht« oder waren alle Gesetze von Menschen erlassene, willkürliche und künstliche Vorschriften, die sich an jedem Ort und zu jeder Zeit ändern konnten? Damit war auch die Frage nach der »Legitimation«, d. h. der Rechtfertigung politischer Herrschaft im Staat gestellt, die in der klassischen Phase der griechischen Philosophie mit der Frage nach der besten Staatsform verknüpft wurde. Sollte ein König allein herrschen oder sollte die Macht in den Händen der alten Aristokratie verbleiben? Oder sollte eine Demokratie wie in Athen das Modell abgeben? Wie sollte das Verhältnis der verschiedenen gesellschaftlichen Stände in einem Staat geregelt sein?

Relativismus der Sophisten Wie in der Ethik, so vertraten die Sophisten auch in der politischen Philosophie einen Relativismus, d. h. sie glaubten, dass staatliches Recht immer vom Menschen gemacht und von den jeweiligen Verhältnissen abhängig ist. Es gab für die Sophisten kein für alle Menschen geltendes überzeitliches Recht, wie dies später die Stoiker vertraten und wie es heute in der UN-Menschenrechtscharta festgeschrieben ist. Die Sophisten stellten zum ersten Mal »nomos«, das geltende Gesetz, in einen Gegensatz zu »physis«, der Natur. »Nomoi«, die Gesetze, sind weder etwas Göttliches noch etwas Natürliches, sondern ein Ergebnis menschlicher Satzung. Unter den Sophisten ist auch die erste uns bekannte Vertragstheorie entstanden, also die Ansicht, dass der Staat auf der Grundlage einer Vereinbarung zwischen den Bürgern zustandegekommen ist.

Doch aus diesem Relativismus zogen die Sophisten offenbar unterschiedliche Konsequenzen. Wenn wir Platon, einem ihrer entschiedensten Gegner, Glauben schenken können, so haben einige Sophisten, wie Kallikles oder Thrasymachos, die Kritik, das geltende Recht sei »unnatürlich«, mit der Ansicht verbunden, das einzige natürliche Recht sei das »Recht des Stärkeren«. Von dem uns bekanntesten Sophisten, PROTAGORAS (480–410 v. Chr.), ist allerdings überliefert, dass er die Demokratie des Perikles unterstützt hat. Aus der Einsicht, dass der Mensch Urheber der Gesetze ist, folgerte er, dass es dann auch in seiner Verantwortung liege, gerechte Gesetze im Sinne der Gleichberechtigung aller Bürger zu machen. Insgesamt stand die sophistische Bewegung eher aufseiten der demokratischen, reformorientierten Kräfte der griechischen Politik.

SOKRATES (469–399 v. Chr.), mit dem die klassische griechische Philosophie beginnt, nimmt eine besondere Stellung in dieser Diskussion ein. Wie die Sophisten war auch er ein öffentlich auftretender Rhetoriker, für den die Geltung der Gesetze nicht mehr allein in der Tradition begründet war. Für ihn war klar, dass die Frage nach den Maßstäben für Recht und Gerechtigkeit durch die Vernunft beantwortet werden musste. So nahm er für sich auch in Anspruch, die geltenden Maßstäbe der Politik hinterfragen zu dürfen. In der *Apologie*, der von Platon überlieferten Verteidigungsrede vor dem Athener Volksgericht, berichtet Sokrates, wie er an die Athener Politiker die Frage gerichtet habe, worin die Weisheit des Politikers bestehe. Mit dieser Frage nach den Wertmaßstäben politischen Handelns brachte er seine Adressaten in Verlegenheit und machte sich auch wohl manche Feinde. **Die Frage nach dem Wesen der Gerechtigkeit bei Sokrates**

Doch im Gegensatz zu den Sophisten lehnte Sokrates jeden Relativismus ab. Als einer der ersten »Universalisten« glaubte er an allgemeine und objektive Maßstäbe der Gerechtigkeit. Doch gelangte er nie dazu, diese Maßstäbe **»Unrecht leiden ist besser als Unrecht tun«**

auszuformulieren. Die in den Dialogen Platons überlieferten Dialoge zu diesem Thema enden immer in der für Sokrates typischen »Aporie«, d. h. in der Sackgasse eines nicht aufzulösenden Widerspruchs. Der einzige Grundsatz, den er ausformuliert hat, steht in inhaltlichem Gegensatz zu den Sophisten. Er lautet: Unrecht zu tun ist schlimmer als Unrecht zu leiden. Viele Sophisten identifizierten das wahre Recht mit Nutzen und dem Erfüllen von Bedürfnissen. In diesem Sinne konnte man mit gutem Gewissen Unrecht tun, d. h. die Gesetze übertreten, sofern es dem Eigeninteresse diente. Sokrates jedoch verweist auf Rechtsgrundsätze, die den eigenen Interessen und Bedürfnissen übergeordnet sind. Auch demjenigen, dem Nachteile oder Bestrafung widerfahren, geschieht nicht notwendigerweise Unrecht. Mit seinem Grundsatz verteidigte Sokrates auch die Würde des Individuums gegen die Willkür des Staates.

Der Tod des Sokrates und die Politik

Seine Ablehnung des Relativismus und seine Gegnerschaft zu den Sophisten machten viele Athener Konservative zu seinen Anhängern und Schülern. Zu ihnen zählte auch sein späterer Meisterschüler Platon, ein Neffe des bekannten konservativen Aristokraten Kritias. Die alte Athener Oberschicht hatte den in der Zeit der Demokratie erlittenen Machtverlust nie verwunden. Als im Jahre 404 v. Chr. Athen den Peloponnesischen Krieg gegen Sparta verloren hatte, zogen die Spartaner als Besatzungsmacht in Athen ein und etablierten eine Marionettenregierung, die aus konservativen Athener Adligen bestand und mit den Spartanern kollaborierte. Dieses Regime der sogenannten »30 Tyrannen«, zu denen auch Kritias gehörte, verbreitete durch Willkür und Hinrichtungen eine Schreckensherrschaft. Doch schon 403 v. Chr. brachte ein bewaffneter Aufstand die Demokraten zurück an die Macht.

Diese Zusammenhänge lassen verstehen, warum die Athener Demokraten das öffentliche Auftreten des Sokrates mit Misstrauen betrachteten und warum der gegen Sokrates angestrengte Prozess, der mit einem Todesurteil endete, auch eine politische Dimension hat: Man sah in ihm den Anhänger der konservativen Kollaborateure und damit eine mögliche politische Gefahr. Auch hat Sokrates selbst immer wieder ironische Seitenhiebe gegen die Demokraten verteilt: Im platonischen Dialog *Gorgias* z. B. nötigt er seinen sophistischen Gesprächspartner Kallikles zu dem Zugeständnis, Perikles, der große Staatsmann der Athener Demokratie, sei kein gerechter Staatsmann gewesen, weil er bei der Aufgabe des Politikers versagt habe, die Bürger gerechter zu machen.

PLATON (427–347 v. Chr.), der bedeutendste Staatsphilosoph der Antike, wurde durch die Verurteilung des Sokrates noch mehr der Demokratie entfremdet. Für ihn stellte die These der Sophisten, dass die Maßstäbe des Rechts und der Politik künstlich und vom Menschen gesetzt seien, eine große Herausforderung dar, und er nahm sich vor, auf diese Herausforderung mit einem philosophischen Gegenentwurf zu antworten. Er betrachtete sich als den legitimen Erben des Sokrates und schickte sich an, jene objektiven Maßstäbe für Recht und Gerechtigkeit zu bestimmen, die dieser zwar gefordert, aber nie definiert hatte. Wie Sokrates wusste er, dass es nicht mehr genügte, sich einfach auf die Tradition zu berufen, sondern dass es darum ging, das Recht rational zu begründen. Platon war ein konservativer Rationalist.

Platon als Erbe des Sokrates

Die Frage »Was ist Gerechtigkeit?« steht im Zentrum seines Hauptwerks *Politeia* (»Der Staat«). In Reaktion auf die sophistische Aufklärung entwickelt Platon darin eine Theorie der Polis, die die Frage nach der Begründung von Gerechtigkeit mit dem Entwurf eines Idealstaats beantwortet. In Platons politischer Philosophie wird also zum ersten Mal die Frage nach Gerechtigkeit mit der Frage nach der besten Staatsform verbunden.

Die Idee eines Idealstaats

Platon verstand jedoch unter Gerechtigkeit etwas anderes als wir heute. Gerechtigkeit war für ihn kein abstraktes Prinzip, das als Maßstab für politisches oder moralisches Handeln hätte dienen können, sondern eine konkret beschreibbare Ordnung. Dabei ging er von einer

Platons Prinzip der Gerechtigkeit

Analogie zwischen Mensch und Staat aus: Ein Mensch ist dann gerecht, wenn sich seine Seele in einer bestimmten Ordnung befindet, wenn die drei Seelenteile Vernunft, Willenskräfte und Triebe in einem richtigen Verhältnis zueinander stehen. Die Vernunft muss herrschen, den Willenskräften gehört der mittlere Platz, und die Triebe müssen sich beiden unterordnen. Genau in Analogie zu dieser Ordnung baut Platon seinen Staat auf: Er besteht aus drei Ständen: den Herrschern, den Wächtern, also dem Militär und den Ordnungskräften, sowie der arbeitenden Bevölkerung. Die Grenzen zwischen diesen drei Ständen dürfen nicht überschritten werden. Gerechtigkeit besteht darin, dass die Herrschaftsbeziehung zwischen ihnen unangetastet bleibt. Sie bedeutet also für Platon nicht Gleichheit der Menschen, sondern zementierte Ungleichheit. Dies verdeutlicht er durch seinen Gerechtigkeitsgrundsatz »Jedem das Seine«. Jeder Bürger hat den für ihn vorgesehenen Platz in der Standeshierarchie einzunehmen und nicht zu verlassen.

Stabilität als höchstes Ziel des platonischen Staates

Platons *Politeia* enthält kein bloßes Gedankenkonstrukt, sondern stützt sich auf empirische Vorbilder. Wie andere athenische Konservative blickte auch Platon mit viel Sympathie auf Sparta, der mit Athen rivalisierenden Polis. In Sparta hatte sich ein asketischer Militärstaat herausgebildet, in dem der Einzelne sich jederzeit der Gemeinschaft unterzuordnen hatte. Was Platon an Sparta faszinierte, war vor allem, dass sich ein straffes, hierarchisch geordnetes System über einen langen Zeitraum vor Veränderungen schützen konnte. Platon ging es ebenfalls darum, das Bild einer politischen Ordnung zu zeichnen, die vor Revolutionen und Veränderungen sicher war. Im Einklang mit seiner Metaphysik, in der er die ewige, unveränderliche Welt der »Ideen« der veränderlichen und trügerischen Sinnenwelt gegenüberstellte, wollte Platon illustrieren, wie ein Staat aussieht, in dem die Idee des Guten und der Gerechtigkeit verwirklicht und damit die endgültige Ordnung hergestellt ist.

Platon (427-347 v. Chr.)

Platon stammte aus einer der angesehensten adligen Familien Athens. Die Familientradition bestimmte ihn für eine Laufbahn in der Politik. Obwohl er politische Ambitionen nie ganz aufgegeben hat, wurde sein Leben doch durch die Begegnung mit Sokrates geprägt, der in Athen als philosophischer Lehrer auftrat. Die Hinrichtung des Sokrates im Jahre 399 v. Chr. nach einem politischen Prozess war die wohl tiefgreifendste Erfahrung seines Lebens. In den meisten seiner Dialoge lässt Platon Sokrates als Sprachrohr auftreten.

Seine Ideenlehre entwickelt er in zahlreichen dialogisch angelegten Schriften. Der Phaidon schildert den Tod des Sokrates und diskutiert die Unsterblichkeit der Seele. Gegenstand des Dialogs Symposion sind die Liebe und die Idee des Schönen. Seine Theorie der Philosophenkönige ist in seinem Hauptwerk Politeia entwickelt.

Nach dem Tod des Sokrates unternahm Platon Bildungsreisen nach Ägypten und, insgesamt dreimal, nach Syrakus auf Sizilien. Seine Versuche, sich dort als philosophischer Politikberater zu empfehlen, scheiterten jedoch: Einmal wurde er sogar als Sklave zum Verkauf angeboten und musste durch einen Freund freigekauft werden.

Im Anschluss an seine erste Reise nach Syrakus gründete er in Athen seine eigene philosophische Schule, die »Akademie«, die bis zum Jahr 526 bestand und Vorbild für die späteren Universitäten wurde. Die »Akademie« wurde auch zum Synonym für die Anhänger der platonischen Philosophie. Als Gründer und Leiter genoss Platon unter seinen Schülern eine fast religiöse Verehrung. Der bedeutendste aus Platons Akademie hervorgegangene Schüler war Aristoteles. Der Überlieferung zufolge ist Platon mit 81 Jahren auf einer Hochzeitsfeier in Athen gestorben.

2. Der beste Staat und seine Verfassung

Die Idee der Philosophenkönige Platons Staatsentwurf wird beherrscht von einem Misstrauen gegen das Volk. Damit es nicht zu einer Revolution und einer Herrschaft des Volkes wie in Athen kommen kann, hat Platon in sein Konzept einige Sicherungsmechanismen eingebaut. Sie betreffen vor allem die Erziehung, Ausbildung und die Lebensweise der beiden oberen Stände, der Herrscher und der Wächter. Es war eine in der Antike häufig vertretene Auffassung, dass ein Staat in der Regel durch den Sittenverfall der Herrschenden zugrundegeht. Die Schicht der Herrscher, denen diktatorische Vollmachten verliehen werden, sollte aus intellektuell und moralisch hochqualifizierten Männern bestehen, die in allen Wissenschaften, besonders aber in der Philosophie, der für Platon höchsten Wissenschaft, ausgebildet sind. In diesem Sinne fordert Platon, dass die Philosophen Könige sein sollen. Nur derjenige, so war die Überlegung Platons, sei befähigt zu herrschen, der auch aufgrund philosophischer Erkenntnis weiß, was Gerechtigkeit eigentlich ist. Für die Wächter fordert Platon nach spartanischem Vorbild eine asketische und gemeinschaftsorientierte Lebensweise, in der es keinen Privatbesitz, sondern nur Gemeinschaftsbesitz gibt. Heftige Diskussionen hat Platons These ausgelöst, dass im Wächterstand Männer und Frauen gleichberechtigt sein sollen und dass es dort auch keine festen Beziehungen und Eheverbindungen, sondern eine freie Gemeinschaft von Männern und Frauen geben solle. Auch die Kindererziehung, die für Jungen und Mädchen gleich ist, obliegt der Gemeinschaft und nicht den Einzelnen. Der Wächterstand ist ein Kriegerorden zum Zweck der Herrschaftssicherung, in dem individuelle Bedürfnisse im Dienst der Schlagkraft und Funktionsfähigkeit des gesamten Staates ausgeschaltet werden.

Totalitäre Züge des Staats bei Platon Die Herrschaftsausübung im platonischen Staat trägt ausgesprochen totalitäre Züge. Kunst und Erziehungsinhalte werden zensiert, die Bewegungsfreiheit der Bürger ist stark eingeschränkt. Einiges von dem, was in den faschistischen und kommunistischen Staaten des 20. Jahrhunderts Wirklichkeit wurde, ist hier bereits vorgedacht: dass nämlich nur eine optimistische Kunst geduldet wird, die die anerkannten Helden besingt und die Wehrbereitschaft fördert. Auch hat Platon in der *Politeia* und in seinem Dialog *Politikos* bereits Gedanken zu einer Eugenik, d.h. zu einer Rassezüchtung entwickelt, die garantieren sollte, dass sich die Schichten der Wächter und Herrscher immer wieder aus Menschen mit ausgewählt guten Erbanlagen rekrutieren, sodass kein sittlicher und intellektueller Verfall unter ihnen eintreten kann.

Platons *Politeia* ist der erste in der westlichen Philosophiegeschichte überlieferte Entwurf eines Idealstaates. Er hat nicht nur in den Staatsutopien der Renaissance Nachfolger gefunden, sondern ist, z. B. in der marxistischen Utopie einer klassenlosen Gesellschaft, bis heute einflussreich geblieben.

ARISTOTELES (384–322 v. Chr.), der berühmteste Schüler Platons, verwarf ebenso wie dieser die Ansicht der Sophisten, Gerechtigkeit sei eine Sache der bloßen Konvention und der Staat beruhe auf einer künstlichen, willkürlichen Vereinigung von Menschen. Auch er verknüpfte die Frage nach den Maßstäben für Gerechtigkeit mit der Frage nach dem besten Staat. Wie in allen Bereichen der Philosophie, so stützte er sich jedoch auch hier auf eine teleologische Erklärung. Der Mensch hat wie alle anderen Dinge sein »télos«, das in seiner Natur angelegte Entwicklungsziel. Aristoteles definierte den Menschen als »zoon politikon«, als ein auf das Zusammenleben in der Polis ausgerichtetes Wesen. Das Zusammenleben in einer staatlichen Gemeinschaft stellt also die natürliche Lebensform des Menschen dar, in der er sich erst als Mensch verwirklicht. In seiner Schrift *Politik* vergleicht Aristoteles die verschiedenen griechischen Verfassungen miteinander und versucht herauszufinden, welche Form der politischen Organisation der Natur des Menschen am besten entspricht.
<small>Der Mensch als Gemeinschaftswesen bei Aristoteles</small>

Anders als Platon lehnte er es jedoch ab, das Idealbild eines Staates zu entwerfen. Eine Polis kann nicht am Reißbrett konstruiert werden, sondern sie muss sich als eine natürliche Gemeinschaftsform von Menschen entwickeln.
<small>Staat als natürliche Gemeinschaftsform</small>

2. Der beste Staat und seine Verfassung

Sehr viel deutlicher als Platon war Aristoteles ein empirisch orientierter Philosoph, der die politische Vernunft nicht in einer unwandelbaren, für alle gleichen Ordnung sah. Der gerechte und beste Staat kann viele Gesichter haben, je nach den örtlichen und historischen Bedingungen. Die wichtigste Kritik, die Aristoteles am platonischen Staat übte, war, dass dort die Stände keine natürliche Gemeinschaft bilden, sondern durch Zwang zusammengehalten werden.

Für Aristoteles baut die Politik auf der Ethik auf. Das ethische Ziel eines selbstgenügsamen, tugendhaften Lebens, das nie in Extreme verfällt, übernimmt er für alle menschlichen Gemeinschaften. Dieses Ziel gilt erst einmal für die Verbindung zwischen Mann und Frau, dann aber auch für den »oikos«, den Haushalt einer griechischen Großfamilie, und schließlich für die Kolonie, die aus mehreren Häusern gebildete Siedlung. Es gilt aber insbesondere für die Polis, in der das natürliche menschliche Gemeinschaftsstreben sich vollendet. Der Staat muss aus den anderen menschlichen Gemeinschaftsformen hervorgehen und sie umfassen. Auch die Polis muss selbstgenügsam, d.h. autark sein. Es gibt über die Polis hinaus keine weitere, höhere Gemeinschaftsform.

Ablehnung der staatsbürgerlichen Gleichheit bei Aristoteles

Für die innere Verfassung einer Polis empfiehlt Aristoteles eine Mischform, die Elemente des Königtums, der Aristokratie und der Volksherrschaft vereinigt. Wie Platon setzt Aristoteles eine nach Ständen gegliederte Gesellschaft als natürlich voraus und lehnt die Gleichheit aller Bürger ab. Auch er begründet dies mit einer Analogie: So, wie es in der Natur überall ein leitendes und untergeordnetes Prinzip gibt, z.B. die Seele als regierenden und den Leib als regierten Teil im Menschen, so muss es auch im Staat eine natürliche Hierarchie geben. Die besitzlosen Stände, z.B. Bauern oder Lohnarbeiter, bleiben von der politischen Mitwirkung ausgeschlossen. Aristoteles gibt sich auch große Mühe, in diesem Sinne Argumente für die Natürlichkeit der Sklaverei zu finden, ein deutliches Zeichen dafür, dass die Institution der Sklaverei infolge der sophistischen Aufklärung nicht mehr kritiklos hingenommen wurde und einer Begründung bedurfte.

Aristoteles legt sich nicht auf eine bestimmte Staatsform fest. Wie in seiner Ethik, in der er ganz pragmatisch einen Weg der Mitte und des Maßes empfiehlt, so ist er auch mit Blick auf den Staat der Meinung, dass diejenigen Staaten am stabilsten sind, die eine überschaubare Größe haben und in denen die mittleren Stände eine möglichst große Rolle spielen. Aber auch die Monarchie, die Aristokratie und die Herrschaft der Mehrheit, die er Polisherrschaft oder »Politie« nennt, können gerechtfertigt und erfolgreich sein, wenn sie das Interesse aller anderen Stände mitberücksichtigen. Verselbständigt sich jedoch das Sonderinteresse der Herrschenden auf Kosten der anderen Stände, bestimmt Maßlosigkeit die politische Herrschaft, dann entstehen Verfallsformen der Herrschaft: Die Monarchie wird zur Tyrannis, die Aristokratie wird zur Oligarchie, also zu einer Cliquenherrschaft weniger, und die Politie entartet zur »Demokratie«, wenn sich ungezügeltes Freiheitsstreben gegen das Allgemeinwohl richtet. Für Aristoteles ist »Demokratie« also eine negative Form der Volksherrschaft, die er von der positiven Volksherrschaft, der Politie, abgrenzt.

Die Lehre von den Staatsformen

Aristoteles' empirischer Ansatz, seine intensive Diskussion der verschiedensten Staatsformen und seine These, dass eine Verfassung sich nach historischen und geographischen Besonderheiten richten müsse, hat auf die gesamte europäische Philosophie großen Einfluss ausgeübt und wurde u. a. in der Aufklärung von dem französischen Baron de Montesquieu wieder aufgenommen.

Hatten die Sophisten durch ihren Relativismus und ihre Infragestellung der traditionellen staatlichen Ordnung die politische Philosophie der Antike erst in Gang gesetzt, so hatte Sokrates auf dieses drängende Problem mit der Forderung nach einer rationalen Begründung von Gerechtigkeit als Grundlage des staatlichen Zusammenlebens geantwortet. Platon und Aristoteles, die beiden großen Theore-

Leistungen der antiken politischen Philosophie

tiker der klassischen griechischen Philosophie, nahmen dieses Programm auf und erweiterten es zu einer Lehre von der besten Polis. Mit Platons Staatsutopie einerseits und dem empirischen und pragmatischen Ansatz des Aristoteles andererseits wurden zwei unterschiedliche, aber höchst einflussreiche Traditionslinien in der westlichen Staatsphilosophie begründet. Die von beiden aufgeworfenen Fragen nach dem Zusammenhang zwischen der Natur des Menschen und dem Staat, nach den geeignetsten Herrschern und nach dem Verhältnis zwischen den gesellschaftlichen Ständen blieben für die Geschichte der politischen Philosophie bestimmend. Aber auch die von den Sophisten begonnene Diskussion um ein »Naturrecht« erlebte nicht nur bei den spätantiken Stoikern und den christlichen Philosophen des Mittelalters, sondern vor allem in der Aufklärung des 18. Jahrhunderts eine Renaissance.

Mit dem Entstehen hellenistischer Großreiche am Ende des 4. Jahrhunderts war das Ende der überschaubaren Poliswelt gekommen. Im Römischen Reich und den großen Flächenstaaten der Spätantike, die nicht mehr durch eine gemeinsame Kultur, Sprache und Religion zusammengehalten wurden, stellten sich auch für die politische Philosophie die Fragen auf eine neue Art.

3. Das gute Leben

Die antike Ethik und ihre Fortführung in der neuzeitlichen Moralistik

Unter dem Begriff »Ethik« verstehen wir heute denjenigen Teil der Philosophie, der sich mit moralischen Regeln und ihrer Begründung befasst. In der Antike jedoch, in der Frühzeit der philosophischen Ethik, standen weniger Regeln und Gebote als vielmehr die gesamte Persönlichkeit und die Lebensführung des Menschen im Vordergrund. Gefragt wurde nach den Charaktereigenschaften und Tugenden, die ein Mensch ausprägen muss, um ein »gutes«, d. h. ein gerechtes und glückliches Leben führen zu können. Unbestritten war dabei, dass die menschliche Natur selbst bereits die Anlage zu einem tugendhaften Handeln enthält und dass die Tugenden in diesem Sinne im »Einklang mit der Natur« stehen. Alle antiken Philosophen propagierten deshalb den Grundsatz: »Lebe in Übereinstimmung mit deiner Natur!« Eine Diskussion gab es jedoch darüber, worin die Natur des Menschen besteht und welche Tugenden ihr entsprechen.

Übereinstimmung mit der Natur als Ziel antiker Ethik

Einig waren sich die antiken Philosophen aber darin, dass moralisches und tugendhaftes Handeln von selbst zum Glück führt. Die gesamte antike Ethik war deshalb nicht nur eine Tugendlehre, sondern auch eine Glücks- und Weisheitslehre. Während die neuzeitliche Ethik von dieser Orientierung auf Tugend und Glück zunehmend Abstand nahm und sich vielmehr der Begründung moralischer Normen zuwandte, lebten die Themen der antiken Ethik in der Neuzeit in einer neuen Form der Sitten- und Verhaltenslehre, der sogenannten »Moralistik«, fort. Mit ihrer unsystematischen, gleichsam literarischen Art des Philosophierens entwickelte sie neben den großen philosophischen Theorien und Systemen eine eigene Tradition. Mit ausdrücklicher Berufung auf die Antike stand in der Moralistik das Thema des »guten Lebens«, also der

Fortsetzung der antiken Ethik in der Moralistik

dem Menschen angemessenen Lebensform, weiterhin im Mittelpunkt.

Der Mensch als Maß aller Dinge

Die antike Ethik begann mit der Aufklärungsbewegung der Sophisten. Sie unterzogen die von Religion und Tradition vorgegebenen Lebens- und Handlungsmuster erstmals einer kritischen Prüfung. Der bekannteste Sophist, PROTAGORAS (480–410 v. Chr.), stellte die revolutionäre These auf: »Der Mensch ist das Maß aller Dinge.« Damit lagen die Maßstäbe menschlichen Handelns im Menschen selbst, in seiner Fähigkeit zu rationaler Überlegung und Entscheidung und nicht in mythischen oder religiösen Vorstellungen. Allerdings gingen die Sophisten in ihrer Kritik an der Tradition sehr weit: Sie behaupteten nämlich, buchstäblich alle Handlungsregeln seien im Grunde nur Konventionen oder Regeln, die aus Nützlichkeitszwecken aufgestellt werden. Die Sophisten identifizierten das Gute damit mit dem jeweils Nützlichen. Absolut geltende Normen erkannten sie nicht an. Sie vertraten also einen Relativismus. Dementsprechend hat jede Handlungsregel nur eine gesellschaftlich und geschichtlich begrenzte Geltung.

»Tugend ist Wissen« bei Sokrates

Wie die Sophisten stellte SOKRATES (469–399 v. Chr.) den Menschen und sein Handeln in den Mittelpunkt seines Philosophierens. Er war es, der die Frage der Definition moralischer Tugenden aufwarf. Für ihn war tugendhaftes Handeln in einer ähnlichen Art erlernbar wie der Beruf des Arztes, und wie die Sophisten glaubte er, dass tugendhaftes Handeln sich nicht von selbst versteht. Entsprechend lautete sein Grundsatz: »Tugend ist Wissen«. Sokrates vertrat somit einen ethischen Intellektualismus, d. h. eine Position, die das moralisch richtige Handeln als direkte Folge von Erkenntnis sieht.

Das Ideal des Weisen

In einem anderen Punkt allerdings setzt sich Sokrates von den Sophisten ab. Er argumentiert gegen einen Relativismus in der Ethik, d. h. er glaubt, dass es objektive und unveränderliche Maßstäbe für tugendhaftes Handeln geben muss. Er leugnet die sophistische These, dass sich das Gute auf das Nützliche, auf das, was den eigenen Interessen entspricht, reduzieren lässt. Was z. B. Tapferkeit oder Besonnenheit ist, muss in einer allgemeingültigen Definition formuliert werden können. Genau nach solchen Definitionen fragt Sokrates seine Gesprächspartner. Allerdings enden die sokratischen Gespräche, die Platon in seinen frühen Dialogen übermittelt hat, regelmäßig in einer Aporie bzw. in der Sackgasse eines unauflöslichen Widerspruchs. Sokrates hat jedoch durch seine These, dass Tugend lehrbar ist, die Ausarbeitung systematischer ethischer Theorien vorbereitet. Auf die spätantiken hellenistischen Philosophenschulen hat er vor allem als Vorbild des antiken »Weisen« gewirkt, der auch im Angesicht des Todes seine Haltung der inneren Unabhängigkeit und Souveränität wahrt und somit in Übereinstimmung mit sich und den eigenen moralischen Maßstäben bleibt.

Der Gedanke, dass tugendhaftes Handeln objektiven Maßstäben folgen müsse, steht auch im Mittelpunkt des Werkes von PLATON (427–347 v. Chr.), der in den Sophisten seine Hauptgegner sah. Anders als sein Lehrer Sokrates hat er seine Ansichten in mehreren Schriften festgehalten – allerdings beschäftigt sich keine dieser Schriften ausschließlich mit ethischen Fragen. Platon hat die Ethik noch nicht als ein eigenständiges philosophisches Gebiet verstanden.

Die Frage nach den objektiven Handlungsmaßstäben beantwortet Platon mit dem Verweis auf die Welt der Ideen. Die wichtigste platonische Idee, die »Idee des Guten«, ist Vorbild und Abbild für alles Gute, also für alle guten Handlungen und Dinge, die wir erfahren oder denen wir nachstreben. Sie ist der unbedingt geltende, immer gleiche objektive Maßstab für tugendhaftes Handeln. Auch Platon vertritt also einen ethischen Intellektualismus. Aus der These des Sokrates »Tugend ist Wissen« macht er »Tugend ist Wissen als Erkenntnis der Idee des Guten«. *Platons Idee des Guten*

Unter den zahlreichen, von Sokrates hinterfragten Tugenden erhob Platon vier, nämlich Weisheit, Tapferkeit, Besonnenheit und Gerechtigkeit, zu »Kardinaltugenden«. Als solche haben sie die gesamte antike, aber auch die *Die vier Kardinaltugenden*

Sokrates (469–399 v. Chr.)

Sokrates wurde 469 v. Chr. in Athen geboren und verbrachte dort fast sein gesamtes Leben. Als Sohn eines Bildhauers und einer Hebamme erlernte er zunächst das Handwerk seines Vaters. Seiner Heimatstadt diente er in mehreren Einsätzen als Soldat, so auch im Peloponnesischen Krieg (431–404 v. Chr.), in dem er sich nach Aussagen von Zeugen durch besondere Tapferkeit auszeichnete. Wie seine Zeitgenossen, die Sophisten, trat Sokrates in den Straßen und Plätzen von Athen auf und führte philosophische Lehrgespräche. Allerdings nahm er dafür kein Geld (er war auch unabhängig, da er ein kleines Vermögen geerbt hatte) und hinterließ keine Schriften. Es ging dabei meist um die Definition moralischer Tugenden wie »Gerechtigkeit«, »Frömmigkeit« oder »Tapferkeit«. Überliefert sind uns diese Gespräche durch die frühen Dialoge Platons, der zum Schülerkreis des Sokrates zählte.

Die Hebammenkunst seiner Mutter – die sogenannte »Maieutik« – war ihm Vorbild für seine Gesprächstaktik: Durch geschicktes Fragen sollten die im Dialogpartner schlummernden, aber ihm selbst verborgenen Einsichten ans Licht gebracht werden. Anstatt »definitive« Antworten zu geben, endeten die »sokratischen« Gespräche jedoch oft in unlösbaren Widersprüchen.

Im Jahr 399 wurde Sokrates angeklagt, die religiösen Gesetze der Stadt verletzt zu haben. Platons Schrift Apologie enthält die Verteidigungsrede des Sokrates, der alle gegen ihn vorgebrachten Vorwürfe abstreitet. Nach seiner Verurteilung stellte man ihn vor die Wahl, entweder ins Exil zu gehen oder den Schierlingsbecher zu nehmen. Sokrates wählte den Tod durch Gift und starb, wie im Dialog Phaidon geschildert, in großem Gleichmut im Kreis seiner Schüler.

mittelalterliche Ethik stark beeinflusst. Bei Platon selbst erhalten sie ihre inhaltliche Bestimmung aber erst in der Ordnung des idealen Staates, wie er sie in seinem Hauptwerk *Politeia* entwirft. Tugendhaft zu handeln bedeutet für den Menschen, den ihm vorgegebenen Platz in der Polisgemeinschaft auszufüllen. In der Praxis wird also tugendhaftes Handeln mit sozial nützlichem, für den Staat dienlichem Handeln identifiziert. Weisheit bedeutet, den Vernunftanteil der Seele auszuprägen und anzuwenden. Sie ist vor allem für die herrschende Schicht der Philosophenkönige von Bedeutung. Tapferkeit hingegen betont den Willensanteil der Seele und appelliert besonders an die Schicht der Wächter und Soldaten. Besonnenheit charakterisiert eine Haltung des rechten Maßes im Handeln und in der Befriedigung sinnlicher Begierden. Gerechtigkeit ist schließlich eine »Übertugend«, die alle anderen Tugenden in einer Art Seelenordnung miteinander verbindet. Im Gegensatz zu Weisheit und Tapferkeit gelten Besonnenheit und Gerechtigkeit für alle Stände.

Auffallend ist, dass die herrschende Klasse in Platons Staat streng besitzlos und asketisch leben soll. Ebenso wie die geistige Welt der Ideen höhersteht als die materielle Welt der sinnlichen Erfahrung, wird auch einer asketischen, der Philosophie gewidmeten Lebensform ein generell höherer Wert zuerkannt als einer Lebensform, in der sinnliche Genüsse geschätzt werden. Platons Tugendlehre ist letztlich sinnenfeindlich.

ARISTOTELES (384–322 v. Chr.) ist der erste Philosoph, der die Ethik als eigenständiges Gebiet behandelt und zu diesem Zweck mehrere Werke verfasst hat, nämlich die *Eudemische Ethik*, die *Große Ethik* und vor allem die *Nikomachische Ethik*, seine bekannteste und einflussreichste ethische Schrift. Auch sie ist ein Werk der Tugend- und Weisheitslehre.

Nach Aristoteles strebt jeder Mensch von seiner Natur aus nach Glück. Das Problem ist, dass wir erkennen müssen, welches Handeln zum Glück führt. Auch Aristoteles

Die Charaktertugenden bei Aristoteles

führt also das sokratische Programm »Tugend ist Wissen« fort. Anknüpfend an Platons Tugend der Besonnenheit versteht er die ethischen oder Charaktertugenden jeweils als Mitte zwischen zwei Extremen. Tapferkeit z. B. ist für Aristoteles die Mitte zwischen Feigheit und unbesonnener Tollkühnheit, Großzügigkeit ist die Mitte zwischen Geiz und Verschwendung, und Hochsinnigkeit steht zwischen törichter Selbstüberschätzung und falscher Bescheidenheit. Diese ethischen Tugenden verwirklichen sich für ihn wie für Platon in der Gemeinschaft der Polis. Daher bezeichnet er den Menschen ausdrücklich als soziales Wesen, also als ein Wesen, das seine Anlagen nur in der Gemeinschaft vollständig verwirklichen kann. Ähnlich wie Platons Kardinaltugenden auf die Stände seines idealen Staats bezogen sind, gelten die Charaktertugenden des Aristoteles, z. B. Tapferkeit und Großzügigkeit, für diejenigen, die in einer Polis zu den Besitzenden zählen, dort Verantwortung tragen und auch zum Waffendienst verpflichtet werden. Die Erörterung von Charaktertugenden dieser Art hat auch in der von Aristoteles begründeten peripatetischen Schule eine große Rolle gespielt, z. B. in den *Charakteren* seines Schülers und Nachfolgers Theophrast (372–287 v. Chr.).

Drei Formen des Glücks

Doch mit der Erörterung der ethischen Tugenden ist nach Aristoteles die Frage nach dem Glück noch nicht endgültig beantwortet. Hierzu ist vielmehr ein Blick auf die typischen Lebensformen notwendig: Jede Lebensform hat ihre eigene Form des Glücks, wobei die Lebensformen nicht gleichwertig sind und es entsprechend höherwertige und niederwertige Formen des Glücks gibt. Aristoteles unterscheidet zwischen einem dem Genuss gewidmeten Leben, einem politisch engagierten Leben im Dienst des Staates und einem Leben, das sich der Beschäftigung mit geistigen Dingen, insbesondere der Philosophie widmet. Dem entsprechen drei Formen des Glücks, nämlich: Glück als Lust oder Genuss, Glück als weltlicher Erfolg und Glück als Weisheit. Die letztere Form ist für Aristoteles die höchste Form des Glücks. Um sie zu erreichen, bedarf es der Übung in den sogenannten »dianoethischen« Tugenden, den Tugenden des Geistes, die höherstehen als die ethischen Tugenden. Wie Platons Kardinaltugend der Weisheit dienen sie der Pflege unserer rationalen Fähigkeiten, z. B. im Umgang mit Wissenschaft und Kunst. Vor allem aber in dem von äußeren Zwängen und Nützlichkeitserwägungen freien philosophischen Nachdenken liegt für Aristoteles die eigentliche Weisheit und damit zugleich die höchste Form des Glücks. Wie bei Platon wird den sinnlichen Genüssen ein ethisch niederer Rang zugewiesen.

Mit dem Tod des Aristoteles und der Verbreitung der griechischen Sprache durch das Weltreich Alexanders des Großen hatte auch für die Philosophie eine neue Epoche begonnen. Nach der Periode der griechischen Klassik mit ihren großen Vertretern Sokrates, Platon und Aristoteles brach nun die Zeit der hellenistischen Philosophenschulen an. Diese Schulen setzten sich auch im Römischen Reich fort, ein Grund dafür, dass man von einer römisch-hellenistischen Philosophie sprechen kann.

Für die Ethik hat diese Epoche eine besondere Bedeutung: Niemals zuvor und niemals danach war die Philosophie so sehr auf das praktische Handeln des Menschen ausgerichtet. Die Beschäftigung mit Philosophie insgesamt, also auch mit Logik und Metaphysik, diente dazu, den Menschen zu einem glücklichen Leben zu führen. In einer Zeit, in der die alten Polisstaaten zugunsten riesiger, despotisch regierter Flächenstaaten verschwanden, richtete sich das Interesse der Ethik stärker als zuvor auf die jeweilige Gestaltung privater Lebensformen. Der Wahlspruch des Epikur »Lebe im Verborgenen!« ist dafür ein Beleg.

Schwerpunkte der römisch-hellenistischen Ethik

Die hellenistischen Philosophen nahmen dabei vieles von dem auf, was die griechische Klassik bereits vorgedacht und entwickelt hatte. Sokrates galt wegen seiner Lebenspraxis als Beispiel für Tugend schlechthin. Die bedürfnislose, asketische Lebensführung, die Platon den Herrschern in seinem idealen Staat vorschrieb, wurde ebenso übernommen wie die These des Aristoteles, dass der Mensch von Natur aus nach Glück strebt. Alle wichtigen Tugend- und

Weisheitslehren des Hellenismus waren weiterhin Glückslehren, d. h. sie vertraten einen Eudämonismus (von griech. »eudaimonia« = Glück).

Zustand der Seelenruhe als Handlungsziel

Die verschiedenen Philosophenschulen haben diesem Glückszustand jeweils verschiedene Namen gegeben. Die Skeptiker und Epikureer nannten ihn »ataraxia«, d. h. Seelenruhe, die Stoiker »apathia«, also Abwesenheit von Affekten. Gemeint ist jeweils immer etwas sehr Ähnliches: ein Zustand, in dem der Mensch nicht von Leidenschaften und Affekten bedrängt wird, in dem er das, was er erreichen kann, erreicht hat und von anderen Bedürfnissen und Leiden nicht berührt wird. In ihm verwirklicht sich die Haltung des »Weisen«, für den Sokrates als Vorbild galt. Die wichtigsten hellenistischen Philosophenschulen, die eine solche Weisheitslehre entwickelten, waren die Kyniker, die Epikureer, die Stoiker und die Skeptiker.

Die Kyniker (von griech. »kyon« = Hund) waren insgesamt theoriefeindlich. Doch »Zyniker« in unserem heutigen Sinne waren sie nicht. Mit ihrer asketischen Haltung, ihrer Kritik am materiellen Konsum, mit ihrem selbstgenügsamen, naturgemäßen Leben gaben sie vielen nachfolgenden Schulen ein Beispiel.

Alternative Lebenshaltung der Kyniker

Begründet wurde diese Richtung von ANTISTHENES (444–368 v. Chr.), einem Anhänger des Sokrates. Ihren Namen erhielt sie jedoch von ihrem bekanntesten Vertreter, DIOGENES VON SINOPE (412–323 v. Chr.), der in einer Tonne lebte, die einer Hundehütte glich. Diogenes knüpfte ganz praktisch an sein Vorbild Sokrates an: Wie dieser schrieb er keine Bücher, sondern demonstrierte durch seine Lebensführung, dass der glückliche Mensch vom Besitz materieller Güter unabhängig ist. Doch Diogenes ähnelte eher einer Karikatur des Sokrates. Ihm ging es nicht um Tugend als Wissen, als Erkenntnis objektiver Maßstäbe des Handelns. Er wollte nicht argumentieren, sondern durch seine konsumfeindliche und individualistische Haltung den Gegensatz zwischen Zivilisation und einem »natürlichen« Leben provokativ demonstrieren.

Das Schicksal, von der Nachwelt missverstanden und bewusst fehlinterpretiert zu werden, teilen die Kyniker vor allem mit den Epikureern. Zwar waren die Anhänger des EPIKUR (341–271 v. Chr.) »Hedonisten« (nach griech. »hedoné« = Lust), weil sie Lust als das Ziel menschlichen Handelns bestimmten. Doch reine Genussmenschen im heutigen Sinne waren sie nicht. Epikur lehrte, wie fast alle antiken Weisheitslehrer, das naturgemäße Leben, dessen Erfüllung Glück bedeutet. Mit seiner Verknüpfung von »Glück« und »hedoné« grenzte sich Epikur aber von einer sinnenfeindlichen Tugendlehre ab, wie sie in der klassischen griechischen Philosophie, z. B. von Platon, vertreten wurde. Doch »hedoné«, das im Deutschen auch mit »Freude« übersetzt wird, meint nicht den triebgesteuerten Sinnengenuss, sondern eine moderate, vernunftkontrollierte Befriedigung natürlicher Bedürfnisse und zugleich die Abwesenheit von Schmerz und Not. Als natürliche Bedürfnisse gelten z. B. das Verlangen nach Nahrung und Kleidung, unnatürliche Bedürfnisse sind dagegen solche, die der Mensch künstlich erzeugt. Dazu zählt all das, was wir heute als Luxusgüter bezeichnen würden. Aber auch die natürlichen Bedürfnisse sind nicht alle notwendig. So ist das geschlechtliche Bedürfnis für Epikur zwar natürlich, aber nicht notwendig, da man auch ohne Sex ein zufriedenes Leben führen könne. Lediglich die notwendigen Bedürfnisse wie die nach Essen, Kleidung oder Schlaf sind für die Erlangung des Glücks von Bedeutung. Ihre Erfüllung ist aber nach Epikur jederzeit problemlos möglich. Wahre und dauerhafte Lust findet man also in der Beschränkung auf die lebensnotwendigen Bedürfnisse, während die Erfüllung der nicht notwendigen Bedürfnisse weniger Freude als vielmehr Überdruss oder Krankheit zur Folge hat.

Das Glück, zu dem eine solche »hedonistische« Lebensweise führt, unterscheidet sich nicht wesentlich von der Vorstellung von Glück der anderen hellenistischen Philosophenschulen, obwohl diese Epikur wegen angeblicher Ausschweifungen heftig angriffen. Epikur wählte für

Epikurs vernunftbestimmter Hedonismus

3. Das gute Leben

sich den Begriff »ataraxia« und meinte damit einen Zustand des Seelenfriedens, der frei von Furcht, Sorge und Unruhe ist. Vor allem sollen wir uns nicht vom Tod beunruhigen lassen, weil wir auf diesen ohnehin keinen Einfluss nehmen können. Denn, so Epikur, wenn *wir* sind, ist der Tod nicht, und wenn der *Tod* ist, sind wir nicht mehr. Der Mensch soll sich nicht um das sorgen, was außerhalb seiner Handlungs- und Erkenntnismöglichkeiten liegt.

Glück als »Apathie« bei den Stoikern

Einige der heftigsten Angriffe gegen die Epikureer kamen von den Stoikern. Gründer der stoischen Schule war der aus Zypern stammende Philosoph ZENON (333–262 v. Chr.). Er hielt Vorträge in der »stoa poikile«, der »Bunten Säulenhalle« im Zentrum Athens, nach der schließlich die Schule ihren Namen erhielt. Sein wichtigster Grundsatz lautete: »Lebe einstimmig!« Er entspricht inhaltlich der in der antiken Philosophie verbreiteten ethischen Forderung: »Lebe in Übereinstimmung mit deiner Natur!« Auch Epikur hätte ihm zugestimmt. Wie Epikur glaubten auch die Stoiker, dass der Mensch keine Zwecke verfolgen soll, die außerhalb seiner Möglichkeiten liegen, denn ansonsten stellt er sich unter den Druck unerfüllter Triebe und wird unglücklich. Solche unerfüllten, den Menschen quälenden Triebe nennen die Stoiker »Affekte«. Unglück besteht somit in der Abhängigkeit von Affekten, Glück in der Abwesenheit derselben. Das griechische Wort für Affekt ist »pathos«, ein Begriff, der charakteristischerweise auch »Krankheit« bedeutet. »Apathie« als Abwesenheit von Affekten beschreibt entsprechend die Glücksvorstellung der Stoiker und ist das Ziel stoischer Weisheitslehre. Diesen Zustand erreicht man dadurch, dass man nur realisierbaren Wünschen und Bedürfnissen Einfluss auf das eigene Handeln einräumt. Anders ausgedrückt: Der Mensch soll lernen, sich nur »vernünftige« Zwecke zu setzen. Ein solches Handeln ist gleichzeitig ein »naturgemäßes« Handeln. Das gute Leben orientiert sich wie bei Epikur an den menschlichen Grundbedürfnissen und respektiert die dem Menschen gesetzten natürlichen Grenzen. Vertreter der späten Stoa wie SENECA

(4 v. Chr. – 65 n. Chr.), EPIKTET (55–138 n. Chr.) und MARC AUREL (121–180 n. Chr.) haben zum Teil die Gemeinsamkeiten ihrer Auffassungen mit den Epikureern ausdrücklich betont.

Die Skeptiker oder Pyrrhoneer, wie sie nach ihrem Gründer PYRRHON (360–270 v. Chr.) genannt werden, leiteten ihre Ethik aus ihrer Erkenntnistheorie ab. Im Gegensatz z. B. zu den Anhängern Epikurs oder zu den Stoikern, die beide daran glaubten, dass uns die Sinneswahrnehmung zu einer richtigen Erkenntnis der Welt führt, hielten sie jede Erkenntnis für vorläufig und relativ. Die Haltung, die nach Ansicht der Skeptiker der Unerkennbarkeit der Welt angemessen ist, ist die der »Enthaltung«, des Abstandnehmens von jedem Erkenntnisstreben und Handeln. Nur diese Enthaltung führt zur Seelenruhe. »Alle Unglückseligkeit entsteht durch irgendeine Beunruhigung«, heißt es bei SEXTUS EMPIRICUS (200–250 n. Chr.), dessen Schrift *Pyrrhonische Grundzüge* das bedeutendste uns erhaltene Zeugnis der pyrrhonischen Schule ist.

Prinzip des »Nichthandelns« bei den Skeptikern

Das Ziel der Seelenruhe teilen die Skeptiker mit den meisten hellenistischen Philosophenschulen, doch lehnten sie, anders als die Epikureer und Stoiker, eine ethische Erziehung und ein bewusstes Streben nach Glück ab. Ihre Haltung des »Nichthandelns« ist derjenigen der Buddhisten und Taoisten ähnlich: Man soll überhaupt nichts erstreben, sondern die Welt loslassen, ihr mit Distanz und Gelassenheit entgegentreten. Da striktes Nichthandeln aber als praktisch undurchführbar angesehen wurde und die Skeptiker es ablehnten, sich bewusst für bestimmte Werte oder Lebensformen zu entscheiden, empfahlen sie, den in der Gesellschaft üblichen Konventionen zu folgen, sich aber gleichzeitig die innere Unabhängigkeit zu bewahren.

Betrachtet man den Kern dessen, was die hellenistischen Tugend- und Weisheitslehren als Richtlinien für das menschliche Handeln empfehlen, ergibt sich das vergleichsweise einheitliche Bild einer »philosophischen«

Die philosophische Lebensform der Antike

Lebensform. Sie beinhaltet eine innere Distanz zur Welt, eine gelassene Unabhängigkeit gegenüber allen äußeren Einflüssen und einen nur sehr mäßigen Konsum materieller Güter bis hin zur Askese. Das Glück liegt danach in einem inneren Zustand der Seelenruhe und Bedürfnislosigkeit.

Im christlich geprägten Mittelalter wurden weltliche Glücks- und Weisheitsvorstellungen im Vergleich zum Glauben abgewertet. So wurden auch die antiken Kardinaltugenden den neuen christlichen Tugenden »Glaube, Liebe, Hoffnung« untergeordnet. Das »gute Leben« erfüllte sich für die mittelalterlichen Theologen und Philosophen erst im Jenseits.

Das Ideal des »Weltmanns« in der Moralistik

Erst mit der Wiederaufwertung des Diesseits und der gleichzeitigen Rückbesinnung auf die Antike im Humanismus der frühen Neuzeit lebten die Fragen der antiken Ethik in der »Moralistik« (von lat. »mores« = Sitten, Lebensformen), einer neuzeitlichen Form der Sitten- und Weisheitslehre, wieder auf. Allerdings vertraten die Moralisten, im Gegensatz zur Antike, ein eher skeptisches oder pessimistisches Menschenbild. Ihr Ideal vom »guten Leben« verkörpert nun der innerlich autonome, souverän auftretende Weltmann, der sich von den Trieben, den Intrigen und dem Machtstreben seiner Mitmenschen abschirmen kann.

Montaignes »Essais«

Als Begründer der neuzeitlichen Moralistik gilt MICHEL DE MONTAIGNE (1533–1592). Mit seinen, in einer freien, unsystematischen Weise entstandenen *Essais* (1580–1588), d.h. »Versuche«, begründete er gleichzeitig eine neue literarische Form. Vorbilder für diese Form gab es in den Briefen und Kurzabhandlungen hellenistischer Philosophen, so z.B. in den *Briefen an Lucilius* des Stoikers Seneca. Aber auch inhaltlich knüpft Montaigne an die hellenistischen Philosophenschulen an. Anders als das Christentum hält er den Menschen nicht für die Krone der Schöpfung, sondern für ein »Mängelwesen«, das den Tieren in vielen Bereichen unterlegen ist. Seine Instinkte funktionieren nicht mehr, und auch seine Vernunft ist nicht zu sicheren Erkenntnissen fähig. Was dem Menschen bleibt, ist, seine Natur anzunehmen und sich in seinen Grenzen einzurichten.

Ansonsten übernimmt er in seinem Denken Elemente sowohl der skeptischen als auch der stoischen und sogar der epikureischen Philosophie, obwohl er sich gegenüber Epikur selbst negativ äußert. So knüpft er an die Glücksvorstellung der »Seelenruhe« an. Auch ihm geht es um eine innere Autonomie des Menschen, die es ihm ermöglicht, sich gegenüber den Ansprüchen der Welt und den Forderungen der eigenen Bedürfnisse auf Distanz zu halten. In seinen konkreten Lebensvorstellungen ist er sogar Epikur näher als den Stoikern: Er tritt für eine lockere und entspannte Lebenshaltung ein. Der Mensch soll bequem leben, ohne in Luxus zu verfallen, er soll sich nicht mit spitzfindigen theoretischen Fragen abgeben und kein Prinzipienreiter sein. Dem Tod gegenüber befürwortet er eine Haltung, die diesen weder ignoriert noch dramatisiert. Der Tod gehört für ihn wie Krankheit und Leiden zu den natürlichen Gegebenheiten, mit denen man sich während seines Lebens vertraut machen soll. Wie die Skeptiker trat Montaigne für eine äußerliche Anpassung an religiöse und gesellschaftliche Konventionen ein, um keinen unnötigen Konflikt mit der Umwelt heraufzubeschwören. Sein Lebensideal ist ein äußerlich angepasstes, unauffälliges Leben, in dem man sich der Pflege von Freundschaften, der Lektüre und dem entspannten Lebensgenuss widmen kann. Steht Montaigne erkenntnistheoretisch den Skeptikern nahe, so ist er lebenspraktisch ein Hedonist.

Einflüsse der antiken Ethik bei Montaigne

In den Schriften des spanischen Jesuitenpaters BALTASAR GRACIÁN (1601–1658) wandelt sich Montaignes entspannter Skeptizismus und Hedonismus zu einem düsteren Pessimismus. Gracián schrieb unter den gesellschaftlichen Bedingungen der katholischen Inquisition und der absoluten Monarchie, in der abweichende Meinungen und Kritik gefährliche Folgen nach sich ziehen konnten. Auch Graciáns eigene Werke, wie die Aphorismen des *Hand-*

Desillusionierung und »Diskretion« bei Gracián

Michel de Montaigne (1533–1592)

Michel de Montaigne stammte aus einer Kaufmannsfamilie, die es zu Wohlstand gebracht hatte und vom französischen König geadelt worden war. Geboren auf dem Schloss Montaigne in der Nähe von Bordeaux, genoss er eine ungewöhnlich gute humanistische Erziehung und studierte Rechtswissenschaften in Bordeaux und Toulouse. Er trat in die Fußstapfen seines Vaters und nahm im Laufe seines Lebens mehrmals politische Ämter an, so u. a. das des Parlamentsrats und des Bürgermeisters von Bordeaux.

Das entscheidende Erlebnis seiner jungen Jahre war der Tod seines engsten Freundes Étienne de La Boëtie, der ihn veranlasste, sich ab 1570 im Turm seines Schlosses vornehmlich der Lektüre und seinen Studien zu widmen. In den nächsten 20 Jahren entstanden, aus Zitatsammlungen und persönlichen Notizen, seine berühmten Essais (1580–1588), die er immer wieder ergänzte und erweiterte. Die Erstausgabe von 1580 nahm er mit auf eine ausgedehnte Reise und überreichte sie in Rom dem Papst. Erst 1774 erschien postum sein Tagebuch einer Reise durch Italien, die Schweiz und Deutschland in den Jahren 1580 und 1581.

In einer Zeit der religiösen Bürgerkriege in Frankreich versuchte Montaigne, der am traditionellen Glauben festhielt, zwischen den Fronten der katholischen und protestantischen Partei zu vermitteln. So hatte er auch engen Kontakt zu dem Führer der Protestanten und späteren König Heinrich von Navarra bzw. Henri IV. (1553–1610). Mehrmals musste er auch sein ganzes diplomatisches Geschick aufwenden, um die Zerstörung seines Schlosses zu verhindern. Er entging jedoch einem gewaltsamen Tod und starb am 13. September 1592 nach einem Schlaganfall.

orakel (1647) oder der allegorische Roman *Kritikon* (1651–1657), mussten aus Furcht vor der Inquisition anonym veröffentlicht werden. Graciáns Moralistik ist eine Anleitung zum Überleben, vornehmlich im Umkreis des Hofes und der politischen Macht. Die Maßstäbe des guten Lebens werden nun noch weniger in der Natur des Menschen, sondern in der Erfahrung des gesellschaftlichen Lebens gefunden.

Wie für Montaigne liegt auch für Gracián Glück in der Autonomie des Menschen, in der Fähigkeit, die Fäden des eigenen Lebens in der Hand zu behalten und nicht Sklave von Ansprüchen zu werden, die von außen an einen herangetragen werden. Doch nimmt dieses Glück bei Gracian eher die Form einer siegreich bestandenen Schlacht an, da er den Menschen in beständiger Auseinandersetzung mit einer feindlichen Umwelt sieht. Der Lebensweg des Menschen ist für ihn nämlich ein Prozess der Desillusionierung. Hinter den menschlichen Tugenden stehen in der Regel Laster und Eigennutz, Intrigen und Verrat. Für Gracián ist ein »gutes Leben« nur dann möglich, wenn der Mensch gelernt hat, sich in einer von Intrigen und Machtstreben bestimmten Umwelt zu bewegen, ohne ihr Opfer zu werden. Es kann nur durch eine Taktik der systematischen Tarnung, des Verbergens der wahren Absichten erreicht werden. Graciáns Lebensideal ist »il discreto«, der »kluge Weltmann«, der zwischen Sein und Schein zu unterscheiden gelernt hat. »Diskretion« ist dabei jene Haupttugend, mit deren Hilfe der Weltmann entscheiden kann, wann er sich anpassen muss, wem er sich anvertrauen darf und wann er sich entziehen muss. Anders als bei Montaigne ist von einem entspannten Lebensgenuss bei Gracián keine Rede mehr.

Montaignes Skeptizismus und Graciáns Pessimismus wirkten vor allem in Frankreich weiter fort, dort, wo die Moralistik im 17. und 18. Jahrhundert ihren Höhepunkt erreichte. Unmittelbar von Gracián beeinflusst sind die *Maximen und Reflexionen* (1665) des französischen Aristokraten FRANÇOIS DE LA ROCHEFOUCAULD (1613–1680). Auch La Rochefoucauld zeigte eine desillusionierte Sicht der Gesellschaft und der Welt, und wie Gracián vertrat er ein pessimistisches Menschenbild. Für ihn ist in der Regel jedes menschliche Handeln, auch dann, wenn es nach außen hin ehrenvoll oder tugendhaft erscheint, vom »amour-propre«, von der Eigenliebe und vom Eigennutz bestimmt.

Der »honnête homme« La Rochefoucaulds

Auch La Rochefoucauld entwirft in seinen Aphorismen eine Klugheitslehre, die sich an den Verhältnissen der höheren Gesellschaft im Umkreis des Hofes orientiert. Der kluge Weltmann ist für ihn der »honnête homme«, der vielseitig gebildete und gewandte Ehrenmann. »Honnêteté«, »Ehrenhaftigkeit«, ist jedoch keine reine aristokratische Standesehre mehr. Sie ist eine allgemeine Haltung, die man gegenüber der Gesellschaft und der Welt einnimmt. Sie beinhaltet Aufrichtigkeit, aber auch die Kunst der geistvollen und höflichen Konversation, und sie meint ein unauffälliges, aber zugleich souveränes Auftreten. Der »honnête homme« La Rochefoucaulds ist mit dem »discreto« Gracians verwandt, aber nicht identisch: Seine Haltung gegenüber der Welt ist offener und zugänglicher.

Verbindung von Klugheit und Tugend bei La Bruyère

JEAN DE LA BRUYÈRE (1645–1696) entwarf in Anlehnung an die gleichnamige Schrift des Aristoteles-Schülers Theophrast in seinen *Charakteren* (1688) ein satirisches Sittenbild des Menschen und der zeitgenössischen Gesellschaft. Ebenso wie La Rochefoucauld ging es ihm darum, die schwachen Seiten der menschlichen Natur zu entlarven. Bei La Bruyère stellt der »honnête homme« aber kein uneingeschränktes Ideal mehr dar. Der kluge Mann von Welt ist bei ihm auch gleichzeitig ein moralisch tugendhafter Mensch, der gegenüber sozialer Not Mitgefühl zeigt, dem Müßiggang entsagt und sich nützlichen Tätigkeiten widmet. Das geistvolle und geschickte Auftreten in der Gesellschaft bleibt für La Bruyère zwar immer noch wichtig, doch dies alleine genügt nicht mehr. Den gesellschaftlich-höfischen Tugenden werden nun die »natürlichen« Tugenden an die Seite gestellt.

Damit setzt eine Entwicklung ein, die für die französische Moralistik des 18. Jahrhunderts bestimmend wird. Die allgemein akzeptierten Verhaltensnormen der gehobenen Gesellschaft werden bei den Nachfolgern La Bruyères immer weniger als Modell akzeptiert. Im Gegenteil: Im 18. Jahrhundert wird die Gesellschaft als der Bereich gesehen, in dem Schein und Künstlichkeit herrschen. Deshalb wird immer weniger der strategisch kluge, sich in der Gesellschaft mit Diskretion und Geschick durchsetzende Mensch zum Leitbild, sondern der Mensch des »common sense«, des allgemeinen Menschenverstandes und der natürlichen Menschlichkeit, der sich von der Gesellschaft distanziert.

Einflüsse des »common sense« auf die Moralistik

Die Ansicht, dass die Anlagen der Natur den Erfahrungen der Gesellschaft vorzuziehen sind, dass wir unser Leben eher auf unsere natürlichen Leidenschaften als auf unsere Vernunft stützen sollen, teilt auch NICOLAS CHAMFORT (1741–1794). Seine nachgelassenen *Maximen und Gedanken, Charaktere und Anekdoten* (1796) stehen in der Tradition La Rochefoucaulds und La Bruyères und enthalten eine bissige Kritik an der Gesellschaft des Ancien Régime, der Feudalgesellschaft vor der Französischen Revolution. Mit Chamfort nimmt die Moralistik endgültig Abschied vom Hof und seinen gesellschaftlichen Regeln. Seine Vorbilder findet er eher in der Natur, in einer möglichst unverbildeten Lebensführung ohne Affektiertheit, Eitelkeit und Konventionen.

Natürlichkeit und Kritik am höfischen Leben bei Chamfort

Chamforts These, dass wir das Glück nicht außerhalb von uns und nur sehr schwer in uns finden, hat ARTHUR SCHOPENHAUER (1788–1860) seinen *Aphorismen zur Lebensweisheit* (1851) als Motto vorangestellt. Schopenhauer teilt die skeptische Haltung Chamforts, vor allem aber den Pessimismus Graciáns, auf den er sich immer wieder bezieht.

In der Zuwendung zur Welt ist Glück für Schopenhauer nicht möglich. Die Gesellschaft ist für ihn vielmehr der Bereich, von dem man sich fernhalten soll. Je enger man deshalb den sozialen Lebensumkreis zieht, desto höher

Glück als Selbstgenügsamkeit bei Schopenhauer

stehen die Chancen für ein begrenztes individuelles Glück. Am glücklichsten ist derjenige, der sich selbst genügt. Hält jemand die Einsamkeit nicht aus, so liegt dies an seiner inneren Leere. So wird Einsamkeit zu einer erstrebenswerten Lebensform. Bei Schopenhauer ist die Autonomie des Menschen und seine Distanz zur Welt nicht nur eine innere Haltung wie in den griechischen Philosophenschulen, sondern auch eine äußerliche Lebensform. Während es für die Moralisten des 17. Jahrhunderts kein Glück ohne Ehre und Besitz gab, treten diese äußerlichen Werte bei Schopenhauer weit hinter dem Wert der Persönlichkeit zurück. Glück hängt vor allem von dem ab, was man ist, d.h. von dem, was man in der zurückgezogenen Beschäftigung mit der Welt des Geistes und der Kultur aus sich selbst macht.

Vom antiken Weisen zum klugen Privatmann

Mit Schopenhauers Werk findet die klassische Moralistik ihr Ende. Was in der Antike als Lehre von Weisheit und Glück als Übereinstimmung des Menschen mit der Natur begann und sich in der Neuzeit als Strategie der Selbstbehauptung fortsetzte, endet bei Schopenhauer in einer Klugheitslehre für den Privatmenschen, der sich auf Kultur zurückzieht und zur Gesellschaft Distanz hält. Vor allem die empirisch orientierte moderne Philosophie mit ihren Ansprüchen auf Objektivität und »Wissenschaftlichkeit« hat dazu beigetragen, dass Themen wie »Glück«, »Weisheit« und »gutes Leben« als »irrational« und »subjektiv« abgewertet und an den Rand der philosophischen Diskussion gedrängt wurden.

Sowohl die antike Ethik als auch die neuzeitliche Moralistik haben versucht, die Frage nach dem guten Leben mit dem Entwurf einer Lebensform zu beantworten. Das Ideal des Weisen in der Antike wurde seit Sokrates von der Annahme geprägt, dass es objektive Maßstäbe für moralisches Handeln gibt und dass diese in der Ausrichtung der menschlichen Natur auf die Vernunft zu finden sind. Deshalb wurde die Selbstverwirklichung des Menschen als eine Einheit aus Tugend, Vernunft und Glück begriffen. Bereits in der Moralistik Montaignes wird diese Einheit jedoch bezweifelt. Zwar bleibt Glück an eine vernünftige Lebensform angebunden, doch die menschliche Natur wird nun sehr viel skeptischer beurteilt. Die neuzeitlichen Moralisten entwickeln das Klugheitsideal des Weltmanns, in dem der Vernunft die Aufgabe zufällt, sich strategisch gegen die Irrationalitäten der menschlichen Leidenschaften zu behaupten. War das gute Leben ursprünglich eingebettet in eine vernünftige, kosmische Weltordnung, so wird es in der Moderne bei Schopenhauer zur Nische einer privaten Lebensform, die sich vor den Torheiten der Welt schützt.

4. Gott, das Eine und die Erlösung

Religiös orientierte Metaphysik in der Spätantike und im frühen Mittelalter

Das religiöse Klima der Spätantike In der Epoche des Hellenismus und des Römischen Reichs seit dem 3. Jahrhundert v. Chr. breitete sich die griechische Kultur im gesamten Mittelmeerraum aus und nahm dabei im Gegenzug Elemente orientalischer Kulturen in sich auf. Eine Vielzahl religiöser Lehren und Kulte wie der ägyptische Isis-Kult und der persische Mithras-Kult drangen in das Römische Reich ein. Es waren meist Heils- und Erlösungslehren, die dem Menschen den Weg aus den Übeln der Welt zum seligen Dasein nach dem Tod weisen wollten. Es entstand ein religiös geprägtes, ganz auf das Übernatürliche und Jenseitige fixiertes geistiges Klima. Der Glaube an übernatürliche Mächte, die Leben und Schicksal der Menschen beeinflussen, war allgemein verbreitet. Man glaubte an Wunder und Magie und beschäftigte sich mit Wahrsagen (Mantik), Geisterbeschwörungen und Astrologie. Auch das Christentum war ursprünglich eine unter diesen vielen Heils- und Erlösungslehren der Spätantike.

Die religiöse Ausrichtung der Philosophie Die religiöse Grundorientierung machte sich auch in der Philosophie geltend und erhob die Metaphysik, und zwar eine ausgesprochen religiös orientierte Metaphysik, zur herrschenden philosophischen Disziplin. Die Frage nach dem Glück, die die Epikureer und Stoiker vor allem beschäftigt hatte, wurde nun mit der Frage nach einer mystischen oder jenseitigen Erlösung verbunden. Auch die naturphilosophische Frage nach den Grundprinzipien der Welt spielte in dieser Zeit nur eine Nebenrolle. Ins Zentrum des metaphysischen Denkens rückten vielmehr die Fragen nach Gott und dem jenseits aller Dinge liegenden göttlichen Sinn und Weltgrund.

In dieser religiösen Orientierung stimmten die »heidnische« Metaphysik der Spätantike und die christliche

Metaphysik des frühen Mittelalters ganz überein. Beide wurden durch dasselbe geistige Klima geprägt und entwickelten sich in Wechselwirkung zueinander. Man erreicht ein besseres Verständnis der Philosophie dieser Zeit, wenn man die übliche Epocheneinteilung aufbricht und die Philosophie der Spätantike und des frühen Mittelalters in einem Zusammenhang darstellt.

Diese neue, auf Gott und Erlösung ausgerichtete Philosophie war begleitet und inspiriert von einer Rückbesinnung auf Platon. Auch Platon selbst hatte seine Ideenlehre in Beziehung zu mythischen und religiösen Erlösungslehren gebracht. Dabei gab es zwei unterschiedliche Arten, Philosophie und Religion miteinander zu verbinden: In der nichtchristlichen spätantiken Metaphysik erhielten Begriffe der klassischen griechischen Philosophie eine religiöse Färbung. Die jüdische und christliche Philosophie der Spätantike und des frühen Mittelalters dagegen versuchte, einer Offenbarungsreligion ein rationales, philosophisches Gesicht zu geben.

Die Philosophie der Stoiker, die mit ZENON VON KITION (333–262 v. Chr.) begann und über SENECA (4 v. Chr. – 65 n. Chr.) und EPIKTET (55–138) bis zu MARC AUREL (121–180) reichte, war in ihrem Schwerpunkt eine Weisheits- und Glückslehre, doch war auch sie bereits stark religiös geprägt. Wie der Materialismus nahmen die Stoiker zwar an, dass es keine Wirklichkeit neben oder unabhängig von der Materie gibt, alles Wirkliche also körperlich ist, aber mit Heraklit sahen sie die Materie von einer vernünftigen Kraft durchdrungen, die sie als »Logos«, »Urfeuer« und »Gott« bezeichneten. Mit dieser Annahme einer in der Materie vorhandenen göttlichen Kraft oder Vernunft vertraten sie einen Pantheismus (Gott ist alles). Der religiöse Grundzug der stoischen Philosophie zeigt sich besonders darin, dass sie eine Verwandtschaft der menschlichen Seele mit der göttlichen Weltvernunft annahm und damit die Vorstellung verknüpfte, dass die Seele nach dem Tod in die Weltvernunft zurückkehrt, also unsterblich ist.

Pantheismus der Stoiker

4. Gott, das Eine und die Erlösung

Die Logos-Lehre als Brücke zwischen Philosophie und Religion

Den ersten bedeutenden Versuch, eine vorgegebene, geoffenbarte Religion philosophisch zu untermauern, unternahm der jüdische Philosoph PHILON VON ALEXANDRIA (25 v. Chr. – 50 n. Chr.). Sein Wirken fiel noch in die Zeit, bevor die christliche Lehre im Neuen Testament Gestalt angenommen hatte. Er wollte die Bücher des Alten Testaments mit der griechischen Philosophie in Übereinstimmung bringen. Indem er hinter dem Wortlaut der Bibel einen tieferen, philosophischen Sinn suchte, gelangte er zu einer sich an Platon anlehnenden Konzeption. Nach Philon hat der Mensch eine Neigung zum Bösen und ist daher zur Erlösung auf übernatürliche Hilfe angewiesen. Diese Hilfe sah er im »Logos«, den er als Inbegriff der platonischen Ideen und als ein zwischen Gott und Mensch vermittelndes Wesen verstand. Gott ist für ihn das reine, aller menschlichen Merkmale entkleidete unerkennbare Sein und der Logos die erste Erscheinungsform oder Schöpfung Gottes. Damit wurde der Logos, den die Stoiker als göttliche Weltvernunft verstanden hatten, in eine die Erlösung des Menschen bewirkende Instanz umgedeutet. Mit seiner Logos-Lehre hat Philon die frühchristliche Lehre und die spätantike Philosophie des Neuplatonismus stark beeinflusst.

Paulus und die Anfänge der christlichen Philosophie

Die christliche Philosophie entstand gegen Ende des 2. Jahrhunderts, als sich ein verbindlicher Kanon von Heiligen Schriften im Neuen Testament herausgebildet hatte und es nun darum ging, aus diesen Schriften eine festgefügte Lehre zu entwickeln. Dabei übte die Logos-Lehre bereits bei der Entstehung des Neuen Testaments Einfluss aus, insbesondere in den Schriften und Briefen des Apostels PAULUS (10–64). Er machte aus dem biblischen Mythos vom Sündenfall und von der Vertreibung des Menschen aus dem Paradies die Lehre von der Erbsünde, nach der alle Menschen eine Neigung zum Bösen haben, und knüpfte an diese seine Lehren von der Gnadenwahl und Menschwerdung Gottes. Danach ist dem Menschen zwar der Weg zur Erlösung durch Jesus gewiesen worden, doch geschieht die Erlösung allein durch göttliche Gnade. Philons Lehre vom Logos als Vermittler zwischen Gott und Mensch bildet Paulus dabei zu der Lehre von der Menschwerdung Gottes (»Inkarnation«) fort, indem er annimmt, dass Gott in Jesus Mensch geworden ist. Doch während der Logos bei Philon ein unpersönliches Prinzip war, hat Paulus ihn damit als Person begriffen. Ein Nachhall von Philons Logos-Lehre findet sich auch in dem um 100 n. Chr. entstandenen Johannes-Evangelium, wenn es darin heißt, dass im Anfang der Logos (bei Gott) gewesen sei, dass alle Dinge durch den Logos geschaffen seien und dass der Logos Fleisch geworden sei. Der Mensch Jesus tritt damit in den Hintergrund und wird zum Sohn Gottes, zum göttlichen Logos und zum Schöpfer des Alls.

Der Apostel Paulus hatte auf seinen Missionsreisen in der griechischen Welt ursprünglich versucht, die Lehre Jesu als die Erfüllung der griechischen Philosophie zu präsentieren und die Menschen durch rationale Argumentationen zu überzeugen. Als er dabei jedoch Schiffbruch erlitt und in Athen nur Hohn und Spott erntete, ging er dazu über, gerade die Widersprüchlichkeit von Glaube und Vernunft und die Überlegenheit des Glaubens zu lehren. Das Schwanken zwischen einer Versöhnungs- und einer Konfrontationsstrategie zeichnet auch die Kirchenväter aus. Sie waren für die Herausbildung der christlichen Lehre zur offiziellen Kirchenlehre verantwortlich und prägten damit die christliche Philosophie des frühen Mittelalters. Diese wird nach ihren Gründervätern als *Patristik* (nach lat. »patres« = Väter) bezeichnet.

Zunächst wurden die biblischen Schriften im Rückgriff auf die spätantike Philosophie, insbesondere auf die Logos-Lehre, interpretiert, um eine einheitliche christliche Lehre überhaupt erst zu gewinnen. Diese Einflüsse philosophischer Ideen vollzogen sich freilich meist unbemerkt unter dem Deckmantel einer bloßen Interpretation der Bibel. Bei den Versuchen, die Wahrheit der christlichen Religion zu demonstrieren und ihre Lehren den Ungläubigen, insbesondere den gebildeten Ungläubigen, nahezubringen, wurden die Verteidiger (»Apologeten«) des Glaubens in eine Auseinandersetzung mit der griechisch-hellenistischen Philosophie verwickelt und gerieten auf diese Weise in den Sog philosophischen Denkens.

Die Logos-Lehre bei Origines

Ein umfassendes System der christlichen Philosophie entwickelte als Erster ORIGINES (185–253) aus Alexandria, der bedeutendste Kirchenvater des griechischen Ostens. Unter dem Einfluss Philons vertrat er die Auffassung, dass aus dem einen, unerkennbaren Gott zunächst der Logos, dann die Geister und Seelen und schließlich die materielle Welt hervorgehen und dass alle (also auch die schlechten oder verworfenen) Dinge durch Logos-Christus wieder zu Gott zurückgeführt werden. Obgleich Origines nur beanspruchte, eine Deutung der Bibel zu geben, zeigt seine Lehre doch deutliche Gemeinsamkeiten mit dem gleichzeitig hervortretenden Neuplatonismus und geriet deswegen mit der kirchlichen Autorität in Konflikt.

Plotin und der Neuplatonismus

Origines hatte seine philosophische Ausbildung bei dem gleichen Lehrer erhalten wie PLOTIN (204–270), der bedeutendste Vertreter des Neuplatonismus. Wie die christliche Philosophie verlegte der Neuplatonismus Gott und den Sinn des Daseins in ein Jenseits, doch kam er dabei ohne Berufung auf eine religiöse Autorität aus. Der Neuplatonismus ist der einflussreichste Versuch der nichtchristlichen spätantiken Philosophie, die in Platons Lehre liegenden Ansätze für eine religiöse Metaphysik fruchtbar zu machen.

Eine Metaphysik vom göttlichen Weltgrund

Plotins Grundanliegen bestand darin, den Weg von der sinnlich wahrnehmbaren Körperwelt zur höheren, geistigen Welt zu weisen. Fragt er daher nach dem »Urgrund«, aus dem alle Dinge hervorgehen, so geht es ihm nicht um eine naturphilosophische Erklärung durch Grundstoffe oder Grundkräfte, sondern um den göttlichen Weltgrund. In Anknüpfung an die Ideenlehre Platons und die Logos-Lehre Philons entwickelte Plotin eine metaphysische Theorie vom göttlichen Ursprung der Welt, die auf die weitere Entwicklung des philosophischen Denkens großen Einfluss ausüben sollte.

Die Welt als Emanation Gottes

Der Urgrund aller Dinge muss nach Plotin als eine absolute Einheit jenseits der Vielheit und Gegensätze gedacht werden. Plotin nennt ihn schlicht das »Eine«. Das Eine ist, ähnlich wie Platons Ideen, das primäre, wahrhafte Sein, wohingegen die Welt nur ein sekundäres, abgeleitetes Sein hat. Anders als Platons Ideenwelt kennt das Eine jedoch keine Vielheit und Unterschiede. Die religiöse Dimension von Plotins Auffassung wird deutlich, wenn er, im Anschluss an Platons Auffassung von der Idee des Guten als der höchsten Idee, den Urgrund auch als das Vollkommene und das Gute bezeichnet. Die Grundfrage Plotins lautet, wie aus dem Einen die Welt hervorgeht. Da das göttliche Eine in sich vollkommen ist, scheint die Existenz einer Welt zunächst nicht notwendig zu sein. Dass es dennoch zur Entstehung der Welt gekommen ist, erklärt Plotin aus der Vollkommenheit und »Überfülle« Gottes, die gleichsam »überströmt« und dadurch die Welt schafft. Doch dieser Herausfluss (»Emanation«) der Welt aus dem göttlichen Einen ist kein einmaliger Schöpfungsakt zu einer bestimmten Zeit, sondern ein sich ständig vollziehender Prozess, mit dem eine ewige Weltordnung aufrechterhalten wird.

Die Emanation des Einen führt nach Plotin zu einem Stufenreich des Wirklichen, wobei die Stufen verschiedene Grade der Vollkommenheit haben. Die Stufen der Wirklichkeit unterhalb des Einen sind Geist, Seele und Materie, die umso unvollkommener sind, je weiter sie vom Einen entfernt sind. Die unterste und damit unvollkommenste Stufe ist die Materie, die eine chaotische Vielfalt hat. Sie bildet die Grenze der Ausstrahlung des Einen und ist damit der Bereich des Bösen. Über der Materie steht die Seele, die das Gestaltende und Belebende in der Materie ist. Der Geist als der Inbegriff des Denkenden und der gedachten Inhalte (Ideen) ist die höchste Emanation des Einen. Gott oder das Eine ist zwar nicht Geist, aber er steht dem Geist doch am nächsten.

Seine Sicht der Wirklichkeit als Stufenreich ist von der Logos-Lehre Philons beeinflusst. Wie Philon den Logos als erste Erscheinungsform Gottes betrachtete, ist auch bei Plotin der Geist die höchste Emanation des Einen, die dem seelischen und materiellen Sein vorgeordnet ist. Die Stufenordnung der Welt weist nach Plotin damit nicht nur eine von oben nach unten abnehmende Vollkommenheit auf, sondern auch eine von oben nach unten verlaufende Abhängigkeit, d. h. die Materie kann nicht ohne Seele und Geist existieren, aber Geist und Seele doch ohne Materie.

Plotin und die Mystik

Der Emanation des Einen, d. h. Gottes steht bei Plotin die Erhebung zum Einen im Erkennen gegenüber. Da das Eine jedoch jenseits aller Vielheit und Gegensätze liegt, lässt es sich nicht durch Vernunft und Begriffe erfassen. Es kann nur negativ, d. h. durch Verneinungen aller möglichen Bestimmungen, charakterisiert werden. Es gibt nach Plotin aber einen anderen, irrationalen Weg zum Einen: die Mystik. Durch Versenkung in sich selbst, durch die die Individualität gleichsam abgeworfen wird, kann das Eine in mystischer Schau erlebt werden.

Weiterentwicklung und Einfluss des Neuplatonismus

Die Entwicklung des Neuplatonismus nach Plotin, die mit den Namen PORPHYRIUS (234–305), JAMBLICHOS (275–330) und PROKLOS (410–485) verknüpft ist, war dadurch gekennzeichnet, dass in die Emanationslehre zunehmend Elemente eines volkstümlichen Dämonen-, Geister- und Wunderglaubens eindrangen. Zwar fehlte dieser philosophischen Strömung die Bindung an eine vorgegebene Offenbarung, doch gingen ihr umgekehrt die Maßstäbe kritischer Vernunft mehr und mehr verloren.

Mit dem Übergang der Metaphysik in Mystik hat Plotin auf die mittelalterliche Philosophie großen Einfluss ausgeübt. Viele Versuche christlicher Denker, sich Gott ohne eine Berufung auf die Offenbarung zu nähern, sind offen oder unterschwellig von Plotin beeinflusst. Vor allem die mystischen Strömungen des Christentums sind ohne Plotin undenkbar. Der neuplatonische Einfluss begann bereits in der frühchristlichen Theologie seine Wirksamkeit.

Plotin (205–270)

Plotin wurde um 205 n.Chr. in Ägypten geboren. Er wandte sich mit 28 Jahren der Philosophie zu und wurde für elf Jahre Schüler des Ammonios Sakkas (ca. 175–243), des Begründers des Neuplatonismus, der auch der Lehrer des Kirchenvaters Origines war. Hier lernte er neben der griechischen auch die indische und persische Philosophie kennen und freundete sich vermutlich mit dem älteren Origines an. Zu Studienzwecken begleitete er im Jahre 243 n.Chr. Kaiser Gordion III. auf dem Kriegszug gegen die Perser. 244 n. Chr. kam er nach Rom, wo er eine Schule gründete und sich durch öffentliche Vorträge großes Ansehen erwarb.

Auf Drängen seiner Schüler begann Plotin ab 253 n.Chr. damit, seine Lehre schriftlich darzustellen, wobei er jedes Werk in einem Zuge niederschrieb und die Korrekturen seinen Schülern überließ. Seine Lehre vom »Einen« als dem göttlichen Ursprung der Wirklichkeit wurde von seinem Schüler Porphyrius in sechs Gruppen zu je neun Büchern angeordnet, die daher Enneaden (»Neuner«) heißen. Zu seinen Anhängern gehörte auch Kaiser Gallienus, der sich von der Philosophie Plotins eine Zurückdrängung des Christentums erhoffte. Der ansonsten unpolitische Plotin soll den Kaiser zur Gründung der Stadt »Platonopolis« nach den Grundsätzen von Platons Politeia überredet haben, doch hat der Tod des Kaisers (268 n.Chr.) die Realisierung dieses Vorhabens verhindert.

Plotin wird als demütiger, sanfter, ganz der Suche nach dem Göttlichen hingegebener Denker geschildert, der sich seines Körpers geschämt haben soll. Wegen seiner Geringschätzung der Sinnlichkeit soll er über seine Herkunft geschwiegen haben, doch auch über die ihm zugeschriebenen magischen Fähigkeiten äußerte er sich nicht. Er behauptete von sich jedoch, die mystische Vereinigung mit Gott viermal erreicht zu haben. Wegen einer ansteckenden Hautkrankheit zog er sich zuletzt auf ein Landgut zurück, wo er im Jahre 270 n.Chr. starb.

4. Gott, das Eine und die Erlösung

Diskussionen in der frühchristlichen Philosophie

Die Kirchenväter nach Origines befestigten die offizielle Kirchenlehre in Auseinandersetzung mit abweichenden Deutungen der christlichen Lehre, wobei auf beiden Seiten neuplatonische Gedanken verarbeitet wurden. Konkurrierende Auffassungen gab es vor allem hinsichtlich der Natur Christi, der Frage der Erlösung und des Problems des Bösen in der Welt. Gegen die Lehre der sogenannten »Gnosis« (wörtlich »Erkenntnis«), nach der es neben dem guten Erlösergott einen bösen Schöpfergott gibt und der Mensch durch mystische Vereinigung mit Gott seine Erlösung selbst erreichen kann, hielt die Kirche am Monotheismus und an der Gnadenlehre fest. Die Lehre der Arianer – sogenannt nach ihrem Vertreter, dem alexandrinischen Presbyter Arius – betrachtete in Anknüpfung an Philon und den Neuplatonismus Christus als Vermittler zwischen Gott und Mensch, womit Christus Gott untergeordnet wurde. Allerdings wurde die gegenteilige Auffassung von der Wesensgleichheit von Gott und Christus auf dem Konzil von Nicäa (325) zur offiziellen Kirchenlehre erhoben. Das Konzil von Konstantinopel (385) dehnte die Wesensgleichheit schließlich noch auf den Heiligen Geist aus und begründete damit das Dogma der Dreifaltigkeit Gottes (»Trinität«).

Religiöse Glücksvorstellung bei Augustinus

Ihren Höhepunkt fand die Patristik, die christliche Philosophie der Kirchenväter, in AURELIUS AUGUSTINUS (354–430). Augustinus trat erst 386 n. Chr. zum Christentum über. In seinen frühen Werken hat er die christliche Lehre vornehmlich mit den Mitteln der stoischen und neuplatonischen Philosophie interpretiert. In seiner Schrift *Über das Glück* (386 n. Chr.) findet sich der für die Spätantike charakteristische Übergang von der Glücks- zur Erlösungsfrage. Wie die Epikureer und Stoiker geht er hier davon aus, dass der Sinn des Lebens die Glückseligkeit ist und dass die Tugend den Weg zu ihr weisen muss. Doch anders als die antiken Weisheitslehrer gibt es für ihn kein wahres, beständiges Glück im irdischen Leben. Die wahre Glückseligkeit erreicht der Mensch nur, wenn seine Seele nach dem Tod durch göttliche Gnade Erlösung findet und in das Reich der Seligen (»Himmel«) eingeht. Diese im Jenseits erreichte wahre Glückseligkeit stellt Augustinus sich als eine von Liebe erfüllte Schau Gottes vor.

Diese Gottesschau trägt mystische, neuplatonische Züge. Noch in seinen *Bekenntnissen* (397–401) identifiziert Augustinus Gott mit reinem Geist, der an der Spitze eines Stufenreichs der Wirklichkeit steht. Diese Gotteserkenntnis vollzieht sich im Abstreifen aller Verbindungen zur sinnlichen Welt und in der Vereinigung der Seele, dem geistigen Erkenntnisorgan, mit Gott als der reinen geistigen Einheit. Die Gottesschau steht also am Ende eines visionären Aufstiegs. Einen solchen schildern die *Bekenntnisse* in der berühmten »Vision von Ostia«, die Augustinus zusammen mit seiner Mutter kurz nach seiner Bekehrung zum Christentum erlebt hat. Mit diesem neuplatonisch-christlichen Gottesbegriff wollte sich Augustinus vor allem von den Manichäern abgrenzen, deren Anhänger er selbst viele Jahre gewesen war und die neben dem guten Gott auch die Existenz eines bösen Gottes annahmen. Für Augustinus gibt es nur einen guten Gott. Das Böse liegt, wie bei Plotin, in einem Mangel, in der Abwesenheit Gottes.

Die »Bekenntnisse« des Augustinus

In seinem späteren Werk jedoch entfernt sich Augustinus vom Neuplatonismus. Vor allem in seiner Schrift *Über die Dreifaltigkeit* (399–419) hat er eine Form der rationalen Gotteserkenntnis vertreten, die auf der Verwandtschaft zwischen der menschlichen Seele und Gott beruht. Freilich ist dies nur eine indirekte Erkenntnis Gottes. Da der Mensch Ebenbild Gottes ist, muss man nach Augustinus annehmen, dass das Wesen der Seele dem Wesen Gottes zwar nicht gleich, aber doch analog ist. Im Gegensatz zu Plotin, der jede rational-begriffliche Erkennbarkeit Gottes geleugnet hatte, war Augustinus damit der Ansicht, dass die Eigenschaften der menschlichen Seele als unvollkommene Abbilder von Gottes Wesen verstanden werden dürfen. Die drei Teile der menschlichen Seele, nämlich Vorstellen, Urteilen und Wollen, sind schwache

Die Seele und Gott

4. Gott, das Eine und die Erlösung

Abbilder der göttlichen Allwissenheit, Allgüte und Allmacht und zugleich Symbole der göttlichen Dreieinigkeit.

Vorherbestimmung und Gnade Gottes

Obwohl der Mensch damit eine analoge Erkenntnis Gottes durch die Vernunft hat, bleiben Gott und Mensch doch durch eine Kluft voneinander getrennt. Gott steht außerhalb der Zeit in der Ewigkeit. Diese Kluft wird auch durch die Prädestinations- und Gnadenlehre betont, die Augustinus im Anschluss an Paulus vertritt. Danach besitzt der Mensch vor dem Sündenfall eine Naturanlage zum Sittlichen, doch hat diese unverdorbene Natur des Menschen nach dem Sündenfall dem Drang zum Bösen Platz gemacht. Sittliches Handeln ist seitdem nur möglich durch göttliche Gnade, die den ganzen Menschen von Grund auf verwandelt. Doch diese Gnade wird nur wenigen Auserwählten zuteil: Nur sie haben die Fähigkeit zum Guten und sind zum ewigen Heil bestimmt, während auf die große Mehrzahl der Menschen die ewige Verdammnis wartet. Gottes unerforschlicher Ratschluss bestimmt also von vornherein über Heil und Verdammnis.

Wirkung des Augustinus

In dem Werk des Augustinus hat die christliche Lehre ihre für Jahrhunderte maßgebende Form gefunden. Seine Auffassung von der Erkenntnis Gottes als geistiger Vision hat vor allem die mystischen Strömungen des Christentums entscheidend beeinflusst. Die Gnadenlehre und die Lehre von der göttlichen Vorherbestimmung erlangten in der Reformation bei Luther und Calvin große geistesgeschichtliche Bedeutung.

Die Begründung der »negativen Theologie« im frühen Mittelalter

Die bedeutendste Verknüpfung von christlicher und neuplatonischer Philosophie in der Spätantike und im frühen Mittelalter ist mit der rätselhaften Gestalt des DIONYSIOS AREOPAGITA verbunden. Dieser Name ist das Pseudonym eines unbekannten, griechisch schreibenden Verfassers mehrerer um 500 entstandener Schriften, darunter *Über mystische Theologie* und *Über die göttlichen Namen*, in denen ein christlicher Neuplatonismus vertreten wird. Der Autor wählte sein Pseudonym nach dem in der Apostelgeschichte erwähnten Athener Ratsherrn, der von Paulus zum Christentum bekehrt worden war, um seinen Schriften das Prestige des ursprünglichen christlichen Glaubens zu verschaffen. Mit Erfolg: Während des ganzen Mittelalters galten seine Schriften als Werke des Apostelschülers. »Pseudo-Dionysios«, wie er daher auch genannt wird, verbindet die neuplatonische Auffassung von Gott als unerkennbarem, unaussprechlichem Ursprung alles Seienden mit der christlichen Schöpfungsidee, indem er annimmt, dass Gott die Welt erschafft und sich dabei in sie »ergießt«. Christus und die Engel sind zwischen Gott und Welt vermittelnde Wesen. Die Unbegreiflichkeit Gottes denkt Dionysios so radikal wie Plotin und meint, dass unsere gewöhnliche Sprache nicht ausreicht, um Gott zu beschreiben. Anders als Augustinus lässt er auch keinen Platz für eine Erkenntnis Gottes durch Gleichnisse und Analogien. Auch die Vorstellung der Dreifaltigkeit wird zurückgewiesen. Gott kann nur negativ beschrieben werden, indem man sagt, was Gott nicht ist. Für diese »negative Theologie« ist Gott das schlechthin Namenlose. Zur Erkenntnis Gottes bleibt zuletzt allein die mystische Schau. Dionysios beeinflusste vor allem die mittelalterliche Mystik.

Eine Sonderstellung in der religiösen Philosophie dieser Zeit nimmt BOETHIUS (480–524) ein, ein spätrömischer Christ, der sowohl christlich-theologische Schriften als auch Werke verfasste, die sich ausschließlich auf die heidnische antike Philosophie stützen. Zu den letzteren gehört sein bedeutendstes Buch, *Trost der Philosophie* (524), das er im Gefängnis schrieb, als er auf seine Hinrichtung wegen Hochverrats wartete. Die Philosophie tritt darin als Person auf, die den erschütterten Boethius mit seinem Schicksal versöhnt. Sie belehrt ihn darüber, dass sein persönliches Unglück mit der Güte Gottes vereinbar ist, und erklärt ihm in neuplatonischer Tradition, dass das wahre Glück nicht in sinnlichen Genüssen und weltlichen Gütern, sondern allein in der Erhebung zu Gott liegt. Boethius' Schrift erlangte dadurch große Bedeutung, dass sie die Tradition antiker Philosophie an das Mittelalter vermittel-

»Trost der Philosophie« des Boethius

4. Gott, das Eine und die Erlösung

te. Seine Übersetzung aristotelischer Logik-Schriften hat dafür gesorgt, dass der für sechs Jahrhunderte vergessene Aristoteles wenigstens als Logiker bekannt blieb.

Der christliche Neuplatonimus des Johannes Scotus Eriugena

In direkter Nachfolge des Dionysios Areopagita und des Boethius steht der Ire JOHANNES SCOTUS ERIUGENA (810–877). Er hat nicht nur die Schriften des Dionysios Areopagita um 860 ins Lateinische übersetzt, sondern auch, unter dessen Einfluss, einen christlichen Neuplatonismus entwickelt. In seinem Hauptwerk *Über die Einteilung der Natur* (867) geht er davon aus, dass das Naturgeschehen einen Kreislauf bildet, der von Gott als dem unerkennbaren, jenseitigen Einen ausgeht und zu ihm wieder zurückkehrt. Die Welt ist somit eine Schöpfung Gottes, aber zugleich ist Gott in der Schöpfung anwesend, so dass die Weltschöpfung eine Manifestation oder Selbstverwirklichung Gottes ist. Bei der göttlichen Weltschöpfung entstehen zunächst die unveränderlichen, allgemeinen Ideen, die wiederum erst die natürlichen Dinge nach ihrem Modell schaffen. Eriugena war ferner davon überzeugt, dass Glaube und Vernunft einander nicht widersprechen können, wenn die Dunkelheiten der Heiligen Schrift richtig, d. h. bildhaft gedeutet werden. Himmel und Hölle verstand er lediglich als Zustände der glückseligen bzw. sündigen Seele. Eriugena hat vor allem auf pantheistische und mystische Strömungen im späteren Mittelalter großen Einfluss ausgeübt.

Die Philosophie auf dem Weg zur »Magd der Theologie«

Die Metaphysik der Spätantike und des frühen Mittelalters war durch das Bemühen gekennzeichnet, Philosophie und Religion miteinander in Einklang zu bringen. In der nichtchristlichen Philosophie unternahm Plotin den letzten großen Versuch, eine religiöse Metaphysik ohne die Berufung auf religiöse Autoritäten zu entwickeln. Seine Auffassung von Gott als geistigem Einheitsprinzip hat die gesamte christliche Philosophie des frühen Mittelalters beeinflusst. Schon bei Plotin gibt es die Tendenz, die Vernunft als natürliche Erkenntnisquelle abzuwerten, eine Tendenz, die bei christlichen Denkern wie Augustinus,

Dionysios Areopagita und Johannes Scotus Eriugena noch verstärkt wurde. Das bedeutendste System der christlichen Philosophie entwickelte Augustinus, doch auch er ordnete wie alle christlichen Denker die Vernunft der religiösen Autorität der Bibel unter. Am Ende steht die Abwertung der Philosophie zur »Magd der Theologie«. Zwei gleichzeitige Ereignisse symbolisieren das Ende der antiken Philosophie und den Sieg des Glaubens über die Vernunft: In demselben Jahr 529 n. Chr. erfolgte die Schließung der platonischen Akademie durch Kaiser Justinian und die Gründung des Klosters Monte Cassino durch Benedikt von Nursia. Eine Aufwertung der Vernunft als Erkenntnismittel erfolgte erst wieder in der Scholastik ab dem 10. Jahrhundert.

5. Kirche, Staat und Heilsgeschichte

Staats- und Geschichtsphilosophie
von der Spätantike bis zur Reformation

Der Gedanke des Kosmopolitismus

Zu Beginn unserer Zeitrechnung befand sich das Römische Reich auf dem Gipfel seiner Macht, doch vollzog sich in dieser Zeit relativ stabiler politischer und sozialer Verhältnisse eine Veränderung des kulturellen Klimas. In der spätantiken Philosophie erweiterte sich der Blick der politischen Philosophie über den engen Raum der Polis hinaus. Nicht umsonst begann man in dieser Zeit vom »Kosmopolitismus« zu sprechen. Der Kosmos selbst wurde zur neuen »Polis«, nachdem die kleinen Polis-Staaten durch das Reich Alexanders des Großen ihre Selbstständigkeit eingebüßt hatten. MARC AUREL (121–180), römischer Kaiser und einer der wichtigsten Stoiker, gehört zu den bekanntesten Anhängern des spätantiken Kosmopolitismus. Wie alle Stoiker ging er davon aus, dass es eine kosmische Vernunft und eine kosmische Ordnung gibt, an der alle Menschen teilhaben. Auch der konkrete Staat war Teil dieser Ordnung. Die stoische Forderung nach einem natur- und vernunftgemäßen Leben beinhaltete auch die Bürgerpflicht, sich als Teil einer staatlichen Ordnung zu fühlen und sich politisch zu engagieren.

Verbunden mit diesem politischen Kosmopolitismus der Stoiker ist auch der Gedanke eines aus der kosmischen Vernunftordnung abgeleiteten »Naturrechts«, also eines Maßstabs für Gerechtigkeit, der für alle Menschen gelten soll und den konkreten Gesetzen in einem Staat übergeordnet ist. Dieses Naturrecht begründet die Gemeinsamkeiten der Menschen in einem »Weltbürgertum«. Überliefert wurde die stoische Lehre vom Naturrecht vor allem durch das Werk des römischen Philosophen MARCUS TULLIUS CICERO (106–43 v. Chr.). In seinen Werken *Über den Staat* (54–51 v. Chr.) und *Von den Gesetzen* (52 v. Chr.) übernimmt Cicero die These, dass es ein vorstaatliches, überzeitliches Gesetz gibt, das in der Naturordnung begründet ist. Zugang zu diesem Recht hat der Mensch wie bei den Stoikern durch seine Vernunftnatur. Eine Verwirklichung dieses Rechts sah er in der Verfassung und der Rechtsordnung der Römischen Republik. Das Römische Reich hatte zum ersten Mal ein »ius gentium« (eine Art Völkerrecht) entwickelt und auch sein Bürgerrecht zunehmend Menschen unterworfener Völker geöffnet.

Der in der stoischen Philosophie vertretene Pantheismus, d. h. die Anschauung, dass Gott sich im Kosmos und in der Natur verwirklicht, enthält auch schon erste Ansätze einer religiös inspirierten Geschichtsphilosophie. Die kosmische Ordnung wurde auch als eine göttliche Weltvernunft verstanden, deren wesentliche Funktion darin besteht, alles Weltgeschehen nach Zielen und Zwecken zu ordnen. Alle Ereignisse sind vorherbestimmt, nicht jedoch im Sinne einer blinden Ursächlichkeit, sondern im Sinne eines sinnvoll geplanten Schicksals.

Geschichte als ziel- und zweckgerichtet

Damit war der Boden für die neue Sicht von Staat und Geschichte bereitet, wie sie durch die aufstrebende Religion des Christentums in die Philosophie eingeführt wurde und das Denken nicht nur im Mittelalter, sondern bis weit in die Neuzeit hinein beherrschte. Das Christentum vertrat die These, dass sich die menschliche Geschichte durch eine göttliche Erlösung »erfüllt«, dass also Schuld und Leiden der Menschheit irgendwann ein Ende finden werden. Verbunden mit der stoischen Lehre von der Zweckgerichtetheit des Kosmos entstanden daraus erste Versuche, die Geschichte der Menschheit insgesamt als eine gesetzmäßig verlaufende »Entwicklungs- und Heilsgeschichte« zu deuten. Im Unterschied zu der in der Antike vorherrschenden Auffassung, die in der Geschichte der Staaten und Völker einen Kreislauf von Aufstieg und Untergang sah, wurde damit die Geschichte der Menschheit als einmaliger Fortschrittsprozess begriffen.

Die Verbindung der stoischen Naturrechtslehre mit der christlichen Lehre, dass alle Menschen vor Gott gleich sind und an der göttlichen Natur teilhaben, führte auch zu ei-

80   5. Kirche, Staat und Heilsgeschichte

ner neuen Staatsphilosophie, die begann, den Status des »Bürgers« auf alle Menschen auszudehnen – ein Prozess, der allerdings erst in den Forderungen der Aufklärung im 18. Jahrhundert seinen Abschluss finden sollte.

Was ist ein christlicher Staat?
Die christliche Philosophie war zunächst gänzlich unpolitisch. Erst als die Hoffnung auf die unmittelbar bevorstehende Wiederkunft Christi schwand, wurde dem weltlichen Leben mehr Beachtung geschenkt, und nach der Erhebung des Christentums zur römischen Staatsreligion (391 n. Chr.) erlangte die politische Philosophie größere Bedeutung. Die Fragen nach den Aufgaben der Politik und den Maßstäben eines gerechten Staats wurden ganz im Lichte der christlichen Lehre gesehen. Da das letzte Ziel des Lebens in der Erlösung im Jenseits bestand, fragte man danach, welche Rolle der Staat beim menschlichen Streben nach dem Seelenheil spielen kann. Somit rückte das Verhältnis von Kirche und Staat ins Zentrum der politischen Philosophie des Christentums. Standen Kirche und weltliche Macht zwangsläufig im Gegensatz zueinander oder konnte es so etwas wie einen »christlichen« Staat geben?

Der bedeutendste politische Denker des frühen Mittelalters und gleichzeitig derjenige, der die vom Christentum inspirierte neue Geschichtsphilosophie begründete, war AURELIUS AUGUSTINUS (354–430). Als unmittelbarer Zeuge des politischen Verfalls des Römischen Reichs und als ein kirchenpolitisch engagierter Bischof war Augustinus mit Fragen der Geschichte und Politik unmittelbar konfrontiert.

Weltgeschichte als Kampf zwischen Gut und Böse bei Augustinus
Nach der Plünderung Roms durch Alarichs Goten im Jahre 410 n. Chr. wurde das Christentum von heidnischer Kritik für den sich abzeichnenden Untergang des Römischen Reiches verantwortlich gemacht, da es die altrömischen Tugenden vernachlässigt und die alten Götter missachtet habe. In seinem Hauptwerk *Der Gottesstaat* (413–426) verteidigt Augustinus das Christentum gegen diesen Vorwurf mit dem Argument, dass Rom wegen seines sündhaften Lebens und seiner verdorbenen Politik bestraft

werde, und untermauerte diese Verteidigung mit seiner eigenen Konzeption der Heilsgeschichte. Entsprechend verläuft die Weltgeschichte nach einem göttlichen Heilsplan, der mit dem Abfall der Engel beginnt und mit dem Jüngsten Gericht endet. Die Weltgeschichte stellt sich dabei als ein Kampf zweier (»unsichtbarer«) Reiche dar, nämlich des Gottesstaats und des Weltstaats. Doch diese beiden Reiche sind nicht identisch mit den (»sichtbaren«) Organisationsformen von Kirche und Staat. Der Weltstaat ist vielmehr die Gesamtheit irdischer, von Egoismus und Hochmut beherrschter Kräfte, während der Gottesstaat der Inbegriff religiöser, von Gottesliebe und Demut bestimmter Kräfte ist. Kurz: Die Weltgeschichte ist ein Kampf zwischen Glaube und Unglaube oder zwischen Gut und Böse. Beide Kräfte sind in der Welt nirgends rein anzutreffen. Auch die Kirche ist nicht identisch mit dem Gottesstaat, da es auch in ihr egoistische Kräfte und irdische Interessen gibt. Dennoch ist die Kirche die unvollkommene Repräsentantin des Gottesstaats auf Erden, deren Aufgabe es ist, die zum Heil Berufenen zu sammeln, um damit die endgültige Trennung beider Reiche und die Errichtung des Gottesstaats (die Gemeinschaft der Auserwählten) am Ende aller Zeiten vorzubereiten.

Aus dieser Konzeption der Weltgeschichte als Heilsgeschichte ergeben sich für Augustinus wichtige Folgerungen für die politische Philosophie. Zunächst werden alle Staaten, die nicht einmal Grundbedingungen der Gerechtigkeit erfüllen, einer scharfen Kritik unterzogen. So sind Staaten, die andere Völker überfallen und unterjochen, für Augustinus bloße Räuberbanden. Er kritisiert auch das Römische Reich, doch weiß er dessen Ordnungsleistung durchaus zu würdigen. Trotz dieser kritischen Haltung betrachtet Augustinus die Gehorsamspflicht der Untertanen gegenüber der Obrigkeit und die Sklaverei als notwendige, unabänderliche Folgen des Sündenfalls. Von ganz besonderer Bedeutung ist seine Auffassung, dass die Kirche wegen ihrer besonderen heilsgeschichtlichen Rolle bei der Vorbereitung des Gottesstaats den irdischen Staaten überge-

Kirche und Staat bei Augustinus

Aurelius Augustinus (354–430)

Augustinus wurde als Sohn eines römischen Beamten im heute algerischen Thagaste in der damaligen römischen Provinz »Africa« geboren. Seine Muttersprache war Latein. Seine ehrgeizigen Eltern ließen ihn im benachbarten Karthago Rhetorik studieren – das im späten Römischen Reich als wissenschaftliches Grundlagenfach und Schlüssel zu einer späteren Karriere galt. Augustinus lehnte das Christentum zunächst ab und entwickelte sich zu einem erfolgsorientierten Intellektuellen. Er begann seine Laufbahn als Rhetorikdozent in Karthago und wechselte später nach Rom und Mailand. Dort hatte er mit 32 Jahren sein berühmtes Bekehrungserlebnis, mit dem sein Leben als Christ beginnt. Unter dem Einfluss seiner christlichen Mutter gab Augustinus seine weltliche Karriere auf und kehrte nach Nordafrika zurück. Die dort ansässigen christlichen Gemeinden wurden schnell auf ihn aufmerksam. Er wurde zum Priester und kurze Zeit später zum Bischof der Stadt Hippo geweiht. In einer Zeit, in der das Christentum bereits Staatsreligion war, entwickelte sich Augustinus zu einem gefürchteten Theologen und Kirchenfunktionär, der wenig Toleranz gegenüber anderen Glaubensüberzeugungen zeigte.

In zahlreichen Streitschriften setzte er sich mit anderen religiösen Meinungen auseinander und legte mit ihnen auch die Grundlage für die christlich geprägte, frühmittelalterliche Philosophie. Seine beiden berühmtesten Werke sind die Bekenntnisse *(397–401), in denen er seinen Lebensweg und seine Bekehrung schildert, und* Der Gottesstaat *(413–426), das unter dem Eindruck des Zusammenbruchs des Römischen Reiches entstand.*

Augustinus starb 430 in Hippo, während die Vandalen bereits die Stadt belagerten. Die katholische Kirche sprach ihn und seine Mutter heilig.

ordnet ist. Diese These vom Supremat (also von der absoluten Überlegenheit) der Kirche bedeutet, dass alle staatlichen Maßnahmen letztlich der Kontrolle der Kirche unterliegen. Augustinus' politische Philosophie enthält somit im Ansatz die Ansprüche des mittelalterlichen Papsttums, die besonders unter Gregor VII. (eigentl. Hildebrand von Soana, um 1020–1085) und Innozenz III. (eigentl. Lothar von Segni, Ende 1160 / Anfang 1161–1216) darauf abzielten, die gesamte Christenheit zu einem einheitlichen Staat unter Führung der Kirche und des Papstes zusammenzufassen, also einen Gottesstaat auf Erden zu errichten. Die Bemühungen um einen christlichen Gottesstaat und die mittelalterlichen Konflikte zwischen Papst und Kaiser sind in seinem Denken also schon vorgezeichnet.

Während die frühchristliche Philosophie, die Patristik, sich noch im Römischen Reich entfaltete, entstand die zweite Phase der christlichen Philosophie des Mittelalters, die Scholastik (nach lat. »schola« = Schule), nach den Wirren der Völkerwanderung, als Europa sich im Zeitalter des Feudalismus zu stabilisieren begann.

Die Entstehung der weltlichen Ordnung des Feudalismus, d. h. einer vom grundbesitzenden Adel beherrschten, hierarchisch organisierten Gesellschaft, ist zeitlich eng verknüpft mit dem Aufstieg des Papsttums zur bedeutendsten politischen Macht des Mittelalters. Ursprünglich waren die Bischöfe von Rom zwar als Nachfolger des Apostels Petrus anerkannt, doch beschränkte sich ihr Einflussbereich auf die Stadt Rom. Die Machterweiterung konsolidierte sich unter Papst Gregor dem Großen (um 540–604), indem der Anspruch unterstrichen wurde, als Nachfolger Petri das Oberhaupt der gesamten Kirche zu sein. Da dieser Anspruch aber nur im lateinischen Westen, wo an die Stelle der Einheit des Römischen Reiches eine Vielzahl selbstständiger Königreiche getreten war, anerkannt wurde, führte er im Jahre 1054 zur endgültigen Spaltung zwischen römisch-katholischer und griechisch-orthodoxer Kirche. Ein wichtiger Schritt zur weltlichen Macht gelang dem

Aufstieg des Papsttums

Papsttum, als infolge der »Pippinschen Schenkung« 756 n. Chr. ganz Mittelitalien Kirchenstaat wurde. Besonders bedeutend war schließlich der Machtzuwachs der Päpste durch die Kirchenreform unter Gregor VII. Gregor setzte nicht nur die Verbote der Priesterehe und des Verkaufs von kirchlichen Ämtern durch, sondern er verbot auch die Einsetzung von Bischöfen durch Kaiser oder Könige (»Laieninvestitur«) und verlangte die Unterordnung weltlicher Herrschaft unter die Führung der Kirche. Der Papst beanspruchte damit das Recht, Kaiser und Könige ein- und gegebenenfalls abzusetzen.

Die Geschichtsutopie des Joachim de Fiore

Die Entwicklung der Kirche zu einer weltlichen, politisch einflussreichen Organisation stellte nicht nur die Frage nach dem Verhältnis von Kirche und Staat auf eine neue Art, sie erzeugte auch innerhalb der Kirche Reformbewegungen, die an den christlichen Anspruch erinnerten, den Menschen von aller weltlichen Herrschaft zu befreien. Zu ihnen gehörte der italienische Zisterzienserabt JOACHIM DE FIORE (1135–1202). Seine Utopie einer Welt ohne politische Herrschaft ist eingebettet in eine Geschichtsphilosophie, die an die Augustinische Idee einer Heilsgeschichte anknüpft. Die Lehre von der Dreifaltigkeit, d. h. der Einheit Gottes in den Personen des Vaters, des Sohnes und des Heiligen Geistes, führte ihn zu dem Gedanken einer dreistufigen Entwicklung der Geschichte. Sie beginnt mit dem Reich des Vaters, dem Reich des alttestamentarischen Gesetzes, das sich mit Strenge und Strafandrohung, also mit »Furcht und Zittern« durchsetzt. Das Zweite Reich des Sohnes, die Zeit des Neuen Testaments, ist durch Gnade und Glauben bestimmt. Beide Reiche erstrecken sich nach Joachim über jeweils 40 Generationen. Die Zeit für das »Dritte Reich« des Heiligen Geistes sieht er in der Gegenwart angebrochen. In diesem von Geist und Liebe bestimmten Stadium der Geschichte sind die utopischen Vorstellungen von Glück und Gerechtigkeit verwirklicht: Hier ist die Gleichheit aller Menschen hergestellt und jede Art von staatlicher Zwangsordnung abgeschafft.

In der Geschichtsphilosophie Joachims verbindet sich

der Gedanke der Heilsgeschichte, anders als bei Augustinus, mit einer sozialpolitischen Utopie. Radikale christliche Reformer haben sich immer wieder auf sie berufen, um die Erstarrung des zeitgenössischen Christentums zu überwinden. Joachims Drei-Stadien-Theorie der Geschichte bestimmte, unter weltlichen Vorzeichen, die Geschichtsphilosophie der späteren Aufklärung und des Deutschen Idealismus. Als besonders einflussreich, aber auch für politischen Missbrauch offen, erwies sich seine Vorstellung von der Vollendung der Geschichte in einem »Dritten Reich«.

Während Joachim de Fiore das enge Verhältnis zwischen Kirche und politischer Macht wieder auflösen wollte, bemühte sich der bedeutendste Vertreter der Hochscholastik, THOMAS VON AQUIN (1225–1274) darum, Gemeinsamkeiten zwischen Kirche und Staat herauszustellen und beide miteinander zu versöhnen. Nicht zufällig entstand die Philosophie des Thomas in einer Zeit, in der sich die hierarchische Organisation der Kirche in Anlehnung an die politische Struktur der Feudalstaaten herausgebildet hatte. Thomas war ein treuer Sohn der Kirche, genoss in Rom großes Ansehen und unterstützte die päpstliche Politik. Für ihn war die gerecht organisierte weltliche Macht ein Spiegelbild der göttlichen Ordnung.

Wie sein gesamtes Denken, so lehnt sich auch seine politische Philosophie eng an die Lehren des Aristoteles an. Aber auch die stoische Lehre vom Naturrecht findet bei ihm ihre Fortsetzung. Durch eine philosophische Besinnung auf die Natur des Menschen versucht er, grundlegende Rechte abzuleiten, die als Naturrechte sowohl von der Offenbarung als auch von der staatlichen Gesetzgebung unabhängig und daher Kriterien für eine gerechte Staatsordnung sind. Das Streben nach Selbsterhaltung, Selbstverwirklichung und Glück gehören für ihn zur gottgewollten menschlichen Natur und müssen daher als Naturrechte des Menschen anerkannt werden. Die Abhängigkeit der natürlichen Bestrebungen von Gott sichert also

Christliches Naturrecht bei Thomas von Aquin

ihre normative Verbindlichkeit. Damit gibt Thomas der stoischen Idee eines überstaatlichen, in der Natur des Menschen begründeten Rechts eine christliche Fassung. Dem Staat verbleibt die Aufgabe, die Naturrechte zu konkretisieren, also z. B. zu bestimmen, ob eine Tötung ein Mord ist und welche Strafen auf dieses Verbrechen stehen. Dennoch folgt Thomas einer von Aristoteles und Augustinus geprägten Tradition, wenn er die Leibeigenschaft als naturgegeben betrachtet, weil die Einfältigen durch die Klugen geführt werden müssten.

Staat als natürliche Gemeinschaftsform Wie Aristoteles begreift Thomas den Menschen als soziales Lebewesen, das nur in der Gemeinschaft leben kann. Da der Mensch zwar auf die Gemeinschaft angewiesen, aber kein Engel ist, der das moralisch Richtige von sich aus tun würde, ergibt sich aus dieser Ausgangslage für ihn die Notwendigkeit des Staates und die Gehorsamspflicht der Untertanen. Anders als Augustinus betrachtet Thomas den Staat damit nicht als Folge des Sündenfalls, sondern als Folge der gottgewollten Natur des Menschen. Die Aufgabe des Staats besteht darin, die Grundlage für ein gutes Leben in der Gemeinschaft zu schaffen und zu sichern. Dazu gehört vor allem die Sicherung des Friedens, die Lenkung der Menschen zum tugendhaften Leben und eine ausreichende Versorgung der Bürger mit Gütern, die für ein gutes Leben unentbehrlich sind.

Christliche Kritik an der Tyrannei Im Anschluss an Aristoteles untersucht Thomas die verschiedenen Staatsformen hinsichtlich ihrer Eignung für die allgemeine Aufgabe des Staats und unterscheidet dabei wie dieser die dem Allgemeinwohl dienenden Formen der Monarchie, Aristokratie und Demokratie (»Politie«) nebst ihren lediglich den Egoismus der Herrschenden befriedigenden Entartungsformen. Wenngleich er sich, vor allem in seinem Werk *Über die Herrschaft des Fürsten* (1265–1267), zum Fürsprecher der Monarchie macht, weil er die Herrschaft eines Monarchen als ebenso natürlich wie die Herrschaft Gottes über die Welt betrachtet, betont er doch die Verpflichtung aller Staatsformen zum Schutz der Naturrechte des Menschen auf Leben und Selbstverwirklichung und zur Sorge für Frieden und allgemeines Wohl. Es besteht keine Pflicht, solchen Maßnahmen des Staates gehorsam zu sein, die die Naturrechte verletzen. Auch der König ist der Diener des Staats. Wird ein Monarch zum Tyrannen, dann hat das Volk das Recht, ihn abzusetzen.

Staatliche Herrschaft stammt nach Thomas von Gott und bleibt daher der Autorität des Papstes unterworfen. Wie Augustinus lehrt er damit die Unterordnung des Staats unter die Kirche. Während der Staat sich um das Allgemeinwohl kümmert, sorgt die Kirche für das übergeordnete Seelenheil. Die Kirche hat daher nach Thomas das Recht, den Staat moralisch zu führen und zu kontrollieren. Der Kaiser ist dem Papst in moralischen Fragen zum Gehorsam verpflichtet, und die Kirche darf schlechte Herrscher absetzen. Der Führungsanspruch der Kirche wird von Thomas somit erneuert.

Kirche als moralische Führerin des Staates

Wie die Entwicklung der politischen Philosophie von der Spätantike bis zur Hochscholastik im Zusammenhang mit dem Aufstieg des Papsttums verstanden werden muss, so muss die politische Philosophie der Spätscholastik und der Reformation vor dem Hintergrund des allmählichen Verfalls der weltlichen Machtstellung von Kirche und Papst gesehen werden. Ein Fiasko für die Kirche war zunächst das Scheitern der Kreuzzüge, die ebenso zur Untergrabung des Ansehens der Päpste beitrugen wie der immer wieder aufflackernde Kampf zwischen Papst und Kaiser. Als im Jahr 1227 die Inquisition ins Leben gerufen wurde, um die Ketzerei zu bekämpfen, verbreiteten sich Angst und Schrecken in weiten Teilen der Bevölkerung. Die Kirche wurde in der Folge häufig mehr als Macht gefürchtet denn als Autorität anerkannt. Dazu kamen Missstände innerhalb der Kirche. Wegen der hohen Abgabenlast wurde Rom vielfach als geldgierige weltliche Macht wahrgenommen. Das luxuriöse, dem Sinnengenuss gewidmete Leben vieler Geistlicher tat ein Übriges, um die Kirche in einem schlechten Bild erscheinen zu lassen.

Niedergang des Papsttums

5. Kirche, Staat und Heilsgeschichte

Dominikaner und Franziskaner

Angesichts der geschilderten Entwicklung des Papsttums wird es verständlich, wenn in der politischen Philosophie der Spätscholastik ein neues Verständnis von Kirche und Staat einsetzt, das den kirchlichen Führungsanspruch preisgibt und damit das philosophische Denken der Renaissance vorbereitet. Im Gegensatz zu Thomas von Aquin, der Mitglied des Dominikanerordens war, gehörten einige der wichtigsten Vertreter dieser neuen politischen Philosophie, darunter WILLIAM VON OCKHAM (1290–1349), dem Franziskanerorden an. Während die Dominikaner den politischen Herrschaftsanspruch der Kirche unterstützten, haben die Franziskaner diesen Anspruch kritisiert und so die Reformation vorbereitet.

Kritik am politischen Machtanspruch der Kirche bei Ockham

Der Ausgangspunkt von Ockhams politischem Denken, wie er es in seiner Schrift *Kurzrede über die Macht des Papstes* (1341/42) entwickelt, war die franziskanische Idee absoluter Armut. Auf ihrer Grundlage stellte er gegen den weltlichen Machtanspruch des Papsttums die Idee einer rein geistigen, besitzlosen Kirche. Ockham forderte damit die Trennung von kirchlicher und staatlicher Gewalt, also die von der Kirche unabhängige Macht des Kaisers und den Rückzug der Kirche auf ihre geistlichen Aufgaben.

Ockhams politische Theorie beruht auf der Grundannahme der rationalen Unerklärbarkeit des göttlichen Willens. Der Staat kann nach Ockham daher nicht durch die Berufung auf Gottes Willen gerechtfertigt werden, sondern ist ein von Menschen geschaffenes Gebilde. Politische Herrschaft ist weder durch Vernunft noch durch Offenbarung zu begründen, sondern geht allein auf den Willen der Bürger zurück. Der Kaiser erhält seine Macht nicht vom Papst, sondern durch eine Wahl der Bürger oder ihrer Vertreter. Damit schaltet sich Ockham in den Machtkampf zwischen Kaiser und Papst ein und bestätigt das Recht der deutschen Kurfürsten, den Kaiser zu wählen. Da der Staat auf dem Konsens der Bürger beruht, besteht die Aufgabe des Staats darin, für das allgemeine Wohl und eine gerechte Eigentumsordnung zu sorgen. Verletzt ein Herrscher diese Pflicht, haben die Bürger das Recht, ihn abzusetzen und notfalls zu töten.

Staat und Geschichte werden daher nicht mehr durch einen göttlichen Heilsplan bestimmt, sondern sie sind Gestaltungsaufgaben des Menschen und Betätigungsfeld des menschlichen Willens. Insbesondere die Eigentumsordnung eines Staates erweist sich als Menschenwerk. Die Schaffung einer gerechten Eigentumsordnung bleibt ausschließlich der konkreten staatlichen Gesetzgebung überlassen. Damit verliert bei Ockham das Naturrecht weitgehend seine Bedeutung.

Ablehnung eines Naturrechts

Für eine strikte Trennung von Kirche und Staat trat auch MARSILIUS VON PADUA (1275–1343) ein. In seinem Hauptwerk *Verteidiger des Friedens* (1324) stellt er sich wie Ockham in dem Konflikt zwischen Kaiser und Papst entschieden auf die Seite des Kaisers.

Marsilius tritt mit dem Anspruch auf, die politische Theorie des Aristoteles durch Einbeziehung der Rolle der Kirche in die philosophische Reflexion zu korrigieren und zu ergänzen. Ausgangspunkt seiner Überlegungen, die er auch durch Berufung auf die Autoritäten der biblischen Offenbarung und der Kirchenväter glaubte begründen zu können, ist die aristotelische Auffassung vom Menschen als sozialem Lebewesen. Um gegen die Macht der Natur bestehen zu können, muss der Mensch nach Marsilius handwerkliche Fertigkeiten entwickeln. Die dazu erforderliche Spezialisierung ist nur in einer Gemeinschaft möglich. Die Menschen schließen sich daher in einem Staat zusammen, um das von allen erstrebte Leben in Frieden und Wohlstand verwirklichen zu können. Der Staat ist daher die Bedingung eines friedlichen und materiell gesicherten Lebens. Politische Macht wird nicht vom Papst verliehen, sondern vom Volk (oder der Mehrheit einer Volksversammlung) auf den Herrscher übertragen und bleibt der Kontrolle des Volkes unterworfen. Das Volk hat daher auch das Recht, unfähige Herrscher abzusetzen und Tyrannen zu töten. Es ist damit zugleich der oberste Gesetzgeber und Souverän. Marsilius distanziert sich jedoch deutlich von der Idee des

Weltliche Legitimation der Macht bei Marsilius

Naturrechts. Zum Recht gehört für ihn Macht, d.h. die Androhung von Sanktionen, und die Fähigkeit, diese auch durchzusetzen. Ein Recht, dessen Geltung, wie im Falle des Naturrechts, allein auf vernünftiger Einsicht beruht, ohne durch Machtmittel gewährleistet zu sein, ist für ihn kein wirkliches Recht. Kann auch von einer Gleichberechtigung aller Bürger bei Marsilius noch keine Rede sein, nimmt er doch die neuzeitliche Auffassung der Volkssouveränität vorweg, welche die mittelalterliche Auffassung einer Herrschaft »von Gottes Gnaden« ablösen sollte.

Forderung nach Trennung von Kirche und Staat

Den Zweck des Staats, Frieden und allgemeines Wohl zu sichern, sieht Marsilius vor allem durch den weltlichen Machtanspruch des Papsttums gefährdet, ja er findet in der Kirche und in der Sonderstellung des Klerus die eigentliche Gefährdung des Friedens. Wie Ockham unterstützt er damit die kaiserliche Politik und fordert, dass die Kirche ihren weltlichen Machtanspruch, insbesondere ihre weltliche Gerichtsbarkeit, aufgeben muss und sich auf ihre rein geistlichen Aufgaben zurückziehen soll. Auch die von Geistlichen begangenen Verbrechen unterliegen der weltlichen Gerichtsbarkeit. Die Kirche darf die Menschen nur moralisch (durch Androhung von Höllenstrafen) beeinflussen, aber sie darf den Glauben nicht erzwingen, und sie darf vor allem keine Ungläubigen und Häretiker bestrafen. Verstöße gegen die Gesetze des Glaubens zu ahnden ist allein Sache des Jüngsten Gerichts. Da die Kirche kein Staat im Staate sein darf, verlangt Marsilius nicht bloß die Trennung von Kirche und Staat, sondern die Einordnung der Kirche in den Staat. Denn der Staat ist die autarke, alle Lebensbereiche umfassende Ordnung, in der auch die Kirche ihren Platz findet. Das religiöse Leben bleibt innerhalb der staatlichen Ordnung erhalten, doch muss die Kirche ihren weltlichen Machtanspruch aufgeben. Der Staat verliert damit sowohl bei Marsilius als auch bei Ockham den Charakter einer gottgewollten Ordnung und wird zu einer zufälligen, durch menschliche Entscheidungen und Interessen bestimmten und bestimmbaren Ordnung.

An der Schwelle der Neuzeit steht die Reformation mit ihrem Anliegen, die Kirche grundlegend zu reformieren und damit auch das Verhältnis von Kirche und Staat auf eine neue Grundlage zu stellen. Aus der von Ockham und Marsilius formulierten Kritik am weltlichen Machtanspruch des Papsttums und der Kirche wurden jetzt radikale Konsequenzen gezogen.

Grundlage dafür war eine weitverbreitete Kritik an den Missständen innerhalb der Kirche, wie sie z. B. von ERASMUS VON ROTTERDAM (1467–1536) etwa in seiner Satire *Lob der Torheit* (1509) geübt wurde. Während Erasmus jedoch noch weiterhin an der Einheit der Kirche festhielt, vollzog MARTIN LUTHER (1483–1546) den endgültigen Bruch mit der etablierten Kirche. Dadurch, dass sich seinen 95 Thesen gegen den Ablasshandel eine Reihe deutscher Fürsten aus Verärgerung über die päpstliche Politik anschlossen, wurde die Reformation auch zu einem höchst einflussreichen politischen Ereignis.

Kirchenkritik in der Reformation

Luther wertete die Bedeutung der Kirche nicht nur politisch, sondern auch als Institution radikal ab, indem er die ganze religiöse Bedeutsamkeit des menschlichen Lebens vom äußeren Tun in den inneren Glauben verlegte. Damit wurden rituelle Formen des Glaubens wie Wallfahrten oder Fasten unwichtig. Noch entscheidender war, dass Luther den Anspruch der Kirche auf eine Mittlerstellung zwischen Mensch und Gott zurückwies. Da das Heil allein vom Glauben (»sola fide«) abhängt, kann es von der Kirche in keiner Weise gefördert werden. Der Mensch braucht keinen Priester, sondern kann sich in Gebeten ganz unmittelbar an Gott wenden. Die Kirche hat auch kein Monopol auf die richtige Interpretation der Bibel, sondern jeder hat ein Recht darauf, die Bibel selbst zu lesen und auszulegen. Mit der Forderung schließlich, dass die Kirche auch keine weltliche Macht haben darf, griff er nicht nur die Rolle die Papstes und dessen Anspruch auf politische Herrschaft an, sondern richtete sich gegen jede Form der Vermischung politischer und religiöser Herrschaft, wie sie z. B. in Deutschland von den Fürstbischöfen praktiziert wurde.

Abwertung der Kirche als Institution bei Luther

92   5. Kirche, Staat und Heilsgeschichte

Innere Freiheit und staatlicher Zwang bei Luther

Damit wurde, ähnlich wie bei Ockham und Marsilius, die Rolle der weltlichen Obrigkeit als Garant des zivilen Friedens, aber auch als Schutzmacht des Glaubens aufgewertet. Doch darf sich der Staat nach Luther nicht in den Bereich des Glaubens einmischen, indem er z. B. Bürger zu einem bestimmten Bekenntnis zwingt. Religions- und Glaubensfreiheit sind daher zu gewährleisten. Damit war Luther zwar für eine Befreiung des Individuums von der Bevormundung durch die Kirche in Glaubensfragen und für eine Zurückweisung der weltlichen Macht der Kirche eingetreten, doch die zugestandene Gewissens- und Glaubensfreiheit war ihm allein Sache des geistigen Menschen. Eine politische Bedeutung im Sinne der aufklärerischen Forderung nach religiöser Toleranz hat Luther mit der Idee der Gewissensfreiheit nicht verbunden. Auch den Schritt zu einer Demokratisierung des Staats hat er nicht getan. In der Realität der protestantischen Staaten war die »innere« Freiheit weiterhin häufig mit politischer Unfreiheit und Repression verbunden. In der Sphäre des »äußeren« Lebens muss die Freiheit des Menschen nach Luther nämlich durch den Staat eingeschränkt werden, um das friedliche Zusammenleben der Menschen zu ermöglichen. Die Rechtfertigung staatlicher Herrschaft besteht für ihn darin, dass der Staat als Zwangsinstrument zur Bändigung des leiblich-sinnlichen Menschen notwendig ist, weil nur wenige Menschen wahrhafte Christen sind, die ohne Zwang dem Friedensgebot Christi folgen. Als Untertan schuldet der Mensch der Obrigkeit Gehorsam. Widerstände gegen staatliche Maßnahmen lehnte Luther strikt ab. Berüchtigt ist z. B. sein Aufruf zur gewaltsamen Unterdrückung der Bauernaufstände (1524–26) »Wider die räuberischen Rotten«. Während Luther einerseits Kritik am korrupten Machtsystem der katholischen Kirche übte, hat er andererseits innerhalb des Protestantismus einer Autoritäts- und Obrigkeitshörigkeit den Boden bereitet.

Protestantischer Gottesstaat bei Calvin

Einen Höhepunkt erreicht die Aufwertung staatlicher Zwangsgewalt bei dem radikalen protestantischen Reformator JEAN CALVIN (1509–1564). Aus einer Kritik der weltlichen Macht des Papsttums, aus der Kritik also an der

Verweltlichung der Religion, entwickelt sich bei Calvin die Forderung nach einem neuen religiös geprägten Staat.

Calvin war überzeugt, dass der verdorbene Mensch nur durch eiserne Hand von Staat und Kirche zu einem sittenstrengen Leben geführt werden kann, und verlangte daher eine rigorose, bis ins Kleinste gehende Regulierung und Kontrolle des sittlichen Lebens. Auf diese Weise wurde die von Luther gewährte Religions- und Gewissensfreiheit wieder aufgehoben. Calvin forderte, dass der Staat nach den von der Kirche interpretierten Gesetzen der Bibel regiert werden musse. In Genf verwirklichte er seine Vorstellungen, indem er als Vorsitzender eines Konsistoriums praktisch diktatorisch herrschte und einen protestantischen Gottesstaat schuf.

Sowohl in der Geschichts- als auch in der Staatsphilosophie hat das christlich geprägte Denken – von der Spätantike bis zur Reformation – eine charakteristische Entwicklung vollzogen: Ursprünglich rein religiöse, auf das Jenseits bezogene Vorstellungen wurden immer mehr zu Theorien über die Gestaltung der diesseitigen politischen und gesellschaftlichen Welt. Augustinus' Idee einer Heilsgeschichte, die ganz auf ein jenseitiges Gottesreich ausgerichtet war, wurde bei Joachim de Fiore zu einer Interpretation der menschlichen politischen Geschichte, an deren Ende eine Befreiung von jeglicher politischer Herrschaft stehen sollte. Dadurch wurde ein geschichtsphilosophisches Denken in Gang gesetzt, das vor allem in der Aufklärung, im Deutschen Idealismus, aber auch in Theorien der Moderne wie dem Marxismus enorme Wirkung entfaltete.

Von einer religiösen zu einer weltlichen Begründung der Macht

Aber auch die ursprüngliche Abwendung von der Politik im frühen Christentum wurde zunehmend aufgegeben. An ihre Stelle traten Auffassungen von Recht und Staat, die, von ihrem ursprünglich christlich-theologischen Hintergrund befreit, die neuzeitlichen Rechts- und Staatstheorien vorbereiteten. Die politische Philosophie von Augustinus begründet zunächst die Unterordnung des Staats unter die Kirche. Thomas hält an dieser Unterordnung fest, doch bemüht er sich im Gegensatz zu Augustinus darum, die Kongruenz und Analogie zwischen göttlicher und weltlicher Ordnung und damit zwischen Kirche und Staat zu begründen. In diesem Zusammenhang steht auch seine über Augustinus hinausgehende Forderung, politische Macht auf den Schutz der Naturrechte des Menschen zu verpflichten. Er führt damit die von den spätantiken Stoikern begründete Naturrechtslehre unter religiösen Vorzeichen fort. Ockham und Marsilius verzichten dagegen schon auf jegliche religiöse Verankerung von Staat und Recht und bereiten damit den Boden für das politische Denken der Renaissance und für die neuzeitliche Lehre vom Gesellschaftsvertrag. In der Anerkennung des Staats als einziger weltlicher Macht folgt Luther der Spätscholastik und der Renaissance. Bei Calvin ist das ursprüngliche christliche Desinteresse an der Politik in radikaler Umkehrung zu dem Willen geworden, Politik nach religiösen Gesichtspunkten zu gestalten. Wurde auch der Einfluss der christlichen Theologie in der Folgezeit geringer, so beschäftigte die Frage einer sittlichen oder auch naturrechtlichen Rechtfertigung des Staates die politische Philosophie bis zur Aufklärung und über diese hinaus.

6. Vernunft als Brücke zum Glauben

Die Metaphysik der Scholastik

In den Jahrhunderten nach dem Untergang des Weströmischen Reiches versanken große Teile Europas in den Wirren der Völkerwanderung. Die Stabilisierung der politischen und sozialen Verhältnisse ab dem 10. Jahrhundert führte zu einem Aufschwung des geistig-kulturellen Lebens. Erleichtert wurde dieser Aufschwung dadurch, dass Latein sich als die allgemeine Sprache der Wissenschaft durchgesetzt hatte und so eine verhältnismäßig unproblematische Kommunikation zwischen den Gelehrten der verschiedenen europäischen Nationen erlaubte.

Die christliche Philosophie des europäischen Mittelalters ging nun in ihre zweite Hauptphase. Das zentrale Anliegen der christlichen Denker dieser Zeit bestand in der Systematisierung und vernünftigen Begründung der Glaubenssätze, die im frühen Mittelalter von den Kirchenvätern geschaffen worden waren. Man bezeichnet diese Phase als Scholastik, weil sie sich als »Schulphilosophie« an den Klosterschulen und später an den Universitäten entwickelte. Der Begriff »Scholastik«

Während in der frühmittelalterlichen Philosophie das Vermögen der Vernunft zugunsten einer mystischen Erkenntnis abgewertet worden war, wurde in der Scholastik die Rolle der Vernunft wieder aufgewertet. Obwohl die Philosophie weiterhin als »Magd der Theologie« betrachtet wurde, stellt die Scholastik doch eine Epoche umfassender rationaler Analysen und Gedankengebäude dar, durch die die Glaubenswahrheiten einer allgemein nachvollziehbaren Einsicht zugänglich gemacht werden sollten. Wie viele und welche Glaubenswahrheiten beweisbar sind, war einer der Hauptdiskussionspunkte der scholastischen Philosophie. Aufwertung der Vernunft in der Scholastik

Die Scholastik bemühte sich darum, »Vernunftbrücken« zwischen der Erfahrungswelt der Menschen und der Wirklichkeit Gottes zu bauen. Dabei standen zwei Anliegen im Vordergrund, nämlich der rationale Nachweis der

Existenz Gottes und der Nachweis der Unsterblichkeit der Seele. Damals entstanden die Gottesbeweise, die noch bis weit in die Neuzeit hinein diskutiert wurden.

Das Universalienproblem

Aber auch in der Natur, der Kunst und der Sprache des Menschen wurden Hinweise auf die Existenz einer göttlichen Wirklichkeit und Seinsordnung gesucht. In diesen Zusammenhang gehört auch das sogenannte »Universalienproblem«, d.h. die Frage, ob mit Allgemeinbegriffen wie »Menschheit« oder »Gerechtigkeit« eine eigenständige Welt geistiger Wesenheiten (»Entitäten«) bezeichnet wird oder nicht. Dieses Problem, also die Frage nach der Realität des Allgemeinen, war dem Mittelalter von der antiken Metaphysik gleichsam vererbt worden. Bereits die metaphysischen Positionen von Platon und Aristoteles enthielten Stellungnahmen zu diesem Problem: Während nach Platon die Ideen als die allgemeinen Urbilder der Dinge vor und unabhängig von den Dingen existieren, hatte Aristoteles dagegen das Allgemeine als das Wesen in die Dinge selbst verlegt. Platons Annahme einer unabhängigen Existenz des Allgemeinen wurde im Neuplatonismus erneuert.

Porphyrios und die Kategorien

In der Philosophie der Antike gab es somit bereits Stellungnahmen zur Frage der Realität des Allgemeinen, doch ausdrücklich formuliert wurde das Universalienproblem erstmals von dem Plotin-Schüler PORPHYRIOS (234–305). In seiner Einleitung zu der von ihm herausgegebenen logischen Schrift des Aristoteles über die »Kategorien« warf er die Frage auf, ob das Allgemeine, das in allgemeinen Ausdrücken wie »Menschheit« oder »Röte« gedacht wird, objektiv oder nur im Denken existiert und ob es, falls es objektiv existiert, losgelöst von den Dingen oder nur in den Dingen existiert. Dem Mittelalter überliefert wurde diese Fragestellung in der lateinischen Übersetzung, die Boethius von der Einleitung des Pophyrios verfasst hatte.

Universalienrealismus bei Johannes Scotus Eriugena

Die frühe Phase der scholastischen Philosophie, die Frühscholastik, war stark von Platon und dem Neuplatonismus geprägt. Ganz im Geiste des Neuplatonismus betrachtete JOHANNES SCOTUS ERIUGENA (810–877) das Allgemeine als höhere Realität gegenüber den Einzeldingen, nämlich als ursprünglichere Ausstrahlung (»Emanation«) Gottes. Damit wurde er zum ersten mittelalterlichen Vertreter des »Universalienrealismus«, der die eigenständige Realität des von Begriffen bezeichneten Allgemeinen behauptete.

Der englische Bischof ANSELM VON CANTERBURY (1033–1109) ging in seinem Bestreben, den Glauben zu beweisen, so weit, auch für Mysterien der christlichen Lehre wie Dreifaltigkeit und Menschwerdung vernünftige Argumente zu liefern. Auch er vertrat einen Universalienrealismus, der zur Grundlage seines Gottesbeweises wurde. In seinem Werk *Anrede* (1077/78) geht er von dem Begriff Gottes als des vollkommensten Wesens aus und folgert aus diesem Begriff die Existenz Gottes, weil zum Begriff des vollkommensten Wesens gehört, nicht nur im Denken, sondern auch in der Wirklichkeit zu existieren. Da in diesem Beweis von dem »Begriff« auf das »Sein« Gottes geschlossen wird, ist er als »ontologischer« Gottesbeweis in die Geschichte der Philosophie eingegangen.

Anselms ontologischer Gottesbeweis

Im Gegensatz dazu vertraten WILHELM VON CHAMPEAUX (1070–1121) und JOHANNES ROSCELINUS VON COMPIÈGNE (1050–1120) erstmals einen Nominalismus (nach lat. »nomen«=Namen). Entsprechend diesem sind nur die Einzeldinge wirklich, wohingegen das Allgemeine lediglich Namen sind, die von Menschen benutzt werden, um ähnliche Dinge nach ihren gemeinsamen Merkmalen zu benennen. Weltanschaulich brisant war der Nominalismus durch seine Konsequenzen für die christliche Lehre: So behauptete Roscelinus, dass der Ausdruck »Gott« kein allgemeines Wesen in drei Personen bezeichne, sondern lediglich ein gemeinsamer Name für drei verschiedene Gottheiten (Gott Vater, Gott Sohn, Gott Heiliger Geist) sei.

Die Anfänge des Nominalismus

Der wegen seiner unglücklichen Liebe zu Heloise noch heute bekannte PETRUS ABAELARD(US) (1079–1142) war der überragende Denker der Frühscholastik. Auch er wollte den Glauben durch Vernunft begreifen. Er forderte sogar ausdrücklich, in der Philosophie die Berufung auf kirchliche Autoritäten zu unterlassen. In seinem Werk *Ja*

Die scholastische Methode bei Abälard

und Nein (1121/22) stellte er in minutiöser Kleinarbeit die sich widersprechenden Äußerungen der Kirchenväter einander gegenüber, um zu zeigen, dass die Berufung auf Autoritäten unzureichend ist und das eigene Denken nicht ersetzen kann. Abälards Werk ist zum Vorbild der scholastischen Vorgehensweise geworden, indem es zunächst nach Argumenten pro und contra sucht, diese dann prüft, um schließlich eine oft vermittelnde Lösung vorzuschlagen. Die Offenbarung als Quelle der Glaubenswahrheiten betrachtete Abälard dagegen mehr als ein Provisorium, das mit fortschreitender Vernunfterkenntnis überflüssig werden würde.

Abälards Stellungnahme zum Universalienproblem

Zum Universalienproblem entwickelte er eine vermittelnde Position zwischen Realismus und Nominalismus. Gegen den Realismus wandte er ein, dass das Allgemeine nichts objektiv Reales ist, das unabhängig vom Denken existiert. Gegen den Nominalismus betonte er, dass das Allgemeine ein sinnvolles, bedeutungstragendes Gebilde ist. Das Allgemeine verstand er damit als die Bedeutung eines Worts, also als etwas Gedankliches. Wie die Nominalisten wurde Abälard wegen seiner Ablehnung der Realität des Allgemeinen von Hütern der orthodoxen Lehre scharf angegriffen.

Die Bedeutung des Aristoteles für die Hochscholastik

Ab der Mitte des 13. Jahrhunderts setzte eine neue Phase der scholastischen Philosophie ein, die als Hochscholastik bezeichnet wird. In dieser Zeit erfolgte der Aufstieg des Aristoteles zur maßgebenden philosophischen Autorität, zu »dem Philosophen« schlechthin. In Gang gesetzt wurde die Aristoteles-Rezeption, als durch die Kreuzzüge der christliche Westen mit der islamischen Kultur und Philosophie in Kontakt geriet. Die auf Griechisch verfassten Werke des Aristoteles, die seit 950 vollständig in arabischer Sprache vorlagen, wurden bis 1250 ins Lateinische übersetzt. Bereits 1255 gehörten an der Universität Paris die aristotelische Metaphysik, Physik und Ethik zu den verbindlich vorgeschriebenen Inhalten von Vorlesungen.

Die Metaphysik der Scholastik

Besondere Bedeutung für die Aufnahme der aristotelischen Philosophie in der Scholastik hatten die Werke zweier islamischer Philosophen. IBN SINA (980–1037), aus Buchara im heutigen Usbekistan, in Westeuropa AVICENNA genannt, entwickelte im Anschluss an Aristoteles eine Metaphysik, die die Ewigkeit der Welt lehrt. IBN RUSCHD (1126–1198), als AVERROES bekannt, der als Jurist und Arzt im damals islamisch beherrschten Spanien lebte, wurde wegen seiner Aristoteles-Kommentare berühmt und galt im christlichen Westen schlicht als »der Kommentator« des Aristoteles. Auch er lehrte die Ewigkeit der Welt, leugnete aber außerdem die Unsterblichkeit der Seele, womit er im Widerspruch zu zentralen Glaubenslehren der islamischen und christlichen Religion stand.

Avicenna und Averroes

Eine kaum zu überschätzende Wirkung entfaltete die Aufnahme der aristotelischen Philosophie bei dem bedeutendsten Philosophen der Hochscholastik, THOMAS VON AQUIN (1225–1274). Er schuf ein umfassendes System der christlichen Philosophie, in der der christliche Glaube mit der aristotelischen Philosophie verschmilzt und eine weitgehende Harmonie von Glaube und Vernunft erreicht wird.

Die natürliche Vernunft und der geoffenbarte Glaube sind für Thomas die beiden Quellen, aus denen seine Theologie schöpft. Als natürliche Wahrheiten, die durch die Vernunft bewiesen werden können, gelten ihm die Existenz Gottes, die Unsterblichkeit der Seele und die Endlichkeit der Welt. Den Großteil der natürlichen Wahrheiten findet er bereits bei Aristoteles. Zu den übernatürlichen Wahrheiten, die nur durch Offenbarung gewonnen werden können, gehören die christlichen Mysterien der Dreifaltigkeit und der Menschwerdung. Diese Glaubenswahrheiten stehen mit der Vernunft nicht im Widerspruch, sie sind also nicht widervernünftig, sondern übervernünftig. Da der Glaube der Vernunft nicht widersprechen kann, ist es nach Thomas Aufgabe der Philosophie, die gegen die Glaubenswahrheiten vorgebrachten Einwände zu widerlegen.

Natürliche Wahrheiten und Glaubenswahrheiten

6. Vernunft als Brücke zum Glauben

Die Gottesbeweise des Thomas von Aquin

Für die Existenz Gottes hat Thomas insgesamt fünf Beweise vorgetragen. Den ontologischen Gottesbeweis Anselms hat er allerdings abgelehnt, weil nach seiner Ansicht das Wesen Gottes zu unbekannt ist, um zweifelsfrei behaupten zu können, dass die Existenz zum Begriff Gottes gehört. Nach Thomas gibt es jedoch verschiedene Möglichkeiten, von Erfahrungstatsachen auf Gott als deren Bedingung zurückzuschließen. Vier der fünf Gottesbeweise lassen sich als verschiedene Fassungen des »kosmologischen« Gottesbeweises verstehen. Dieser geht von der Tatsache aus, dass jedes Ereignis durch ein vorangegangenes Ereignis verursacht wird, und schließt dann, da die Kette der Ursachen (und Wirkungen) nicht endlos sein könne, auf eine erste Ursache, d.h. auf Gott. In den drei anderen Fassungen dieses Beweises schließt Thomas ganz ähnlich von der Tatsache der Bewegungen auf Gott als ersten Beweger, von dem zufälligen Sein der Dinge auf Gott als notwendiges Wesen und von den unvollkommenen Dingen auf Gott als vollkommenstes Wesen. Der fünfte Beweis ist der »teleologische« Gottesbeweis. Er geht von der Tatsache der Zweckmäßigkeit der Natur aus und schließt auf Gott als Urheber der zweckmäßigen Ordnung.

Gott als Inbegriff der Vollkommenheit

Auch das Wesen Gottes lässt sich nach Thomas zumindest teilweise durch Vernunft erfassen. Da er aber von einer Kluft zwischen Gott und Schöpfung ausgeht, darf der Mensch seine Begriffe, die von den endlichen Dingen genommen sind, nicht direkt auf Gott anwenden. Wird daher von der »Güte« oder »Weisheit« Gottes gesprochen, so ist dies lediglich ein Begreifen Gottes durch Analogien der endlichen Welt, wohingegen die wirkliche Güte und Weisheit Gottes die menschliche Vorstellungskraft unendlich übertreffen. Gott ist aber der Inbegriff der Vollkommenheit. Damit geht Thomas, ähnlich wie Augustinus, einen Mittelweg zwischen anthropomorphen Gottesvorstellungen, in denen Gott menschliche Eigenschaften zugesprochen werden, und der neuplatonischen Vorstellung von Gott als dem transzendenten, unerkennbaren Einen.

Der Einfluss des Aristoteles ist offenkundig, wenn

Thomas in seiner Ontologie die natürlichen Dinge als »geformte Materie« und die Wirklichkeit als zweckmäßig bestimmte Stufenordnung begreift. Wie Aristoteles betrachtet er auch die durch die Begriffe erfassten Eigenschaften der Dinge als das Allgemeine in den Dingen und vertritt damit einen gemäßigten Universalienrealismus.

Auf die aristotelische Auffassung von »Form« im Sinne zwecktätig gestaltender Kräfte greift Thomas in seiner Seelenlehre zurück. Die Seele ist die »Form« des Körpers, d. h. dessen bewegendes, belebendes Prinzip. Die Seele des Menschen weist dabei, im Gegensatz zur Pflanzen- und Tierseele, das besondere Merkmal auf, dass sie wegen der spontanen, aktiven Kraft des Denkens nicht an den Organismus gebunden ist, sondern auch losgelöst vom Körper existieren kann. Mit dieser These, dass die menschliche Seele – wie Gott und die Engel – »reine Form« ist, lehrt Thomas die Unsterblichkeit der Seele.

Die Seelenlehre des Thomas

Die Philosophie Thomas von Aquins beherrschte bald den Dominikanerorden und übte einen starken Einfluss auf das gesamte folgende mittelalterliche Denken aus. Sie fand einen bedeutenden literarischen Niederschlag in DANTE ALIGHIERIS (1265–1321) *Göttlicher Komödie*, in der das christliche Weltbild mit Himmel und Hölle dichterisch ausgemalt wird. Auch die Entwicklung der neuzeitlichen Metaphysik ist ohne die thomistische Philosophie kaum denkbar. Noch im 20. Jahrhundert gab es in der sogenannten »Neoscholastik« Versuche, sie zu erneuern und sie mit den modernen Wissenschaften in Einklang zu bringen.

Einfluss der thomistischen Philosophie

Der zweite bedeutende Philosoph der Hochscholastik war der in Oxford, Paris und Köln lehrende Schotte DUNS SCOTUS (1265–1308). Er gehörte dem Franziskanerorden an, der die Kluft zwischen Glauben und Vernunft hervorhob und der Philosophie des Aristoteles eher skeptisch gegenüberstand. Doch auch er bemühte sich um eine vernünftige Einsicht in die christlichen Glaubenswahrheiten, insbesondere um einen Nachweis der Existenz Gottes. In seiner *Abhandlung über das erste Prinzip* (1305) entwickelte Duns Scotus Argumente, die Gott als erste Ursache

Die Grenzen der Vernunft und der Vorrang des Glaubens bei Duns Scotus

Thomas von Aquin (1225–1274)

Thomas war adliger Herkunft und wurde 1225 auf dem Schloss Roccasecca in der Nähe von Neapel geboren. Nach der Schulzeit im Benediktinerkloster Monte Cassino und dem Studium an der Universität Neapel trat er 1244 gegen den heftigen Widerstand seiner Familie, die ihn unter Hausarrest stellte, in den Dominikanerorden ein. 1245 setzte er sein Studium bei Albertus Magnus (1193–1280) in Paris fort und folgte diesem 1248 nach Köln. Ab 1252 lehrte er selbst an verschiedenen Orten, zunächst in Paris (1252–59), Orvieto (1261–65), Rom (1265–68), noch einmal in Paris (1268–72) und schließlich in Neapel (1272–73). Seit 1259 nahm er auch verschiedene Aufgaben im Dienste seines Ordens und der päpstlichen Kurie wahr.

In seinem Werk nehmen Kommentare, insbesondere zu Aristoteles, einen wichtigen Platz ein. Seine beiden Hauptwerke sind die »Summen«, nämlich die Summe gegen die Heiden *(1259–64), die zum Zwecke der Ketzerbekämpfung und Heidenmission geschrieben wurde, und die unvollendet gebliebene* Summe der Theologie *(1266–1273), die auf der Grundlage der Bibel und der Philosophie des Aristoteles ein umfassendes christliches Weltbild entwickelt.*

Thomas, der wegen seines sanftmütigen, mitfühlenden und frommen Wesens den Ehrennamen »Doctor angelicus«, der engelgleiche Lehrer, erhalten hatte, starb im Jahr 1274 im Kloster Fossanuova bei Terracino auf der Reise zum Konzil von Lyon. Nachdem er im Jahr 1323 heiliggesprochen worden war, wurde er 1567 in den Rang eines Kirchenlehrers erhoben. Seit 1879 ist seine Philosophie die offizielle Lehre der katholischen Kirche.

und letztes Ziel der Welt erweisen sollen. Er akzeptierte sogar den ontologischen Gottesbeweis Anselms. Doch andere zentrale Glaubenswahrheiten, wie die Lehren von der Weltschöpfung und der Menschwerdung Gottes und vor allem der Unsterblichkeit der Seele, hielt er für unbeweisbar. Duns Scotus machte auch auf die Widersprüche aufmerksam, in die die Vernunft sich verwickelt, wenn sie Gott als Allmächtigen oder Allwissenden zu begreifen versucht. Die damit sichtbar werdenden Grenzen der Vernunft entwerten nach seiner Ansicht jedoch den Glauben keineswegs. Angesichts der Grenzen der Vernunft und der praktischen Notwendigkeit des Glaubens als Stütze der Moral hielt er es vielmehr für klüger, Gott nicht weiter begreifen zu wollen und den Glauben aufgrund von Autorität hinzunehmen.

Duns Scotus versuchte, im Gegensatz zu Thomas, Gott nicht von seiner Vernunftnatur, sondern von seinem Willen her zu verstehen. Der Wille ist in Gott das eigentlich Ursprüngliche. Er wird damit zur »Urtatsache«, die all das verständlich machen soll, was der Vernunft unbegreiflich bleibt. Vor allem die der Vernunft nicht zugänglichen Glaubenswahrheiten werden von Duns Scotus auf den Willen Gottes zurückgeführt. Die Welt, ja selbst die Offenbarung, erscheint damit freilich als zufällig: Gott hätte die Welt auch ganz anders schaffen und er hätte sich auch ganz anders offenbaren können. Die Allmacht des göttlichen Willens bildet daher die Kehrseite der begrenzten menschlichen Vernunft.

Der unergründliche Wille Gottes

In seiner Stellungnahme zum Universalienproblem hat Duns Scotus geltend gemacht, dass auch das rein Individuelle begrifflich erfassbar ist. Jedes Ding besitzt nach seiner Ansicht nicht nur ein allgemeines Wesen, sondern auch noch individuelle, einmalige Züge, die für seine Eigenart keineswegs nebensächlich sind. Damit wendet er sich gegen die auf Aristoteles zurückgehende Auffassung, dass es eigentliches oder wissenschaftliches Wissen nur von dem notwendigen und allgemeinen Wesen einer Sache geben kann.

Duns Scotus und das Universalienproblem

6. Vernunft als Brücke zum Glauben

Meister Eckharts philosophische Mystik

Noch skeptischer gegenüber der Rolle der Vernunft in der Gotteserkenntnis war der aus Thüringen stammende MEISTER ECKHART (1260–1328), der Schriften sowohl in lateinischer als auch in deutscher Sprache hinterlassen hat. Sein Denken muss im Zusammenhang mit den religiösen Laienbewegungen dieser Zeit gesehen werden, die sich um eine Vertiefung des religiösen Lebens bemühten und eine Rückbesinnung auf die christliche Armutsidee forderten. Ähnlich wie diesen Bewegungen, die eine gewisse Distanz zur Kirche hielten und zuweilen als ketzerisch verfolgt wurden, ging es auch Meister Eckhart darum, den Menschen einen Weg zu Gott zu weisen, der von religiösen Dogmen und Offenbarungen unabhängig ist. Im Gegensatz zum scholastischen Bemühen um rationale Beweise des Glaubens schlug er damit einen jenseits rationaler Erkenntnis liegenden Weg zu Gott ein: die Mystik.

Gott als rational unbegreifbarer Weltgrund

Meister Eckharts Gottesvorstellung steht ganz in der neuplatonischen Tradition. Gott ist für ihn das Eine, das Gute, mithin der absolut jenseitige Weltgrund, der dem Verstand gänzlich unbegreiflich bleibt und von dem daher nur negativ ausgesagt werden kann, was er nicht ist. Diese Auffassung von Gott als rational unfassbarem Weltgrund unterscheidet sich von der orthodoxen christlichen Vorstellung. Meister Eckhart deutet sogar umgekehrt, entsprechend seiner neuplatonischen Orientierung, die Trinität als die erste Emanation der ursprünglichen Gottheit. Wie der Neuplatonismus begreift er die Dinge der Welt als Äußerungen Gottes, doch betont er schärfer die »Nichtigkeit« aller Einzeldinge. Für ihn hat alles Weltliche nur dadurch Sinn und Wert, dass es Äußerung des göttlichen Weltgrundes ist. Losgelöst von dieser Beziehung zu Gott sind die Dinge »nichts«.

Die menschliche Seele und das »Unaussprechliche«

Inspiriert vom Neuplatonismus denkt Meister Eckhart auch die menschliche Seele. Wie Gott das undifferenzierbare Eine ist, so muss auch den verschiedenen Kräften der Seele wie Erkennen und Wollen eine ursprüngliche Einheit zugrundeliegen. Dieser Seelengrund, den er auch als »göttliches Seelenfünklein« bezeichnete, verhält sich somit ähnlich zum bewussten Seelenleben wie Gott zur Welt.

Einen Zugang zum Seelengrund wie zu Gott eröffnet nun nach Meister Eckhart das mystische Erleben. In ihm lassen sich Gott und der Seelengrund unmittelbar erfassen, ja beide werden in ihm ununterscheidbar. Um das mystische Erleben, das jenseits der Vernunft liegt und deshalb eigentlich »unaussprechlich« ist, kreisen viele, anscheinend paradoxe Gedanken Meister Eckharts. So behauptet er z. B., dass im mystischen Erleben des Seelengrundes Gott selbst es ist, der erkennt. Die Paradoxie solcher Überlegungen hängt offenbar damit zusammen, dass der mystische Zustand, zu dem die Seele sich erheben kann, ein Zustand jenseits der individuellen Dinge sein soll, also ein Zustand jenseits von Raum und Zeit, mithin eine ewige, zeitlose Gegenwart – ein Zustand also, auf den die für die endlichen Dinge geschaffenen Begriffe eigentlich nicht anwendbar sind.

Den mystischen Zustand vermag der Mensch nach Meister Eckhart aus eigener Kraft dann zu erreichen, wenn er einen asketischen Lebenswandel führt, also alle sinnlichen Begierden und irdischen Ziele überwindet und sich damit von seinem »Ich« löst. Die Distanzierung von allem Endlichen ermöglicht das Aufgehen in Gott. Dieses Einswerden mit Gott im mystischen Zustand ist auch eine Vorwegnahme der Erlösung, also des Zustandes, den die menschliche Seele nach dem Tod des Menschen endgültig erreichen wird.

Askese und mystische Schau

Dass Meister Eckharts mystischer Weg zu Gott ohne die Hilfe der Kirche auskommt, war einer der Gründe dafür, dass sein Werk nach seinem Tode als häretisch galt. Gleichwohl – oder vielleicht gerade deswegen – hat er spätere mystische und pantheistische Strömungen stark beeinflusst.

In der letzten Phase der scholastischen Philosophie, der Spätscholastik, wurde die Rolle der Vernunft, den Glauben rational abzustützen, wieder in Frage gestellt. Glaube und Vernunft begannen nun, getrennte Wege zu gehen. Der vielleicht bedeutendste Denker der Spätscholastik war der englische Franziskaner WILHELM VON OCKHAM (1290–1349). Stärker noch als Duns Scotus betont Ockham, dass

Glaube ohne rationale Stütze

6. Vernunft als Brücke zum Glauben

sämtliche Glaubenswahrheiten, insbesondere auch die Existenz Gottes und die Unsterblichkeit der Seele, jeder rationalen Grundlage entbehren. Anders als Thomas bezeichnet er die Mysterien der christlichen Religion wie Trinität und Menschwerdung ausdrücklich als »widervernünftig«. Doch wollte er damit den Glauben nicht entwerten, sondern gerade seine Unabhängigkeit, ja seine Überlegenheit über die Vernunft unterstreichen: Der Glaube soll nicht vernünftig begründet, sondern hingenommen werden. Wie Duns Scotus betonte er die Zufälligkeit der Dinge und der Offenbarung als Zeichen von Gottes Willen.

»Ockhams Rasiermesser«
Seine Auffassung von Glaube und Vernunft stützte Ockham auf sprachphilosophische Überlegungen zum Universalienproblem, wie er sie in seinem Werk *Summe der ganzen Logik* (1324) entwickelt hat. Seine Grundthese ist, dass nur das Individuelle wirklich ist und dass das Allgemeine keine vom Denken unabhängige Existenz vor oder in den Dingen hat. Es gibt nicht so etwas wie Gerechtigkeit oder Größe an sich, sondern nur gerechte bzw. große Einzeldinge oder Menschen. Die Annahme eines realen Allgemeinen ist nach Ockham überflüssig, weil sie nichts erklärt. Sie fällt damit dem Ökonomieprinzip des Denkens zum Opfer, das es verbietet, mehr erklärende Prinzipien als nötig anzunehmen. Zu Ehren Ockhams heißt dieses Prinzip »Ockhams Rasiermesser«. Mit dieser Auffassung verbindet Ockham eine Aufwertung der Erfahrung als Quelle der Erkenntnis. Da die Erkenntnis der Einzeldinge von der Erfahrung ausgeht und da nur Einzeldinge real sind, muss alle Erkenntnis von der Erfahrung ausgehen. Ockham wendet sich damit gegen philosophische Versuche, allein durch Denken ohne Erfahrung etwas über die Realität ausmachen zu wollen, und erweist sich damit als Vorläufer des neuzeitlichen Empirismus.

Die Unbegreiflichkeit Gottes bei Nikolaus von Kues
Der letzte bedeutende Denker der Spätscholastik, NIKOLAUS VON KUES (1401–1464), gilt auch als Denker zwischen den Zeiten, da sein Werk mit vielen theologischen und neuplatonischen Elementen dem Mittelalter angehört, aber zugleich mit naturphilosophischen Ideen wie der An-

nahme der Unendlichkeit des Kosmos auf die Philosophie der Renaissance vorausweist. Wie Meister Eckhart geht Nikolaus von Kues von der neuplatonischen Vorstellung von Gott als dem unerkennbaren, sich in der Welt entfaltenden Absoluten aus. Es geht ihm aber nicht darum, das mystische Erleben und Schauen Gottes genauer zu beschreiben oder zu deuten, wie Meister Eckhart es getan hat, sondern vielmehr darum, das Nichtwissen von Gott zu klären. Er akzeptiert die Lehre der negativen Theologie, dass von Gott nur durch Verneinung aller Kategorien des Verstandes gesprochen werden kann, und versucht dann, die darin zum Ausdruck kommende Grenze des Verstandes zu begreifen. Die dem Verstand eigentümliche Erkenntnisweise sieht er darin, Dinge voneinander zu unterscheiden und durch Gegensätze wie z. B. groß oder klein oder warm oder kalt zu bestimmen. Gott muss jedoch als Einheit gedacht werden, die durch solche Gegensätze nicht begriffen werden kann. Er ist zugleich das Größte und das Kleinste, ja in ihm sind Wesen und Existenz, Wirklichkeit und Möglichkeit voneinander ununterscheidbar. Gott ist also die Einheit, in der alle Gegensätze zusammenfallen.

Den Zusammenfall der Gegensätze (»coincidentia oppositorum«) hat Nikolaus von Kues durch mathematische Analogien zu verdeutlichen versucht. Kreis und Gerade sind für den Verstand Gegensätze, doch bei der Erweiterung des Radius ins Unendliche wird die Kreislinie zu einer Geraden. Ebenso wie Kreis und Gerade im Unendlichen zusammenfallen, so fallen auch in der Unendlichkeit Gottes die Gegensätze der natürlichen Welt zusammen. Mit der Lehre vom Zusammenfall der Gegensätze im Unendlichen glaubt er, eine Einsicht in die Grenzen des Verstandes erreicht zu haben, die er als eine Einsicht höherer Art begreift, nämlich als eine Einsicht der Vernunft. Damit unterscheidet er zwischen Verstand und Vernunft in einer Weise, die auf Kant vorausweist. Während der Verstand in Gegensätzen denkt und dadurch die natürlichen Dinge bestimmt, ist die Vernunft das Vermögen, die Gegensätze in einer höheren Einheit zu verbinden. In der Be-

»Gelehrte Unwissenheit«

trachtung dieser höheren Einheit gelingt der Vernunft die Einsicht in die Unbegreiflichkeit Gottes. Dieses »Begreifen der Unbegreiflichkeit« oder, wie der Titel seines Hauptwerkes lautet, die *Gelehrte Unwissenheit* (1440), ist die höchste Erkenntnis, die der Mensch von Gott erreichen kann.

Auf dem Weg zur Selbstbefreiung der Vernunft

Die scholastische Philosophie des Mittelalters stellt den Versuch dar, die christliche Religion als festes Lehrgebäude aufzubauen und durch Vernunftgründe zu untermauern. Das große Vertrauen in die Leistungsfähigkeit der Vernunft, das die frühscholastischen Denker Anselm und Abälard auszeichnete, hielt sich in der Hochscholastik vor allem bei den Dominikanern, allen voran bei Thomas von Aquin. Doch verstand bereits Thomas die christlichen Mysterien als »übervernünftig«. Die Vorbehalte gegen die Vernunft bei den Franziskanern, die zunächst bei Duns Scotus deutlich hervortraten, führten in der Spätscholastik bei Ockham schließlich zur vollständigen Trennung von Glaube und Vernunft. Die neuplatonisch geprägten Denker Meister Eckhart und Nikolaus von Kues versuchten auf verschiedenen Wegen die Grenzen der Vernunft zu ziehen – Eckhart durch den Aufweis einer mystischen Gotteserkenntnis und Nikolaus durch Klärung des negativen Wissens von Gott. Gerade in der Einsicht in die Grenzen der Vernunft liegt ein bleibendes Verdienst der Metaphysik der Scholastik.

Gleichwohl blieb in der Scholastik die Überlegenheit des Glaubens weitgehend unbestritten. Da aber jedes Philosophieren auf vernünftige Argumentationen nicht verzichten kann, war die Scholastik, ja die mittelalterliche Philosophie überhaupt, durch ein latentes Spannungsverhältnis zwischen dem auf göttlicher Offenbarung beruhenden Glauben und der auf natürliche Einsicht und Argumentation sich stützenden Vernunft gekennzeichnet. Diese Spannung trat in der Spätscholastik immer offener hervor und führte schließlich zu einer Auffassung von Vernunft und Glaube, die auch als »Lehre von der doppelten Wahrheit« bezeichnet wird: Philosophie und Theologie bilden danach jeweils zwei voneinander unabhängige, »gleich wahre« Lehren, auch wenn sie sich widersprechen. Diese Lehre gab der Philosophie bereits in der Spätscholastik ihre Selbstständigkeit zurück und führte damit an die Schwelle der Neuzeit, in der sich eine Philosophie entwickeln konnte, die den Anspruch preisgab, die Vernunft ausschließlich als »Brücke zum Glauben« zu verstehen.

7. Quellen, Gewissheit und Methoden menschlicher Erkenntnis

Rationalismus und Empirismus in der neuzeitlichen Erkenntnistheorie

Rückbesinnung auf die Antike

Europa erlebte zu Beginn der Neuzeit eine fundamentale Veränderung des geistig-kulturellen Klimas. Die Rückbesinnung auf die Kunst und Kultur der Antike und die damit verknüpfte kritische Einstellung zur Institution der katholischen Kirche lockerten nach und nach die theologischen Bindungen, die das Denken im christlichen Mittelalter beherrscht hatten. Zu dieser kulturellen Revolution trugen neben technischen Erfindungen und geographischen Entdeckungen vor allem die aufstrebenden Naturwissenschaften bei.

Neubegründung des Wissens

Die Bemühungen um eine Neubegründung des menschlichen Wissens führten dazu, dass die Erkenntnistheorie als eigenständige philosophische Disziplin entstand, die der Metaphysik ihre Rolle als »Erste Philosophie« mehr und mehr streitig machte: Bevor die Philosophie darangehen dürfe, den Aufbau und die Prinzipien der Welt zu beschreiben, so die neue Grundthese, müsse sie erst einmal untersuchen, ob und wieweit der Mensch überhaupt in der Lage sei, die wahre Wirklichkeit zu erkennen.

Fragen der Erkenntnistheorie

Zu den Themen der Erkenntnistheorie gehörte zunächst die Frage, ob es überhaupt verlässliche Erkenntnis gibt oder ob der skeptische Zweifel an der menschlichen Erkenntnisfähigkeit in letzter Instanz Recht behält. Ist die Skepsis abgewehrt, stellt sich die weitere Frage, worauf sichere Erkenntnis sich gründet oder woraus sie entspringt. Ist die Sinneswahrnehmung oder der denkende Verstand der Ursprung oder die Quelle sicheren Wissens? Mit der Stellungnahme zu dieser Frage hing schließlich noch das Problem der Methode der Erkenntnis zusammen: Welcher Weg muss eingeschlagen werden, um von einzelnen sicheren Erkenntnissen zu einem umfassenden Gebäude des

Wissens zu gelangen? Welche Rolle spielen bei der Gewinnung und Darstellung des Wissens die logische Schlussfolgerung (»Deduktion«) und die Verallgemeinerung von Erfahrungstatsachen (»Induktion«)?

Die erkenntnistheoretische Diskussion der Neuzeit wurde durch die philosophischen Strömungen des Rationalismus und Empirismus bestimmt. Der Rationalismus versteht die sinnliche Wahrnehmung als trügerisch und erkennt nur die von der Erfahrung unabhängigen Vernunfteinsichten als gewiss an. Diese Erkenntnisse aus reiner Vernunft gelten zugleich als Grundsätze (»Axiome«) eines durch streng logische (»deduktive«) Ableitungen zu gewinnenden Systems des Wissens. Der Empirismus sieht dagegen den Ursprung aller sicheren Erkenntnis in der Erfahrung und lehnt Versuche, Erkenntnisse über die Welt durch bloßes Nachdenken zu gewinnen, als haltlose Spekulationen ab. Auch allgemeine Naturgesetze lassen sich für den Empirismus nur auf induktivem Wege, d.h. auf der Basis von Beobachtung und Experiment, gewinnen.

Rationalismus und Empirismus

Den ersten Versuch einer Neubegründung des Wissens unternahm der englische Philosoph FRANCIS BACON (1561–1626). Er sah im Aufstieg der empirischen Wissenschaften den Beginn eines neuen, goldenen Zeitalters, in dem der Mensch mit Hilfe der Wissenschaften die Natur zunehmend beherrschen und für seine Zwecke dienstbar machen wird. Dieses praktische Ziel der Wissenschaften hat er durch die berühmte Formel »Wissen ist Macht« ausgedrückt. In seinem Hauptwerk *Große Erneuerung* (1605/23) geht es Bacon darum, die entstehende wissenschaftlich-technische Entwicklung erkenntnistheoretisch zu unterstützen.

Francis Bacon: »Wissen ist Macht«

Voraussetzung für eine Erneuerung der Wissenschaften ist nach Bacon die Reinigung des Denkens von überkommenen Vorurteilen (»Idolen«), die die Sicht der Welt verfälschen. Gedankliche Zerrbilder der Natur kommen z. B. durch die Neigung des Menschen zustande, die Natur anthropomorph zu verstehen, d. h. ihr menschliche Absichten und Gefühle anzudichten. Bacon will daher zunächst die menschliche Wahrnehmung der Welt von voreiligen und unangemessenen Deutungen des Verstandes befreien.

Induktion als wissenschaftliche Methode

Nach der Beseitigung der Vorurteile kann die Welt in der Wahrnehmung wie in einem unverzerrten Spiegel korrekt abgebildet werden. Die Tatsachen der reinen, unverfälschten Wahrnehmung bilden die Ausgangsbasis der Wissenschaften. Damit verwirft Bacon nicht nur das im Mittelalter übliche Ausgehen von theologischen Autoritäten und religiösen Glaubenslehren, sondern er kritisiert zugleich die Überschätzung der deduktiven Methode. Die in der Scholastik gängige Praxis, Erkenntnisse der Wirklichkeit durch logisches Ableiten aus vorausgesetzten, aber nicht durch Erfahrung gesicherten Prämissen zu gewinnen, ist nach Bacon nicht nur dogmatisch, sondern sie ist auch ungeeignet, neue Tatsachen zu entdecken. Neue Erkenntnisse über die Welt werden nur dann gewonnen, wenn man induktiv vorgeht, d. h. von Beobachtungen und Experimenten ausgeht, diese sammelt und ordnet und schließlich aus ihnen richtige allgemeine Folgerungen zieht. Dem »Organon« des Aristoteles, in dem die Logik und die deduktive Methode ihre klassische Form erhalten haben, stellt Bacon daher in seiner Schrift *Neues Organon* (1620), einem Teil der *Großen Erneuerung,* die induktive Methode als die richtige Methode der empirischen Wissenschaften gegenüber. Bacon wurde damit nicht nur zum ersten Vertreter des neuzeitlichen Empirismus, sondern auch zum Begründer einer neuzeitlichen Auffassung von Naturwissenschaft als induktiver Wissenschaft.

Das Vorbild der Mathematik

Einen ganz anderen Weg zur Neubegründung des menschlichen Wissens schlug der französische Philosoph und Mathematiker RENÉ DESCARTES (1596–1650) ein. Anders als Bacon sieht er die Mathematik als Vorbild der Wissenschaften und nur den Verstand als Quelle sicherer Erkenntnis. Im Gegensatz zu Bacon schätzt er auch die deduktive Methode und findet im axiomatischen Aufbau mit Definitionen, Grundsätzen, Lehrsätzen und Beweisen sein wissenschaftliches Ideal. Daher sieht er eine Regel des richtigen Verstandesgebrauchs darin, nach absolut sicheren Grundsätzen zu suchen, auf denen das Gebäude des Wissens aufgebaut werden kann.

In seinen beiden Hauptwerken *Abhandlung über die Methode* (1637) und *Meditationen über die Erste Philosophie* (1641) erreichte Descartes diese Neubegründung des Wissens, indem er sich des Zweifels als einer Methode bediente. Durch Ausschaltung alles Zweifelhaften soll das gefunden werden, was unzweifelhaft gewiss und daher Grundlage jeden Wissens ist. So zieht er die Zuverlässigkeit der Wahrnehmung in Zweifel, da es auch Sinnestäuschungen gibt, und selbst die Realität der physischen Außenwelt wird fraglich, da alles ein Traum sein oder ein böser Geist den Menschen täuschen könnte. Zweifelhaft ist selbst die Existenz des eigenen Körpers. Das, was auf diese Weise als unbezweifelbar zuletzt übrigbleibt, ist das zweifelnde Ich selbst. Solange ich zweifle oder denke, kann die Existenz meines Ich nicht zweifelhaft sein. »Ich denke, also bin ich«, eine Wendung, die in der lateinischen Form »Cogito ergo sum« berühmt wurde, ist daher das erste unerschütterliche Prinzip der Philosophie. Auf diese Weise vollzog Descartes die für die neuzeitliche Philosophie charakteristische Wende zum Subjekt. Fortan war der Bereich des subjektiven Erlebens und Bewusstseins, die sogenannte »Subjektivität«, der Ausgangspunkt des Philosophierens.

Descartes' »Cogito ergo sum«

Nachdem Descartes seiner Meinung nach die letzte Gewissheit im Bewusstsein entdeckt hatte, versuchte er im nächsten Schritt, die Realität der Außenwelt zu beweisen. Dazu griff er auf einen mittelalterlichen Gottesbeweis zurück. Ähnlich wie Anselm von Canterbury folgerte er die Existenz Gottes aus der Idee eines vollkommenen Wesens mit dem Argument, dass diese Idee nur von Gott selbst stammen könne. Und da ein vollkommenes, gütiges Wesen nach Descartes den Menschen nicht täuschen kann, darf auch die Realität der Außenwelt als bewiesen gelten.

Gott als Garant der Realität der Außenwelt

Gott verbürgt also die Realität der Außenwelt und die Zuverlässigkeit der menschlichen Erkenntnis überhaupt. Erst nach diesem überraschenden Umweg über einen scholastischen Gottesbeweis kann Descartes behaupten, dass alles, was der Mensch klar und deutlich erkennt, auch wahr ist.

Angeborene Ideen

Zu dem, was der Mensch nach Descartes klar und deutlich, d. h. durch die Kraft der reinen Vernunft erkennen kann, gehören neben der Idee Gottes die Idee einer immateriellen, unsterblichen Seele, aber auch naturphilosophische Prinzipien wie etwa der Grundsatz, dass jede Bewegung eine Ursache hat. Nach Descartes handelt es sich dabei jeweils um »angeborene Ideen«, d. h. um evidente Erkenntnisse, die dem Menschen von vornherein gegeben sind.

Descartes' Ausgehen vom erkennenden Subjekt hat den Aufstieg der Erkenntnistheorie zur dominierenden philosophischen Disziplin der Neuzeit eingeleitet. Durch seinen Versuch, das menschliche Wissen auf zweifelsfreie Vernunfteinsichten zu gründen, hat er nicht nur den Rationalismus begründet und entscheidend beeinflusst, sondern auch die Suche nach einer evidenten Basis oder »Letztbegründung« allen Wissens bis in die Moderne hinein immer wieder inspiriert.

Hobbes' Kritik an Descartes

Descartes löste eine heftige Debatte zwischen Rationalismus und Empirismus aus. Zu seinen zeitgenössischen Kritikern gehörte THOMAS HOBBES (1588–1679). Er lehnte die Annahme angeborener Ideen ab und betonte im Anschluss an Bacon die unverzichtbare Rolle der Erfahrung. Zwar war er der Meinung, dass es innerhalb der Naturwissenschaften eine deduktive Ableitung von Gesetzen aus grundlegenden Axiomen geben muss, doch betrachtete er, im Gegensatz zu Descartes, die Axiome eines solchen naturwissenschaftlichen Systems nicht als evidente Grundsätze, sondern als bloße Hypothesen, die durch die wissenschaftliche Forschung korrigiert werden können. Damit hat er eine These vorweggenommen, die im 20. Jahrhundert im Kritischen Rationalismus Karl Poppers große Bedeutung erlangen sollte.

Der eigentliche Begründer des neuzeitlichen Empirismus war der Engländer JOHN LOCKE (1632–1704) mit seinem Hauptwerk *Versuch über den menschlichen Verstand* (1690). Die Erfolge der neuen empirischen Naturwissenschaften führen nach Locke die Erkenntnistheorie unweigerlich zu dem Grundsatz, dass alle Erkenntnis der Welt sich auf Erfahrung stützen muss. Er kritisiert daher eindringlich Descartes' Lehre von den angeborenen Ideen. Weder die Idee Gottes noch logische Prinzipien wie der Satz vom Widerspruch sind im Bewusstsein von Kindern präsent. Das menschliche Bewusstsein ist vielmehr ursprünglich ein unbeschriebenes Blatt (»tabula rasa«). Im Verstand ist nur das anzutreffen, was zuvor in den Sinnen war. Alle Vorstellungen des Verstandes sind entweder Kopien von Wahrnehmungen oder entstehen durch Kombination solcher einfachen Vorstellungen.

Ablehnung angeborener Ideen bei Locke

Wenngleich Locke die Wahrnehmung als Quelle aller Vorstellungen betrachtet, setzt er damit Wahrnehmung und Sinneswahrnehmung doch nicht gleich. Er unterscheidet nämlich zwischen der äußeren Wahrnehmung der Sinne (»sensation«) und der inneren Selbstwahrnehmung (»reflection«). Aus der Sinneswahrnehmung stammen die Vorstellungen der Körperwelt, wohingegen aus der Selbstwahrnehmung die Vorstellungen des Seelenlebens (Denken, Wollen etc.) entspringen. Locke geht ganz selbstverständlich davon aus, dass die äußere Wahrnehmung durch Einflüsse physischer Dinge auf die Sinnesorgane zustande kommt. Dabei erkennt er die Materie als Substanz zwar an, lässt aber die Frage nach dem Wesen des Bewusstseins offen. Doch nur ein Teil der Sinneseindrücke liefert ein getreues Abbild der Eigenschaften der sie verursachenden physischen Dinge. Wie Descartes und Hobbes vor ihm nimmt Locke an, dass nur die wahrgenommenen »primären Qualitäten« wie Gestalt, Härte und Bewegung den tatsächlichen Eigenschaften der Dinge genau gleichen, wohingegen die wahrgenommenen »sekundären Qualitäten« wie Farbe, Geruch und Geschmack keine Ähnlichkeit mit den wirklichen Eigenschaften der Dinge haben, sondern lediglich Bewusstseinsmerkmale sind.

Erfahrung als Quelle der Erkenntnis

Lockes *Versuch* wurde nicht nur zur Grundlage des Empirismus in der englischen und französischen Aufklärung, sondern auch zum Ausgangspunkt aller weiteren erkenntnistheoretischen Diskussion. Seine Kritik der Lehre von den angeborenen Ideen hatte so großen Einfluss, dass die Vertreter des Rationalismus sich gezwungen sahen, Lockes Thesen und Argumente zu widerlegen, um ihre eigene Grundposition aufrechterhalten zu können.

Weiterentwicklung des Rationalismus bei Spinoza und Leibniz

Im Gegensatz zur empiristischen Lehre Lockes hat der zweite große Vertreter des Rationalismus, BARUCH DE SPINOZA (1632–1677), in seinem Hauptwerk *Ethik* (1677) ein axiomatisches philosophisches System nach dem Vorbild der euklidischen Geometrie geschaffen, in dem alle Lehrsätze aus Definitionen und Grundsätzen bewiesen werden. Die rationalistische Auseinandersetzung mit Locke erreichte aber erst bei GOTTFRIED WILHELM LEIBNIZ (1646–1716), dem dritten großen Rationalisten, ihren Höhepunkt. Vor allem in seinem nachgelassenen Werk *Neue Abhandlungen über den menschlichen Verstand* (ersch. 1765), mit dem er sich schon im Titel auf Locke bezieht, hat er Descartes' Lehre von den angeborenen Ideen gegen die Kritik Lockes verteidigt.

Nach Leibniz sind angeborene Ideen keineswegs Vorstellungen, die im Bewusstsein jedes Menschen präsent sein müssen, sondern sie sind vielmehr Anlagen, die nur unter bestimmten Umständen zur Entfaltung gelangen. Wenn eine Idee, wie z. B. die Gottesidee, sich tatsächlich nicht im Bewusstsein aller Menschen vorfindet, dann spricht dies nicht ohne weiteres gegen ihr Angeborensein.

Vernunftwahrheiten und Tatsachenwahrheiten

Eine Idee muss nach Leibniz vielmehr dann als angeboren gelten, wenn sie eine Vernunftwahrheit darstellt. Während Tatsachenwahrheiten ihren zureichenden Grund in der Erfahrung haben, folgen Vernunftwahrheiten allein aus der Logik, da ihre Verneinungen logische Widersprüche darstellen. Vernunftwahrheiten wie die Lehrsätze der Mathematik oder das Prinzip der Kausalität, nach dem jede Wirkung eine Ursache hat, gelten deshalb für »alle möglichen Welten«. Leibniz hat mit seiner Deutung angeborener Ideen als entwicklungsfähiger Anlagen und mit seiner Lehre von den Vernunftwahrheiten, die allein aus der Logik folgen sollen, ein präzisiertes Konzept apriorischer Erkenntnis vorgelegt, an dem die weitere Diskussion sich immer wieder entzünden sollte.

Der irische Bischof GEORGE BERKELEY (1685–1753) ging zwar nicht von einer angeborenen Idee von Gott aus, er gelangte aber zu einer Bestätigung dieser Idee, indem er den empiristischen Ansatz Lockes auf die Spitze trieb. In seiner *Abhandlung über die Prinzipien der menschlichen Erkenntnis* (1710) geht er wie Locke davon aus, dass alle Erkenntnis aus der Erfahrung entspringt und dass Vorstellungen des Bewusstseins das unmittelbar Gegebene der Erfahrung sind. Doch wenn man dies akzeptiert, so wendet er gegen Locke ein, dann muss die Annahme einer vom Bewusstsein unabhängigen Außenwelt, die auf die Sinne einwirkt, verworfen werden. Bekannt sind eben immer nur die Vorstellungen, nie die Dinge. Damit kommt Berkeley zu seinem berühmten Grundsatz, dass das Sein der natürlichen Dinge lediglich in ihrem Wahrgenommenwerden besteht (»esse est percipi«): Die Welt ist nur eine Vorstellung des menschlichen Geistes. Die Vorstellungen werden daher nicht von den Dingen, wie Locke annahm, sondern von Gott hervorgerufen. Berkeley gelangt also von einem empiristischen Ansatz zu einer ähnlichen Schlussfolgerung wie Descartes: Während Gott bei Descartes die Realität der Außenwelt verbürgt, garantiert er bei Berkeley den Zusammenhang und die Stetigkeit der Vorstellungen. Sein Empirismus mündet also in einen erkenntnistheoretischen Idealismus. Er geht jedoch nicht so weit, einen »Solipsismus« (nach lat. »solus« = allein und »ipse« = selbst) zu vertreten, d.h. aus der Leugnung der Außenwelt die Konsequenz zu ziehen, dass sein eigenes vorstellendes Ich das allein Wirkliche sei.

Die Welt als Vorstellung bei Berkeley

Auch in Frankreich wurde der Empirismus radikalisiert, aber in einer ganz anderen Richtung als bei Berkeley. Während Locke neben der äußeren Sinneswahrneh-

Der Sensualismus Condillacs

mung noch die Selbstwahrnehmung anerkannt hatte, ging ÉTIENNE BONNOT DE CONDILLAC (1714–1789) zum sogenannten »Sensualismus« über. Danach gelten nur noch die äußeren Sinne als verlässliche Quellen der Erkenntnis. Condillac verwarf also nicht nur die reine Vernunft der Rationalisten als Erkenntnisquelle, sondern auch die innere Wahrnehmung, auf die sich der Empirist Locke berufen hatte.

Logische und empirische Erkenntnis bei Hume

Seinen Höhepunkt erreichte der Empirismus im Zeitalter der Aufklärung im Werk des Schotten DAVID HUME (1711–1776). In seinem frühen Hauptwerk *Traktat über die menschliche Natur* (1739/40) und in seiner *Untersuchung über den menschlichen Verstand* (1748) fragte er nach den Grundlagen sicheren Wissens. Logik und Mathematik erreichen nach seiner Ansicht zwar sicheres Wissen, doch enthält dieses Wissen keine Erkenntnis der Welt, sondern lediglich Erkenntnisse über Inhalt und Beziehung von Begriffen. Erkenntnisse der Wirklichkeit basieren dagegen auf Erfahrung und erreichen keine zweifelsfreie, sondern nur wahrscheinliche Geltung. In dieser Gegenüberstellung von sicherer logisch-mathematischer und bloß wahrscheinlicher empirischer Erkenntnis liegt eine Kritik Humes an Leibniz: Zwar gibt es auch nach Hume »Vernunftwahrheiten«, doch sind diese für ihn bloß logisch-begriffliche Wahrheiten, die nichts über die Wirklichkeit aussagen.

Sinneseindrücke als Quelle der Erkenntnis

Dass alle Erkenntnis der Wirklichkeit aus der Erfahrung entspringt, bedeutet nach Hume, dass alle Vorstellungen (»ideas«) des Verstandes ihre Grundlage in Sinneseindrücken (»impressions«) haben. Vorstellungen sind also stets Abbilder oder Kombinationen von Sinneseindrücken. Der Verstand hat somit nur die Fähigkeit, diese Sinneseindrücke zu verknüpfen, nicht aber die Fähigkeit, sie zu erschaffen. Vorstellungen und Sinneseindrücke unterscheiden sich nach Hume vor allem durch ihre Lebhaftigkeit: Während Sinneseindrücke sich besonders stark und lebhaft dem Geist aufdrängen, sind Vorstellungen schwache, verblasste Abbilder der Sinneseindrücke. Damit vermeidet

Hume eine Vorentscheidung darüber, ob die Sinneseindrücke durch äußere physische Gegenstände hervorgerufen werden. In der Tat gesteht er schließlich zu, dass die Realität der Außenwelt, ungeachtet der Lebhaftigkeit der Sinneseindrücke und der Selbstverständlichkeit dieser Annahme in Alltag und Wissenschaft, nicht bewiesen werden kann. Hume ist daher ein Skeptiker, aber kein Idealist wie Berkeley.

Ausgehend von seiner empiristischen Erkenntnistheorie hat Hume eine einflussreiche Kritik naturphilosophischer Begriffe vorgenommen. Besonders bedeutend ist seine Kritik der Idee der Kausalität: Nach der üblichen Vorstellung verursacht ein Ereignis A (etwa das Reißen einer Bremsleitung) ein Ereignis B (einen Autounfall), wenn das Ereignis B notwendig auf das Ereignis A folgt. Diese Vorstellung einer notwendigen Aufeinanderfolge ist nach Hume jedoch durch Erfahrung nicht zu belegen, weil die Erfahrung stets nur zeigt, dass A nach B folgt, niemals aber, dass B durch oder wegen A erfolgt. Die Idee der Notwendigkeit stellt nach Hume lediglich das durch Gewöhnung entstandene Gefühl dar, dass ein Ereignis des Typs A ein Ereignis des Typs B nach sich ziehen wird. Kausalität bedeutet daher nach Hume nicht notwendige, sondern regelmäßige Aufeinanderfolge von Ereignistypen.

Kritik der Idee der Kausalität

Interessanterweise knüpft Hume hier an einen Rationalisten, den Theologen und Descartes-Schüler NICOLAS MALEBRANCHE (1638–1715), an. Malebranche hatte schon bezweifelt, dass Vorgänge der Außenwelt als »Ursache« anderer Vorgänge aufgefasst werden können, da nach seiner Meinung nur Gott eine selbstständig wirkende Ursache ist. Während Malebranche jedoch seine Kritik der Kausalität theologisch begründete, argumentiert Hume von einer empiristischen und skeptischen Position her.

Malebranche

Wie schmal die empirische Basis der Naturwissenschaft ist, hat Hume durch eine scharfsinnige Kritik induktiver Schlüsse, d. h. der Ableitungen allgemeiner Gesetzmäßigkeiten aus beobachteten Einzelfällen, gezeigt. Hume fragt, mit welcher Berechtigung wir von der Erfahrung, dass die

Kritik induktiver Schlüsse bei Hume

David Hume (1711–1776)

Hume wurde als Sohn eines Gutsbesitzers in Edinburgh geboren. Er brach das Studium der Rechtswissenschaft ab und wandte sich der Philosophie zu. Sein frühes philosophisches Hauptwerk Traktat über die menschliche Natur *(1739/40) blieb zunächst unbeachtet. Mit einer Sammlung politischer und moralischer Essays hatte er im Jahre 1741 einen ersten Erfolg, doch wurde er nun als Atheist angegriffen, was für das Scheitern seiner Bemühungen um eine Professur für Philosophie mitverantwortlich war. Seinen Lebensunterhalt verdiente er sich fortan als Hauslehrer, Sekretär, Bibliothekar und zuletzt als Diplomat und Staatssekretär. Die populäre Darstellung seiner Philosophie, die er in den Schriften* Untersuchung über den menschlichen Verstand *(1748) und* Untersuchung über die Prinzipien der Moral *(1751) vorlegte, brachte ihm schließlich den erhofften Erfolg. Seine öffentliche Wirkung als Autor verdankte er jedoch seiner äußerst erfolgreichen vierbändigen* Geschichte Großbritanniens *(1754–62).*

Hume war für seine Bescheidenheit und Hilfsbereitschaft, aber auch für sein geselliges Wesen bekannt. Er fühlte sich mit seiner Kritik des Aberglaubens und religiöser Schwärmerei und mit seinem Eintreten für Toleranz und Humanität der Aufklärung eng verbunden. Er unternahm mehrere Reisen nach Paris, wo er die bedeutendsten französischen Aufklärer persönlich kennenlernte.

Die letzten Jahre verbrachte er zurückgezogen im Kreis von Freunden in Edinburgh. Als er sein Ende nahen fühlte, gab er ein Abschiedsessen für seine Freunde und starb wenige Wochen danach am 25. August 1776.

Sonne bisher morgens aufgegangen ist, auf den allgemeinen Satz schließen, dass die Sonne stets morgens aufgehen wird. Offenbar setzen solche Erfahrungsschlüsse voraus, dass die Regelmäßigkeiten des Naturverlaufs gleich bleiben. Diese Annahme der Gleichförmigkeit der Natur kann nach Hume nicht mehr durch Erfahrung begründet werden, weil diese Annahme selbst die unbeweisbare Voraussetzung induktiver Schlüsse ist. Alle auf Induktion beruhenden Annahmen der Naturwissenschaft bleiben daher Hypothesen, die auch falsch sein können.

Humes Empirismus mündet in eine Skepsis, die zeigt, wie wenig der Mensch mit Sicherheit weiß und wie sehr das vermeintliche Wissen im Grunde unbewiesene Vermutung ist. Seine Zweifel richten sich auch auf selbstverständliche Ideen von Alltag und Wissenschaft. Die Realität der Außenwelt ist für ihn ebenso unbeweisbar wie die von der Induktion vorausgesetzte Gleichförmigkeit der Natur. Hume gesteht jedoch zu, dass der Glaube an die Realität der Außenwelt und an die Gleichförmigkeit der Natur in Alltag und Wissenschaft als instinktive Überzeugungen in Kraft bleiben. Humes Denken hat empiristische Strömungen bis ins 20. Jahrhundert stark beeinflusst. Seine Skepsis wurde als große Herausforderung empfunden und hat seit Kant immer wieder Antworten provoziert, die der Vernunft eine größere Rolle einräumen wollten. Seine Kritik der Induktion wurde im 20. Jahrhundert von Karl Popper wiederaufgegriffen.

Humes Skeptizismus

Das Denken IMMANUEL KANTS (1724–1804) kann als der Versuch verstanden werden, durch eine Verbindung von Rationalismus und Empirismus das Wissen der neuzeitlichen Naturwissenschaften philosophisch zu untermauern und damit die Skepsis Humes zu überwinden. Zu diesem Zweck entwickelt Kant eine völlig neuartige Theorie der Erkenntnis, die sogenannte »Transzendentalphilosophie«.

Die Idee der »Transzendentalphilosophie« bei Kant

Kant war zunächst ein Anhänger des neuzeitlichen Rationalismus, bis Hume seine Zweifel am Rationalismus und an der traditionellen Metaphysik weckte. Im Vergleich

»Kritik der reinen Vernunft«

mit den unbestreitbaren Erfolgen der Mathematik und der Naturwissenschaften erschien ihm die Metaphysik nun als ein »Kampfplatz endloser Streitigkeiten«, ohne dass ein Fortschritt erkennbar gewesen wäre. In der *Kritik der reinen Vernunft* (1781) stellt er die rationalistische Tradition auf den Prüfstand und wirft die Frage nach Wesen, Ursprung und Reichweite der menschlichen Erkenntnis auf, um zu klären, ob es die von der Metaphysik beanspruchte Erkenntnis aus reiner Vernunft überhaupt gibt.

Synthetische Urteile a priori
Kant beginnt seine *Kritik der reinen Vernunft* mit der Klärung der Frage, um welche Art von Aussagen es sich in der Metaphysik eigentlich handelt. Metaphysik will die ersten Prinzipien der Welt erfassen, ohne sich dabei auf Erfahrung zu stützen. Die Aussagen der Metaphysik sollen jedoch keine bloßen Spekulationen sein, sondern sie sollen, wie der Rationalismus betont, unabhängig von Erfahrung als wahr eingesehen werden können. Sie sind also Urteile a priori (lat. »von vornherein«). A priori sind nach Kant freilich auch Urteile wie »ein Kreis ist rund«, die sich allein durch Analyse der verwendeten Begriffe einsehen lassen. Doch solche »analytischen« Urteile erläutern eben nur das, wie Kant mit Hume gegen Leibniz einwendet, was in ihren Begriffen bereits enthalten ist. Da die Metaphysik demgegenüber unsere Erkenntnis über die Welt erweitern will, müssen ihre Urteile »synthetisch« (nach griech. »synthesis« = Zusammensetzung) sein. Der Anspruch der Metaphysik auf erfahrungsunabhängige Erkenntnisse der Welt muss nach Kant also durch »synthetische Urteile a priori« eingelöst werden. Die Schicksalsfrage der Metaphysik lautet damit, ob die Metaphysik tatsächlich über solche erfahrungsunabhängige Wirklichkeitserkenntnis verfügt oder ob dieser Anspruch Illusion ist.

Nachdem Kant das Problem der Metaphysik in dieser Weise neu gestellt hat, wartet er mit der überraschenden These auf, dass es solche synthetischen Urteile a priori bereits gibt, nämlich in der Mathematik und in den Naturwissenschaften. Ein solches Urteil ist z. B. das Kausalprinzip, das besagt, dass jede Veränderung in der Natur

Immanuel Kant (1724–1804)

Kant wurde als Sohn eines Handwerkers im preußischen Königsberg geboren und im Geist des Pietismus erzogen. Nach dem Studium der Mathematik, Naturwissenschaften und Philosophie (er soll sich u. a. durch Billardspielen sein Studium verdient haben) wurde er ab 1746 als Hauslehrer und ab 1755 als Privatdozent für Philosophie angestellt. Nach einer langen Wartezeit erhielt er schließlich 1770 die erstrebte Professur für Philosophie an der Universität Königsberg.

Nach einem Jahrzehnt zurückgezogener Arbeit veröffentlichte er 1781 sein Hauptwerk, die Kritik der reinen Vernunft. *Es folgten seine beiden anderen sogenannten »Kritiken«, die* Kritik der praktischen Vernunft *(1788), die seine Moralphilosophie, und die* Kritik der Urteilskraft *(1790), die seine Ästhetik und Naturphilosophie enthält. Populär geblieben ist sein Aufsatz* Was ist Aufklärung? *(1784). Bis heute gilt Kant als der bedeutendste deutsche Vertreter der Aufklärung.*

Kant blieb Junggeselle und war für seinen diszipliniert geführten Arbeitsalltag bekannt. Er pflegte ein offenes Haus, in dem er regelmäßig Freunde und Gäste zum Mittagessen empfing. Obwohl er seine Heimatstadt nie verließ, nahm er am Weltgeschehen, u. a. durch regelmäßige Zeitungslektüre, regen Anteil. So begrüßte er die Französische Revolution als Beginn einer neuen, vernunftbestimmten Zeit. Mit seinen Ansichten zur Religion wendete er sich gegen die preußische Obrigkeit.

Kant starb am 12. Februar 1804 und wurde unter großer Anteilnahme der Bevölkerung Königsbergs beigesetzt.

eine Ursache hat. Dieses Prinzip ist nach Kant kein analytisches Urteil, dessen Wahrheit sich aus der Bedeutung der verwendeten Ausdrücke ergeben würde; es ist nämlich denkbar, dass ein Ereignis nicht verursacht ist. Dennoch muss das Kausalprinzip nach Kant von jeder Erfahrungswissenschaft als gültig vorausgesetzt werden. Als Bedingung empirischer Wissenschaft hat das Kausalprinzip nach Kant daher gerade eine erfahrungsunabhängige Geltung.

Kants »kopernikanische Wende« Mit der Anerkennung von synthetischen Urteilen a priori in Mathematik und Naturwissenschaft ist Kant bei dem zentralen Problem der *Kritik der reinen Vernunft* angelangt: Wie sind synthetische Urteile a priori möglich? Das heißt, wie ist es zu erklären, dass wir gültige Aussagen über die Welt machen können, ohne uns dabei auf Erfahrung zu stützen? Zur Erklärung des Phänomens erfahrungsunabhängiger Wirklichkeitserkenntnis schlägt Kant nun seine revolutionäre Theorie der Erkenntnis vor: Nicht die Gegenstände bestimmen die Vorstellungen, sondern die Vorstellungen bestimmen die Gegenstände der Erfahrung. Der Sinn dieser zunächst paradox erscheinenden Auffassung, die auch als Kants »kopernikanische Wende« bezeichnet wird, lässt sich in erster Annäherung durch einen Vergleich mit einer Brille recht gut verdeutlichen. Vorstellungen wie Kausalität und Substanz gehören demnach zur ursprünglichen Ausstattung des Menschen als erkennendem Wesen und bilden zusammen eine Brille, durch die der Mensch die Welt immer sieht. Und da diese Brille die Bedingung ist, unter der man überhaupt nur Erfahrungen machen kann, müssen alle Erfahrungen gemäß dieser Brille ausfallen. Sind die Brillengläser etwa grün, so erscheint die Welt notwendig grün. Zu den Vorstellungen, die die Brille und damit die »transzendentalen«, d.h. die im Subjekt bereitliegenden Bedingungen der Erfahrung ausmachen, gehören nach Kant zunächst reine Verstandesbegriffe (»Kategorien«) wie Kausalität und Substanz, die jeder Deutung der Erfahrung zugrunde liegen. Doch nicht nur das Denken, sondern auch die Wahrnehmung hat »Brillencharakter«: Kant ist nämlich der Ansicht, dass Raum und Zeit keine Eigenschaften der Welt an sich sind, sondern sogenannte »reine Anschauungsformen« des Subjekts, in denen die Welt wahrgenommen wird.

Die Erkenntniskonzeption, die Kant an die Stelle der realistischen Auffassung von Erkenntnis als Abbildung der Wirklichkeit setzt, spricht dem Subjekt eine aktive Rolle beim Erkennen zu. Die von den Dingen hervorgerufenen Sinnesempfindungen werden vom Subjekt produktiv weiterverarbeitet, indem sie zunächst raum-zeitlich geordnet und danach durch die Kategorien gedeutet werden. Auf diese Weise entsteht jedoch kein Abbild der Welt, sondern eine geistige Konstruktion, nämlich eine für den Menschen spezifische Sicht der Welt, die durch seine »Erkenntnisbrille« von vornherein festgelegt ist. Andererseits ist durch die »Brille« jede Art von Erkenntnis von vornherein begrenzt. Da nämlich die Kategorien und Anschauungsformen die im Subjekt angelegten Bedingungen der Erfahrung sind, gibt es nach Kant keine Möglichkeit festzustellen, wie das der Erfahrungswelt zugrunde liegende Ding an sich beschaffen ist. Die Welt ist eben nur als »Erscheinung«, nicht als »Ding an sich« bekannt. Kant hat diese Position als »transzendentalen« oder »kritischen Idealismus« bezeichnet, doch im Unterschied zum Idealismus Berkeleys bestreitet sie nur die Erkennbarkeit, nicht jedoch die Realität eines vom Bewusstsein unabhängigen Dinges an sich, denn über die Eigenart dieses Dinges kann man schlicht nichts sagen.

Erscheinung und Ding an sich bei Kant

Kants Transzendentalphilosophie folgt dem Empirismus in der Ablehnung der Metaphysik. Es kann keine Erkenntnis von dem wahrhaft Seienden jenseits der Welt der Erfahrung geben, weil apriorische Erkenntnis an die im Subjekt liegenden Bedingungen (Raum, Zeit, Kategorien) gebunden ist. Aber auch eine Erkenntnis von der Existenz Gottes und der Unsterblichkeit der Seele ist unmöglich. In einem eingeschränkten Sinne hat nach Kant jedoch auch der Rationalismus Recht: Es gibt apriorisches Wissen von der Welt, aber es ist eben nur Wissen von der Welt als Er-

Verknüpfung von Rationalismus und Empirismus

scheinung. In dieser »Herabstufung« des Rationalismus zu einer Aprioritätslehre der Erscheinungswelt liegt Kants Antwort auf Humes Skepsis: Da die Kausalität zur Ausstattung der »Erkenntnisbrille« gehört, zeigt die Welt als Erscheinung von vornherein eine grundlegende kausale Gesetzlichkeit. Damit glaubt Kant die von Hume als unbeweisbar betrachtete Gleichförmigkeit der Natur und mit ihr die induktive Methode »transzendental« begründet zu haben.

Kants Einfluss Kants Transzendentalphilosophie hat auf verschiedene philosophische Strömungen nachhaltig gewirkt. Vertreter des Neukantianismus wie H. Cohen, P. Natorp und E. Cassirer haben Kants Lehre von den apriorischen Kategorien ausgearbeitet bzw. zu einer Philosophie der »symbolischen Formen« erweitert. Auch die im 20. Jahrhundert entwickelte Evolutionäre Erkenntnistheorie knüpft an Kants Lehre von den apriorischen Erkenntnisformen an. Kant steht auch am Ausgangspunkt der wissenschaftstheoretischen Debatte der Moderne: Der Logische Empirismus des Wiener Kreises ist nur verständlich als eine kritische Gegenposition zu Kant. Der Kritische Rationalismus K. Poppers wiederum, eine Replik auf den Wiener Kreis, betont im Geist Kants die Bedeutung des schöpferischen Denkens und die zentrale Rolle von Theorien in der wissenschaftlichen Forschung.

Neubestimmung der apriorischen Erkenntnis Die neuzeitliche Diskussion zwischen Rationalismus und Empirismus war vor allem eine Kontroverse um das Bestehen apriorischer Wirklichkeitserkenntnis, die eine Klärung der jeweiligen Thesen und Argumente sowie ein vertieftes Verständnis der Rolle von Denken und Wahrnehmung in der Wirklichkeitserkenntnis geleistet hat. Dabei hat sich weder die rationalistische Ansicht, sichere Erkenntnis sei allein aus reiner Vernunft zu gewinnen, noch die empiristische Auffassung, sie sei allein durch Erfahrung zu begründen, als tragfähig erwiesen. Der Empirismus kritisierte die Annahme »angeborener Ideen«, während der Rationalismus die unverzichtbare Rolle gedanklicher Prinzipien in jedem Weltverstehen betonte. In welchem Sinne von einem »Apriori« des Weltverstehens angesichts der modernen Naturwissenschaften noch gesprochen werden kann, ist eines der wichtigsten Themen der Erkenntnistheorie des 20. Jahrhunderts geworden. In der modernen Wissenschaftstheorie hat der klassische Streit um die Frage des »Apriori« dagegen eine Fortsetzung in der neuen Frage nach dem Verhältnis von »Theorie und Erfahrung« gefunden. Dabei geht es um die Klärung der wissenschaftlichen Methoden, die geeignet sind die Kluft zu überbrücken, die zwischen der durch Beobachtungen und Experimente gesicherten Erfahrungsbasis und den abstrakten wissenschaftlichen Theorien besteht.

8. Der Geist und die Maschine

Natur- und Menschenbild in der neuzeitlichen Philosophie

Das neue wissenschaftliche Weltbild

Der Bruch, den die neuzeitlichen Naturwissenschaften mit dem mittelalterlichen Weltbild vollzogen, hatte nicht nur weitreichende Folgen für die Erkenntnistheorie, sondern auch für das gesamte Natur- und Menschenbild. Während im Mittelalter die Erde als der unbewegliche Mittelpunkt der Welt galt, um den die Himmelskörper sich in Kreisbahnen bewegen, ersetzte die neue Kosmologie des NIKOLAUS KOPERNIKUS (1473–1543) diese geozentrische Annahme (die Erde steht im Mittelpunkt des Universums) durch die heliozentrische Lehre, dass die Sonne im Mittelpunkt des Universums steht und von der Erde und den übrigen Planeten umkreist wird. Nach christlicher Lehre war der Mensch die Krone der Schöpfung, dem die Dinge und Lebewesen der Natur zu seinem Nutzen und Gebrauch von Gott überantwortet worden sind. Nach der kopernikanischen Lehre verlor der Mensch seine zentrale Stellung und wurde zu einem Lebewesen auf einem vergleichsweise kleinen Planeten degradiert.

Die mechanistische Naturauffassung bei Kepler und Galilei

JOHANNES KEPLER (1571–1630) und GALILEO GALILEI (1564–1642) untermauerten die »kopernikanische Wende« im wissenschaftlichen Weltbild mit der Annahme, dass die Vorgänge der Natur in mathematischer Sprache beschrieben werden können. Die Abhängigkeit der Geschwindigkeit eines Planeten von seinem Abstand zur Sonne hatte Kepler in exakten Zahlen ausgedrückt. Ebenso hatte Galilei die Hebel- und Fallgesetze als mathematische Gesetze formuliert, wobei er die antike Vorstellung, dass Bewegung stets einen Beweger, also eine äußere Ursache erfordert, durch die Idee der Trägheit ersetzte. Indem man die Naturvorgänge in exakten Zahlen beschrieb (»quantitative Naturerklärung«), wurde die mittelalterliche Vorstellung von verborgenen Kräften aufgegeben (»qualitative Naturerklärung«). Im Mittelalter hatte man sich zur Erklärung von Naturvorgängen mit der Angabe von Kräften begnügt, doch blieb das Wirken der Kräfte vielfach geheimnisvoll und unvorhersehbar. Durch die neue quantitative Naturerklärung wurde es möglich, Naturvorgänge exakt zu erklären und vorherzusagen. Mit dem Verzicht auf verborgene Kräfte setzte sich die Auffassung durch, dass in der Natur alles »natürlich« zugeht, d.h. dass alle Vorgänge in der Welt natürliche Ursachen haben und mathematischen Naturgesetzen gehorchen. An die Stelle des von Aristoteles herrührenden teleologischen (sich auf ein Ziel hin entwickelnden) Naturbildes trat die von Galileis Mechanik geprägte »mechanistische« Naturauffassung.

In der Philosophie ging es zum einen um die Frage, worin das mechanistische Naturbild überhaupt besteht, d.h. welche Vorstellung von Materie als Grundstoff oder Substanz und welche Vorstellung von Ursache und kausaler Gesetzlichkeit damit verbunden ist. Zum anderen ging es um die Folgen der mechanistischen Naturerklärung für das Menschenbild. Ins Zentrum rückten dabei das Leib-Seele-Problem, also die Frage nach dem Unterschied und dem Verhältnis von Körper und Geist, und das Problem der Willensfreiheit, also die Frage, ob es einen freien Willen in einer naturgesetzlich bestimmten Welt geben kann.

Eine prägende Rolle für die Begründung des neuen Natur- und Menschenbildes spielte auch hier der französische Philosoph und Mathematiker RENÉ DESCARTES (1596–1650). Er entwickelte ein neues Konzept von Materie und Geist, das sowohl dem Naturbild der Wissenschaften als auch zentralen Lehren der christlichen Theologie gerecht zu werden versuchte. Klar und deutlich glaubte Descartes vor allem den Unterschied von Körper und Geist zu erkennen. Im »cogito ergo sum« ist nach Descartes die Einsicht enthalten, dass der Geist unabhängig vom Körper denkbar ist. Der Geist ist daher eine eigenständige, sogenannte »denkende Sache« (»res cogitans«). Denken (bzw. Bewusstsein) ist die einzige Eigenschaft des Geistes. Der

Descartes' »Meditationen«

Geist hat keine Ausdehnung und keine Masse, folglich ist er eine immaterielle, unvergängliche Substanz. Die *Meditationen über die Erste Philosophie* (1641), die eine radikale Neubegründung der Philosophie anstreben, biegen, wie in ihrem Untertitel beruhigend mitgeteilt wird, mit den Beweisen für die Existenz Gottes und die Unsterblichkeit der Seele wieder in traditionelle Bahnen ein. Der Begründer der neuzeitlichen Philosophie konnte sich daher als guter Katholik fühlen.

Descartes' Theorie der Materie
Wie der Geist nach Descartes lediglich durch Denken ausgezeichnet ist, so ist die Materie nur durch Ausdehnung bestimmt. Als »ausgedehnte Substanz« (»res extensa«) hat sie nur quantitative Bestimmungen (Länge, Breite, Höhe), während ihre sinnlichen Qualitäten wie Geruch, Farbe und Geschmack lediglich zu der subjektiven Art gehören, wie wir sie wahrnehmen. Aus der Gleichsetzung von Materie und Ausdehnung leitet Descartes die These ab, dass überall dort, wo Raum ist, auch Materie ist und dass sowohl Materie als auch Raum unendlich teilbar sind. Es gibt also weder leeren Raum (Vakuum) noch kleinste unteilbare Teilchen (Atome). Da es keinen leeren Raum gibt, erfolgen alle Vorgänge der Natur durch Druck und Stoß von Körpern. Die ganze Natur ist ein kompliziertes Räderwerk von Teilchen. Descartes' Theorie der Materie führt somit zu einem mechanistischen Naturbild.

Leib-Seele-Dualismus
Tiere haben nach Descartes keine unsterbliche Seele und sind daher seelenlose, empfindungslose Maschinen. Auch der Körper des Menschen ist eine nach mechanischen Gesetzen funktionierende Maschine. Dennoch ist der Mensch insgesamt, so Descartes, keine bloße Maschine, sondern gehört durch seine unsterbliche Seele noch einem anderen, übernatürlichen Bereich an. Als geistiges Wesen unterliegt er nicht den mechanischen Naturgesetzen, sondern besitzt einen freien Willen. Mit der Annahme, dass Materie und Geist zwei von Grund auf verschiedene, unvergängliche Substanzen sind, vertritt Descartes einen psychophysischen Dualismus. In Übereinstimmung mit der christlichen Schöpfungslehre denkt er Materie und Geist jedoch als von Gott erschaffene

René Descartes (1596–1650)

René Descartes wurde 1596 in La Haye im Südwesten Frankreichs als Sohn eines Juristen geboren. Er besuchte das Jesuiten-Kolleg in La Flèche und studierte ab 1612 Mathematik und Rechtswissenschaft in Poitiers. Da er von dem herrschenden scholastischen Schulwissen enttäuscht war, begann er 1618 im »Buch der Welt« zu lesen, d. h. sich konkrete Lebenserfahrung anzueignen. In dem nun folgenden Jahrzehnt war sein Leben durch Unstetigkeit und häufige Ortswechsel geprägt. Er verdingte sich bis 1620 in verschiedenen militärischen Diensten. In diese Zeit fiel auch sein Schlüsselerlebnis: In einer Novembernacht des Jahres 1619 hatte er in der Nähe von Ulm drei Visionen, aus denen er seine Berufung zum Wissenschaftler herauslas.

Von 1628 bis 1649 lebte er zurückgezogen an verschiedenen Orten in den Niederlanden, um seine Schriften zu verfassen. Er übernahm die Devise des Epikur: »Lebe im Verborgenen!« Unter dem Eindruck des Prozesses gegen Galilei (1633) verzichtete er aus Furcht vor der kirchlichen Verfolgung auf die Publikation seiner naturphilosophischen Schrift Die Welt, *weil er in dieser das kopernikanische Weltbild voraussetzte. Erst auf Drängen von Freunden veröffentlichte der »Philosoph hinter der Maske«, wie er sich selbst verstand, im Jahre 1637 verschiedene wissenschaftliche Abhandlungen, darunter seine berühmte Begründung der analytischen Geometrie sowie, als Einleitung dazu, seine* Abhandlung über die Methode. *Das in dieser kleinen Schrift im Kern enthaltene philosophische System hat Descartes in den Werken* Meditationen über die Erste Philosophie *(1641) und* Prinzipien der Philosophie *(1644) weiterentfaltet.*

Im September des Jahres 1649 folgte er einer Einladung von Königin Christine von Schweden nach Stockholm. Hier starb Descartes im Februar 1650 an einer Lungenentzündung.

Substanzen im Gegensatz zu Gott selbst, der unerschaffenen »Ursubstanz«. Trotz ihrer Verschiedenheit können Körper und Geist sich wechselseitig beeinflussen, nämlich der Geist den Körper im absichtlichen Handeln und der Körper den Geist in der Sinneswahrnehmung. Mit diesem Leib-Seele-Dualismus hat Descartes den Versuch unternommen, Wissenschaft und Religion miteinander zu versöhnen. Seine Lehre gehört zu den einflussreichsten, aber auch umstrittensten Theorien zum Verhältnis von Körper und Geist.

Die Auseinandersetzung mit Descartes stand im Zentrum der philosophischen Diskussion in der zweiten Hälfte des 17. Jahrhunderts. Die Anhänger Descartes', die sogenannten »Cartesianer«, begrüßten seine Lehre als gelungene Neubegründung der Philosophie und versuchten, sie weiterzuentwickeln. Es gab aber auch Denker, die das cartesische System schon im Ansatz als verfehlt betrachteten. Dazu zählte insbesondere THOMAS HOBBES (1588–1679), der erste bedeutende Vertreter des Materialismus in der Neuzeit.

Hobbes' Materialismus

Schon im Ausgangspunkt seines Denkens unterscheidet sich Hobbes klar von Descartes. In seinem Werk *Vom Körper* (1655) geht er nämlich nicht vom Bewusstsein und der Selbstgewissheit des Denkens aus, sondern von der Mechanik Galileis, deren vorausgesetztes Naturverständnis er herauszuarbeiten versucht. Das grundlegend und selbstständig Wirkliche der Natur, das die Mechanik annimmt, besteht nach Hobbes in Körpern und ihrer Bewegung. Wie Descartes ist Hobbes davon überzeugt, dass die Natur nach mechanischen Gesetzen abläuft. Doch dieses Naturbild überträgt Hobbes bewusst auf die gesamte Wirklichkeit. Während Descartes Körper und Geist als zwei verschiedene Substanzen deutete, sieht Hobbes in der Materie die alleinige Substanz und vertritt damit einen Materialismus. Der Geist ist die feinste Form der Materie, und der ganze Mensch funktioniert letztlich wie ein Uhrwerk. Da nach Hobbes alles Naturgeschehen durch Ursachen vollständig und eindeutig bestimmt ist, vertritt er einen Determinismus und verwirft sowohl Zufall und Zweckursachen in der Natur als auch Willensfreiheit gleichermaßen als Illusionen. Der Mensch hat keineswegs die Freiheit der Wahl, sich in einer gegebenen Situation so oder auch anders entscheiden zu können. Es gibt keinen freien Willen. Frei ist nicht der Wille, sondern lediglich das Handeln, wenn es nicht durch äußere Hindernisse behindert wird. Hobbes geht damit von einem mechanistischen Naturbild zu einem materialistischen Weltbild über, das besonders in der französischen Aufklärung einflussreich werden sollte.

Anders als Hobbes nahmen die Cartesianer vor allem Descartes' These der Wechselwirkung zwischen Leib und Seele zum Ausgangspunkt ihres Denkens. Wenn Materie und Geist zwei völlig verschiedene Substanzen sind, so ihr Einwand gegen ihren Lehrmeister, dann ist eine Wechselwirkung zwischen ihnen unbegreiflich. Die Entstehung einer Empfindung aus der Bewegung eines Körpers ist nach dieser Kritik ebenso unverständlich wie die Entstehung einer Körperbewegung durch den menschlichen Willen. Aus der Unverständlichkeit einer Wechselwirkung zwischen Körper und Geist entwickelten ARNOLD GEULINCX (1624–1669) und NICOLAS MALEBRANCHE (1638–1725) eine neue Leib-Seele-Theorie: Ausgehend von dem Grundsatz, dass das, was nicht zu verstehen ist, auch nicht existieren kann, setzten sie an die Stelle der Wechselwirkungsthese die Auffassung, dass körperliche und geistige Vorgänge keine Ursachen voneinander, sondern nur die Gelegenheiten für das Eingreifen Gottes sind, der die entsprechenden Wirkungen im jeweils anderen Bereich hervorruft. Nach dieser Lehre des sogenannten »Okkasionalismus« (nach lat. »occasio« = Gelegenheit) ist Gott die eigentlich wirkende Macht zwischen Körper und Geist, wohingegen die besagten Vorgänge bloße »Gelegenheitsursachen« sind.

Die Cartesianer

Einen anderen Ausweg aus der Schwierigkeit einer Wechselwirkung zwischen Körper und Geist suchte BARUCH DE SPINOZA (1632–1677). Während die Okkasionalisten an Descartes' Dualismus von Körper und Geist festhielten, die

Wechselwirkungsthese aber preisgaben, ließ Spinoza mit der Wechselwirkung auch den Dualismus fallen und vertrat dagegen die Auffassung, dass Körper und Geist nicht wesentlich verschieden, sondern in gewissem Sinne »eins« sind. Spinoza ging somit von einem Dualismus zu einem Monismus (nach griech. »monas« = Einheit, Eins) über.

Die göttliche Natur in Spinozas »Ethik«
Anders als der Titel von Spinozas Hauptwerk *Ethik* (1677) nahelegt, handelt es sich nicht um ein moralphilosophisches Werk, sondern vor allem um ein umfassendes philosophisches System, das als letztes Ziel der Philosophie die weise Lebensführung sieht. Ausgangspunkt von Spinozas Denken ist der Begriff der Substanz. Substanz ist für ihn das selbstständig Seiende, das von nichts anderem abhängt: Wahrhaft selbstständig sind für ihn aber weder Materie noch Geist, sondern die Gesamtheit der Wirklichkeit, die er »Natur« nennt. Die Natur im Sinne der allumfassenden, selbstständigen Substanz ist nach Spinoza identisch mit Gott. »Gott oder die Natur« (»deus sive natura«) ist eine stets wiederkehrende Wendung Spinozas.

Materie und Geist als Erscheinungsformen der göttlichen Natur
Spinoza kritisiert die von Descartes vorgenommene Unterscheidung zwischen unerschaffener und erschaffener Substanz: Substanz im Sinne des selbstständig Existierenden kann nach Spinoza nur die unerschaffene göttliche Natur sein, und Substanz in diesem Sinne kann es auch nur eine geben, weil zwei Substanzen nicht wahrhaft unabhängig voneinander wären. Materie und Geist sind daher keine Substanzen, sondern nur zwei Erscheinungsformen (»Attribute«) der einen allumfassenden Substanz. Körperliche und geistige Prozesse sind also zwei Seiten derselben Realität. Die eine göttliche Natur hat nach Spinoza zwar unendlich viele Erscheinungsformen, aber nur zwei kann der Mensch erkennen, nämlich Denken und Ausdehnung, also Geist und Materie.

Wie Descartes ist Spinoza ein Anhänger des mechanistischen Naturbildes. Doch anders als Descartes betont er, dass körperliche und geistige Prozesse naturgesetzlich bestimmt sind. Alle Vorgänge in der Natur, einschließlich des menschlichen Handelns und des seelischen Erlebens, sind für ihn streng determiniert. Für Spinoza gibt es daher weder Absichten und Wunder in der Natur noch einen freien Willen.

Descartes, Hobbes und Spinoza gingen letztlich von der Mechanik Galileis aus. Für die Denker des 18. Jahrhunderts war dagegen ISAAC NEWTON (1643–1727) der maßgebende Bezugspunkt. In seinem epochemachenden Werk *Mathematische Prinzipien der Naturphilosophie* (1687) hat Newton dem naturwissenschaftlichen Weltbild der Neuzeit seine bis ins 20. Jahrhundert maßgebende Gestalt gegeben. In Newtons Physik erhielt das mechanistische Naturbild eine neue Form. Während nach der alten, auch von Descartes vertretenen Auffassung die Bewegung eines Körpers nur durch Druck oder Stoß, also durch unmittelbaren Kontakt eines anderen Körpers verändert werden kann, war die Gravitation eine Anziehungskraft, die Wirkungen über räumliche Distanzen hinweg ausübt. Newton selbst hatte diese »Fernkraft« als rätselhaft bezeichnet, sich aber geweigert, sie durch spekulative Hypothesen weiter zu erklären. Mit der Annahme der Gravitation war somit eine neue Art von Kraft und Wirkung im mechanistischen Naturbild aufgetreten.

<small>Newtons Physik als Grundlage des philosophischen Weltbildes</small>

Da es mit Hilfe der Newtonschen Physik gelungen war, die Bahn von Planeten und Geschossen exakt zu berechnen und vorauszusagen, wurde dadurch der Determinismus entscheidend bestätigt. Die deterministische Auffassung, dass alle Vorgänge in der Welt durch natürliche Ursachen eindeutig festgelegt sind und daher prinzipiell genau vorausgesagt werden können, wirkte von der Newtonschen Physik verstärkt auf die Philosophie ein.

Unter dem Eindruck der Newtonschen Physik entstand bereits die Philosophie von GOTTFRIED WILHELM LEIBNIZ (1646–1716). Leibniz hat den rationalistischen Kritikern Descartes' zunächst darin zugestimmt, dass Materie und Geist keine zwei aufeinander einwirkenden Substanzen sein können. Wie die Okkasionalisten lehnte er eine

<small>Die »prästabilierte Harmonie« bei Leibniz</small>

psychophysische Wechselwirkung ab, und wie Spinoza vertrat er einen Parallelismus von körperlichen und geistigen Prozessen. Im Unterschied jedoch zu Spinoza, für den sich dieser Parallelismus als Folge der beiden Aspekte der einen Substanz Gott-Natur ergab, deutete Leibniz den Parallelismus als Folge einer von Gott eingerichteten Weltordnung. Bewusstseinsprozesse und physische Vorgänge wurden von Gott vorab so eingerichtet, dass sie wie zwei Uhren parallel laufen. Diese Annahme einer »prästabilierten Harmonie« ist nur scheinbar mit einem Leib-Seele-Dualismus verbunden. Da die Materie nach Leibniz nämlich nur die Erscheinungsweise einer geistigen Substanz ist, bedeutet der Leib-Seele-Parallelismus, dass zugrunde liegende geistig-seelische Prozesse sich zugleich als Körperbewegungen äußern.

Die Lehre von den Monaden
Die These der »prästabilierten Harmonie« ist bei Leibniz mit einer metaphysischen Theorie verknüpft, die er in seiner kurzen, aber äußerst schwierigen Schrift *Monadologie* (1714) entworfen hat. Wie Spinoza geht Leibniz vom Begriff der Substanz aus. Gegen Descartes vertritt er zunächst die These, dass die Materie keine Substanz sein kann, weil sie ausgedehnt und daher teilbar ist. Da etwas Ausgedehntes keine Substanz sein kann, muss die materielle Welt aus unendlich kleinen, unteilbaren Gebilden bestehen. Diese haben auf den ersten Blick eine gewisse Ähnlichkeit mit den Atomen, den kleinsten, unteilbaren Bestandteilen der Materie, doch sind sie, im Unterschied zu den Atomen, nicht räumlich ausgedehnt. Wegen ihrer absoluten Einfachheit bezeichnet Leibniz sie als »Monaden« (nach griech. »monas«) für eins. Im Gegensatz zu Spinoza erkennt er damit eine Vielzahl von Substanzen an, weil nach seiner Ansicht jede Monade eine geschlossene Welt für sich ist, deren selbstständige Existenz durch die Existenz anderer Monaden in keiner Weise »berührt« wird.

Im Unterschied zu Descartes glaubte Leibniz, dass die Materie nicht bloße Ausdehnung ist, weil dadurch allein das Wirken von Körpern, z.B. der Widerstand eines Körpers gegen einen anderen, nicht erklärt werden kann. Die Materie muss also die Fähigkeit haben, Wirkungen auszuüben. Daher behauptet Leibniz im Anschluss an Newton, dass Kraft als eine Grundeigenschaft der Materie anerkannt werden muss. Indem Leibniz dann diese Auffassung auf seine Metaphysik überträgt, gelangt er zu der These, dass die Monaden ursprüngliche Kräfte sind, nämlich aktive, wirksame Punkte oder »Kraftzentren«.

Zu den Grundthesen von Leibniz' Konzeption gehört der Gedanke, dass die Monaden beseelt sind und verschiedene Grade von Bewusstsein besitzen. In jeder Monade »spiegelt« sich das gesamte Universum, d. h. jede Monade nimmt die Welt in einer individuellen Weise wahr, die von ihrem speziellen Ort im Universum und vom Grad ihres Bewusstseins abhängt. Damit konzipiert Leibniz erstmals einen Begriff des Vor- oder Unbewussten, der im Anschluss an Schopenhauer in der modernen Metaphysik und Psychologie eine große Rolle spielen sollte.

In der Monadenlehre steckt auch eine philosophische Deutung des mechanistischen Naturbildes. Entscheidend ist dafür der Gedanke, dass die materielle Natur eine »Erscheinung« der Monaden ist, die nach mechanischen Gesetzen abläuft, wohingegen in der geistigen Welt der Monaden selbst Zwecke und Freiheit herrschen. Dies ist jedoch kein unverbundenes Nebeneinander von mechanischer Natur und zweckmäßiger Geisteswelt. Die kausale Ordnung der Natur muss nach Leibniz vielmehr *zugleich* als zweckmäßig begriffen werden, nämlich als von Gott vorab zweckmäßig eingerichtete Ordnung. Die Welt ist daher die »beste aller möglichen Welten«. Leibniz hat damit das mechanistische Naturbild in ein umfassenderes teleologisches Weltbild integriert und Wissenschaft und Religion wieder versöhnt. [Die »beste aller möglichen Welten«]

Besonders die von Leibniz mit der Monadenlehre verknüpfte Bekräftigung religiös-metaphysischer Ideen hat sich in der Folgezeit als einflussreich erwiesen. Verbreitet wurde die Leibnizsche Philosophie vor allem durch den deutschen Aufklärungsphilosophen CHRISTIAN WOLFF [Die »Leibniz-Wolffsche Schulphilosophie«]

(1679–1754). Allerdings verzichtete Wolff auf die Monadenlehre. Stattdessen entwickelte er in Anknüpfung an Leibniz' Lehre von den Vernunftwahrheiten ein umfassendes philosophisches System »vernünftiger Gedanken«. Er erneuerte insbesondere die traditionellen metaphysischen Lehren, dass Gott die Welt geschaffen und nach Naturgesetzen vernünftig geordnet hat und dass die Seele des Menschen eine einfache und daher unvergängliche Substanz ist. Damit kehrte er wieder zum Leib-Seele-Dualismus zurück und deutete ihn im Sinne der »prästabilierten Harmonie«. Wie Leibniz betrachtete Wolff die Welt als eine vernünftig-zweckmäßige Ordnung, in der nichts ohne Grund geschieht, sondern alles eine Ursache und zugleich einen Zweck hat. Als »Leibniz-Wolffsche Schulphilosophie« hat Wolffs Lehre zur Popularisierung Leibnizscher Ideen maßgeblich beigetragen.

Lamettries »Mensch als Maschine«

Französische Aufklärer des 18. Jahrhunderts erneuerten dagegen den Materialismus. JULIEN OFFRAY DE LAMETTRIE (1709–1751) begründete in seinem provokativen Buch *Der Mensch als Maschine* (1748) die Abhängigkeit des Bewusstseins vom Körper u. a. mit dem Hinweis auf Krankheiten und betrachtete das Bewusstsein als eine Begleiterscheinung körperlicher Prozesse. Auch die Entwicklung des Ich vollzieht sich, wie Lamettrie mit Verweis auf Taubstumme behauptet, durch Kontakte zur Umwelt, die sämtlich durch die Sinneswahrnehmung bedingt sind.

Holbachs »System der Natur« als Bibel des Materialismus

Noch einflussreicher war der aus der Pfalz stammende BARON VON HOLBACH (1723–1789), der mit seinem 1770 erschienenen Buch *System der Natur* die »Bibel« des Materialismus lieferte. Holbach geht von dem Grundsatz aus, dass alles, was existiert, zur materiellen Natur gehört. Auch der Mensch ist Teil der Natur. Die Seele ist daher kein übernatürliches Wesen, das irgendwie mit dem Körper verbunden wäre, sondern sie ist eine Eigenschaft des Körpers. Es ist nach Holbach eine Erfahrungstatsache, dass eine bestimmte Art von Körper die seelischen Eigenschaften des Empfindens und Denkens hat. Die Natur besteht nur aus Materie und Bewegung, alles andere lässt sich auf diese beiden letztlich zurückführen. Da alle Vorgänge in der Natur nach Naturgesetzen strikt kausal festgelegt sind, gibt es weder Zufall und Zwecke in der Natur noch Freiheit im menschlichen Handeln.

Die Newtonsche Physik war auch Ausgangspunkt des Denkens von IMMANUEL KANT (1724–1804). In seinem Hauptwerk *Kritik der reinen Vernunft* (1781) deutet er die Grundbegriffe der Naturwissenschaften (Substanz, Kausalität, Raum, Zeit) als apriorische Formen, die die Grundstrukturen der Erfahrungswelt bestimmen, aber keine Geltung für das »Ding an sich« haben. Dies bedeutet, dass das mechanistische Naturbild nur für die Welt der Erscheinungen gilt. Dieses apriorische Fundament der Erfahrungswissenschaften hat Kant in seiner Schrift *Metaphysische Anfangsgründe der Naturwissenschaft* (1787) noch einmal eigens herauszuarbeiten versucht.

Die philosophische Deutung der Newtonschen Physik bei Kant

Kant war jedoch der Überzeugung, dass das mechanistische Naturbild kein adäquates Menschenbild gestattet. Er sah zwischen dem wissenschaftlichen Bild einer naturgesetzlich bestimmten Welt und dem Selbstverständnis des Menschen als frei und verantwortlich handelndem Wesen einen fundamentalen Widerspruch: Nach seiner Ansicht gibt es keinen Raum für Willensfreiheit, wenn das Menschenbild allein durch naturwissenschaftliche Gesetze und Theorien bestimmt ist. Ja, Kant behauptet sogar, dass sich für die menschliche Willensfreiheit ebenso vernünftige Argumente vorbringen lassen wie für die Determination des Naturgeschehens. Diesen Widerspruch (»Antinomie«) von Determination und Freiheit glaubt Kant jedoch auflösen zu können. Seine Lösungsidee hat dabei eine unverkennbare Ähnlichkeit mit dem Versuch von Leibniz, das mechanistische und das teleologische Weltbild miteinander zu verknüpfen: Indem Kant davon ausgeht, dass die Welt als Erscheinung von der Welt als Ding an sich unterschieden werden muss, behauptet er, dass der Mensch nur als Bestandteil der Erscheinungswelt unfrei, d. h. der Kausalität der Natur ganz unterworfen ist. Als Vernunft- oder in-

Determination der Natur und Willensfreiheit

telligibles Wesen, d.h. als Bestandteil der Welt als Ding an sich, unterliegt er dagegen nicht den Gesetzen der Erscheinungswelt, sondern ist frei. Für die empirisch-wissenschaftliche Forschung bleibt der Mensch zwar ein determiniertes Naturwesen, aber als moralisch-praktisches Wesen darf er sich als frei betrachten. Die Freiheit des Willens ist damit nach Kant zwar nicht bewiesen, aber doch als möglich aufgezeigt.

Die praktische Bedeutung unbeweisbarer Ideen Ebenso wie die Existenz Gottes und die Unsterblichkeit der Seele gehört Willensfreiheit für Kant aber nicht nur zu den theoretisch unbeweisbaren »Ideen«, sondern auch zu den praktisch unverzichtbaren Voraussetzungen (»Postulaten«) moralischen Handelns. Ähnlich wie Leibniz hat Kant damit das mechanistische Naturbild mit zentralen Lehren der traditionellen, religiös orientierten Metaphysik verbunden.

Kants Einfluss Kants Versuch, das mechanistische Naturbild auf die Erscheinungen zu begrenzen, um die menschliche Willensfreiheit zu ermöglichen, hat von Schopenhauer über die Neukantianer bis zu Vertretern der Analytischen Philosophie Anhänger und Nachfolger gefunden, ist aber auch auf heftige Kritik und entschiedene Ablehnung gestoßen. Die von ihm herausgearbeitete »Antinomie« von Freiheit und Notwendigkeit hat auch die moderne Diskussion um die Vereinbarkeit von wissenschaftlichem Naturbild und praktisch-moralischem Menschenbild nachhaltig befruchtet.

Philosophische Konsequenzen des mechanistischen Weltbildes Der Aufstieg der Naturwissenschaften führte in der neuzeitlichen Metaphysik zum Streit um den Geltungsbereich des mechanistischen Naturbildes. Die Entwicklung der neuzeitlichen Metaphysik hat das Bewusstsein für die Probleme geschärft, die mit einer Anwendung des wissenschaftlichen Naturbildes auf das philosophische Menschenbild verbunden sind. Da die unbestreitbaren Erfolge der Naturwissenschaften die pauschale Ablehnung des mechanistischen Naturbildes nicht zuließen, entstanden zwei Grundpositionen: Der Materialismus deutete die ganze Wirklichkeit im Sinne des mechanistischen Naturbildes und lehnte damit die Ideen einer immateriellen, unsterblichen Seele und eines den Naturgesetzen nicht unterworfenen freien Willens ab. Der Rationalismus entwickelte demgegenüber verschiedene metaphysische Konzepte, die einen Bereich der Wirklichkeit außerhalb der von Kausalgesetzen bestimmten Natur annehmen – die Seelensubstanz bei Descartes, die göttliche Natur bei Spinoza, die Monaden bei Leibniz und das Ding an sich bei Kant. Diese Spannung zwischen einem wissenschaftlichen Weltbild und dem Selbstverständnis des Menschen als freiem, verantwortlichem Wesen hat die Diskussion in der Metaphysik, Naturphilosophie und Anthropologie bis heute bestimmt.

9. Der Gesellschaftsvertrag

Politische Philosophie von der Renaissance bis zur Aufklärung

Bereits während des Mittelalters begann man, die politischen Verhältnisse des Menschen auch von einem rein weltlichen Gesichtspunkt aus zu erklären und den Staat als ein vom Menschen geschaffenes Gebilde zu begreifen, das endlich und veränderbar ist. Entsprechend haben spätmittelalterliche Philosophen wie William von Ockham und Marsilius von Padua bereits Anfang des 14. Jahrhunderts die These vertreten, dass kirchliche und weltliche Macht voneinander getrennt werden müssen. Diese veränderte Sicht ging einher mit tiefgreifenden sozialen und politischen Veränderungen, wie dem Niedergang der Kirche und des Papsttums als politischer Macht.

Der Staat als Werk des Menschen

Die Auffassung, dass die Staats- und Rechtsordnung Teil einer von Gott geschaffenen »natürlichen« Ordnung sind, verblasste zugunsten der Erkenntnis, dass der Mensch selbst Schöpfer des Rechts und Ursprung politischer Macht ist. Die Vorstellung einer theologisch begründeten Herrschaft von »Gottes Gnaden« wurde in einer Debatte, die bis zur Aufklärung dauerte, durch die Idee der Volkssouveränität ersetzt. In der englischen »Glorreichen Revolution« von 1688/89 und in der Französischen Revolution von 1789 nahm sie erstmals auch eine politische Gestalt an. Nicht mehr die Frage nach dem Verhältnis von Kirche und Staat stand nunmehr im Vordergrund, sondern die Frage, nach welchen rationalen Grundsätzen ein Staat aufgebaut und Politik gestaltet werden soll.

Machiavelli und die Renaissance-utopien

Charakteristisch für diese in der Renaissance entstandene neue politische Philosophie sind die Schriften des Florentiner Politikers, Historikers und Staatstheoretikers NICCOLÒ MACHIAVELLI (1469–1527), die sich, ohne religiöse Bezüge und Rechtfertigungen, einer Analyse von Macht und Herrschaftsstrategien widmen.

Eine andere Form dieses neuen weltlich-rationalen Staatsverständnisses findet sich in den ebenfalls in der Renaissance entstandenen politischen Utopien. Sie knüpfen an die Tradition von Platons Hauptwerk *Politeia* an und versuchen, das Bild eines idealen, ganz nach den Maßstäben der Vernunft und Zweckmäßigkeit organisierten Staates zu entwerfen. Zu den bekanntesten Verfassern dieser »Sozialutopien« gehören THOMAS MORUS (1478–1535), FRANCIS BACON (1561–1626) und TOMMASO CAMPANELLA (1568–1639).

Doch weder Machiavelli noch die Verfasser der Utopien stellten die Frage nach der Legitimationsgrundlage politischer Macht und staatlicher Gesetze. Die Frage nach der Rechtfertigung des Staats und nach dem »Naturrecht« als dem Maßstab staatlicher Gesetze rückte jedoch in der politischen Philosophie des 17. und 18. Jahrhunderts mehr und mehr in den Vordergrund. Sowohl William von Ockham als auch Marsilius von Padua hatten freilich im Spätmittelalter die von den Stoikern herrührende Auffassung kritisiert, es gebe ein »Naturrecht« im Sinne eines überstaatlichen, allgemein gültigen Rechts, das aus der gottgewollten Natur des Menschen ableitbar ist. Nun versuchte man auf neuer Grundlage, nämlich ohne theologische Voraussetzungen, ein Naturrecht zu begründen.

Die wichtigste Naturrechtstheorie der frühen Neuzeit war die Theorie des sogenannten Gesellschaftsvertrags. Entsprechend dieser bezieht der Staat seine Rechtfertigung aus einem Abkommen, das die Staatsbürger miteinander geschlossen haben und durch das sie aus einem ursprünglichen vorstaatlichen Zustand, dem »Naturzustand«, heraustreten. Sinn dieses Vertrages ist es, ein friedliches Zusammenleben der Bürger zu gewährleisten. Ob der Bürger durch den Gesellschaftsvertrag Rechte und Freiheiten abgibt oder diese erst durch den Staat gesichert und garantiert werden, war dabei eine der umstrittenen und meistdiskutierten Fragen. Von ihrer Beantwortung hing auch ab, ob man lieber für eine autoritäre oder eher für eine li-

Die Theorie vom Gesellschaftsvertrag

berale Staatsgewalt eintrat. Auch war man sich nicht darüber einig, ob die Idee des Vertrags ein reines Gedankenexperiment ist, das verständlich machen soll, wie die Beziehung zwischen Bürgern und Staat aufzufassen ist, oder ob wirklich die Behauptung aufgestellt wird, der geschichtliche Ursprung der Staaten liege tatsächlich in einem solchen Vertrag.

Eine Mechanik der politischen Welt bei Hobbes

Als der Begründer der neuzeitlichen Vertragstheorie gilt der Engländer THOMAS HOBBES (1588–1679). Inspiriert wurde Hobbes zu seiner Theorie nicht nur durch die Erfahrung der Bürgerkriege, durch Anarchie und Gewalt in seinem Heimatland, sondern auch durch eine Begegnung mit dem Physiker Galileo Galilei (1564–1642), den er im Jahre 1636 in Florenz besuchte. Der Materialist Hobbes sieht nämlich eine Analogie zwischen der Welt der physikalischen Körper und der Welt der handelnden Menschen und verbindet mit seiner Staatsphilosophie den Anspruch, eine Art Mechanik der politischen Welt zu formulieren. Der Staat wird als ein Agglomerat von einzelnen Körpern aufgefasst. In der Einleitung zu seinem Hauptwerk *Leviathan* (1651) bezeichnet Hobbes den Staat als »künstlichen Menschen«, der wie eine Maschine aus einzelnen Teilen zusammengesetzt ist.

Naturzustand als »Krieg aller gegen alle«

Auch das von Hobbes vertretene Menschenbild geht davon aus, dass der Mensch ein im Grunde vereinzeltes, von Eigennutz bestimmtes Wesen ist. Anders als Aristoteles, die Stoiker und auch die christlichen Theologen ist nach Hobbes die Natur des Menschen nicht von Wohlwollen bestimmt. Berühmt wurde seine Aussage »Homo homini lupus«, der Mensch ist dem Menschen Wolf. Der Mensch ist nach Hobbes kein Gemeinschaftswesen, sondern von Natur aus egoistisch. In der Selbsterhaltung liegt die eigentliche Antriebskraft seines Handelns. In ihr liegt auch für Hobbes die Erklärung, warum sich Menschen in einem Staat zusammenschließen. Im »Naturzustand« herrscht ein »Krieg aller gegen alle«.

Die »natürlichen Rechte«, die der Mensch nach Hobbes im Naturzustand hat, bestehen jedoch lediglich in der Macht und Fähigkeit, seinen natürlichen Handlungsspielraum zu nutzen. Dieser wird aber durch den Handlungsspielraum der anderen nicht nur begrenzt, sondern auch ständig gefährdet. Um überleben zu können, schließen die Individuen den Gesellschaftsvertrag. Wie ein Handelsvertrag beruht er auf einer nüchternen Kosten-Nutzen-Analyse. Die Bürger übertragen zunächst alle ihre Freiheiten auf den Staat und erhalten dafür Sicherheit. Der Staat ist der absolute Souverän, der über die Verteilung von Rechten und Pflichten entscheidet. Weil der Staat der Einzige ist, der diese Rechte und Pflichten schützen kann, darf es nach Hobbes auch keinen Widerstand gegen den Staat geben. Damit bestreitet er ein Recht, das im Mittelalter sogar Thomas von Aquin dem Bürger eingeräumt hatte. Für Hobbes ist also »Recht« stets das vom Staat gesetzte, »positive« Recht. Ein überstaatliches Naturrecht lehnt er entschieden ab. Nicht die Macht wird durch das Recht legitimiert, sondern im Gegenteil das Recht wird erst durch die Macht in Kraft gesetzt. Hobbes identifiziert die Geltung der Gesetze mit ihrer Durchsetzung. Mit dieser Theorie der unbeschränkten Souveränität des Staates lieferte er auch eine Begründung für den Absolutismus. Der Titel des Leviathan, benannt nach dem Meeresungeheuer im Alten Testament, deutet diese von Hobbes gewollte unbeschränkte Macht des Staates an.

»Leviathan« und der absolute Staat

Für Hobbes beinhaltet der Gesellschaftsvertrag vor allem, dass der Bürger die ursprünglichen Rechte und Freiheiten des Naturzustandes abgibt und dafür staatlich garantierte Sicherheit eintauscht. Seine Theorie löste eine Diskussion aus, die über 250 Jahre andauerte. Die Idee, dass der Staat wie eine Maschine ein vom Menschen nach rationalen Prinzipien konstruiertes Gebilde ist, das auf vertraglicher Übereinkunft zwischen freien, gleichberechtigten Bürgern beruht, wurde als Legitimationsmodell vor allem in der Aufklärung übernommen. Das pessimistische Menschenbild und der Absolutheitsanspruch des Staates dagegen stießen auf Widerspruch. Die wichtigsten Vertreter der Theorie des Gesellschaftsvertrags, die sich im 17. Jahrhundert mit Hobbes auseinandersetzten, waren Samuel von Pufendorf, Baruch de Spinoza und John Locke.

Ansätze einer liberalen Staatstheorie bei Pufendorf

Wie Hobbes geht auch der deutsche Naturrechtslehrer SAMUEL VON PUFENDORF (1632–1694) davon aus, dass alle rechtlichen Beziehungen zwischen Menschen auf Verträgen beruhen, die auf der Grundlage der Gleichheit der Vertragspartner abgeschlossen werden. Sein Hauptwerk *Acht Bücher vom Natur- und Völkerrecht* (1672) setzt jedoch einige liberale, auf die Aufklärung vorausweisende Akzente.

Im Unterschied zu Hobbes greift er wieder stärker auf die von Aristoteles und Thomas von Aquin vertretene Auffassung vom Menschen als Gemeinschaftswesen zurück. Deshalb begreift er auch den Naturzustand nicht als »Krieg aller gegen alle«. Auch die von Hobbes herausgestellte enge Beziehung zwischen der physikalischen und der moralisch-rechtlichen Ordnung löst Pufendorf auf. Für ihn gibt es vielmehr einen grundsätzlichen Unterschied zwischen der Welt der physikalischen Körper, der »entia physica«, und den Beziehungen zwischen Menschen, der »entia moralia«. Entsprechend bedeutet die Freiheit, die der Mensch im Naturzustand hat, für ihn nicht nur Abwesenheit von Handlungshindernissen, sondern ein ursprüngliches Handlungsvermögen, das ihn von allen physikalischen »Objekten« unterscheidet. Damit legt er die Grundlage für den neuzeitlichen Begriff der Menschenwürde, wie er sich in der Aufklärung durchsetzen sollte.

Im Unterschied zu Hobbes werden für Pufendorf rechtlich geordnete und friedliche Verhältnisse nicht erst durch den »großen« Gesellschaftsvertrag hergestellt, auf dem der Staat beruht. Schon im vorstaatlichen Zustand gibt es zahlreiche vertragliche Vereinbarungen zwischen den Individuen. Der Staatsvertrag bildet lediglich den letzten Baustein in einer Pyramide von Verträgen. Wie bei Hobbes bedeutet der Gesellschaftsvertrag, dass als Preis für den Schutz und die Sicherheit, die er garantiert, die Freiheiten der Bürger eingeschränkt werden. Doch anders als bei Hobbes behalten die Bürger grundlegende Rechte und können sich auch für bestimmte Staatsformen entscheiden.

Auch der niederländische Philosoph BARUCH DE SPINOZA (1632–1677), dessen Werke parallel zu denen Pufendorfs entstanden, gehört zu denjenigen, die aus der Hobbesschen Vertragstheorie keine absolutistischen Konsequenzen zogen. Seine Staatsphilosophie entwickelt er im zweiten Teil seines *Tractatus theologico-politicus* (1670). Spinoza geht zunächst wie Hobbes davon aus, dass der Mensch von Natur aus mehr von seinen Leidenschaften als von der Vernunft bestimmt wird und dass im Naturzustand jeder um sein Leben fürchten muss. Erst der Staat garantiert ein vernunftgemäßes Zusammenleben der Menschen. Doch im Gegensatz zu Hobbes liegt für Spinoza der vornehmliche Zweck des Gesellschaftsvertrags nicht in der Herstellung von Sicherheit, sondern in der Verwirklichung der Freiheit. Dazu gehören vor allem Meinungs- und Religionsfreiheit. Spinozas Idealvorstellung eines Staats war also nicht der absolutistische Staat im Sinne von Hobbes, sondern eine Republik, in der die Grundrechte des Bürgers bewahrt, Kirche und Staat getrennt und verschiedene religiöse Konfessionen geduldet werden.

Freiheit als Zweck des Gesellschaftsvertrags bei Spinoza

Mit dieser Haltung wurde Spinoza wie Pufendorf zu einem Vorläufer der Aufklärung und zum Vertreter einer liberalen Deutung der Form des Gesellschaftsvertrages, die ihre populärste und einflussreichste Ausformulierung bei JOHN LOCKE (1632–1704) gefunden hat. Locke gehörte zu den Anhängern der »Glorreichen Revolution« von 1688 und der Verabschiedung der »Bill of Rights« von 1689, die England als erstem Land Europas einen Grundrechtskatalog und eine konstitutionelle Monarchie bescherten. Mit seinem einflussreichen staatsphilosophischen Hauptwerk, den *Zwei Abhandlungen über die Regierung* (1690) markiert er den Beginn der politischen Philosophie der Aufklärung.

Locke und die »Glorreiche Revolution«

9. Der Gesellschaftsvertrag

Allgemeines Wohl als Ziel des Gesellschaftsvertrags

Im Gegensatz zu Hobbes vertritt Locke ein optimistisches Menschenbild: Der Mensch ist für ihn ein im Grunde vernünftiges Wesen, zu dessen Merkmalen ein angeborenes Wohlwollen gegenüber anderen gehört. Anders auch als für Hobbes war für Locke die bestimmende politische Erfahrung nicht Chaos und Anarchie, sondern die selbstherrliche Machtausübung der Monarchen. Locke sah die Grundlagen eines legitimen Staates daher in einem Gesellschaftsvertrag, durch den die Bürger nicht alle Freiheiten und Rechte an den Souverän abtreten und der diesem auch Verpflichtungen auferlegt. Ziel des Gesellschaftsvertrags ist nicht nur Schutz und Sicherheit des Bürgers, sondern vor allem das allgemeine Wohl.

Idee eines überzeitlichen Naturrechts

Während Hobbes mit »Naturrecht« lediglich das »natürliche« Recht des Einzelnen meinte, in einem gesetzlosen Naturzustand die sich bietenden Freiräume zu nutzen, verstand Locke Naturrecht im Sinne eines überzeitlichen, in der Vernunft begründeten Rechts. Dieses Naturrecht bestimmt den Inhalt des Gesellschaftsvertrags und bleibt Maßstab für das in einem Staat geltende positive Recht. Verletzt der Souverän das Naturrecht, handelt er also gegen das allgemeine Wohl, so hat er damit den auf allgemeiner Zustimmung beruhenden Gesellschaftsvertrag aufgekündigt und kann vom Volk abgesetzt werden. Dieses dem Volk eingeräumte Widerstandsrecht spielte in der Geschichte des 18. Jahrhunderts eine große Rolle: Es diente z. B. den amerikanischen Kolonisten als Rechtfertigung in ihrem Unabhängigkeitskampf gegen den englischen König. Mit der Idee eines überzeitlichen Naturrechts, nach dem sich konkrete Rechtsbestimmungen richten und aus dem sie sich ableiten lassen, bezieht Locke wieder Vorstellungen ein, die zuerst in der antiken Philosophenschule der Stoiker und später auch in der christlichen Philosophie des Mittelalters vertreten worden waren. Doch war für ihn dieses Naturrecht nicht in der kosmischen Naturordnung bzw. in der göttlichen Weltordnung, sondern allein in der menschlichen Vernunft begründet.

Auch Locke geht von der Freiheit und Gleichheit der Menschen im Naturzustand aus. Doch anders als bei Hobbes ist dieser Naturzustand kein Krieg aller gegen alle, sondern ein zunächst friedlicher Zustand, der nur durch die Unvernunft einiger gestört wird. Wie Pufendorf nimmt Locke an, dass sich schon in diesem vorstaatlichen Zustand eine, wenn auch ungeschützte, Rechtsordnung entwickelt, in der z. B. auf Arbeit und Handel beruhende Besitzverhältnisse entstehen. Leben, Freiheit und Eigentum gehören für Locke zu den unveräußerlichen, im Naturzustand erworbenen Grundrechten, die auch der Staat nicht abschaffen kann. Im Gegenteil: Leben, Freiheit und Eigentum definieren das allgemeine Wohl, das der Souverän zu schützen verpflichtet ist. Bei Hobbes markiert der Übergang vom Naturzustand zum staatlich geschützten Zustand den scharfen Bruch zwischen Anarchie und Zivilisation. Bei Locke ist der Gesellschaftsvertrag dazu da, eine entstandene Zivilisation auf Dauer zu schützen.

Leben, Freiheit und Eigentum als Grundrechte

Um der Machtausübung des Souveräns Grenzen zu setzen, befürwortet Locke ein politisches System der Gewaltenteilung. Regierungsmacht als ausübende Gewalt (Exekutive) und Parlament als gesetzgebende Gewalt (Legislative) müssen streng voneinander getrennt bleiben und sich gegenseitig kontrollieren können. Dazu gehört die direkte, vom König unabhängige Wahl des Parlaments und auch das Recht des Parlaments, über den Haushalt zu entscheiden.

Theorie der Gewaltenteilung

Nicht nur die gesamte Philosophie der Aufklärung, sondern auch die amerikanische Unabhängigkeitserklärung 1776 und die Menschenrechtserklärung der französischen Nationalversammlung 1789 sind dem Geist Lockes verpflichtet. Das Prinzip der Gewaltenteilung wurde Grundlage der sogenannten konstitutionellen Monarchie, d. h. der durch die Verfassung und die Gesetzgebung eingeschränkten Monarchie, und ist bis heute Grundlage der parlamentarischen Demokratie.

Eine Ergänzung und Weiterentwicklung erfuhr diese Theorie der Gewaltenteilung im Werk des französischen Frühaufklärers CHARLES LOUIS SECONDAT, BARON DE

Montesquieus »Geist der Gesetze«

MONTESQUIEU (1689–1755). Sein umfangreiches zweibändiges Hauptwerk *Vom Geist der Gesetze* (1748) verbindet einen Kulturrelativismus mit einer liberalen Lehre von den politischen Institutionen. Ähnlich wie Aristoteles vertritt Montesquieu die Auffassung, dass jedes Volk sich seine Regierungsform je nach lokalen Gegebenheiten einrichten muss, wobei nicht nur die Geschichte, sondern auch Geographie und Klima wichtig sind. Um allerdings das Machtgleichgewicht innerhalb eines Staates zu gewährleisten, vertritt Montesquieu wie Locke das Prinzip der Gewaltenteilung. Den zwei Gewalten Lockes, der Exekutive und Legislative, stellt er allerdings mit der Judikative, der Rechtsprechung, eine dritte Gewalt an die Seite. Seit Montesquieu ist die Unabhängigkeit der Gerichte gegenüber der Regierung und dem Parlament ein Hauptmerkmal demokratisch verfasster Systeme.

Humes Kritik der Vertragstheorie

Eine grundsätzliche Kritik der Vertragstheorie hat der schottische Aufklärer DAVID HUME (1711–1776) in seinem Essay *Vom ursprünglichen Vertrag* formuliert: Er versteht die Vertragstheorie als eine historische Erklärung des staatlichen Zusammenlebens der Menschen. Nicht vertraglich vereinbarte Zustimmung seiner Bürger, sondern schlicht Eroberung und Gewalt stehen aber nach Hume am Beginn der meisten Staaten. Doch selbst dann, wenn unsere Vorväter einen solchen Vertrag abgeschlossen hätten, könnte er keine Gültigkeit für alle nachfolgenden Generationen beanspruchen. Vielmehr hätten sich die meisten Menschen einfach aus Gewohnheit mit den bestehenden Machtverhältnissen arrangiert. Deshalb könne auch zu späteren Zeiten von einer stillschweigenden Zustimmung keine Rede sein.

Aber auch als Gedankenfigur, als Rechtfertigungsmodell erscheint Hume die Theorie des Gesellschaftsvertrags ungeeignet. Ein solcher Vertrag könne nicht der Maßstab sein, mit dem wir Gerechtigkeit oder Ungerechtigkeit politischer Systeme beurteilen, weil dann fast alle Staaten dieser Erde als ungerecht angesehen werden müssten. Revolutionen und Chaos seien die Folge – eine Perspektive, die

John Locke (1632–1704)

John Locke wurde Zeuge umwälzender gesellschaftlicher und wissenschaftlicher Veränderungen. Die Hinrichtung des Königs Charles I. durch Anhänger Cromwells 1649 erlebte er als Schüler der angesehenen Londoner Westminster-Schule. Als junger Magister und Dozent an der Universität Oxford begrüßte er 1660 die Wiedereinsetzung der Monarchie. Im gleichen Jahr wurde die Royal Society gegründet, die erste Wissenschaftsakademie Europas. Als 1688/89 der katholische König James I. in der »Glorreichen Revolution« wegen seiner absolutistischen Bestrebungen abgesetzt wurde, stand Locke allerdings auf der Seite der Königsgegner. Er hatte inzwischen zahlreiche Jahre im Ausland verbracht, u. a. als englischer Gesandter im niederrheinischen Kleve. 1683 war er, wie vorher sein aristokratischer Freund und Gönner, der Earl of Shaftesbury, in die Niederlande ins zeitweilige Exil gegangen.

Kurz nach seiner Rückkehr nach England konnten innerhalb eines Jahres alle wichtigen Werke Lockes erscheinen: Der erste Brief über Toleranz (1689), in dem er sich für die staatliche Duldung aller christlichen Konfessionen aussprach, die Zwei Abhandlungen über die Regierung (1690), in denen als Folge des Gesellschaftsvertrags die Unterordnung des Königs unter das Gesetz verlangt wird, und Ein Essay über den menschlichen Verstand (1690), der die Erkenntnistheorie des Empirismus begründete.

Locke galt nun als der Philosoph des neuen politischen Systems und wurde mit Ehrungen und Ämtern überhäuft. 1691 entschloss sich der 58jährige, unverheiratete und kinderlose Philosoph, dem öffentlichen Leben zu entsagen und zu Freunden nach Oates in die Grafschaft Essex zu ziehen. Doch stand er weiterhin in intensivem Briefverkehr mit der gelehrten Welt und mischte sich auch immer wieder in die Londoner Politik ein. Er starb mit 72 Jahren in Oates, nachdem noch ein Jahr zuvor seine Übersetzung der Fabeln Aesops erschienen war.

der politisch eher konservative Hume fürchtete. Er selbst schlägt eine utilitaristische, also auf Nützlichkeitserwägungen beruhende Rechtfertigung des Staates vor: Entsprechend dieser liegt die Sicherung von Frieden und Ordnung im Interesse der Menschen, weil ohne Regeln, Gesetze und Regierung ein Miteinander überhaupt nicht denkbar wäre. Wir akzeptieren den Staat nach Hume nicht deshalb, weil er auf einem Gesellschaftsvertrag beruht, sondern weil ein Zustand der Ordnung und des Friedens in unserem Interesse ist.

Lockes Einfluss auf die französische Aufklärung Obwohl Humes Kritik der Vertragstheorie vom Utilitarismus und Liberalismus des 19. und 20. Jahrhunderts aufgegriffen wurde, konnte sie nicht verhindern, dass Locke im 18. Jahrhundert zum einflussreichsten politischen Philosophen wurde. Besondere Sprengkraft entfaltete Lockes Theorie in Frankreich, einem Land, in dem die absolute Monarchie und die katholische Kirche noch unbeschränkte Herrschaft ausübten. Die französischen Aufklärer standen deshalb in radikaler Opposition zum politischen System und waren ständig von Zensur und Gefängnis bedroht. England mit seinem Parlamentarismus, seiner freien Presse und seiner religiösen Toleranz war für viele von ihnen Vorbild.

Rousseau Der wichtigste Vertreter der Vertragstheorie in der französischen Aufklärung war JEAN-JACQUES ROUSSEAU (1712–1778). Rousseau stammte aus dem Schweizer Kanton Genf, wo er die Funktionsweise eines kleinen demokratischen Stadtstaates kennenlernte. Der enge unmittelbare Kontakt zwischen Volk und Regierung blieb für ihn immer ein Vorbild. Rousseau wollte ein überschaubares demokratisches Gemeinwesen ohne Standesschranken, bei dem wie in einem Schweizer Kanton oder in einem antiken Stadtstaat der Bürger jederzeit auf politische Entscheidungen einwirken kann.

»Zurück zur Natur!« Rousseau vertrat, im Gegensatz zu Hobbes und im Einklang mit Locke, ein optimistisches Menschenbild. Der Mensch ist nach Rousseau von Natur aus gut und auf ein soziales Miteinander angelegt. Doch die Geschichte der Zivilisation hat ihn zu einem moralisch verdorbenen und politisch unfreien Wesen gemacht. »Der Mensch wird frei geboren, doch überall liegt er in Ketten«, so lautet der berühmte erste Satz seines staatsphilosophischen Hauptwerks *Vom Gesellschaftsvertrag* (1762). Hätten sich die Menschen auf ihre natürlichen Bedürfnisse beschränkt und wären sie ihrer sozialen Natur gefolgt, so hätte es weder soziale Ungleichheit noch Herrschaft des Menschen über den Menschen gegeben. In diesem Sinne wird Rousseau auch die Forderung »Zurück zur Natur!« zugeschrieben.

Die Lehre vom Gesellschaftsvertrag soll das Problem lösen, wie ein geregeltes Zusammenleben der Menschen in einem Staat organisiert und gleichzeitig ihre natürliche Gleichheit und Freiheit bewahrt werden können. Wie Locke geht Rousseau davon aus, dass die Menschen unverlierbare natürliche Rechte haben, die auch durch die Anerkennung staatlicher Autorität nicht aufgegeben werden dürfen.

Allerdings sind in Rousseaus Lehre vom Verhältnis zwischen Individuum und Staat auch Tendenzen angelegt, die sich gegen die Freiheit des Individuums richten. Die Individuen lösen sich durch den Staatsvertrag aus ihrer Vereinzelung und werden zu einem Volk. Mit dem Volk entsteht ein »Gemeinwille« (»volonté generale«), der als solcher auf das allgemeine Wohl gerichtet und daher etwas anderes als der Wille der Mehrheit oder gar der »Gesamtwille« (»volonté de tous«) ist. Indem sich die Bürger ganz dem Gemeinwillen unterordnen, geben sie nach Rousseau nicht ihre Freiheit und ihre Rechte auf, da der Gemeinwille als unmittelbarer Ausdruck des Volkswillens zugleich Ausdruck ihres wahren, eigentlichen Willens ist. Deshalb kann es auch keinen Widerstand des Bürgers gegen den Gemeinwillen geben, weil dies ein Widerstand gegen sich selbst wäre.

»Gemeinwille« und »Gesamtwille«

Obwohl sich Rousseau also scheinbar radikal von der Hobbesschen Vorstellung eines absolutistischen Staates entfernt hat, enthält seine Unterscheidung zwischen dem Ge-

Autoritäre Tendenzen bei Rousseau

samtwillen und dem Gemeinwillen doch wiederum den Keim einer autoritären Staatsidee und die Abkehr von der liberalen Staatsidee, so wie sie Locke formuliert hatte. Die individuelle Freiheit geht in der Unterordnung unter den Gemeinwillen verloren. Der Gemeinwille ist so definiert, dass er immer Recht haben muss. Abweichende Meinungen des Individuums werden zu einem Vergehen gegen den Staat. Damit hat Rousseau sogar totalitären Schlussfolgerungen den Weg bereitet.

Einfluss Rousseaus auf die Französische Revolution

Mit seiner Interpretation des Gesellschaftsvertrags als Herrschaft des Gemeinwillens hat Rousseau die einflussreichste Theorie der Volkssouveränität entwickelt. Sie war vor allem in Kontinentaleuropa über die Maßen populär und zeigte in der Französischen Revolution ihre politische Sprengkraft. Vor allem die Jakobiner, die radikale Fraktion unter den Revolutionären, beriefen sich auf Rousseau. Aber gerade bei ihnen wurden auch die bei Rousseau angelegten totalitären Tendenzen wirksam: Ursprünglich begonnen als Sturz der Despotie und Abschaffung der Standesschranken entwickelte sich die Revolution unter ihrer Regie zu einer neuen Diktatur. Indem sie für sich in Anspruch nahmen, den Gemeinwillen zu vertreten, nahmen sie auch das Recht für sich in Anspruch, Andersdenkende als Staatsfeinde zum Tod auf der Guillotine zu verurteilen.

Burkes Kritik der Französischen Revolution

Auf diese Gefahren machte auch EDMUND BURKE (1729–1797) in seiner Schrift *Betrachtungen über die Französische Revolution* (1790) aufmerksam, mit der er eine der berühmtesten politischen Debatten in der europäischen Geschichte auslöste. Burke war ein Anhänger der konstitutionellen Monarchie in England, der die liberalen Errungenschaften der »Glorreichen Revolution« durch die Ereignisse in Frankreich gefährdet sah. Auch für Burke beruhte der Staat auf einem Vertrag. Doch dieser war für ihn als ein über die Generationen hinweg wirkender Vertrag angelegt, der nicht wie ein Handelskontrakt jederzeit aufgekündigt werden konnte. Da der Mensch nach Burke eben nicht nur ein vernunftgesteuertes Wesen ist, entsteht die Zustimmung zum Staat auch durch gefühlsmäßige Bindungen der Bürger an Traditionen und überlieferte Institutionen, also gerade durch das, was viele französische Aufklärer, unter ihnen Rousseau, als »Vorurteile« bekämpft hatten. Mit der Rolle der Geschichte und der gewachsenen Traditionen brachte Burke ein Element in die politische Theorie ein, das über die Aufklärung hinausführt und bei Hegel und seinen Zeitgenossen in der Romantik Einfluss gewann.

Während Burke eine liberal-konservative Interpretation der Lehre Lockes verkörperte, stand THOMAS PAINE (1737–1809) für eine radikale revolutionäre Interpretation der Vertragstheorie. Paine unterstützte aktiv die amerikanische Unabhängigkeitsbewegung und siedelte gleich bei Ausbruch der Französischen Revolution nach Paris über, um dort beim Sturz des Absolutismus mitzuhelfen. Sein Hauptwerk *Die Rechte des Menschen* (1791/92) ist als Gegenschrift zu Burkes *Betrachtungen* angelegt: Traditionen sind für Paine kein Argument zur Rechtfertigung politischer Verhältnisse. Vielmehr beruht jeder Staat auf einem durch einen Vertrag vollzogenen Gründungsakt, der die natürlichen Rechte des Menschen festschreibt. Wie Locke und Rousseau glaubte Paine, dass der Mensch von Geburt an bestimmte »Menschenrechte« besitzt. Der einzig legitime Souverän ist das Volk. Die Einhaltung des Vertrags muss in jeder Generation neu überprüft und Herrscher können jederzeit abgesetzt werden, wenn sie gegen die Volkssouveränität verstoßen. Paines politische Philosophie wurde zu einem wichtigen Bindeglied zwischen der Aufklärung und dem Liberalismus des 19. Jahrhunderts.

<small>Natürliche Rechte des Menschen bei Thomas Paine</small>

In Deutschland, einem provinziellen, von absolutistischen Kleinstaaten zerstückelten Land, fand die Theorie des Gesellschaftsvertrags ein nur geringes Echo. Eingang gefunden hat sie jedoch in die Philosophie des wichtigsten deutschen Aufklärers IMMANUEL KANT (1724–1804). Kant verehrte Rousseau und hatte den Ausbruch der Französischen Revolution begrüßt. In seinem rechts- und staats-

<small>Kants Rezeption der Vertragstheorie</small>

philosophischen Hauptwerk *Metaphysik der Sitten* (1797) definiert er den Staat als Zusammenschluss von Menschen nach Rechtsgesetzen, die eine wechselseitige Beschränkung, aber auch gegenseitige Garantie ihrer individuellen Freiheiten gewährleisten sollen. Wie Locke glaubte er, dass der Bürger bereits im Naturzustand Besitz erwirbt, auf dessen Schutz er Anspruch hat. Von Montesquieu übernahm er die Lehre von der Trennung der ausübenden, gesetzgebenden und rechtsprechenden Gewalt und von Rousseau die Idee des allgemeinen Volkswillens. Was das Recht des Bürgers angeht, auch gegen den Staat aufzutreten, so vertrat der preußische Beamte Kant eine eher konservative Haltung. Dem Bürger wird ein Beschwerde-, aber kein Widerstandsrecht eingeräumt.

»Zum ewigen Frieden«

In seiner kleinen Schrift *Zum Ewigen Frieden* (1795) erweitert Kant seine Theorie der Bürgerrechte zu der Forderung nach einem »Weltbürgerrecht« und überträgt die Vertragstheorie auf das Verhältnis zwischen souveränen Staaten. Zukunftsweisend ist z. B. seine Forderung nach einem »Völkerbund«, einer Föderation freier Staaten, die durch einen zwischenstaatlichen Gesellschaftsvertrag den Naturzustand zwischen den Staaten zugunsten eines gesetzlich geregelten Zustandes überwindet. Diese Idee Kants hat die Gründung des Völkerbunds 1920 und auch die Gründung der UNO 1945 inspiriert.

Wirkungen und Entwicklungen der Lehre vom Gesellschaftsvertrag

Der Ansatz des Gesellschaftsvertrags war aus dem Versuch entstanden, eine von theologischen Voraussetzungen unabhängige Begründung des Rechts und des Staates zu geben. Ihr zugrunde lag die Vorstellung, dass der Staat als Zusammenschluss gleichberechtigter Individuen zu begreifen ist. Der Gesellschaftsvertrag als eine solche Verbindung von Bürgern begründet das »Naturrecht«, d. h. die rechtlichen Maßstäbe des politischen Zusammenlebens. Während sich bei Hobbes dieses Naturrecht noch in der Macht des absoluten Staates auflöst, wird in der Aufklärung der Staat als Schutz und Garant natürlicher Rechte begriffen, die auch gegen den Staat geltend gemacht werden können, wenn dieser sie verletzt. In dieser vor allem von John Locke vertretenen Form wirkte die Theorie des Gesellschaftsvertrags auf den Liberalismus des 19. Jahrhunderts und auf die Idee des demokratischen Rechtsstaats im 20. Jahrhundert. Als ebenso einflussreich erwies sich die Idee der Volkssouveränität, die Rousseau aus seiner Interpretation des Gesellschaftsvertrags entwickelte.

Mit der Epoche der Romantik am Ende des 18. Jahrhunderts verlor die Lehre vom Gesellschaftsvertrag vor allem in Kontinentaleuropa ihre Stellung als beherrschendes Thema der politischen Philosophie. Die Vorstellung, dass der Staat ein von Individuen nach Rechtsprinzipien organisierter Zusammenschluss sei, wurde zugunsten des Glaubens an die Geschichtlichkeit des Rechts und des »organischen« Charakters des Staates zurückgedrängt. Charakteristisch für diese Entwicklung ist die Philosophie GEORG WILHELM FRIEDRICH HEGELS (1770–1831). Dessen *Grundlinien der Philosophie des Rechts* (1821) trägt zwar noch den Untertitel »Naturrecht und Staatswissenschaft im Grundrisse«, doch wird dort die Vertragsidee nur noch auf die Beziehung zwischen Privatpersonen angewandt, aber nicht mehr als Legitimationsgrundlage des Staates akzeptiert. Eine folgenreiche Erneuerung erlebte die Vertragstheorie als Legitimationsmodell jedoch im 20. Jahrhundert durch den amerikanischen Philosophen John Rawls.

10. Der Gott der Philosophen

Das Für und Wider einer Vernunftreligion
in der neuzeitlichen Philosophie

Trennung von Vernunft und Glaube

Bereits im Spätmittelalter wurde die Ansicht, die Philosophie sei die Magd der Theologie, in Frage gestellt. Stattdessen begann man, sich auf die Lehre der »doppelten Wahrheit« zu berufen: Während die geoffenbarten religiösen Wahrheiten und theologischen Lehrmeinungen unbestritten blieben, wurde der Philosophie, unter dem Eindruck der neu entstehenden empirischen Naturforschung, ein eigenständiger Weg der Wahrheitssuche zugestanden. Man begann, Vernunft und Glaube als zwei voneinander getrennte, unabhängige Bereiche zu sehen. Doch diese Trennung von Vernunft und Glaube bedeutete nicht, dass religiöse Fragen nun allein Sache des Glaubens gewesen wären. Vielmehr begannen seit dem 16. Jahrhundert verstärkt Bemühungen um ein rationales Verständnis von Religion. Die christliche Religion blieb für die meisten Philosophen bis zum Beginn des 19. Jahrhunderts die maßgebende weltanschauliche Vorlage und Orientierung.

Der »Gott der Philosophen«

Auch wenn die Philosophie sich weiterhin im Einklang mit dem christlichen Glauben sah, so hielt sie dies nicht davon ab, religiöse Themen, ohne Rücksicht auf die kirchliche Orthodoxie, einer eigenen rationalen Betrachtung zu unterwerfen. Im Mittelpunkt stand dabei die Idee Gottes. Dabei entstanden Gottesvorstellungen, die beanspruchten, sich allein auf Vernunftgründe zu stützen. Diesem »Gott der Philosophen« traten einzelne Denker entgegen, die auf einer ursprünglichen, nicht-rationalen Gotteserfahrung bestanden und jeden Versuch, Religiosität mit Rationalität zu verbinden, ablehnten. Beide Seiten wichen aber immer wieder von der offiziellen christlichen Theologie ab und standen deshalb häufig in Konflikt mit den kirchlichen Autoritäten. Die Diskussion für und gegen eine Vernunftreligion nahm bis ins frühe 19. Jahrhundert einen zentralen Platz in der Philosophie ein.

Bereits im 16. Jahrhundert schälten sich die Grundpositionen heraus, die die gesamte weitere Diskussion bestimmen sollten. Das Werk des Renaissancephilosophen MICHEL DE MONTAIGNE (1533–1592) repräsentiert eine Mischung aus Skepsis und Toleranz. Aus der Skepsis zog er für den Umgang mit Religion eine pragmatische Schlussfolgerung: Da keine Konfession berechtigt ist, mit einem absoluten Wahrheitsanspruch aufzutreten, sprach er sich in seinen *Essais* (1580–1588) dafür aus, um des sozialen Friedens willen die althergebrachte Religion eines Landes als alleinige Religion beizubehalten. Gleichzeitig plädierte er für Offenheit und Respekt gegenüber den religiösen Bräuchen anderer Länder und wurde damit zu einem frühen Vorläufer der Aufklärung.

Skepsis und Toleranz bei Montaigne

Einer der ersten, der aus den wissenschaftlichen Erkenntnissen der frühen Neuzeit Schlussfolgerungen für eine rationale Gottesvorstellung zog, war der ehemalige italienische Dominikanermönch GIORDANO BRUNO (1548–1600). In seiner Schrift *Vom Unendlichen, dem All und den Welten* (1584) ging Bruno noch über die neue Kosmologie des Kopernikus hinaus, indem er die Welt und die Anzahl der Sterne in ihr als unendlich begriff und daher auch die Fixsterne nicht mehr als die äußerste Schale der Himmelskörper betrachtete. Damit schrumpfte die Erde in einem unendlichen Universum zu einem winzigen Staubkörnchen zusammen. Da Bruno jedoch die Annahme von zwei Unendlichkeiten, nämlich je eine für Gott und die Welt, ablehnte, war Gott für ihn kein Wesen außerhalb der Welt mehr, sondern vielmehr das beseelende Prinzip in der Welt. Dieser Pantheismus, der als philosophische Konsequenz des neuen Weltbildes auftrat, rief Verfolgung durch die kirchliche Inquisition auf den Plan. Wegen seiner Gottesvorstellung, die auch die Dogmen der Dreieinigkeit Gottes und der Menschwerdung Christi leugnete, wurde Bruno der Ketzerei angeklagt. Als er sich standhaft weigerte, seine Lehren zu widerrufen, wurde er am 17. Februar 1600 auf dem Campo dei Fiori in Rom verbrannt. Brunos Tod versetzte dem freien Denken der Neuzeit ei-

Pantheismus und Unendlichkeit der Welt bei Bruno

nen Schock. Dennoch übte seine neue rationale Gotteslehre großen Einfluss aus. So findet sich seine pantheistische Verknüpfung von Gott und Kosmos im 17. Jahrhundert bei Spinoza und seinen Anhängern wieder.

Mystische Gotteserfahrung bei Böhme

Gegen diesen Anspruch, Gott im Sinne des Pantheismus rational zu deuten, stellte der aus Görlitz stammende Schuhmacher JAKOB BÖHME (1575–1624) eine mystische Gotteserfahrung. Wie Bruno vertrat Böhme die These, dass Gott alles und alles in Gott ist. Auch das Böse ist, als notwendiger negativer Gegenpol zum Guten, in der umfassenden Einheit Gottes angelegt. Gott enthält also in sich bereits die Widersprüche, aus denen sich alles in der Welt entwickelt und entfaltet. Doch er findet diesen Gott weniger in der Betrachtung des Universums als vielmehr in der Innenschau, in einer die Vernunft überschreitenden Vision. Die Seele des Menschen ist für Böhme die Tür zu Gott. Wie in der mittelalterlichen Mystik Meister Eckharts besteht die Erlösung des Menschen darin, dass er sich von allen Begierden und Willensäußerungen löst und die Seele sich durch Verwirklichung ihrer göttlichen Anlagen mit Gott vereinigt. Dieser der indischen Philosophie nahestehende Gedanke fand im 19. Jahrhundert Eingang in die Metaphysik Arthur Schopenhauers. Doch die Wirkung des Autodidakten Böhme war viel weitreichender, obwohl er zeitlebens mit der protestantischen Geistlichkeit in Konflikt stand: Seine Erklärung des Bösen als des notwendigen Gegenpols des Guten hat Leibniz beeinflusst, und seine Idee eines der Welt zugrunde liegenden Entwicklungsprinzips wirkte in der Metaphysik Hegels und Schellings zu Beginn des 19. Jahrhunderts fort.

»Logik des Verstandes« und »Logik des Herzens«

Böhmes Auffassung einer nicht-rationalen Gotteserfahrung fand im 17. Jahrhundert ihr Pendant in dem Denken des französischen Mathematikers und Philosophen BLAISE PASCAL (1623–1662). Pascal war ein Anhänger des Jansenismus, einer Strömung innerhalb der katholischen Kirche, die dem Protestantismus nahestand. Wie Bruno war er von den neuen mathematischen Naturwissenschaften fasziniert und wies immer wieder auf die Unbegrenztheiten hin, die sich im Kosmos und Mikrokosmos für den Menschen auftun. Doch das mathematische Ideal der klaren und sicheren Erkenntnis, der Erkenntnis »more geometrico« (lat. »nach Art der Geometrie«), wie Descartes sie propagiert hatte, führt nach Pascal in eine Sackgasse. Gerade die Unendlichkeit und Ewigkeit Gottes lassen sich mit Hilfe von Axiomen und Deduktionen ebenso wenig begreifen wie das menschliche Ich, das gegenüber der Unendlichkeit Gottes und dem Nichts eine Zwischenstellung einnimmt. Zwar hat der Mensch gegenüber der übrigen Natur eine herausgehobene Stellung, doch angesichts der Unendlichkeit Gottes sollte er seine Nichtigkeit erkennen und eine Haltung der Demut und des Glaubens einnehmen. Den Weg zu Gott lehrt keine »Logik des Verstandes«, sondern eine »Logik des Herzens«. Pascals Gott ist nicht der »Gott der Gelehrten und Philosophen«, sondern der biblische Gott Abrahams, Isaaks und Jakobs.

Dennoch stützt er sich in seinem aphorismenartig angelegten Hauptwerk *Gedanken* (1669/70) selbst auf rationale Überlegungen, um den Leser zu einer Entscheidung für den Glauben zu bewegen. Nach Pascal stehen wir alle in der Situation, uns für oder gegen Gott entscheiden zu müssen. An die Stelle eines Gottesbeweises setzt er ein Wettkalkül: Entscheiden wir uns für Gott, können wir kaum etwas verlieren, aber die unendliche Seligkeit gewinnen. Mit den Begriffen »Wahl« und »Entscheidung« als Instanzen der menschlichen Lebensorientierung stellt sich Pascal nicht nur in einen Gegensatz zu den rationalistischen Gottesvorstellungen seiner Zeit, er lieferte damit auch der Existenzphilosophie des 20. Jahrhunderts entscheidende Stichworte.

Pascals »Gedanken«

BARUCH DE SPINOZA (1632–1677) entwickelte seine Gottesvorstellung nicht vor dem Hintergrund des christlichen, sondern vor dem des jüdischen Glaubens. Im Gegensatz zu Pascal verwendet er in seinem Hauptwerk *Ethik* (1677) wieder die von Descartes propagierte Beweisführung »more

Gott als Natur bei Spinoza

geometrico«, um seinen Gottesbegriff zu entwickeln. Im Rückgriff auf den ontologischen Gottesbeweis hält er »Existenz« für eine unverzichtbare Eigenschaft Gottes. Ein Gott, dem die Eigenschaft »Existenz« fehlt, wäre kein vollkommenes Wesen und damit auch nicht Gott. Doch ist dieser Gott für Spinoza kein jenseits der Welt existierendes Wesen, wie es in der christlichen, jüdischen und islamischen Religion angenommen wird, sondern die Natur selber ist göttlich. Mit seiner Identifizierung von Gott und Natur (»deus sive natura«) vertritt Spinoza wie Bruno einen Pantheismus. Je mehr der Mensch die Notwendigkeit des Naturgeschehens begreift, umso mehr begreift er Gott. Und indem er Gott begreift, lernt er Gott lieben und findet in dieser Liebe zu Gott sein Glück.

Kritische Bibelauslegung Spinoza war auch einer der ersten, der eine kritisch-rationale Bibelauslegung vorlegte. In seinem *Theologisch-politischen Traktat* (1670) rückt er von einem wörtlichen Bibelverständnis ab. Die Bibel bedient sich nach Spinoza vielmehr einer leicht fasslichen, bildlichen Ausdrucksweise, um die großen Glaubenswahrheiten verständlich zu machen. Alle großen Religionen lassen sich auf den gleichen rationalen Kern zurückführen. Keine kann mit einem absoluten Wahrheitsanspruch auftreten. Mit dieser rationalen Bibelkritik stützte er seine Forderung nach religiöser Toleranz und wurde damit zu einem frühen Vertreter der Aufklärung.

Da Spinozas »philosophische Religion« weder mit dem Christentum noch mit der jüdischen Religion in Einklang zu bringen war, wurde er von den Orthodoxen aller Lager als Atheist angegriffen, so dass es lange Zeit nur wenige wagten, sich offen auf ihn zu beziehen. Im Alter von 24 Jahren wurde er aus seiner Gemeinde ausgestoßen, da er die Rituale der jüdischen Religion abgelehnt hatte. Erst recht erlebte seine Philosophie Anfeindungen von christlicher Seite, die nicht ohne judenfeindliche Nebentöne waren. Doch Spinozas Pantheismus übte besonders am Ende des 18. Jahrhunderts einen starken Einfluss auf Goethe, die Romantik und den Deutschen Idealismus aus.

Sowohl Spinozas Hinwendung zu einer Vernunftreligion als auch seine Forderung nach religiöser Toleranz wurden von JOHN LOCKE (1632–1704) geteilt. Als Empirist lehnte Locke jedoch die Auffassung von Gott als einer angeborenen Idee ab und erkannte nur solche Glaubenslehren an, die mit den ursprünglichen moralischen und religiösen Gefühlen der Menschen vereinbar sind. Seine anonym erschienene Schrift *Die Vernünftigkeit des Christentums* (1694) enthält eine Kritik religiöser Dogmen, hält aber an Grundüberzeugungen fest, die allen Christen gemeinsam sind. Dazu gehört die Idee eines Schöpfergottes, der die Welt nach unveränderlichen Naturgesetzen eingerichtet hat. Damit beeinflusste Locke den Deismus, d. h. die in der englischen Aufklärung verbreitete religionsphilosophische Position, die sich gegen Offenbarungsglauben und religiöse Skepsis gleichermaßen wendet.

Lockes »Vernünftigkeit des Christentums«

Aus dem Eintreten für eine allen Christen gemeinsame religiöse Grundüberzeugung leitete Locke auch seine Forderung nach Toleranz ab. Weder darf der Staat dem Bürger die Religionszugehörigkeit vorschreiben, noch darf er ihn an der privaten Ausübung seiner Religion hindern. Gerade in England hatte ein Jahrhundert religiös motivierter Bürgerkriege erst mit dem Verfassungskompromiss von 1688/89 ein Ende gefunden, der den zahlreichen protestantischen Freikirchen freie Religionsausübung und Unabhängigkeit von der Anglikanischen Staatskirche zusicherte. Locke war der wichtigste philosophische Befürworter dieses Kompromisses. Seine im *Brief über die Toleranz* (1689) erhobene Forderung nach Glaubensfreiheit galt allerdings nicht für Atheisten. Da es auch noch im Zeitalter der Aufklärung üblich war, moralisches Handeln mit den göttlichen Geboten zu begründen, betrachtete man Gottlosigkeit als höchste Form der Unmoral.

»Brief über Toleranz«

Viel weiter als Locke und selbst als Spinoza ist GOTTFRIED WILHELM LEIBNIZ (1646–1716) der christlichen Theologie entgegengekommen. Man kann seine gesamte Metaphysik als einen Versuch begreifen, den Nachweis der Vereinbarkeit der neuen wissenschaftlichen Weltsicht mit der überlieferten Religion zu führen.

Gott als angeborene Idee

Im Gegensatz zu Locke hielt Leibniz daran fest, dass die Gottesvorstellung eine angeborene Idee ist, die durch die Anschauung der Wirklichkeit nur in uns geweckt werden muss. Anders als Spinoza identifizierte er Gott jedoch nicht mit der Natur. Gott ist vielmehr derjenige, der die Welt wie eine hochkomplexe Uhr so eingerichtet hat, dass sie uns als wahrnehmbare Körperwelt mit all ihren physikalischen Gesetzmäßigkeiten erscheint. Diese Welt ist aber nur körperlicher Ausdruck der geistigen Welt der Monaden. Die kausal geordnete Körperwelt und die teleologisch, also zweckmäßig geordnete Welt des Geistes befinden sich in einer von Gott festgelegten »prästabilierten Harmonie«. Gott ist also der christliche Schöpfer der Welt, aber auch der rationale Weltbaumeister. Er offenbart sich uns nicht nur im Glauben, sondern auch im Erkennen mechanischer und organischer Zusammenhänge.

Das Böse als Unvollkommenheit

Aus der Güte Gottes folgert Leibniz, dass Gott aus der Vielfalt der möglichen Welten die beste ausgesucht und realisiert hat. In dieser »besten aller möglichen Welten«, in der alles von seiner Anlage her zum Guten strebt, bleibt aber die alte Frage ungeklärt, wie das Böse in die Welt kommt und wie die Existenz des Bösen mit der Güte Gottes in Einklang zu bringen ist. In seiner populären Schrift *Theodizee* (1710) hat Leibniz, ähnlich wie Jakob Böhme, das Böse durch den zwangsläufig auftretenden Mangel erklärt, der das Gute notwendigerweise begleitet. Das Böse ist nach Leibniz keine eigenständige Macht, sondern besteht in der Unvollkommenheit der endlichen Wesen. Indem das Unvollkommene zur Vervollkommnung der Welt Anlass gibt, erweist sich das Böse als Diener des Guten.

Dass der Gegensatz, das Negative, die Entwicklung der Welt vorantreibt, ist ein Gedanke, der für die von Hegel einhundert Jahre später propagierte »dialektische Entwicklung« Pate stand. Der damit verbundene Optimismus wurde in der französischen Aufklärung, besonders bei Voltaire, heftig angegriffen. In Deutschland jedoch entwickelte sich die Leibnizsche Philosophie zur Schulphilosophie der Aufklärung, weil sie eine willkommene Antwort auf die Frage war, wie Vernunft und Glaube in Einklang gebracht werden können.

Die unterschiedlichen Konzeptionen einer Vernunftreligion bei Spinoza, Locke und Leibniz wurden zur Grundlage der religionsphilosophischen Diskussion der Aufklärung. Angesichts des Aufstiegs der neuzeitlichen Naturwissenschaften war man überzeugt, dass in der Welt alles natürlich zugeht, d. h. dass alle Vorgänge durch Naturgesetze bestimmt sind, so dass für Wunder oder das Eingreifen übernatürlicher Mächte kein Platz bleibt. Die meisten Aufklärer bemühten sich um die Vereinbarkeit von Vernunft und Religion und waren der Ansicht, dass Mythen und auf Offenbarung beruhende Dogmen der Vernunft nicht standhalten könnten und dass eine Überwindung der Mythen und Dogmen auch für den Fortschritt zu mehr Humanität notwendig ist. Die im 17. Jahrhundert nur von einzelnen Philosophen erhobene Forderung nach Toleranz und Religionsfreiheit setzte sich nun als Teil eines allgemein akzeptierten philosophischen Programms durch, das den Menschen Mut zum eigenen Denken machen wollte und eine freie geistige Atmosphäre als wesentliche Bedingung für mehr Humanität ansah. *Vernunftreligion und Toleranz*

Während Leibniz sich der offiziellen Kirchenlehre weitgehend angepasst hatte, entwickelte sich in der englischen Aufklärung eine Diskussion zwischen Anhängern der Anglikanischen Orthodoxie und dem Deismus, der radikalsten Form der aufklärerischen Vernunftreligion. Der Deismus lehnte die Idee eines Gottes, der Mensch geworden sei, ab. Nach deistischer Auffassung greift Gott nach der Schöpfung nicht mehr in den Gang der Welt ein, sondern die Welt läuft, wie eine Maschine, nach den in ihr liegenden Gesetzen ab. Der Deismus lehnte auch die Berufung auf Offenbarung ab und unterzog die Bibel einer kritischen Neuinterpretation. In der Religion sah man vor allem die Grundlage einer Vernunftmoral. Die wichtigsten *Der Deismus und die Freidenker*

Gottfried Wilhelm Leibniz (1646–1716)

Zwei Jahre vor dem Ende des Dreißigjährigen Krieges wurde Gottfried Wilhelm Leibniz in Leipzig als Sohn einer Professorenfamilie geboren. Er galt früh als Wunderkind und begann schon mit 15 Jahren sein Studium. Mit 21 Jahren wurde er bereits zum Doktor der Rechtswissenschaften promoviert. Einige Jahre arbeitete er für den Mainzer Erzbischof, bis er von 1676 bis zu seinem Tod in die Dienste des Herzogs von Hannover trat. Dort hatte er u. a. die Funktion des Hofgeschichtsschreibers, Chefjuristen, Bergbaudirektors und Bibliothekars inne. Leibniz entwickelte sich zu einem Universalgelehrten, der sich sowohl in den theoretischen als auch in den angewandten Wissenschaften auskannte und als Berater und Ideengeber vielseitig einsetzbar war. Er erfand eine Rechenmaschine, legte Pläne für eine umfassende Rechtsreform vor und gilt als derjenige, auf den die Gründung der Preußischen Akademie der Wissenschaften zurückgeht, deren erster Präsident er 1700 wurde.

Zahlreiche seiner Schriften und Aufsätze entwickelten sich aus dem umfangreichen Briefverkehr, den Leibniz mit den Philosophen und Gelehrten seiner Zeit führte. Oft wurden sie erst postum veröffentlicht, wie die Neuen Abhandlungen über den menschlichen Verstand *(1764), seine 1704 entstandene Auseinandersetzung mit Locke. 1710 erschien seine* Theodizee, *mit der er seine rationalistische Weltsicht und den christlichen Glauben in Einklang zu bringen versuchte, 1714 entstand die* Monadologie *(1720).*

In seinen letzten Lebensjahren wäre Leibniz, der inzwischen den Titel »Kaiserlicher Hofrat« führte, gerne in eine der großen Residenzen, etwa nach Berlin oder Wien, gegangen, doch der Herzog ließ ihn nicht aus Hannover ziehen. Dort starb er schließlich 1716. Durch die Vermittlung des Philosophen Christian Wolff wurde die Leibnizsche Philosophie die beherrschende Schulphilosophie im Deutschland des 18. Jahrhunderts.

Vertreter des Deismus waren JOHN TOLAND (1670–1722), der in seinem Buch *Christentum ohne Geheimnis* (1696) den Nachweis versuchte, dass jedes angebliche christliche Wunder rational erklärt werden kann, und ANTHONY COLLINS (1676–1729), dessen *Abhandlung über das freie Denken* (1713) das Recht des Menschen betont, alle Glaubenswahrheiten auf ihre logische Stimmigkeit hin zu überprüfen. Durch Collins wurde der Begriff »Freidenker« in die öffentliche philosophische Diskussion eingeführt. Mit seiner Schrift *Alciphron: oder, der kleine Philosoph* (1732) legte der anglikanische Bischof GEORGE BERKELEY (1685–1753) wiederum eine philosophische Streitschrift gegen den radikal-rationalen Religions- und Gottesbegriff der deistischen Freidenker vor. Dennoch hatte der Deismus auch auf dem europäischen Kontinent großen Einfluss.

DAVID HUME (1711–1776) setzte sich in der Tradition der Skepsis Montaignes sowohl mit der orthodoxen als auch mit der deistischen Religionsauffassung kritisch auseinander. Er kritisierte nicht nur den Wunderglauben, sondern auch die traditionellen Gottes- und Unsterblichkeitsbeweise. In seinen *Dialogen über natürliche Religion* (1779) lieferte er insbesondere eine bedeutende Kritik des bei den Deisten so beliebten »teleologischen« Gottesbeweises, der von der planmäßigen, zweckmäßigen Ordnung der Welt auf Gott als ihren Urheber schließt. Dieser Beweis ist nach Hume vor allem deshalb verfehlt, weil es in der Natur auch Unzweckmäßiges und Übel gibt, so dass Gott entweder nicht allmächtig oder nicht vollkommen gütig sein kann.

Humes Kritik der Gottesbeweise

Die in England entwickelten freidenkerischen Ideen wurden durch Voltaires *Briefe über die englische Nation* (1733) in Frankreich und von dort auch in Deutschland bekannt. François-Marie Arouet, genannt VOLTAIRE (1694–1778), wurde zur Symbolfigur des aufklärerischen Kampfes gegen Intoleranz, Fanatismus und Dogmatismus. Wie viele französische Aufklärer nach ihm übte er scharfe Kri-

Voltaires Religionskritik

tik an der christlichen Lehre und an der katholischen Kirche. Voltaire schleuderte der Kirche den Schlachtruf »Écrasez l'Infame«, d. h. »Vernichtet die Nichtswürdige«, entgegen. Er selbst bekannte sich zum Deismus und lehnte jede Offenbarungsreligion ab.

In seiner bitterbösen Satire *Candide* (1759) wandte er sich gegen die religiös begründete optimistische Weltsicht von Leibniz und in seiner *Abhandlung über Toleranz* (1763), die sich besonders gegen den Fanatismus der katholischen Kirche richtete, schloss er sich den Forderungen Spinozas und Lockes nach religiöser Toleranz an, die er für ein Gebot des Naturrechts hielt.

Die französischen Enzyklopädisten

Voltaire gehörte in den Umkreis der »Enzyklopädisten«, d. h. einer Gruppe von Literaten und Philosophen um DENIS DIDEROT (1713–1784), der das berühmte aufklärerische Universallexikon *Enzyklopädie* (1751–1780) herausgab. Die meisten der Enzyklopädisten vertraten einen Deismus. Unter den französischen Aufklärern gab es aber auch eine Gruppe, die sich offen zum Atheismus bekannte. Dazu zählten vor allem die Materialisten Lamettrie und Holbach: Sie kritisierten Religion als Priestererfindung und Priesterbetrug und sahen in den Vorstellungen von einem Dasein der Seele nach dem Tod vor allem die Quellen von Angst und Unglück. Nirgendwo sonst in Europa wurde die Auseinandersetzung zwischen Vernunftreligion und Kirche in einer so öffentlichen und scharfen Form geführt und nahm einen solch prononciert politischen Charakter an wie in Frankreich.

Wolff und die deutsche Aufklärung

In der deutschen Aufklärung wurde die Auseinandersetzung um eine Vernunftreligion von der Lehre bestimmt, die CHRISTIAN WOLFF (1679–1754) im Anschluss an Leibniz entwickelt hatte. Die »Leibniz-Wolffsche Schulphilosophie« hielt an der These fest, dass es Wahrheiten gibt, die sich aus der Vernunft selbst ableiten lassen. Zu diesen von aller Erfahrung unabhängigen Vernunftwahrheiten gehörten vor allem die traditionellen metaphysischen Lehren, dass Gott die Welt geschaffen und nach Naturgesetzen vernünftig geordnet hat und dass die Seele des Menschen eine einfache und daher unvergängliche Substanz ist.

Zu den wichtigsten Vertretern dieser Lehre gehörte MOSES MENDELSSOHN (1729–1786), der durch sein öffentliches publizistisches Wirken dazu beitrug, sowohl jüdischen Bürgern in der Gesellschaft mehr Anerkennung zu verschaffen als auch aufklärerische Gedanken in die jüdischen Gemeinden hineinzutragen. In seiner bekanntesten Schrift *Phaedon oder über die Unsterblichkeit der Seele in drei Gesprächen* (1767), die sich in Titel und Inhalt auf Platons Dialog *Phaidon* bezieht, fasst Mendelssohn alle rationalen Beweise für die Unsterblichkeit der Seele zusammen.

Moses Mendelssohn

Mendelssohn war aber auch einer der Protagonisten im sogenannten »Pantheismusstreit«. Dieser entzündete sich daran, dass ein Freund Mendelssohns, der aufklärerische Dichter und Philosoph GOTTHOLD EPHRAIM LESSING (1729–1781), sich kurz vor seinem Tod zum Pantheismus Spinozas bekannt hatte. Mendelssohn bestritt diese von dem Philosophen FRIEDRICH HEINRICH JACOBI (1743–1819) übermittelte Aussage Lessings und versuchte diesen gegen den Vorwurf des Pantheismus, der von den Kirchen als Häresie angesehen wurde, in Schutz zu nehmen. In seinen 1785 erschienenen *Morgenstunden oder Vorlesungen über das Dasein Gottes* verteidigte er noch einmal die These von der Existenz eines über der Natur stehenden Gottes als einer Vernunftwahrheit. Die lebhafte religionsphilosophische Debatte, die in Deutschland durch den »Pantheismusstreit« angeregt wurde, führte u.a. dazu, dass die Philosophie Spinozas zum ersten Mal öffentliche Beachtung fand.

Der Pantheismusstreit

Mendelssohn stand auch Pate für die Figur des Nathan in Lessings berühmtestem Drama *Nathan der Weise* (1779). Der Jude Nathan bezieht sich dort anhand der »Ringparabel« auf die in der Aufklärung populäre Vorstellung, dass sowohl das Christentum als auch das Judentum und der Islam auf eine gemeinsame Vernunftreligion be-

Lessings Ringparabel

ziehbar sind und dass sich keine dieser Religionen als die einzig rechtmäßige bezeichnen kann. Daraus wird auch die von Spinoza und Locke übernommene Forderung nach religiöser Toleranz abgeleitet. In seiner Schrift *Erziehung des Menschengeschlechts* (1780) deutete Lessing Judentum und Christentum als zwei Epochen in der moralisch-religiösen Entwicklung der Menschheit und stellte die Vernunftreligion als die dritte bevorstehende Epoche heraus. Eine solche, sich an den Deismus anlehnende Vernunftreligion hatte er auch gegen die christliche Lehre verteidigt, als er die *Fragmente eines Ungenannten* (1774–1778) aus dem Nachlass des Theologen HERMANN SAMUEL REIMARUS (1694–1768) herausgab.

IMMANUEL KANT (1724–1804) war zwar auch mit der Leibniz-Wolffschen Schulphilosophie aufgewachsen, hatte sich aber in seiner Vernunftkritik von ihr gelöst. Sein Denken war in gewisser Weise der Versuch, durch eine Verbindung von Rationalismus und Empirismus das Wissen der neuzeitlichen Naturwissenschaften philosophisch zu untermauern, jedoch in einer Weise, die gegen den Materialismus gerichtet war und dem religiösen Glauben Platz ließ. Er wollte, in eigenen Worten, »das Wissen aufheben, um zum Glauben Platz zu bekommen«.

Unbeweisbarkeit Gottes bei Kant

Für Kant gibt es weder von Gott noch von der Unsterblichkeit der Seele philosophisch beweisbare Erkenntnis. Seinen Zeitgenossen erschien er damit als der »Alleszermalmer«. Unbeweisbarkeit bedeutet aber nicht Falschheit. Kant hat sich vielmehr vom Atheismus entschieden distanziert. Obwohl es von Gott, Freiheit und Unsterblichkeit kein Wissen gibt, sind sie, wie er in der *Kritik der praktischen Vernunft* (1788) lehrt, unvermeidliche Ideen (»Postulate«) der Vernunft, die der Mensch anerkennen muss, damit er moralisch handeln kann.

Moralische Bedeutung religiöser Ideen

Daher hat Kant die wesentlichen christlichen Lehren moralisch gedeutet. So versteht er die Lehre von der Erbsünde als die Auffassung, dass der Mensch von Natur aus eine Neigung dazu hat, sich zur Missachtung moralischer

Gebote durch die sinnlichen Antriebe verleiten zu lassen. Die Lehre von Jesus als Gottes Sohn bedeutet nach Kant, dass Jesus die vorbildhafte Verwirklichung des Ideals des Guten ist. Solche religiösen Lehren sind für ihn bildhafte Darstellungen moralischer Wahrheiten, die als »Volksreligion« die moralische Vernunftreligion verdeutlichen helfen. Nachdem Kant seine moralische Deutung des Christentums in der Schrift *Die Religion innerhalb der Grenzen der bloßen Vernunft* (1793) veröffentlicht hatte, wurde er vom preußischen König wegen Herabsetzung der christlichen Lehren gerügt und musste sich weiterer Äußerungen über Religion enthalten. Doch als 1798 die Zensur wieder gelockert wurde, hat Kant im *Streit der Fakultäten* (1798) seine Ansichten über Religion wieder offen ausgesprochen.

Mit Kants These von der Unbeweisbarkeit der Glaubenslehren und seiner Herausstellung moralischer Gebote als dem rationalen Kern der Religion war die Religionsphilosophie der Aufklärung an einen Endpunkt gelangt. Mit der Romantik am Ende des 18. Jahrhunderts setzte wieder eine Aufwertung des religiösen Gefühls gegen eine rein rationale Deutung religiöser Inhalte ein.

Eine stark romantisch gefärbte Kritik an Kant haben JOHANN GEORG HAMANN (1730–1788) und JOHANN GOTTFRIED HERDER (1744–1803) geübt. Sie waren zwar mit Kant der Ansicht, dass religiöse Ideen nicht mit dem Verstand bewiesen werden können, doch sahen sie im religiösen Gefühl eine genügend verlässliche Quelle der Religion. Dass Gott zwar nicht verstandesmäßig begriffen, aber im Gefühl als gewiss erlebt werden könne, hat etwas später auch der romantische Theologe und Philosoph FRIEDRICH DANIEL ERNST SCHLEIERMACHER (1768–1834) gelehrt.

Aufwertung des religiösen Gefühls in der Romantik

Ein Hauptvertreter des Deutschen Idealismus, FRIEDRICH WILHELM JOSEPH SCHELLING (1775–1854), gab in seinem Spätwerk der Metaphysik wieder eine religiöse Wen-

10. Der Gott der Philosophen

Das Irrationale als Teil Gottes bei Schelling

dung, nachdem er zuvor, wie seine Zeitgenossen Fichte und Hegel, eine Vernunftmetaphysik vertreten hatte.

In Schellings Spätphilosophie erhält die Gottesvorstellung mystische Züge, die an Jakob Böhme erinnern. Viele dieser späten religionsphilosophischen Gedanken finden sich in den *Untersuchungen über das Wesen der menschlichen Freiheit* (1809) und in den aus dem Nachlass herausgegebenen Vorlesungen *Philosophie der Mythologie und Philosophie der Offenbarung* (1856–1858). In Gott selbst gibt es danach einen »dunklen Grund«, aus dem sich die Vielheit der Welt entfaltet. Dieser »Urgrund« ist etwas Irrationales, das ursprünglicher ist als die göttliche Vernunft – ein Gedanke, der in Schopenhauers Begriff des Willens wieder aufgegriffen wird. In diesem Irrationalen liegt auch der Ursprung des Bösen, das für Schelling eine reale Kraft ist und nicht wie bei Leibniz auf Mangel und Unvollkommenheit reduziert werden kann. Schelling wertet sowohl die Mythologie als auch die christliche Religion wieder auf, die er als Endpunkt einer Entwicklung und als eine Offenbarung Gottes im menschlichen Denken begreift.

Ablehnung spekulativer Gottesvorstellungen bei Kierkegaard

Der dänische Philosoph und Theologe SÖREN KIERKEGAARD (1813–1855), der die Vorlesungen des späten Schelling in Berlin selbst noch hörte, lehnte aber auch solche Deutungen Gottes als zu spekulativ ab. Für den protestantischen Theologen Kierkegaard wird Gott nicht in der Natur, Kultur oder Geschichte, sondern nur unmittelbar durch den Einzelnen erfahren. Wie bei Pascal ist diese Erfahrung mit der bewussten Wahl einer bestimmten Lebensführung verbunden. Sie kann dem Einzelnen weder durch rationale Überlegung noch von theologischen oder kirchlichen Autoritäten abgenommen werden.

Der »Augenblick« bei Kierkegaard

Ein solches bewusstes Ergreifen der Existenz im Glauben findet nach Kierkegaard im »Augenblick« statt. Kierkegaard verwendet diesen Begriff in einer neuen, nicht ganz der Umgangssprache entsprechenden Weise. Er bezeichnet mehr als einen zeitlichen Moment: Der Augenblick ist ein plötzliches, im Innern des Menschen stattfindendes, beinahe mystisches Erlebnis, in dem das Ewige, nämlich Gott, in die Zeit einbricht. Er markiert eine Unterbrechung des normalen Zeitablaufs, eine immer auf neue Art vollzogene Beziehung zwischen dem Menschen und Gott.

Der Gott, dem sich der Einzelne gegenübersieht, ist wie bei Pascal nicht der rationale Gott der Philosophen, sondern der biblische Gott Abrahams, Isaaks und Jakobs, der vom Menschen verlangt, sowohl die gewöhnlichen moralischen Maßstäbe als auch logisch-rationale Überlegungen im Glauben zu übersteigen. Deshalb spielt auch das Paradoxe in Kierkegaards Denken eine so große Rolle. Als Beispiel für eine rational nicht nachvollziehbare, aber dennoch dem göttlichen Gebot gemäße Haltung führt er in seiner Schrift *Furcht und Zittern* (1843) das alttestamentarische Beispiel Abrahams an, der bereit ist, seinen Sohn Isaak zu opfern. In den *Stadien auf des Lebens Weg* (1845) wird das religiöse Stadium als die höchste, aber auch schwierigste Lebensform bezeichnet. Indem sie sich nicht in einer aktiven tätigen Teilhabe an der Gemeinschaft, sondern in einer radikalen Außenseiterexistenz verwirklicht, die auf soziale Bindungen verzichtet, ist sie in den Augen der Welt ein Ärgernis.

Das religiöse Stadium

Indem er die rationale Unergründlichkeit des Religiösen und die existenzielle Entscheidung des Einzelnen in den Mittelpunkt seines Denkens rückt, hat Kierkegaard sowohl die protestantische Theologie des 20. Jahrhunderts als auch die moderne Existenzphilosophie beeinflusst. Mit der protestantischen dänischen Staatskirche seiner Zeit befand er sich jedoch in ständigem Konflikt.

Mit Kierkegaards fundamentaler Kritik an der Idee einer Vernunftreligion schließt eine philosophische Debatte ab, in der es seit der Renaissance darum ging, eine eigene rationale Deutung religiöser Inhalte zu geben und den philosophisch akzeptablen Kern religiöser Vorstellungen freizulegen. Dabei wurde aber vor allem die Idee Gottes im Lau-

Die Rationalisierung religiöser Vorstellungen und ihre Folgen

fe zweier Jahrhunderte so weit rationalisiert, dass sie zum Synonym für metaphysische oder moralische Grundprinzipien wurde. Diese sehr rationalen, abstrakten Gottesvorstellungen wurden im 19. Jahrhundert zunehmend Gegenstand einer Religionskritik, die die Koexistenz zwischen Theologie und Philosophie aufkündigte und die Wurzeln und Inhalte der Religion historisch zu erklären oder ideologisch zu entlarven suchte.

Auch die Gegenpositionen, die darauf beharrten, dass der Kern religiöser Glaubensinhalte niemals rational erfasst werden kann, entfernten sich von der offiziellen Theologie. Doch dadurch, dass sie sich weniger mit abstrakten Prinzipien als mit der Erfahrung des Einzelnen befassten, sprachen sie das Bedürfnis der Menschen nach konkreter und unmittelbarer Lebensorientierung an und haben deshalb bis in die Gegenwart hinein ihre Anziehungskraft behalten und auch noch das Denken in der Moderne befruchtet.

11. Rationale und irrationale Weltanschauung

Der Deutsche Idealismus und seine Kritiker
in der theoretischen Philosophie
des 19. und frühen 20. Jahrhunderts

Im Zeitalter der Romantik, an der Wende vom 18. zum 19. Jahrhundert, wurde das aufklärerische Konzept der Vernunft als einseitig kritisiert. An die Stelle eines kalten, analysierenden Verstandes setzte man das Gefühl als ein intuitives, ganzheitliches Erfassen. In Anlehnung an Rousseau wurde besonders die Natur als ein Bereich dunkler, irrationaler, ja göttlicher Kräfte aufgewertet.

Daneben begann die Geschichte in der Philosophie eine besondere Rolle zu spielen. Anders als in der Aufklärung hielt das geschichtliche Denken nun auch Einzug in die Metaphysik: Es entstand ein neuer, spekulativer Vernunftbegriff. Die Wirklichkeit wurde jetzt als ein entwicklungsgeschichtlicher Prozess verstanden, in dem sich die Vernunft als das Absolute offenbart. Gegen eine solche Vernunftmetaphysik gab es zunächst Reaktionen, die ebenfalls ihre Wurzeln im romantischen Denken hatten: Zum einen schien die Bedeutung des von der Romantik aufgewerteten Individuums in einem solchen metaphysischen System unterzugehen. Zum andern entwickelte sich auch eine gegen das Vernunftdenken gerichtete Metaphysik, die aus der romantischen Naturanschauung den Schluss zog, dass der Kern der Wirklichkeit ganz in irrationalen Kräften liegt.

Vernunftmetaphysik und Irrationalismus

Die sich stürmisch entwickelnden Naturwissenschaften beförderten im Verlauf des 19. Jahrhunderts eine zunehmende Kritik an allen Formen des romantischen und spekulativ-metaphysischen Denkens. Es entstand eine radikal antimetaphysische Philosophie, die sich die Methoden der Wissenschaften zum Vorbild nahm und rationales Denken eng mit einer erfahrungsorientierten Weltanschauung verknüpfte.

Entstehung einer wissenschaftsorientierten Philosophie

Die metaphysische Weltanschauungsdiskussion bestimmte das gesamte 19. Jahrhundert. Welche »Weltanschauung« wurde der Wirklichkeit am ehesten gerecht: eine Vernunftmetaphysik oder ein Irrationalismus? Gibt es ein Gesetz oder gar eine »Weltvernunft«, die die geistigen oder die ökonomisch-gesellschaftlichen Entwicklungen steuert? Und was bedeutet eigentlich eine »rationale« Weltanschauung? Ist sie als »Metaphysik« unabhängig von den empirischen Wissenschaften oder muss sie sich an diesen orientieren?

Anspruch des Deutschen Idealismus
Den Versuch, die Wirklichkeit als Ausdruck einer höheren, sich offenbarenden Vernunft zu begreifen, unternahm der Deutsche Idealismus. Er wandte sich gegen die von Kant gezogenen Grenzen menschlicher Erkenntnis, insbesondere gegen seine Lehre von der Unerkennbarkeit des »Dings an sich«, und wollte die seitdem aufgetretene Kluft zwischen Glauben und Wissen wieder schließen. Gegen Kant trat man mit dem Anspruch auf, das Absolute (Gott) und das Wesen der Wirklichkeit als etwas Geistig-Vernünftiges zu erfassen.

Das Ich als Ursprung aller Wirklichkeit bei Fichte
Der erste wichtige Vertreter des Deutschen Idealismus, JOHANN GOTTLIEB FICHTE (1762–1814), betrachtete das denkende Subjekt, das »Ich«, als die absolute Instanz, ja als den Ursprung aller Wirklichkeit. Sein Fazit war, dass die Welt lediglich aus Vorstellungen besteht, denen keine bewusstseinsunabhängige materielle Welt entspricht. Dieser »subjektive« Idealismus hat nach Meinung Fichtes nicht nur den Vorzug, vom Bewusstsein als dem einzig unmittelbar Bekannten auszugehen, sondern er erlaubt es zudem, durch die Annahme eines aktiven, spontanen Subjekts die Möglichkeit von Willensfreiheit zu gewährleisten.

Schellings ganzheitliche Naturphilosophie
FRIEDRICH WILHELM JOSEPH SCHELLING (1775–1854) ging von Fichtes subjektivem Idealismus zu einem objektiven Idealismus über, wonach die Natur zwar unabhängig vom menschlichen Bewusstsein besteht, aber selbst Erscheinung von etwas Geistigem ist. In seinem *Ersten Entwurf eines Systems der Naturphilosophie* (1799) stellt

er der empirischen Physik seine »spekulative Physik« gegenüber. Während die Physik die Natur als beharrliche materielle Objekte betrachtet, begreift Schellings Naturphilosophie die Natur nicht als Substanz, sondern als Tätigkeit und als beseelte, schöpferische Kraft. Der durch polare Kräfte bestimmte Naturprozess vollzieht sich stufenweise, von der anorganischen über die organische bis zur bewussten Natur. Diese Stufen deutet Schelling als schrittweise Entfaltung eines göttlichen Grundes der Natur, des »Absoluten«. Indem er dem mechanistischen Naturbild der Naturwissenschaften ein ganzheitliches, organisches und pantheistisches Naturbild gegenüberstellt, erweist sich Schelling als der eigentliche Philosoph der Romantik.

In den Schriften nach 1800 entwickelt Schelling seine sogenannte »Identitätsphilosophie«: Ihr Kerngedanke besteht darin, dass das Absolute der gemeinsame Grund sowohl der materiellen als auch der geistigen Welt ist. Das Absolute oder die ursprüngliche göttliche Wirklichkeit entfaltet sich in zwei parallelen Linien. Auf der einen Seite steht die zunehmende Entfaltung der Natur bis zu den höchsten Organismen mit dem Menschen als Gipfel. Auf der anderen Seite kommt es zu einer zunehmenden Entfaltung des Geistes, die in den menschlichen Schöpfungen der Moral und Kunst ihren Höhepunkt erreicht. Damit führt Schelling den Gedanken der Entwicklung und der geschichtlichen Offenbarung der Vernunft in die Metaphysik ein.

Schellings Identitätsphilosophie

Schellings Philosophie ist einer der Ausgangspunkte für das Werk GEORG WILHELM FRIEDRICH HEGELS (1770–1831), in dem der Deutsche Idealismus seinen Höhepunkt erreicht und der Gedanke der geschichtlichen Entwicklung der Vernunft einen zentralen Platz einnimmt. Wie Schelling vertritt Hegel einen Idealismus, der die Wirklichkeit als an sich vernünftig und geistig betrachtet, doch anders als Schelling beansprucht er, das Gesetz der Entfaltung der Vernunft auch tatsächlich entdeckt zu haben.

11. Rationale und irrationale Weltanschauung

Hegels »Phänomenologie des Geistes«

Die frühe *Phänomenologie des Geistes* (1807) kann als Einleitung in das philosophische System Hegels gelesen werden. Hegel versucht zu zeigen, wie die Entwicklung des menschlichen Wissens und der menschlichen Kultur über verschiedene Stufen zum sogenannten »absoluten Wissen« fortgetrieben wird. Das absolute Wissen fällt mit dem philosophischen Standpunkt Hegels sowie dem Standpunkt der Vernunft zusammen.

Hegels philosophisches System

In seiner *Enzyklopädie der philosophischen Wissenschaften* (1817) gibt Hegel einen Überblick über sein philosophisches System: Es besteht aus Logik, Naturphilosophie und Philosophie des Geistes. Hegels »Logik«, der er in seiner *Wissenschaft der Logik* (1812/16) ein eigenes, umfangreiches Werk gewidmet hat, ist allerdings nichts anderes als Metaphysik oder Ontologie, die die vernünftigen Wesenszüge der Wirklichkeit beschreibt. In seiner Naturphilosophie untersucht Hegel den in der materiellen Welt realisierten, seiner selbst unbewussten Geist und in der Philosophie des Geistes den in sich zurückgekehrten, seiner selbst bewussten Geist, wie er im menschlichen Bewusstsein sowie in den Phänomenen der Kultur vorliegt. Hier unterscheidet Hegel zwischen subjektivem, objektivem und absolutem Geist: Während es in der Lehre vom subjektiven Geist um den empfindenden, erkennenden, wollenden und handelnden Menschen geht, befasst sich die Lehre vom objektiven Geist mit den gemeinsamen Ideen und Überzeugungen einer Gesellschaft, die als »Zeitgeist« oder »Klassengeist« sich in Recht und Sitte, Familie und Gesellschaft, Politik und Geschichte verkörpern. Doch erst im absoluten Geist, in der Entwicklung von Kunst, Religion und Philosophie, gelangt das Vernunftprinzip des Absoluten zu seiner Selbsterkenntnis. Während das Absolute in der Kunst jedoch nur angeschaut und in der Religion gefühlt und vorgestellt wird, erkennt sich der menschliche Geist in der Philosophie in seiner rationalen, reinen Form und erhebt sich zur begrifflichen Erfassung des Absoluten.

Das Gesetz der Dialektik

Die Aufeinanderfolge der verschiedenen Formen des Geistes, und damit die geschichtliche Entfaltung des Abso-

Georg Wilhelm Friedrich Hegel (1770–1831)

Hegel wurde am 17. August 1770 in Stuttgart als Sohn eines Beamten geboren. Er studierte am Tübinger Stift, der berühmten Ausbildungsstätte für württembergische Theologen, wo er mit Hölderlin und Schelling zusammentraf. Der philosophische Austausch zwischen den drei Freunden gilt als die eigentliche Geburtsstunde des Deutschen Idealismus.

Im Gegensatz zu Schelling brauchte Hegel jedoch lange, bis er eine sichere akademische Stellung erreicht hatte. Nach seinem Examen 1793 arbeitete er zunächst als Hauslehrer in Bern und Frankfurt a. M. In Jena, wo Schelling inzwischen lehrte, habilitierte er sich, floh aber vor den napoleonischen Kriegswirren aus der Stadt. Er nahm zunächst eine Stelle als Zeitungsredakteur in Bamberg und danach als Gymnasiallehrer in Nürnberg an. Erst 1816 erhielt er einen Lehrstuhl an der Universität Heidelberg. Sein eigentlicher Durchbruch als Philosoph war aber die Berufung an die Berliner Universität, wo er 1818 die Nachfolge Fichtes antrat. Seine dortigen Vorlesungen übten eine breite öffentliche Wirkung aus und machten ihn zum führenden Denker Deutschlands.

Bereits in Jena hatte er die Phänomenologie des Geistes *(1807) veröffentlicht, der die* Wissenschaft der Logik *(1812/16) folgte. In Heidelberg stellte er die* Enzyklopädie der philosophischen Wissenschaften *(1817) fertig. Das berühmteste Werk seiner Berliner Zeit sind die* Grundlinien der Philosophie des Rechts *(1821).*

Hegel starb 1831 in Berlin auf der Höhe seines Ruhms.

luten, folgt dem Gesetz der sogenannten »Dialektik«. Alle philosophischen Systeme der Vergangenheit enthalten nur Teilwahrheiten, nur Stufen auf dem Weg des Geistes zur Wahrheit. Die Dialektik kennzeichnet die Art des Übergangs von einer Stufe zur nächsthöheren. Indem von zwei gegensätzlichen Positionen die Teilwahrheiten herausgelöst und miteinander verknüpft werden, wird der Widerspruch beider Standpunkte aufgelöst. These und Antithese werden somit in der Synthese »aufgehoben«. Damit verbindet Hegel einen dreifachen Sinn von »Aufhebung«: Erstens werden die falschen Aspekte von These und Antithese beseitigt, zweitens werden die Teilwahrheiten beider bewahrt, und drittens entsteht ein neuer, höherer Standpunkt. Doch da sich auch der neue Standpunkt auf einer höheren Stufe wieder als einseitig erweist, so geht die Entwicklung bis hin zum absoluten Wissen weiter. Die Dialektik ist für Hegel sowohl das Gesetz des philosophischen, rationalen Denkens als auch das Gesetz der Entwicklung der Wirklichkeit und damit das Herzstück seiner Geschichtsphilosophie.

Hegel war der einflussreichste Philosoph seiner Zeit. Sowohl die Entwicklung des historischen Denkens im 19. Jahrhundert als auch der Aufstieg der Geistes- und Geschichtswissenschaften erhielten von ihm entscheidende Impulse. Doch bereits kurz nach seinem Tod traten Kritiker von allen Seiten auf den Plan.

Schopenhauers pessimistische Welt- und Lebenssicht

Die Entdeckung des Unbewussten und Irrationalen in der Romantik fand ihren Ausdruck in der Metaphysik ARTHUR SCHOPENHAUERS (1780–1860), der auf diese Weise der Vernunftmetaphysik des Deutschen Idealismus entgegentrat. In seinem Hauptwerk *Die Welt als Wille und Vorstellung* (1818) legte er seine pessimistische Welt- und Lebenssicht vor. Auch Schopenhauer knüpfte an Kant an, glaubte aber, dass es möglich sei, Aussagen über das »Ding an sich« zu machen. Der Weg zum »Ding an sich« führt jedoch nicht über die äußere Wahrnehmung, sondern über die innere Selbsterfahrung. Schaut der Mensch in sich hinein, in sein nur ihm selbst unmittelbar bekanntes Seelenleben, so erfährt er sich als triebhaftes, unvernünftiges Wollen. Sichtbar wird dieses Wollen z. B. in der Macht des Selbsterhaltungs- und Sexualtriebs. Der Intellekt ist dagegen nur ein Instrument des Willens, dessen Aufgabe darin besteht, dem Willen die Mittel zur Realisierung seiner vorgegebenen Wünsche und Bedürfnisse bereitzustellen. Diese These, dass der Wille stärker und bestimmender als der Intellekt ist, bedeutet einen Bruch mit dem klassischen Menschenbild, demzufolge der Mensch als »vernünftiges Lebewesen« kraft der Vernunft seine natürlichen Triebe beherrschen kann.

Ein blinder Lebenswille ist nach Schopenhauer aber nicht nur das Wesen des Menschen, sondern zugleich das Wesen aller Dinge und der ganzen Natur. Er manifestiert sich auf verschiedenen Stufen der Natur, nämlich in Pflanzen, Tieren und Menschen. Er ist aber im Grunde in allen Lebewesen derselbe, und das, was sich als Fressen und Gefressenwerden in der Natur zeigt, ist in Wahrheit eine »Selbstentzweiung des Willens«. Der »Wille« ist nach Schopenhauer daher ein unvernünftiges, böses Prinzip, das für das Leid in der Welt letztlich verantwortlich ist.

Der »Wille« als Wesen der Welt

Entsprechend führt Schopenhauers Willensmetaphysik zu der pessimistischen Weltsicht, dass das menschliche Leben untrennbar mit Leiden verknüpft ist. Eine dauerhafte Erlösung von diesem Leiden findet der Mensch jedoch nur durch die Überwindung des Egoismus in der »Willensverneinung«. Dabei sind zwei Stufen voneinander zu unterscheiden: Die erste Stufe ist erreicht, wenn der Mensch im moralischen Handeln anderen hilft und im Mitleid intuitiv die Wesensgleichheit aller Lebewesen erfährt. Eine endgültige Unabhängigkeit vom Willen erreicht der Mensch jedoch erst in der Askese. Zu dieser rechnet Schopenhauer Verhaltensweisen wie Keuschheit, Armut, Fasten und Kasteiung, durch die ein Mensch sich selber freiwillig Leiden zufügt, um seinen egoistischen Willen zu brechen. Diese Willensverneinung deutet er in Anlehnung an den Buddhismus als Übergang ins Nichts (»Nirwana«). Schopenhauers Willensmetaphysik und Pessimismus enden damit in einer mystischen Erlösungslehre.

Überwindung des Egoismus durch Mitleid und Askese

Arthur Schopenhauer (1788–1860)

Arthur Schopenhauer wurde am 22. Februar 1788 als Sohn eines wohlhabenden Danziger Kaufmanns geboren. Schon fünf Jahre später zog die Familie, aus Abneigung gegen die neue preußische Herrschaft, nach Hamburg um. Schopenhauers Vater wollte seinen Sohn ebenfalls als Kaufmann ausbilden lassen und legte deshalb mehr Wert auf Weltläufigkeit als auf Schulabschlüsse. So trat der junge Schopenhauer 1799 eine mehrjährige Bildungsreise durch Europa an. Der Anblick von 6000 Galeerensklaven im französischen Toulon wurde für ihn zu einem erschütternden Erlebnis, das seine pessimistische Weltsicht prägte.

Nach dem Tod seines Vaters 1805 holte er das Abitur nach, studierte in Göttingen und Berlin und promovierte schließlich in Jena mit der Schrift Über die vierfache Wurzel des Satzes vom Grunde *(1813). Über seine Mutter, die sich inzwischen in Weimar niedergelassen hatte, lernte er Goethe kennen, mit dem er in einen fruchtbaren Gedankenaustausch trat. Durch sein väterliches Vermögen finanziell unabhängig, verbrachte er von 1814 an vier Jahre als Privatgelehrter in Dresden, wo er sein Hauptwerk* Die Welt als Wille und Vorstellung *(1818) schrieb.*

Schopenhauers Bemühungen, durch eine Lehrtätigkeit an der Berliner Universität die Grundlage zu einer akademischen Karriere zu legen, scheiterten jedoch. Die damalige Universitätsphilosophie stand ganz im Schatten seines erklärten Gegners Hegel, was ihn schließlich dazu veranlasste, die Stadt zu verlassen. Von 1832 bis zu seinem Tod lebte er zurückgezogen in Frankfurt a. M. Erst seine Parerga und Paralipomena *(1851), die auch die berühmten* Aphorismen zur Lebensweisheit *enthalten, bescherten ihm den erhofften Ruhm.*

Nach Schopenhauers Tod im Jahr 1860 fand seine Lehre nicht nur unter Philosophen, sondern auch unter vielen Künstlern Verbreitung. Ihr bekanntester Anhänger im 19. Jahrhundert wurde der junge Friedrich Nietzsche.

Mit Schopenhauer beginnt die Tradition des modernen philosophischen Irrationalismus, der in unterschiedlicher Gestalt bei Nietzsche, in der Lebensphilosophie Bergsons und in der Psychoanalyse Freuds fortwirkt.

Gegen den Anspruch der Metaphysik Hegels, den menschlichen Geist im Rahmen einer dialektischen Entwicklung des Absoluten zu deuten, wandte sich auch der dänische Theologe und Philosoph SÖREN KIERKEGAARD (1813–1855). Ihm ging es nicht um die Erkenntnis einer abstrakten Weltvernunft, sondern um die konkrete Wahrheit, die der Einzelne sich durch eine Wahl und eine Entscheidung bewusst anzueignen hat. Kierkegaard wollte kein Lehrgebäude errichten, sondern Lebenshaltungen vorführen und die Probleme der Existenz an konkreten Beispielen verdeutlichen. In seinem berühmten Frühwerk *Entweder – Oder* (1843) sind dies die ästhetische und die ethische Lebensanschauung: Die ästhetische Lebensanschauung will ein auf den Genuss ausgerichtetes, interessantes Leben, erfreut sich an der Reflexion von Lebensmöglichkeiten und weigert sich, längerfristige Bindungen einzugehen. Die ethische Lebensanschauung hingegen ist damit verbunden, dass der Mensch sich bewusst für eine dauerhafte Lebensgestaltung entscheidet und verlässliche Bindungen eingeht. Als Beispiel für eine ethische Lebensanschauung nennt Kierkegaard vor allem die Ehe. In seinen *Stadien auf des Lebens Weg* (1845) ergänzt er das ästhetische und das ethische »Stadium« noch durch die religiöse Lebensanschauung, in der der Mensch sich einem Leben als sozial ungebundener Außenseiter verschreibt und sich als »Einzelner« ganz der Aufgabe widmet, Zeugnis für Gott abzulegen.

Wahl der Lebensanschauungen bei Kierkegaard

Spricht Kierkegaard von »Existenz«, so meint er wie die modernen Existenzphilosophen damit mehr als bloßes »Existieren«. Zu einer »Existenz« gehört, dass der Mensch nicht einfach nur dahinlebt, sondern im Bewusstsein der Freiheit sein Leben gestaltet. Dieses Bewusstwerden ist von einem Zustand begleitet, den Kierkegaard »Angst«

»Angst« und »Existenz«

nennt. Nicht die Furcht vor einer bestimmten Gefahr ist hier gemeint, sondern eine Grundbefindlichkeit des Menschen, die sich auf etwas Ungewisses richtet und ihn wie einen Schwindel erfasst. Angst ist nach Kierkegaard eng mit der von Gott verliehenen Freiheit und auch mit der Last der Erbsünde verbunden. Kierkegaard hat in seiner Schrift *Der Begriff Angst* (1844) »Angst« als philosophisches Thema erschlossen. Zusammen mit seinen Analysen der Existenz und der Zeit als Lebensproblem inspirierte er damit die Existenzphilosophie des 20. Jahrhunderts, insbesondere das Frühwerk Heideggers.

Feuerbachs materialistische Anthropologie

Während Kierkegaard und Schopenhauer sich völlig von der Vernunftmetaphysik des Deutschen Idealismus abgewandt hatten, unternahmen die sogenannten »Links- oder Junghegelianer« den Versuch, Hegels Philosophie materialistisch umzudeuten. Zu ihnen gehörte LUDWIG FEUERBACH (1804–1872), der in seinem Hauptwerk *Das Wesen des Christentums* (1841) dem Hegelschen Idealismus eine materialistische Anthropologie entgegensetzte. Anders als für Hegel ist für Feuerbach nicht die Entwicklung des menschlichen Geistes der Ausgangspunkt, sondern der sinnliche Mensch mit seinen natürlichen Bedürfnissen und Wünschen. Das menschliche Streben nach Befreiung von Leid findet ideologisch Ausdruck in religiösen Vorstellungen, indem die Übel der menschlichen Existenz in einer spirituellen Welt kompensiert werden. So ist Gott für Feuerbach nichts anderes als eine Projektion aller Eigenschaften, die der Mensch anstrebt, die ihm aber fehlen. Theologie ist somit nur verschleierte Anthropologie. Wahre Befreiung des Menschen bedeutet nach Feuerbach also, sich von den Illusionen der Religion zu lösen und das Glück im konkreten Leben zu verwirklichen.

Marx und der historische Materialismus

Der Gedanke, dass die Befreiung des Menschen bei den konkreten materiellen Bedingungen seiner Existenz ansetzen muss, hat insbesondere auf die beiden bedeutendsten Linkshegelianer, KARL MARX (1818–1883) und FRIEDRICH ENGELS (1820–1895), Eindruck gemacht. Sie nahmen für sich in Anspruch, den Idealismus Hegels vom Kopf auf die Füße gestellt zu haben, indem sie unter dem Einfluss Feuerbachs von der dialektischen Entwicklung der ökonomischen und materiellen Verhältnisse ausgingen. Nicht der Geist ist nach Marx das innere Wesen der Natur und der Motor der Geschichte, sondern das materielle »Sein« bestimmt das »Bewusstsein«. Die materiellen, insbesondere ökonomischen Verhältnisse bilden daher die »Basis«, Religion und Kunst, Moral und Recht dagegen den »Überbau« einer Gesellschaft. Durch die Anwendung des Materialismus auf das Verständnis der Geschichte wurde Marx zum Begründer des historischen Materialismus. Nach Marx schreitet die menschliche Geschichte dialektisch fort, indem jede Entwicklungsstufe Widersprüche erzeugt und diese Widersprüche in der nächsthöheren Entwicklungsstufe überwunden werden. Wie Hegel glaubt Marx an eine Verwirklichung der Vernunft in der Geschichte, doch liegt sie für ihn nicht in einer Offenbarung des Absoluten als eines geistigen Prinzips, sondern in der Schaffung einer klassenlosen Gesellschaft, in der die Entfremdung und soziale Unterdrückung des Menschen beseitigt sind. Die Philosophie muss also nach Marx in politische Aktion übergehen. In seiner berühmten 11. Feuerbachthese fordert er deshalb: »Die Philosophen haben die Welt nur verschieden *interpretiert*, es kömmt darauf an, sie zu *verändern*.«

Doch während Marx die Anwendung der Dialektik auf die materialistische Geschichts- und Gesellschaftstheorie beschränkt, hat Engels in seiner postum erschienenen Schrift *Dialektik der Natur* (1925) auch die Entwicklung pflanzlichen und tierischen Lebens, also die Natur, dialektisch gedeutet. Dadurch, dass er die dialektische Methode zu einem auf alle Bereiche der Wirklichkeit anwendbaren, handlichen Schema machte, wurde er zum eigentlichen Vater des »dialektischen Materialismus«, der im 20. Jahrhundert als »Diamat« offizielle Staatsphilosophie im kommunistischen Machtbereich wurde. Es war auch Engels, der den Zusammenhang der geistigen mit der materiellen

Engels und der dialektische Materialismus

Welt vereinfachend als »Abbild« und »Widerspiegelung« bezeichnete.

Der Positivismus

Während der Marxismus aus einer Verbindung der Metaphysik mit der Nationalökonomie entstand, orientierte sich der Positivismus (lat. »positum« = das Gesetzte, Gegebene) an der Entwicklung von Naturwissenschaft und Technik. Mit seiner betont antimetaphysischen Haltung und der Beschränkung aller Erkenntnis auf das empirisch Gegebene ordnete er sich in die Tradition des klassischen Empirismus von Locke bis Hume ein. Ihren treffendsten Ausdruck fand diese Haltung in der Devise »Tatsachen statt Spekulation!«.

Comte und die Drei-Stadien-Theorie

Begründet wurde der Positivismus von dem Franzosen AUGUSTE COMTE (1798–1857) in dessen sechsbändigem Werk *Abhandlung über die positive Philosophie* (1830–1842). Die Beschreibung von Tatsachen und ihrer gesetzmäßigen Zusammenhänge verschafft nach Comte ein adäquates Bild der Wirklichkeit. Die Aufgabe exakter Wissenschaft sah er darin, natürliche Vorgänge vorherzusehen, um sie zum Nutzen der Menschen beeinflussen zu können. Mit seiner Unterscheidung dreier Stadien in der geistigen Entwicklung des Menschen, die gesetzmäßig aufeinanderfolgen, nahm Comte auch das geschichtliche Denken in den Positivismus auf: Die »positive« oder wissenschaftliche Einstellung bildet nach Comte das dritte, reife Stadium der geistigen Entwicklung. Im ersten, theologischen Stadium werden die Naturvorgänge fiktiv erklärt, indem sie auf ein Wirken übernatürlicher Wesen oder auf Eingriffe Gottes zurückgeführt werden. Im zweiten, metaphysischen Stadium werden die Naturvorgänge durch abstrakte Prinzipien wie verborgene Kräfte erklärt, die jedoch unbeweisbar und daher wissenschaftlich unhaltbar sind. Erst im dritten, wissenschaftlichen Stadium erfolgt die Beschränkung auf die Beschreibung des tatsächlich Gegebenen.

Induktion als wissenschaftliche Methode bei Mill

Der wichtigste Vertreter des Positivismus in England war JOHN STUART MILL (1806–1873). Ausgehend von der Auffassung, dass die wissenschaftliche Erklärung von Tatsachen in der Einordnung in gesetzmäßige Zusammenhänge besteht, bemühte er sich in seinem *System der Logik* (1843) darum, die Frage zu klären, wie die empirischen Wissenschaften von Tatsachen zu allgemeinen Gesetzen fortschreiten. Er formulierte Regeln der »Induktion«, die es gestatten sollen, aus Beobachtungen und Experimenten allgemeine Naturgesetze abzuleiten. Mill war aber auch ein Repräsentant des Utilitarismus, für den sich Überzeugungen danach messen lassen müssen, ob sie für die Gemeinschaft und das praktische Leben von Nutzen sind. Damit wurde er zu einem der Ideengeber des amerikanischen Pragmatismus.

Der wichtigste Positivist im deutschen Sprachraum war der österreichische Physiker und Philosoph ERNST MACH (1838–1916). Über Comte und Mill hinausgehend, forderte er, dass wissenschaftliche Beschreibungen mit möglichst wenigen und einfachen Begriffen auskommen sollen. Als überflüssig für eine solche sparsame Beschreibung der Welt verwarf er z. B. den philosophischen Begriff der Substanz und den physikalischen Begriff der Kraft. Damit hat er nicht nur Einstein, sondern die moderne Physik überhaupt stark beeinflusst.

Radikaler Positivismus Machs

Im 19. Jahrhundert entstand auch zum ersten Mal eine eigenständige amerikanische Philosophie, die sowohl Einflüsse des europäischen Idealismus als auch des Positivismus aufnahm, diese Strömungen aber in neuer Weise verarbeitete. Der vor allem von RALPH WALDO EMERSON (1803–1882) vertretene »Transzendentalismus« knüpft an den Deutschen Idealismus und den Naturbegriff der Romantik an. Auch Emerson identifiziert das Absolute mit Gott. Doch der Zugang zu diesem Absoluten führt bei ihm nicht über eine abstrakte, philosophische Erkenntnis, sondern über die Begegnung mit der beseelten Natur, in der sich körperliche und geistige Erfahrung zu einer Einheit verbinden und in der der Mensch seine Alltagserfahrung »transzendiert«. Mit dieser Vorstellung einer natürlichen, »ganzheitlichen« Erfahrung hat Emerson sowohl auf den französischen Lebensphilosophen Henri Bergson als auch auf Nietzsche gewirkt.

Emersons »Transzendentalismus«

11. Rationale und irrationale Weltanschauung

Peirce und der amerikanische Pragmatismus

Der amerikanische Pragmatismus lehnte in der Tradition des klassischen Empirismus und Positivismus eine a priori, also unabhängig von Erfahrung und Wissenschaft verfahrende Metaphysik ab und betonte gegen diese die unverzichtbare Rolle der »Praxis« als Kontrollinstanz menschlicher Erkenntnis. Anders als der Positivismus gestand er die Fehlbarkeit aller Erkenntnis zu und lehnte daher die Suche nach absolut gewissen Wahrheiten als vergeblich ab.

Begründet wurde der Pragmatismus von CHARLES SANDERS PEIRCE (1839–1914). In seiner programmatischen Schrift *Über die Klarheit unserer Gedanken* (1878) entwickelte er die für den Pragmatismus charakteristische Bedeutungstheorie. Nach dieser Auffassung haben nur solche Begriffe, Aussagen und Theorien Bedeutung, die irgendeine Folge für das menschliche Handeln haben, die also »praxisrelevant« sind. Ein Begriff wie »hart« hat z. B. bestimmte Folgen für das Handeln im Umgang mit materiellen Dingen. Ein philosophischer Terminus wie das »Absolute« hat dagegen keinerlei praktische Folgen und ist daher bedeutungslos. Durch die Verwendung praxisrelevanter Begriffe und durch ständige Kontrolle der Theorien in der Praxis ist nach Peirce ein allmählicher Erkenntnisfortschritt möglich. Wahrheit ist dabei für ihn der »Konsens«, den die ideale Gemeinschaft der Vernünftigen und Sachverständigen am Ende des Forschungs- und Kommunikationsprozesses schließlich erreichen wird. Peirce hat auch die zentrale Rolle der Sprache als Medium der Erkenntnis herausgestellt und damit die moderne Zeichentheorie (»Semiotik«) und die Analytische Philosophie stark beeinflusst. Mit seiner Wahrheitstheorie wurde Peirce der entscheidende Anreger für die »Transzendentalpragmatik« Karl-Otto Apels. Seine Idee eines Erkenntnisfortschritts findet sich im Kritischen Rationalismus Karl Poppers wieder.

William James und John Dewey

WILLIAM JAMES (1842–1910) und JOHN DEWEY (1858–1952) haben die Peirceschen Grundsätze weiterentwickelt und verallgemeinert. In seiner programmatischen Schrift *Pragmatismus* (1907) hat James eine radikale pragmatische Wahrheitstheorie vertreten. Während Peirce bloß praxisrelevante Begriffe und Theorien verlangt hatte, ging James dazu über, Wahrheit und Nützlichkeit miteinander zu identifizieren: Wahr sind demnach nicht nur naturwissenschaftliche Theorien wegen ihrer nützlichen technischen Folgen, auch religiöse Vorstellungen, wie etwa die von der Existenz Gottes und der Unsterblichkeit der Seele, dürfen als wahr gelten, sofern sie ein »befriedigendes« Leben ermöglichen und damit eine nützliche Rolle im gesellschaftlichen Leben spielen. Dewey hat demgegenüber die Bedeutung des aktiven Umgangs mit der Umwelt für die Entwicklung des menschlichen Geistes herausgearbeitet und diese Auffassung vor allem in Pädagogik und politischer Philosophie geltend gemacht. Mit dem Begriff »Erfahrung« versucht er, die Kluft zwischen Theorie und Praxis zu überbrücken und Philosophie damit zu einem gesellschaftlich wirksamen Instrument zu machen.

Anknüpfend an Schopenhauers Irrationalismus, aber auch an Emersons ganzheitliche Naturerfahrung beginnt mit FRIEDRICH NIETZSCHE (1844–1900) eine folgenreiche Aufwertung der triebhaft-irrationalen Kräfte. Er plädiert für eine Kultur, die neben den Kräften des Intellekts auch den Kräften des Emotionalen und Instinktiven gerecht wird. In seinen späteren Schriften *Also sprach Zarathustra* (1883–1885) und *Jenseits von Gut und Böse* (1886) sieht er wie Schopenhauer das Wesen der Wirklichkeit in einem triebhaften Wollen, doch ist dieses Wollen kein bloßes Streben nach Selbsterhaltung, sondern ein »Mehr-haben-Wollen« und ein »Einfluss-nehmen-Wollen« oder, wie seine politisch klingende, aber ursprünglich metaphysisch zu verstehende Formel lautet, ein Wille zur Macht. Nietzsche verbindet dies mit der antiken Idee eines Kreislaufs von Welten und kommt zu der Lehre von der ewigen Wiederkehr des Gleichen: Da Materie und Energie endlich sind, die Zeit aber unendlich ist, müssen alle möglichen Konstellationen der Atome, einschließlich jedes einzelnen Lebewesens, sich unendlich oft wiederholen.

Willensmetaphysik bei Nietzsche

11. Rationale und irrationale Weltanschauung

»Gott ist tot« Nietzsche wendet Schopenhauers Pessimismus zu einem die natürlichen Triebe bejahenden Optimismus und kritisiert die in seinen Augen oberflächliche Kultur des Intellektualismus, der seine Wurzeln im instinktiven, triebhaften Leben verloren hat. Nietzsches Philosophie stellt somit einen Angriff auf die Tradition einer religiös geprägten Metaphysik und damit auf die gesamte christlich geprägte Zivilisation dar. Immer dann, wenn der Sinn des Lebens oder die Erfüllung des Lebens in ein Jenseits verlegt wird, entstehen nach Nietzsche »metaphysische Hinterwelten«, die das Leben entwerten. Diese Ablehnung aller metaphysischen oder religiösen Jenseitsvorstellungen brachte er auf die Formel: »Gott ist tot«. Das Pathos, mit dem Nietzsche diese Religionskritik vorträgt, zeigt allerdings, wie sehr er selbst als Person von religiösen Vorstellungen geprägt gewesen ist. Der lebensfeindlichen Haltung des Christentums setzte er freilich in der philosophischen Theorie eine rein diesseitige, lebensbejahende Haltung entgegen. Nietzsches Philosophie gipfelt in der Forderung nach der Heranbildung eines »Übermenschen«, eines Wesens, das ohne religiöse Hoffnungen auskommt und seine natürlichen schöpferischen Kräfte zur vollen Entfaltung kommen lässt. Im Zeichen der Förderung des Lebens nimmt er damit auch eindeutig Partei für die Starken und Mächtigen.

Nietzsche entfaltete eine verhängnisvolle Wirkung im Faschismus des 20. Jahrhunderts und wurde in dieser Hinsicht von mehreren Seiten vereinnahmt und instrumentalisiert. Seine Ideologie- und Metaphysikkritik wurde aber auch u. a. von Heidegger, der Frankfurter Schule und der Postmoderne wieder aufgenommen.

Freuds Psychoanalyse Die von Schopenhauer und Nietzsche betriebene Aufdeckung des Triebhaften und Irrationalen in der Wirklichkeit wurde in der Psychoanalyse SIGMUND FREUDS (1856–1939) bestätigt. Durch Studien zur Hysterie und durch Analyse von Träumen gelangte er zu seiner epochemachenden Theorie, welche die Macht des Unbewussten und die zentrale Rolle der Sexualität betont und die Lehre vom

Menschen als allein vernunftgesteuertes Wesen grundlegend in Frage stellt. In seinen *Vorlesungen zur Einführung in die Psychoanalyse* (1913) stellte sich Freud in eine Reihe mit den großen geistigen Erneuerern und Revolutionären der Menschheitsgeschichte wie Kopernikus und Darwin. Zwei große Kränkungen ihrer »naiven Eigenliebe« habe die Menschheit erdulden müssen, die erste, »als sie erfuhr, dass unsere Erde nicht der Mittelpunkt des Weltalles ist, sondern ein winziges Teilchen eines in seiner Größe kaum vorstellbaren Weltsystems« (Kopernikus). Die zweite Kränkung kommt aus der biologischen Forschung, die »das angebliche Schöpfungsvorrecht des Menschen zunichte machte, ihn auf die Abstammung aus dem Tierreich und die Unvertilgbarkeit seiner animalischen Natur verwies« (Darwin). Die »dritte und empfindlichste Kränkung aber soll die menschliche Größensucht durch die heutige psychologische Forschung erfahren, welche dem Ich nachweisen will, dass es nicht einmal Herr ist im eigenen Hause, sondern auf kärgliche Nachrichten angewiesen bleibt von dem, was unbewusst in seinem Seelenleben vorgeht«. Entsprechend verstand er sich als Aufklärer, der von Aberglauben und Illusionen befreien will.

Freud entwickelte ein allgemeines Modell der Psyche, wonach diese aus drei Instanzen besteht, nämlich »Es«, »Ich« und »Über-Ich«. Das Es, das eine unverkennbare Ähnlichkeit mit dem »Willen« Schopenhauers und Nietzsches aufweist, ist das ursprüngliche Triebpotenzial des Menschen. Das Ich ist die intellektuelle Instanz, die die Realisierbarkeit der Triebwünsche abschätzt und dabei eventuell für die Aufschiebung von Triebbefriedigungen sorgt. Das Über-Ich ist schließlich das Gewissen oder die sittliche Instanz in der Person, die die Gebote und Normen der Gesellschaft repräsentiert. Psychische Gesundheit besteht nach Freud darin, dass die Ansprüche dieser drei psychischen Kräfte miteinander in Einklang gebracht werden. Zu psychischen Störungen und Erkrankungen kommt es dagegen, wenn verborgene Wünsche und Triebregungen nicht ins Bewusstsein aufgenommen und verarbeitet, sondern verdrängt werden.

»Es«, »Ich«, »Über-Ich«

Lebenstrieb und Todestrieb bei Freud

An seiner Konzeption des »Es« hat Freud im Laufe seines Lebens eine wichtige Korrektur vorgenommen: Waren ursprünglich Sexual- und Selbsterhaltungstrieb zwei Formen eines lustbestimmten, lebensdienlichen Triebs, so unterschied er später schließlich zwischen einem Lebenstrieb (»Eros«) und einem Todestrieb (»Thanatos«). Den Todestrieb betrachtete Freud als Wurzel der destruktiven und aggressiven Neigungen des Menschen. Kultur entsteht für ihn dadurch, dass die Menschen Triebverzicht zugunsten des friedlichen Zusammenlebens in der Gesellschaft üben. Im Gegensatz zu Nietzsche hat Freud jede Verherrlichung der Triebe abgelehnt. Wie Schopenhauer war er ein Diagnostiker, aber kein Prophet oder Propagandist des Irrationalen.

Die Psychoanalyse hat das philosophische Menschenbild revolutioniert. Über neomarxistische Denker wie Herbert Marcuse oder Erich Fromm fand sie auch Eingang in die Gesellschaftstheorie.

Der Abschied von der Vernunftmetaphysik und seine Folgen

Mit Freud war eine Metaphysik, die an die Vernunft als letzten Grund der Wirklichkeit glaubte, endgültig in die Defensive geraten. Die philosophischen Reaktionen auf den Deutschen Idealismus stimmten zwar in der Ablehnung der Vernunftmetaphysik überein, doch haben sie völlig verschiedene philosophische Strömungen begründet. Die Willensmetaphysik von Schopenhauer und Nietzsche führte über Freud zur Entwicklung der Tiefenpsychologie, die das moderne Menschenbild grundlegend verändert hat. Kierkegaard wurde zum wichtigsten Vorläufer, ja zum Begründer der modernen Existenzphilosophie, die die »existenziellen«, von der Vernunft nicht erreichbaren Dimensionen des menschlichen Lebens herauszustellen versucht. Marx und Engels begründeten mit dem Marxismus eine der einflussreichsten politischen Weltanschauungen der Moderne. Positivismus und Pragmatismus haben schließlich den modernen Empirismus und die Analytische Philosophie stark beeinflusst und damit zur Entstehung einer »wissenschaftsorientierten« Philosophie maßgeblich beigetragen. In der Abwendung von der Vernunftmetaphysik des Deutschen Idealismus liegt der Ursprung der Philosophie der Moderne.

12. Evolution, Natur, Mensch

Moderne Metaphysik und Naturphilosophie

Dass die Natur eine Stufen- oder Schichtenordnung aufweist, die von der Materie über Pflanzen und Tiere zum Menschen reicht, ist eine alte, bereits von Aristoteles vertretene Auffassung. In der Antike galten die Stufen der Natur gewöhnlich als Bestandteile der ewigen Ordnung des Kosmos, und im Mittelalter betrachtete man sie, in Übereinstimmung mit der Schöpfungslehre der Bibel, als von Gott geschaffen und unveränderlich. Der grundlegende Wandel von dieser statischen zu einer dynamisch-evolutionären Sicht der Welt begann im Zeitalter der Aufklärung im 18. Jahrhundert, als die Geschichte der Menschheit als ein Fortschrittsprozess gedeutet wurde. Der Deutsche Idealismus führte diesen Fortschrittsgedanken in die Metaphysik ein, indem er die Wirklichkeit als eine Entwicklung oder Selbstverwirklichung des »Absoluten« interpretierte. Zu Beginn des 19. Jahrhunderts übernahmen auch die Naturwissenschaften die Idee einer solchen Entwicklung. Vor allem die Entdeckung von Fossilien sprach gegen die Lehre von der Unveränderlichkeit der Arten und führte letztlich zur Evolutionstheorie und ihrer These, dass die jetzt lebenden Arten sich aus früheren Lebensformen entwickelt haben.

In der an die Evolutionstheorie anschließenden philosophischen Diskussion wurde zunächst danach gefragt, ob und in welchem Sinne der Evolutionsgedanke der Grundgedanke eines universalen philosophischen Weltbildes sein kann. Die alten Fragen nach den Unterschieden zwischen Materie und Leben einerseits und zwischen Körper und Geist andererseits wurden nun unter evolutionären Gesichtspunkten neu aufgerollt. Ein anderes, kontrovers diskutiertes Thema betraf die Klärung des Entwicklungsgedankens selbst: Ist die evolutionäre Entstehung neuer Formen von Materie und Leben ein gesetzmäßiger, erklärbarer

Die neue evolutionäre Sicht der Welt

Prozess oder ist die Entstehung des Neuen zufällig und unvorhersehbar? Eine große Rolle spielte auch die Frage, wie das evolutionäre Weltbild mit der christlichen Vorstellung eines Schöpfergottes vereinbart werden konnte.

Darwins Evolutionstheorie
Eine Theorie der Evolution der Arten vertrat bereits der französische Biologe JEAN BAPTISTE DE LAMARCK (1744–1829): Er erklärte das Auftreten neuer Eigenschaften von Lebewesen durch die Annahme, dass die Lebewesen sich an ihre Umwelt anpassen und die dadurch erworbenen Eigenschaften an ihre Nachkommen vererben. Endgültig durchgesetzt hat sich der Entwicklungsgedanke mit CHARLES DARWIN (1809–1882). In dessen Schrift *Die Entstehung der Arten durch natürliche Zuchtwahl* (1859) lieferte er für die Evolution der Arten nicht nur eine Fülle von Belegen, sondern auch eine neue, epochemachende Erklärung. Danach besteht zwischen den Lebewesen ein ständiger »Kampf ums Dasein«, in dem nur die »Tüchtigsten« überleben. Die durch zufällige Veränderungen ihrer Erbanlagen besser an die Umwelt angepassten Lebewesen können sich im Kampf um Nahrung und Fortpflanzung durchsetzen. Zufall und Auswahl bzw. Selektion erklären somit die Evolution. In seiner Schrift *Die Abstammung des Menschen und die geschlechtliche Zuchtwahl* (1871) wandte Darwin seine Theorie auf den Menschen an und begründete damit seine berühmte These von der Abstammung des Menschen aus dem Tierreich.

Darwins Evolutionstheorie bedeutete eine wissenschaftliche Revolution des Natur- und Menschenbildes. Sie erklärt den Menschen, wie alle anderen Lebewesen, zum Produkt der natürlichen Evolution und stellt damit die biblische Auffassung vom Menschen als »Geschöpf Gottes« in Frage. Außerdem gibt sie für die zweckmäßige Anpassung der Lebewesen an ihre Umwelt eine natürliche, kausale Erklärung, die eine religiöse Deutung, etwa durch einen »Plan Gottes«, offenbar überflüssig macht. Wie die Physik in der Neuzeit wurde die Evolutionstheorie damit zur großen Herausforderung für Metaphysik und Naturphilosophie.

Der englische Philosoph HERBERT SPENCER (1820–1903) hatte schon vor Darwin die Evolution der Arten behauptet und dabei die Formeln vom »Kampf ums Dasein« und vom »Überleben der Tüchtigsten« geprägt, die Darwin später übernahm. In seinem zehnbändigen Lebenswerk *System der synthetischen Philosophie* (1862–1893) weist Spencer dabei der Philosophie die Aufgabe zu, aus den vielen, von den Wissenschaften entdeckten Naturgesetzen die universalen Gesetze eines evolutionären Weltbildes herauszufiltern. An ihrer Spitze steht das Grundgesetz, dass alle Entwicklung einerseits Integration materieller Teile zu einem Ganzen und andererseits Differenzierung dieser Ganzheiten ist. Beide Tendenzen sorgen nach Spencer dafür, dass die Evolution ein gesetzmäßiger, kontinuierlicher Prozess der Höherentwicklung ist.

Mit seiner Philosophie der Evolution hat Spencer nicht beansprucht, die Wirklichkeit restlos bis in ihre letzten Elemente und Prinzipien hinein zu erfassen. Als Vertreter des Positivismus war er auch der Ansicht, dass alles Erkennen auf die beobachtbaren Beziehungen der Dinge untereinander begrenzt ist, dass also kein »Letztes« oder »Absolutes« erkennbar ist. Dies lässt nach Spencer auch Platz für Religion, nämlich für die Anerkennung Gottes als unbegreiflichem Grund der Wirklichkeit. Mit Spencer setzen die Versuche an, Evolutionstheorie und Religion zu versöhnen.

Philosophie und Evolution bei Spencer

Der Franzose HENRI BERGSON (1859–1941) hat Spencers Philosophie der Evolution als unzureichende »mechanistische« Sichtweise kritisiert und ihr seine Auffassung von *Schöpferischer Entwicklung*, so der Titel seines Hauptwerks von 1907, gegenübergestellt: Die mechanistische Naturauffassung ergibt sich nach Bergson aus dem üblichen Verfahren des Verstandes, die Dinge in ihre Bestandteile zu zerlegen und ihre Relationen zu beschreiben. So zergliedert die Physik die materielle Wirklichkeit in voneinander abgegrenzte, feste raum-zeitliche Dinge, die sich nach Größe, Masse und den Gesetzen ihrer Bewegung

Bergsons »Schöpferische Entwicklung«

messen und berechnen lassen. Die Biologie wiederum begreift Organismen als Maschinen, die sich aus ihren Teilen heraus kausal erklären lassen. Das mechanistische Naturbild ist nach Bergson auf technische Naturbeherrschung angelegt und unter diesem praktischen Gesichtspunkt gesehen durchaus berechtigt. Es ist jedoch eine Oberflächensicht, die das innere Wesen der Wirklichkeit nicht erfasst: Während nach Spencer alle Erkenntnis auf die Beschreibung der Relationen der Dinge beschränkt ist, versteht Bergson diese Erkenntnis als eine auf den Verstand eingeschränkte Erkenntnis, der er eine spezifisch metaphysische Wesenserkenntnis, die »Intuition«, entgegensetzt.

Die Oberflächensicht des Verstandes und die Tiefensicht der »Intuition«

Die Intuition ist nach Bergson eine Art Versenkung oder Einfühlung, die über die materielle Außenseite der Dinge zu ihrem inneren Wesen vordringt. Ähnlich wie Schopenhauer findet Bergson damit im inneren Erleben den Schlüssel zum Verständnis der Welt. Unter der Oberfläche der stabilen, materiellen Dinge enthüllt die Intuition überall Veränderung und Prozess. Die tiefere Wirklichkeit ist ein Fluss von Qualitäten, der einen ganzheitlichen, lebendigen Charakter hat und nicht in Teile zerlegt werden kann. Mit besonderem Nachdruck hat Bergson diese Einsicht an dem Unterschied zwischen objektiv-physikalischer und subjektiv-erlebter Zeit verdeutlicht: Die physikalische Zeit wird als eine Folge von getrennten Augenblicken gedacht, die durch gleichförmige Bewegungen, wie z. B. die Folge von Tag und Nacht, gemessen werden kann; sie kann aber nicht als Ausdruck der im Innern erlebten Zeit gelten, die ein durch unterschiedliche Intensität geprägter Fluss von Bewusstseinserlebnissen ist.

Die Wirklichkeit ist nach Bergson ein Entwicklungsprozess zum Höheren. Das Verhältnis von Pflanze, Tier und Mensch versteht er aber nicht als eine stufenförmige Höherentwicklung, sondern er betrachtet Pflanzen und Tiere als ursprünglich verschiedene Entwicklungslinien. Bergsons zentrale These lautet jedoch, dass die Evolution kein naturgesetzlich determinierter, sondern ein schöpferischer Prozess ist, der immer wieder neue Lebensformen hervorbringt. Das Neue ist dabei aus dem Früheren nicht zu erklären und vorherzusagen, sondern tritt an bestimmten Stellen der Entwicklung plötzlich auf.

Eine völlig neue Entwicklungsstufe stellt insbesondere das Bewusstsein dar, das Bergson als vom Gehirn weitgehend unabhängig betrachtet. Der aufsteigenden Linie des Lebens steht freilich eine absteigende Tendenz entgegen, da alle organischen Formen sich wieder auflösen und zur toten Materie zurückkehren. Die Evolution besteht daher nach Bergson in einem beständigen Kampf des Lebens mit der Materie.

In allen Formen des Lebens steckt nach Bergson eine metaphysische Grundkraft, die nach Höherentwicklung und Lebenssteigerung strebt und die er als »élan vital« (wörtlich »Lebensschwung«) bezeichnet. Sie nimmt als Manifestation Gottes den Platz ein, den Spencer dem unerkennbaren Absoluten gegeben hatte.

Der »élan vital«

Als Evolutionstheoretiker und als Begründer der Lebensphilosophie war Bergson einer der einflussreichsten Philosophen in der ersten Hälfte des 20. Jahrhunderts. Seine Auffassung von schöpferischer Evolution wurde zum Ausgangspunkt nahezu aller weiteren metaphysischen und naturphilosophischen Bemühungen um ein evolutionäres Weltbild.

Gleichaltrig mit Bergson, aber in seinem Denken bereits von ihm beeinflusst war der Australier SAMUEL ALEXANDER (1859–1938). Auch er versuchte den schöpferischen Charakter der Evolution herauszuarbeiten. In seinem Hauptwerk *Raum, Zeit und Gottheit* (1920) unterscheidet er vier Stufen der kosmischen Evolution, nämlich Raum-Zeit, Materie, Leben und Bewusstsein. Jede Stufe hat gegenüber der früheren neue, nicht voraussagbare Eigenschaften und kann auch nicht aus der früheren heraus erklärt werden. Die höheren Stufen sind gegenüber den früheren »emergent« (nach lat. »emergere« = auftauchen), d. h. aus den früheren plötzlich auftauchend. Alexander wurde damit zum Hauptvertreter der These von der »emergenten Evolution«.

Alexanders Theorie der »emergenten Evolution«

Henri Bergson (1859–1941)

Henri Bergson wurde am 18. Oktober 1859 als Sohn jüdischer Eltern polnischer bzw. englischer Nationalität in Paris geboren. Er war ein glänzender Schüler und arbeitete später zunächst als Gymnasiallehrer in der Provinz, bevor er 1900 Professor für Philosophie an der Elitehochschule »Collège de France« in Paris wurde. Hier lehrte er bis 1921 und stieg in dieser Zeit zum einflussreichsten Philosophen Frankreichs auf. Wegen seines großen Ansehens wurden ihm während des Ersten Weltkrieges diplomatische Aufgaben übertragen. Nach Kriegsende ernannte man ihn 1922 zum Präsidenten der »Völkerbundkommission für geistige Zusammenarbeit«.

Großen Einfluss auf die Kultur und Literatur seiner Zeit hatten schon seine Frühwerke Zeit und Freiheit *(1889) und* Materie und Gedächtnis *(1896). Für sein Hauptwerk* Schöpferische Entwicklung *(1907), mit dem er seinen Weltruhm als Metaphysiker begründete, erhielt er 1927 den Nobelpreis für Literatur. 1932 veröffentlichte er* Die beiden Quellen der Moral und Religion. *Obwohl seine Werke 1914 auf den Index der katholischen Kirche gesetzt worden waren, fühlte sich Bergson zuletzt dem Katholizismus eng verbunden. In seinem 1937 verfassten Testament schreibt er: »Ich hätte konvertiert, wenn ich nicht seit Jahren die Welle des Antisemitismus gesehen hätte, die im Anrollen war. Ich wollte bei denen bleiben, die morgen verfolgt werden.« Nachdem er eine ihm angebotene Sonderbehandlung bei der beginnenden Verfolgung der Juden im besetzten Frankreich abgelehnt hatte, starb Bergson im Januar 1941 infolge einer Lungenentzündung, die er sich beim Schlangestehen in der Winterkälte zugezogen hatte, als er sich als Jude registrieren lassen wollte.*

Auch Alexander versucht seine Vorstellung von der Evolution mit der These von der Existenz eines Gottes zu verbinden. Da die kosmische Evolution nach Alexander in Richtung zunehmender Vollkommenheit läuft, erwartet er von der weiteren Entwicklung die Entstehung einer »Gottheit«, unter der er eine uns noch unverständliche höhere geistige Existenzform versteht. Gott ist somit nicht der Schöpfer der Welt am Anfang, sondern die höchste Stufe am Ende der Evolution.

In Anknüpfung an Bergson und Alexander hat ALFRED N. WHITEHEAD (1861–1947) in seinen Hauptwerken *Wissenschaft und moderne Welt* (1926) und *Prozess und Realität* (1929) ein philosophisches Wirklichkeitsverständnis begründet, das das Naturbild der modernen Physik und Biologie mit dem alltäglichen menschlichen Selbstverständnis als freiem, verantwortlichem Wesen zu verknüpfen versucht.

Den Materialismus betrachtet Whitehead als wissenschaftlich und philosophisch widerlegt. Die klassische Auffassung, Materie sei unvergängliche Substanz, die aus winzigen, meist als unteilbar gedachten Teilchen mit einer festen Struktur besteht, kann wissenschaftlich nicht aufrechterhalten werden, weil die moderne Physik neben der Materie auch immaterielle Gebilde wie Felder und Wellen kennt und die Elektronen zudem keine beharrlichen Gebilde sind. Der Materialismus ist nach Whitehead aber auch philosophisch unhaltbar, weil die herkömmliche Vorstellung von Materie als ausgedehntem, stabilem Teilchen eine einseitige, bloß auf das quantitativ Feststellbare ausgerichtete Wirklichkeitssicht ist, die den qualitativen Eigenschaften der Welt wie Farben, Geruch und Geschmack nicht gerecht wird. Als völlig verfehlt lehnt er die materialistische Leugnung von Willensfreiheit und Verantwortlichkeit ab.

Whiteheads Kritik des Materialismus

Als Konsequenz aus diesen wissenschaftlichen und philosophischen Überlegungen vertritt Whitehead im Anschluss an Bergson die Auffassung, dass die traditionelle

Die Welt als Prozess

Konzeption der Materie als Substanz aufgegeben und durch die Auffassung von Realität als Prozess ersetzt werden muss. Die Welt besteht also nicht aus starren »Bauklötzchen«, sondern aus Ereignissen. Ähnlich wie Bergson und Alexander betont Whitehead den kreativen Charakter der Wirklichkeit.

Anders als Bergson bemüht sich Whitehead aber darum, den Prozesscharakter der Wirklichkeit noch weiter mit dem Verstand zu begreifen. Was wir in unserer alltäglichen Weltsicht als »Dinge« bezeichnen, sind nach Whitehead relativ stabile Erscheinungsformen, gleichsam wiederkehrende Muster zugrundeliegender elementarer Ereignisse. Diese stehen nicht isoliert für sich, sondern sind miteinander verknüpft und befinden sich ursprünglich in Wechselwirkung miteinander. Whitehead betrachtet Dinge daher als geordnete Ganzheiten, die durch elementare Ereignisse organisiert werden, also als »Organismen«. Im Begriff des Organismus sieht er das Bindeglied zwischen Physik und Biologie. Die Physik hat es mit kleinen, die Biologie mit großen Organismen zu tun. Die Welt ist daher ein riesiges Geflecht von Organismen verschiedener Größe und Stabilität. Eine wichtige Konsequenz aus dieser philosophischen Konzeption, die Whitehead auch als »organismische« Philosophie bezeichnet, ist die Überwindung des Dualismus von Materie und Geist. Da der Begriff des Organismus der zentrale Grundbegriff ist, werden die traditionellen Begriffe eines seelenlosen Körpers und einer körperlosen Seele als einseitige Abstraktionen zurückgewiesen. Alle wirklichen Dinge sind organisch, d. h. körperlich und zugleich seelisch-lebendig.

Whiteheads Versöhnung von Wissenschaft und Religion

Whitehead ist auch der erste Metaphysiker, der eine Versöhnung von Wissenschaft und Religion vor dem Hintergrund sowohl der Evolutionstheorie als auch der neuen Relativitätstheorie und Quantenphysik anstrebt. Wie Bergson versteht er Gott als immanentes Ordnungsprinzip der Evolution und den Gesamtprozess der Welt als Entwicklung zum Höheren. Gott ist für ihn die Instanz, welche die Evolution des Kosmos und die Entwicklung der Organismen steuert. Whitehead ist einer der wenigen modernen Denker, die nicht nur die Philosophie, von Karl Popper bis zur ökologischen Naturphilosophie, sondern auch die Theologie maßgeblich beeinflusst haben.

Der aus der Phänomenologie hervorgegangene MAX SCHELER (1874–1928) hat in Anknüpfung an Ideen Schopenhauers, Bergsons und Alexanders in seiner kleinen, programmatischen Schrift *Die Stellung des Menschen im Kosmos* (1928) ein philosophisches Weltbild entworfen, das den Menschen in den Mittelpunkt rückt und den menschlichen Geist aus der Evolution der Natur herausfallen lässt. Das Wesen des Menschen findet Scheler in einer von Instinkten und Lebensbedürfnissen befreiten, objektiv-sachlichen Einstellung zur Welt. Diese »Weltoffenheit« des Menschen erfordert nach seiner Ansicht als Erklärung ein ganz neues Prinzip, nämlich den Geist. Da der Geist die natürlichen Triebe kontrollieren und unterdrücken kann, lässt er sich nicht als Produkt der Evolution verstehen. Geist und Trieb sind vielmehr zwei einander entgegengesetzte metaphysische Prinzipien. Damit versucht Scheler nicht nur Schopenhauers Lehre von der »Willensverneinung« zu Ende zu denken, sondern auch Bergsons These einer weitgehenden Autonomie des Geistes zu radikalisieren. Der Geist ist für ihn dabei das höhere Prinzip, insofern er der Ursprung von allem Sinn und Wert, gleichsam das Göttliche in der Welt ist. Die mit dem Menschen einsetzende vernünftige Steuerung und Hemmung der natürlichen Triebe bedeutet den Einbruch eines übernatürlichen Prinzips in die Welt. Scheler gehört zu den wenigen modernen Metaphysikern, die an einem ursprünglichen Sein des Geistes neben der Materie festhalten.

Der Geist als göttliches Prinzip bei Scheler

Der aus dem Baltikum stammende deutsche Philosoph NICOLAI HARTMANN (1882–1950) hat, in Auseinandersetzung mit Bergson und Scheler, in seinem Hauptwerk *Aufbau der realen Welt* (1940) die Wirklichkeit als ein Schichtenreich beschrieben, in dem die spezifische Eigenart des Höheren und der Basischarakter des Tieferen zusammen bestehen.

Hartmanns Schichtenlehre

Hartmann glaubt, dass die reale Welt aus vier Schichten besteht, nämlich aus Materie, Leben, Seele und Geist. Das Grundgesetz dieser Schichtung, das er auch als »Gesetz der Stärke« bezeichnet, besteht darin, dass jede tiefere Schicht das Seinsfundament der höheren ist. Es gibt zwar anorganische Materie ohne Leben und Lebewesen ohne Bewusstsein, aber es gibt keine Lebewesen ohne ihnen zugrunde liegende anorganische Stoffe und kein Bewusstsein ohne einen es tragenden lebenden Organismus. Die Materie ist also die Voraussetzung aller höheren Formen der Realität. Damit wendet sich Hartmann gegen »spiritualistische« Auffassungen, die den Geist als eine von der Materie unabhängige Substanz oder, wie Scheler, als ein übernatürliches, aus einer anderen Welt stammendes Wesen begreifen. Ein weiteres Gesetz der Schichtung sieht Hartmann darin, dass die tieferen Schichten in sich keinerlei Drang zum Höheren haben. Gegen Bergson und jede Art von teleologischer Naturdeutung betont er damit, dass es keine naturgegebenen Tendenzen der Materie gibt, Leben oder Bewusstsein hervorzubringen. Wie für Bergson gehört es für Hartmann jedoch zur Gesetzlichkeit der Schichtung, dass jede höhere Schicht im Vergleich zu der tieferen neue Eigenschaften besitzt. Gegen den Materialismus behauptet er daher, dass die Eigenschaften des Lebens sich nicht auf physikalisch-chemische Gesetze reduzieren lassen. Es gibt also Einschnitte zwischen den Schichten. Die höheren Schichten besitzen somit einen Freiraum der Gestaltung, der durch die tieferen Schichten nur begrenzt, aber nicht eindeutig determiniert wird. Die Gesetze der Physik begrenzen zwar die Formen des Lebens, aber sie erlauben doch eine Vielfalt von Lebensformen. Die menschliche Willensfreiheit versteht Hartmann als Spezialfall dieses ontologischen Grundgesetzes.

Obgleich es ihm in erster Linie um den Nachweis der Schichtenstruktur der Welt geht, hat Hartmann eine evolutionäre Deutung seiner Schichtenlehre ausdrücklich zugelassen, ja er sieht in der Entstehung des Höheren aus dem Tieferen eine unausweichliche Konsequenz der Evolutionstheorie. Die Schichtenlehre ist für ihn die alternative Position zum traditionellen Materialismus und Spiritualismus, die es erlaubt, die Evolution angemessen zu begreifen.

Mit seiner Schichtenlehre hat Hartmann vor allem moderne Biologen wie Konrad Lorenz beeinflusst. Wenig bekannt ist sein Einfluss auf das Spätwerk des Marxisten Georg Lukács.

Ganz im Gegensatz zu Hartmann, der eine religiöse Deutung der Evolution strikt ablehnte, hat der französische Theologe und Biologe PIERRE TEILHARD DE CHARDIN (1881–1955) unter dem Einfluss von Bergson und Alexander eine christliche Deutung der Evolutionstheorie gegeben. In seinem nachgelassenen Werk *Der Mensch im Kosmos* (1955) entwickelt er eine Theorie der Erdevolution von der »Geosphäre« über die »Biosphäre« der Pflanzen und Tiere bis zur Entstehung des menschlichen Geistes, dessen globale Ausdehnung er als »Noosphäre« bezeichnet. Das letzte Ziel der Evolution ist der »Punkt Omega«, an dem die Wiederkunft Christi auf Erden und die Vereinigung aller Wesen mit Gott geschehen wird.

Christliche Deutung der Evolutionstheorie bei Teilhard de Chardin

In der zweiten Hälfte des 20. Jahrhunderts stand die philosophische Debatte um die Evolution unter dem Eindruck neuer wissenschaftlicher Theorien. Die sogenannte »Urknalltheorie« löste eine Revolution in der Kosmologie aus. Ende der 1920er Jahre hatten Astronomen entdeckt, dass alle weiter entfernten Galaxien sich von uns wegbewegen. Indem man diese Bewegungen der Galaxien zurückrechnete, gelangte man zu der Annahme, dass das Universum vor ca. 15 Milliarden Jahren in einer gewaltigen Explosion extrem zusammengeballter Energie entstand. Erst nach diesem »Urknall« bildeten sich nacheinander die Elementarteilchen und die chemischen Elemente sowie die Sterne und Galaxien. Noch keine Antwort gibt es auf die Frage, ob die Expansion des Weltalls ewig andauern oder ob

Die Urknalltheorie

das Universum dereinst wieder in sich zusammenstürzen wird. Allgemein anerkannt ist aber heute, dass es auch eine Evolution des Universums gibt: Die alte Idee von der ewigen Ordnung des Kosmos hat sich damit ebenso als falsch erwiesen wie die Idee von der Konstanz der Arten.

Vor dem Hintergrund der modernen Kosmologie und Biologie hat KARL POPPER (1902–1994), der Begründer des Kritischen Rationalismus, in seinem Alterswerk eine evolutionäre Weltsicht entworfen, die im Anschluss an Whitehead den Materialismus als wissenschaftlich überholt kritisiert und dem Menschen als freiem, verantwortlichem Wesen eine Sonderstellung in der Evolution zuweist.

Poppers »Drei-Welten-Theorie«

Popper unterscheidet drei Stufen der Evolution, die er als »drei Welten« bezeichnet. Welt 1 ist der Bereich der physischen und organischen Natur. Welt 2 ist der Bereich der Akte und Zustände des Bewusstseins. Welt 3 ist schließlich der Bereich der abstrakt-geistigen Gehalte, also der Gedanken und Theorien. Welt 3, die er auch als »objektiven Geist« bezeichnet, ähnelt Platons Reich der »Ideen«, jedoch mit dem Unterschied, dass Theorien und Gedanken nach Popper ursprünglich durch das menschliche Denken geschaffen werden, also nicht ewig und unveränderlich sind.

Die Anerkennung der Evolution des Kosmos und des Lebens bedeutet nach Popper, dass Bewusstsein ein evolutionäres Produkt der materiellen Natur ist und dass Theorien und Gedanken Produkte des menschlichen Geistes sind. In Übereinstimmung mit den Vertretern der schöpferischen oder emergenten Evolution betont Popper, dass Welt 2 und Welt 3 jeweils neue, unvorhersehbare Produkte der Evolution darstellen, die aus den jeweils tieferen Stufen nicht erklärt werden können.

»Das Ich und sein Gehirn«

Als neu entstandene Produkte der Evolution bleiben Bewusstsein und »objektiver Geist« an ihre jeweiligen Erzeuger gebunden. Dennoch ist Popper der Ansicht, dass Welt 2 und Welt 3, sobald sie einmal entstanden sind, teilweise Selbstständigkeit erlangen. Dies kommt auch in dem Titel des

Werks *Das Ich und sein Gehirn* (1977) zum Ausdruck, das Popper gemeinsam mit seinem Freund, dem Gehirnphysiologen JOHN C. ECCLES (1903–1997), geschrieben hat. Ähnlich wie Bergson versteht Popper Bewusstsein nicht als Funktion oder Anhängsel des Gehirns, sondern sieht im bewussten Ich den »Akteur«, der sich des Gehirns für Denken und Handeln bedient. Die Autonomie des Ich gewährleistet Willensfreiheit, aber sie bedeutet nicht, dass Bewusstsein eine unvergängliche Substanz ist. Mit Hinweis auf Whitehead behauptet Popper, dass schon die Materie keine Substanz mehr ist, geschweige denn der von der Materie teilweise abhängige Geist. Im Gegensatz zu Eccles, der an die Unsterblichkeit der Seele glaubte, hat Popper die Annahme eines übernatürlichen Ursprungs des Geistes und die religiöse Deutung seiner »Drei-Welten-Theorie« entschieden abgelehnt.

Von philosophischer Brisanz war auch die systemtheoretische Sicht des Lebens, die von dem Biologen LUDWIG VON BERTALANFFY (1901–1972), im Rückgriff auf Ideen N. Hartmanns, begründet wurde. Danach sind Lebewesen offene, mit ihrer Umwelt im Energieaustausch stehende Systeme, die ihre Erhaltung und Form selbst organisieren. Das Ganze eines Systems besitzt neue Eigenschaften, die keines seiner Glieder für sich hat.

Bedeutendster Vertreter der systemtheoretischen Schichtenlehre ist der aus Argentinien stammende Physiker und Philosoph MARIO BUNGE (geb. 1919), der zum Umkreis des Kritischen Rationalismus gehört. Ein System ist nach Bunge ein komplexes Objekt, das aus Teilen besteht, die zu einem Ganzen zusammengeschlossen sind. Ein System hat zwei Arten von Eigenschaften: Es gibt erstens resultierende oder Erbeigenschaften, die bereits die Teile des Systems besitzen. So ergibt sich z. B. die Masse eines Moleküls aus der Summe der Masse der in ihm verbundenen Atome. Es gibt daneben jedoch zweitens emergente oder Systemeigenschaften, die die Teile noch nicht haben. So haben z. B. Atome die Eigenschaft, Licht zu absorbieren, die seinen Teilen (Protonen, Neutronen, Elektronen) noch fehlen. Entgegen

Bunges systemtheoretische Schichtenlehre

der von Bergson bis Popper immer wieder vertretenen Auffassung lassen sich nach Bunge die emergenten Eigenschaften eines Systems jedoch erklären, nämlich als Produkte der Wechselwirkung seiner Teile.

Bunge unterscheidet sechs Schichten der Welt, nämlich Physiko-, Chemo-, Bio-, Psycho-, Sozio- und Technosysteme. Jedes dieser Systeme setzt das vorhergehende als seine Seinsbasis voraus, geht jedoch mit seinen neuen Eigenschaften (und Gesetzen) über sie hinaus. Jedes höhere System entsteht aus der Wechselwirkung seiner Komponenten und lässt sich auch so erklären. Der Geist ist daher eine emergente Eigenschaft des Gehirns bzw. eines Kollektivs von Hirnaktivitäten.

Die Ökophilosophie

Das systemtheoretische Naturbild hat vor allem unter Naturwissenschaftlern viele Anhänger. In der jüngeren Vergangenheit wurde diese Auffassung jedoch im Zuge der ökologischen Bewegung als »mechanistische« Erklärung des Ganzen aus den Teilen kritisiert. Denker wie HANS JONAS (1903–1993) und FRITJOF CAPRA (geb. 1939) plädieren für eine ganzheitliche (»holistische«) Auffassung, die die Dinge der Natur als organische Ganzheiten versteht, die aus ihren Teilen nicht zu erklären sind und die vor allem auch Respekt und Schutz verdienen.

Philosophische Konsequenzen des evolutionären Weltbildes

Mit der Anerkennung der Evolution des Kosmos und des Lebens als wissenschaftlich gut bestätigten Tatsachen ist auch die Annahme einer natürlichen Entstehung von Leben und Bewusstsein nahezu unvermeidlich geworden. Von wenigen Ausnahmen abgesehen ist daher der Dualismus von Körper und Geist und mit ihm die traditionelle Annahme der Unsterblichkeit der Seele aus der modernen Metaphysik fast verschwunden. Auch Positionen wie die Bergsons und Poppers, die mit der Annahme einer »partiellen Autonomie« des Geistes offensichtlich eine Kompromisslösung vertreten, sind zunehmend auf Ablehnung gestoßen. In der gegenwärtigen Diskussion um das Verhältnis von Körper und Geist geht es daher fast nur noch darum, Geist und Bewusstsein als neue Eigenschaften materieller Prozesse genau zu verstehen. Auch die Versuche einer Versöhnung von Evolutionstheorie und Theologie, die von Spencer bis Whitehead zentrale Bedeutung hatten, sind in der zweiten Hälfte des 20. Jahrhunderts weitgehend verschwunden. Sie haben aber gezeigt, dass eine solche Versöhnung ohne gravierende Veränderungen an der christlichen Gottesvorstellung kaum möglich ist.

Grundlegend für die moderne Metaphysik und Naturphilosophie ist die Orientierung an den Erkenntnissen der Wissenschaften geworden. Zwar kann die Philosophie zentrale Begriffe, Argumente und Positionen eines evolutionären Weltbildes klären, aber die Entscheidung über die Wahrheit der rivalisierenden Positionen bleibt letztlich dann doch Sache der Wissenschaften. Dies zeigt sich vor allem bei der Frage nach dem Charakter der Evolution: Ob die Evolution ein gesetzmäßiger oder zufälliger, ein erklärbarer oder ein schöpferisch-emergenter Prozess ist, will und kann die Philosophie selbst nicht mehr allein entscheiden. Wie die Entwicklung der Wissenschaften seit der Quantenphysik aber gezeigt hat, schließen sich die traditionellen Gegensätze »gesetzmäßig – zufällig« und »erklärbar – emergent« nicht notwendig aus. Zufall und Emergenz der Evolution müssen daher nicht mehr als prinzipiell wissenschaftlich unerklärbar gelten. Als Fazit der modernen Metaphysik und Naturphilosophie zeichnet sich damit ein evolutionäres Weltbild ab, das die Evolution des Kosmos und des Lebens ganz aus Naturprinzipien erklärt, also ohne übernatürliche oder theologisch-religiöse Erklärungen auskommt.

13. Bewusstsein, Lebenswelt, Vernunft

Erkenntnistheorie, Anthropologie und Kulturphilosophie in der kontinentaleuropäischen Philosophie der Moderne

Die Philosophie der Neuzeit hat sich in engem Zusammenhang mit den Wissenschaften entwickelt. Waren anfangs Astronomie und Physik die großen Herausforderungen für die Philosophie, so kamen im 19. Jahrhundert die Biologie sowie die Geistes- und Sozialwissenschaften hinzu. Der Mensch war damit auch als Natur- und Kulturwesen zum Gegenstand der Wissenschaften geworden.

Die menschliche Lebenswelt als Thema der Philosophie

Im Anschluss an den Aufstieg der Geistes- und Sozialwissenschaften entstanden vor allem in Kontinentaleuropa philosophische Strömungen, die sich mit der methodischen Eigenart der neuen Kulturwissenschaften und, damit zusammenhängend, auf neue Weise mit dem Wesen des Menschen befassten. Die Lebenswelt des Menschen, seine Art, die Dinge zu erfassen und mit ihnen umzugehen, seine Sprache, sein Umgang mit Kunst und seine Rolle in der Geschichte traten seit dem späten 19. Jahrhundert in den Mittelpunkt der kontinentaleuropäischen Philosophie. Sie schlug damit einen ganz anderen Weg ein als der an den Naturwissenschaften orientierte moderne Empirismus, der nach der Auflösung des Wiener Kreises allein in den angelsächsischen Ländern weiterentwickelt wurde.

Ablehnung des naturwissenschaftlichen Erkenntnismodells

Gemeinsam ist den Strömungen der kontinentaleuropäischen Philosophie, dass sie die naturwissenschaftliche Erkenntnis als Grundmodell aller Erkenntnis ablehnen. Vertreter des Neukantianismus, des Historismus und der Hermeneutik bemühen sich um die Klärung der Methode der Kulturwissenschaften, wobei sie zu einer Lehre vom »Verstehen« gelangen. Phänomenologie und Existenzphilosophie unternehmen den Versuch, den Bereich der apriorischen Erkenntnis, also den Bereich der Erkenntnis vor aller Erfahrung, neu zu bestimmen. In ihrem Umkreis entsteht auch eine neue philosophische Lehre vom Menschen. Kritische Theorie, Postmoderne und Diskurstheorie nehmen diese Ansätze auf und stellen den von Positivismus und Empirismus vertretenen Begriff der Vernunft in Frage.

Es sind also die grundlegenden Probleme der menschlichen Lebenswelt, die im Zentrum der kontinentaleuropäischen Philosophie der Moderne stehen. Wie lassen sich kultur- und naturwissenschaftliche Vorgehensweisen grundsätzlich unterscheiden? Welches Menschenbild wird von ihnen jeweils vorausgesetzt? Gibt es etwa ein Bild vom Menschen, das so fundamental in der Lebenswelt verankert ist, dass die Wissenschaften es zwar voraussetzen, aber nicht mehr verändern können? Welche Rolle spielt die Sprache in den Beziehungen des kulturschaffenden Menschen zur Welt? Wie ist das Verhältnis von Vernunft und Wissenschaft? Gibt es überhaupt einen allgemeinen und einheitlichen Vernunftbegriff?

Die Eigenständigkeit der geisteswissenschaftlichen Methode hat zuerst WILHELM DILTHEY (1833–1911), ein Hauptvertreter der Lebensphilosophie und des Historismus, in seinem Werk *Einleitung in die Geisteswissenschaften* (1883) zu begründen versucht. Danach besteht die Methode der Naturwissenschaften darin, Naturvorgänge mit Hilfe von allgemeinen Naturgesetzen kausal zu »erklären«, wohingegen die Geisteswissenschaften geschichtliche Phänomene, d. h. die Taten und Werke von Menschen, durch »Einfühlung« in ihr Seelenleben »verstehen«. So gelangt Dilthey zu einer Begründung der Lehre des Verstehens, der Hermeneutik. Bevorzugter Gegenstand des Verstehens sind zwar Texte, aber die Hermeneutik ist nach Dilthey allgemeiner auch die philosophische Lehre vom Verstehen aller »Objektivierungen« des menschlichen Geistes, von Gebärden bis zu Kunstwerken. Dass Verstehen dabei stets von den konkreten historischen Umständen abhängig ist, ist die Grundthese von Diltheys Historismus. Da diese Ab-

Die Methode des Verstehens bei Dilthey

hängigkeit nach seiner Ansicht ein allgemeingültiges philosophisches Weltbild ausschließt, vertritt er damit zugleich einen Relativismus. Dilthey hat die Diskussion um eine geisteswissenschaftliche Methode ausgelöst und vor allem auf die Existenzphilosophie Martin Heideggers und die Hermeneutik Hans-Georg Gadamers großen Einfluss ausgeübt.

Natur- und Kulturwissenschaften im Neukantianismus

Eine Abgrenzung der Eigenart der historischen von der naturwissenschaftlichen Erkenntnis findet sich auch bei WILHELM WINDELBAND (1848–1915) und HEINRICH RICKERT (1863–1936), den Hauptvertretern der sogenannten »Südwestdeutschen Schule« des Neukantianismus. Sie unterscheiden Natur- und Kulturwissenschaften durch ihre jeweiligen Ziele. Die Naturwissenschaften verfahren »nomothetisch« (gesetzgebend), d. h. sie streben die Erkenntnis allgemeiner Naturgesetze an; die Kulturwissenschaften sind dagegen »idiographisch« (individualisierend) ausgerichtet, d. h. sie versuchen ihren Gegenstand in seiner Einmaligkeit zu erfassen. Ein wichtiger Unterschied besteht auch darin, dass die Naturwissenschaften wertfrei, die historischen Wissenschaften dagegen wertbestimmt verfahren. Nur das kann also Gegenstand der Kulturwissenschaften werden, was für die jeweilige Gegenwart noch von Interesse ist und als wertvoll empfunden wird. Mit dieser These haben die südwestdeutschen Neukantianer eine Debatte um die »Wertfreiheit« der Wissenschaften ausgelöst, wie sie vor allem von MAX WEBER (1864–1920) in seinen Schriften zur Wissenschaftslehre fortgesetzt wurde. Weber hielt gegen den Neukantianismus an der Wertfreiheit der Wissenschaften fest.

Husserls »Logische Untersuchungen«

Die von EDMUND HUSSERL (1859–1938) begründete Phänomenologie bemühte sich weniger um die Klärung der geisteswissenschaftlichen Methode als um die Offenlegung und Beschreibung der Welt und des Menschen, wie sie ursprünglich als »Phänomene«, d. h. vor aller Theorie in der Wahrnehmung, gegeben sind. In diesem Sinne fordert Husserl ein »Zurück zu den Sachen«. Bereits in seinem frühen zweibändigen Werk *Logische Untersuchungen* (1900/01) hat er in diesem Sinne das Wesen des Bewusstseins zu klären versucht. Das zentrale Merkmal des Bewusstseins sieht er in der »Intentionalität« (nach lat. »intentio« = Absicht, Gerichtetsein), d. h. in der Gerichtetheit. Bewusstsein ist also kein innerer Bereich, in dem das erkennende Ich sich zunächst aufhält, um danach irgendwie in die Außenwelt zu gelangen. Intentionalität bedeutet vielmehr, dass das Bewusstsein immer schon »draußen« bei den Objekten ist. Bewusstsein und Außenwelt sind also immer schon miteinander verknüpft.

In seinem zweiten Hauptwerk *Ideen zu einer reinen Phänomenologie und phänomenologischen Philosophie* (1913) hat Husserl die philosophische Methode der »Wesensschau« entwickelt, mit deren Hilfe das Wesen aller Bereiche der Wirklichkeit, von der Natur bis zu Geschichte, erfasst werden soll. Nach Husserl beginnt das phänomenologische Verfahren damit, dass man sich auf ein gegebenes Phänomen konzentriert, alle Deutungen und Vorurteile preisgibt, ja selbst die Existenz des Phänomens »außerhalb« des Bewusstseins »einklammert«. Nachdem auf diese Weise das Phänomen im »reinen« Bewusstsein gesichtet worden ist, wird im nächsten Schritt das Wesen des Phänomens aus seinen zufälligen Eigenschaften herausgelöst. Die Summe solcher Wesenserkenntnisse macht schließlich die den Wissenschaften immer schon zugrundeliegende »natürliche Welterfahrung« aus.

Die phänomenologische Methode

Husserl kann in mehrfacher Hinsicht als eine Gründerfigur der kontinentalen Philosophie des 20. Jahrhunderts angesehen werden. Er hat so unterschiedliche Philosophen wie Max Scheler, Martin Heidegger und Jean-Paul Sartre inspiriert. Besonders in Deutschland und Frankreich ist sein Einfluss bis heute stark.

Die Anwendung der phänomenologischen Methode auf Ethik und Anthropologie war das Hauptanliegen von MAX SCHELER (1875–1928). In seiner Schrift *Die Stellung des Menschen im Kosmos* (1928) konzipiert er ein neues phi-

Schelers Anthropologie

losophisches Menschenbild, das von einem biologischen Vergleich von Tier und Mensch ausgeht. Scheler sieht in der Natur eine Stufenfolge psychischer Kräfte, die vom »Gefühlsdrang« der Pflanzen über den Instinkt bis zur »praktischen Intelligenz« der höheren Tiere reicht. Alle diese natürlichen Antriebe stehen aber im Dienst der Lebensbedürfnisse und machen daher nicht das Wesen des Menschen aus. Auch die Intelligenz unterscheidet den Menschen nur graduell, nicht wesentlich von den Tieren. Das Wesen des Menschen wird nach Scheler erst in seinem neuen Verhältnis gegenüber der Natur sichtbar: Während die Tiere durch ihre Instinktausstattung in Verhalten und Wahrnehmung auf eine bestimmte Umwelt festgelegt sind, ist dies beim Menschen, der nur noch rudimentäre Instinkte hat, nicht der Fall. Er kann sich mit Hilfe der Technik fast überall in der Natur einrichten und ist fähig, sich zu einer von Nützlichkeitserwägungen freien, objektiven Betrachtung der Welt zu erheben. Die »Weltoffenheit« stellt somit das Wesensmerkmal des Menschen dar. Im Anschluss an Scheler haben HELMUTH PLESSNER (1892–1985) und ARNOLD GEHLEN (1904–1976) die philosophische Anthropologie weiterentwickelt.

Heideggers »Sein und Zeit«
Von der Phänomenologie Husserls und der Hermeneutik Diltheys ging auch MARTIN HEIDEGGER (1889–1976) aus. In seinem frühen Hauptwerk *Sein und Zeit* (1927) wirft er zwar die ontologische Frage nach dem »Sinn von Sein« auf, doch beschäftigt er sich tatsächlich in erster Linie mit dem »Dasein«, d. h. dem Sein des Menschen. Heidegger geht es darum, die ursprünglichen Wesensmerkmale des Menschen (»Existenzialien«), die ihn von der materiellen Natur unterscheiden, durch eine zugleich phänomenologisch und hermeneutisch verfahrende »Analytik des Daseins« freizulegen. Als eine Phänomenologie der Existenz muss sie den Menschen zunächst in seiner alltäglichen Lebensweise unverzerrt in den Blick bekommen, muss also von den theoretischen Deutungen des Menschen absehen; als Hermeneutik muss sie sodann die Phä-

nomene auslegen, d. h. unter ihrer Oberfläche ihre verborgenen Gründe erschließen. Zu dem auf diese Weise freigelegten Wesen des Menschen gehört auch das sogenannte »In-der-Welt-Sein«. »In-der-Welt-Sein« ist wie Husserls »Intentionalität« eine neue Art der Erkenntnis a priori: Der Mensch steht von Anfang an in enger Beziehung zu der ihn umgebenden Welt, so zu den anderen Menschen und den von ihm benutzten Dingen, die Heidegger »Zeug« nennt.

Zentrale Bedeutung hat für Heidegger die Unterscheidung zwischen »eigentlicher« und »uneigentlicher« Existenz. Mit »eigentlicher« Existenz meint er die auf freien, bewussten Entscheidungen beruhende Lebensführung, im Gegensatz zu der sich an Konventionen und Erwartungen der Gesellschaft anpassenden »uneigentlichen« Existenz. Die meisten Menschen führen nach Heidegger ein »uneigentliches« Leben, sie tun das, was den Konventionen entspricht, sie verhalten sich so, wie »man« sich verhält. Zur »eigentlichen« Existenz gehört dagegen, dass man im Bewusstsein von Vergänglichkeit und Tod die gegebene Freiheit annimmt und seinem Leben durch einen Entschluss, eine Wahl, eine eigenständige Richtung gibt. In seinen Überlegungen zu Freiheit und Wahl bezieht Heidegger auch Analysen der Zeit und menschlicher Grundstimmungen wie Angst ein, Überlegungen, zu denen er von dem dänischen Philosophen Sören Kierkegaard angeregt wurde. Heideggers *Sein und Zeit* ist nicht nur die Gründungsurkunde der Existenzphilosophie des 20. Jahrhunderts, sondern auch eines der einflussreichsten Werke der modernen Philosophie überhaupt. Sartres »Existenzialismus« und Gadamers »philosophische Hermeneutik« wären ohne *Sein und Zeit* undenkbar.

»Eigentliche« und »uneigentliche« Existenz

In seinen späteren Werken hat sich Heidegger auf die »Seinsfrage« konzentriert: Die Geschichte der abendländischen Metaphysik betrachtet er nun insgesamt als eine Fehlentwicklung, in deren Verlauf ein ursprüngliches Seinsverständnis verlorengegangen sei. Den Höhepunkt dieser »Seinsvergessenheit« findet er in der Neuzeit, als

Das »Sein« beim späten Heidegger

Martin Heidegger (1889–1976)

Martin Heidegger wurde am 26. September 1889 im südbadischen Meßkirch geboren. Stipendien der katholischen Kirche finanzierten ihm Schule und Studium. Seit 1906 studierte er an der Universität Freiburg im Breisgau, brach aber 1909 das Theologiestudium ab und wechselte zur Philosophie. Ab 1915 war er Privatdozent in Freiburg, wo er mit der Philosophie Edmund Husserls in Berührung kam, dessen Assistent er 1918 wurde. Von 1923 bis 1928 lehrte Heidegger in Marburg. Bereits hier verschaffte ihm seine eindringliche Art des Lehrens den Ruf, der »heimliche König der Philosophie« zu sein.

Berufungen nach Berlin lehnte Heidegger zweimal ab. Seine alemannische Heimat verließ er nach seiner Rückkehr 1928 nicht mehr. In der Nähe Freiburgs, in Todtnauberg, hatte er sich ein kleines Holzhaus gebaut, in das er sich häufig zum Arbeiten zurückzog.

Mit der Machtübernahme Hitlers 1933 schloss sich Heidegger den Nazis an, in deren Geist er im selben Jahr seine berüchtigte Rektoratsrede hielt. Nach dem Krieg erhielt er zunächst Lehrverbot und lebte fortan, als seine Philosophie längst weltweiten Einfluss ausübte, meist zurückgezogen und in bewusster Distanz zum aktuellen Zeitgeschehen.

In Marburg entstand Heideggers Hauptwerk Sein und Zeit *(1927), das zum Grundbuch der Existenzphilosophie wurde. Sein Spätwerk ist gekennzeichnet durch eine radikale Wissenschafts-, Technik- und Vernunftkritik, die in einer Vielzahl von Aufsätzen und Vorträgen, z.B. im* Brief über den Humanismus *(1946) und in* Die Frage nach der Technik *(1953), enthalten ist.*

Heidegger, einer der einflussreichsten und zugleich umstrittensten Philosophen der Moderne, starb am 26. Mai 1976 in seinem Geburtsort Meßkirch.

der Mensch sich als autonomes Subjekt und die Welt als beliebig verfügbares Objekt zu verstehen begann. Die Befreiung des Subjekts führte aber zur Herrschaft des wissenschaftlichen Denkens, zur Entfesselung der Technik und zur Entzauberung der Welt. Auf der Suche nach dem ursprünglichen Seinsverständnis gelangt Heidegger damit zu einer grundsätzlichen Kritik an der wissenschaftlich-technischen Vernunft. In seinem *Brief über den Humanismus* (1946) fordert er, dass der Mensch seine angemaßte Rolle als Herrscher und Zerstörer der Natur aufgeben und wieder zum »Hirten des Seins« werden soll, der in ehrfürchtiger, gelassener Haltung gegenüber der ihn tragenden Natur lebt. Einen Ausweg aus der Verdüsterung der glaubenslosen Welt verspricht er sich vom »Seinsdenken«, aber auch von der Kunst, da beide sich für eine neue Erfahrung des Seins, d.h. für eine neue Gotteserfahrung offenhalten. Das Spätwerk Heideggers hat vor allem die Postmoderne stark beeinflusst.

Der zweite Hauptvertreter der Existenzphilosophie in Deutschland, KARL JASPERS (1883–1969), hat sich in seinem dreibändigen Hauptwerk *Philosophie* (1932) stärker am Neukantianismus als an der Phänomenologie orientiert. Wie die südwestdeutschen Neukantianer vertritt er die These einer Eigenständigkeit der Geisteswissenschaften und behauptet im Anschluss an Kant, dass die Wissenschaften stets nur einzelne Aspekte der Wirklichkeit erfassen, aber kein umfassendes Weltbild liefern können. Eine Dimension der Wirklichkeit, die nicht wissenschaftlich erkannt, sondern durch philosophisches Denken nur »erhellt« werden kann, ist das Wesen des Menschen. Das, was der Mensch »ist«, erfährt er vor allem in »Grenzsituationen« wie Leid, Tod und Schuld, aber auch in der zwischenmenschlichen Kommunikation. Diese Erfahrungen führen den Menschen zur »Existenz«, d.h. sie ermöglichen ihm eine freie, selbstbestimmte Lebensführung, und lassen ihn das »Umgreifende« erkennen bzw. erahnen.

Karl Jaspers

Sartres Existenzialismus

JEAN-PAUL SARTRE (1905–1980), der Hauptvertreter des französischen Existenzialismus, unternimmt in seinem Hauptwerk *Das Sein und das Nichts* (1943) einen von Husserl und Heidegger beeinflussten »Versuch einer phänomenologischen Ontologie«, wie der Untertitel des Werks lautet. Tatsächlich liefert er jedoch, ähnlich wie Heidegger, in erster Linie eine existenzialistische Anthropologie, in deren Zentrum die menschliche Freiheit steht. Ausgangspunkt Sartres ist der grundlegende Unterschied zwischen dem Sein der materiellen Dinge (»An-sich-Sein«) und dem bewussten und selbstbewussten Sein des Menschen (»Für-sich-Sein«). Der Mensch ist durch seine Naturanlagen nicht festgelegt, er ist vielmehr ein offenes, der freien Selbstverwirklichung fähiges Wesen. In diesem Sinne liegt für Sartre die »Existenz« des Menschen vor seiner »Essenz«, d. h. vor seinem Wesen. Der Mensch muss sich vielmehr selbst bestimmen, er ist frei und für sich selbst verantwortlich. Diese Freiheit wird jedoch begrenzt durch die der Anderen. In seiner berühmten Analyse des »Blicks« in *Das Sein und das Nichts* zeigt Sartre, wie Freiheit sich immer als Selbstbehauptung gegen den Anderen vollzieht, unter dessen Blick ich zunächst nur ein Objekt unter vielen und damit »entfremdet« bin. Sartre hat mit seinen philosophischen Schriften, vor allem aber mit seinen Romanen und Theaterstücken große öffentliche Wirkung erzielt und die kulturelle Szene Frankreichs nach dem Zweiten Weltkrieg tief geprägt.

Maurice Merleau-Ponty

Im Werk von MAURICE MERLEAU-PONTY (1908–1961), einem zeitweiligen Mitarbeiter Sartres an der Zeitschrift »Les Temps Modernes«, fand die Phänomenologie in Frankreich ihre wichtigste Fortführung. Wie Heidegger glaubt auch Merleau-Ponty, dass die Voraussetzung von Erkenntnis, die Erkenntnis a priori, in der menschlichen Lebenswelt zu finden ist. An die Stelle des »In-der-Welt-Seins« tritt in seinem Hauptwerk *Phänomenologie der Wahrnehmung* (1945) das ursprüngliche Phänomen des »Leibes«: Der Leib ist bei Merleau-Ponty mehr als der bloße Körper, er ist das Erkenntnismedium, das Innen und

Außen, Subjekt und Objekt, verbindet. Mit seinem Konzept des Leibs kritisiert er gleichzeitig Sartre, dem er vorwirft, von einem isolierten Subjekt, einem Subjekt im luftleeren Raum, auszugehen.

Bei dem Versuch der kontinentalen Philosophie, Alternativen zum naturwissenschaftlichen Erkenntnismodell aufzuzeigen, spielte die Kunst als neues Erkenntnismodell eine große Rolle. Schon Dilthey und Heidegger hatten sich immer wieder auf die Kunst als exemplarischen Erkenntnisbereich bezogen. Im Anschluss an solche Versuche entstanden Theorien, die der künstlerischen, ästhetischen Erkenntnis eine zentrale Rolle einräumten.

Zu diesen Theorien gehört auch das Werk des aus dem Neukantianismus hervorgegangenen ERNST CASSIRER (1874–1945). In seinem dreibändigen Hauptwerk *Philosophie der symbolischen Formen* (1923–29) hat er nicht nur die Natur- und Geisteswissenschaften einbezogen, sondern auch Sprache, Mythos und Kunst als »symbolische Formen« herausgestellt, mit deren Hilfe der Mensch die Wirklichkeit deutet. Jede Erkenntnis der Welt geschieht mit Hilfe von Symbolen, einen »symbolfreien« Zugang zur Welt gibt es nicht. Der Mensch ist somit ein »Animal symbolicum«, ein Symbole erzeugendes und verwendendes Wesen.

Cassirers Symboltheorie

Unter dem Einfluss Diltheys vertritt Cassirer die Ansicht, dass die symbolischen Formen einem historischen Wandel unterliegen. Er entwirft auch eine Geschichts- und Kulturphilosophie, in der es einen Erkenntnisfortschritt dadurch gibt, dass auf jeder geschichtlichen Stufe neue symbolische Grundformen entwickelt werden, von mythischen bis zu wissenschaftlichen Symbolformen. Cassirers Symboltheorie hat sowohl die Sprach- und Kulturphilosophie als auch die Anthropologie und Ästhetik befruchtet. Zu seinen bedeutendsten Schülern zählt Susanne K. Langer mit ihrem Werk *Philosophie auf neuem Wege* (1942).

13. Bewusstsein, Lebenswelt, Vernunft

Die philosophische Hermeneutik Gadamers

In Anknüpfung an den frühen Heidegger hat HANS GEORG GADAMER (1900–2002) in seinem Hauptwerk *Wahrheit und Methode* (1960) eine »philosophische Hermeneutik« begründet, die »Verstehen« nicht bloß als Methode der Geisteswissenschaften, sondern als Grundform aller Erkenntnis nachweisen will. Auch hier spielt der Bereich der Kunst eine beispielhafte Rolle. Ein Kennzeichen des Verstehens sieht Gadamer zunächst darin, von »Vorurteilen« geleitet zu werden. Lesen wir z. B. einen Roman, so gehen wir bereits mit einem bestimmten Vorwissen über Autor und Werk an die Lektüre heran. Ein solches Vorverständnis bildet die Ausgangsbasis, von der aus wir uns den Sinn der einzelnen Teile des Werks erschließen, doch führt das Verstehen der Teile wiederum zu einem vertieften Verständnis des Ganzen. Dieses Wechselspiel zwischen dem Verstehen der Teile aus dem Ganzen und dem Verstehen des Ganzen aus den Teilen macht den sogenannten »hermeneutischen Zirkel« aus. Die Vorurteile, mit denen das Verstehen jeweils beginnt, sind Teil eines allgemeinen Rahmens von akzeptierten Hintergrundannahmen über Natur und Mensch, Moral und Recht, die bei jeder Deutung als selbstverständlich, gleichsam als »Deutungshorizont«, vorausgesetzt werden.

Vorurteile und Tradition

Zum Verstehen gehören nach Gadamer auch die Geschichtlichkeit, also die Befangenheit in der Weltsicht der eigenen Zeit, und die Gebundenheit an das Medium der Sprache. Ähnlich wie Cassirer lehnt er damit eine von der Phänomenologie behauptete vorsprachliche, theoriefreie Welterfahrung ab. Der Mensch kann nie die Welt »an sich« jenseits der Sprache erkennen. Zum Verstehen gehört schließlich auch, dass es stets durch eine Tradition bestimmt ist. Auch hier hat Gadamer vor allem Bildungs- und Kunsttraditionen im Auge. Eine Tradition kann nach Gadamer gar nicht sinnvoll in Frage gestellt werden, weil es keinen Maßstab gibt, zwischen guten und schlechten, wichtigen und unwichtigen Traditionen zu unterscheiden. Mit der Aufwertung der Rolle von Vorurteilen und Tradition und mit der Betonung der historischen Bedingtheit allen Verstehens distanziert sich Gadamer von der Aufklärung und ihrem Glauben an die Möglichkeit allgemeingültiger Erkenntnis der Welt. Sein kultureller Relativismus hat die Kritik der Frankfurter Schule auf den Plan gerufen, aber den Beifall der Postmoderne gefunden.

Die von Horkheimer und Adorno begründete neomarxistische Frankfurter Schule will mit ihrer »Kritischen Theorie« nicht nur eine Alternative zur naturwissenschaftlichen Erfassung der Welt formulieren, sie erhebt auch den Anspruch, Kritik an gesellschaftlichen Institutionen und kulturellen Traditionen zu üben. In diesem Sinne enthält sie das Konzept einer »kritischen Sozialwissenschaft«. *Die Frankfurter Schule*

In seinem programmatischen Aufsatz *Traditionelle und kritische Theorie* (1937) kritisiert MAX HORKHEIMER (1895–1973) die herkömmliche Auffassung, dass die Aufgabe der Sozialwissenschaft nur darin besteht, gesellschaftliche Verhältnisse und Entwicklungen zu beschreiben und zu erklären. Solche »traditionelle« Theorie übersieht nach Horkheimer die gesellschaftliche Rolle der Wissenschaft und die Abhängigkeit ihrer Ziele von gesellschaftlichen Interessen und führt daher zuletzt zur Rechtfertigung der bestehenden Gesellschaft. Eine »kritische Sozialwissenschaft« beurteilt demgegenüber gesellschaftliche Verhältnisse und Entwicklungen nach dem Maßstab einer besseren, von Humanität geprägten Gesellschaft. In seinem Werk *Zur Kritik der instrumentellen Vernunft* (1947) hat Horkheimer sich gegen das neuzeitliche, auf Naturbeherrschung abzielende Verständnis von Vernunft als rationaler Wahl von Mitteln für vorgegebene Zwecke gewandt und den in diesem Verständnis liegenden Verzicht, auch Zwecke vernünftig zu begründen, als »positivistisch« kritisiert. *»Kritische Theorie« bei Horkheimer*

Anders als Horkheimer betont THEODOR W. ADORNO (1903–1969) in seinem Werk *Negative Dialektik* (1966) die Unmöglichkeit, einen alternativen Vernunftbegriff zu entwickeln, und spricht der Vernunft die Kompetenz ab, der Industriegesellschaft das positive Bild einer ursprünglichen, nicht entfremdeten Gesellschaft *Adornos Gesellschafts- und Vernunftkritik* gegenüberzustellen. In der gemeinsam mit Horkheimer verfassten *Dialektik der Aufklärung* (1947) macht Adorno sogar die Vernunft selbst für die Misere der Moderne verantwortlich, insofern sie den Anspruch erhebt, alles abstrakt begreifen zu wollen, und auf diese Weise Verschiedenheit und Individualität einebnet. Die Betonung einer solchen Individualität ist aber nach Adorno gerade Aufgabe der Kunst. Deswegen spielt sie eine besondere Rolle als gesellschaftskritisches Medium. In seiner *Ästhetischen Theorie* (1970) vertritt er die Auffassung, dass besonders die moderne Kunst, die sich gegen eindeutige Interpretationen sperrt, sich dem Konformismus der Industriegesellschaft entgegenstellt und somit zur Stellvertreterin eines besseren, nicht entfremdeten Lebens wird. Adornos Vernunftkritik wurde in der Postmoderne wiederaufgenommen.

Foucault als Wegbereiter der Postmoderne

Eine radikale Vernunftkritik findet sich auch schon bei MICHEL FOUCAULT (1926–1984). Foucault interessierte sich besonders für die Beziehung der Vernunft zu ihren oft verschwiegenen und angeblich missratenen Brüdern wie Krankheit und Wahnsinn. In seinem Werk *Wahnsinn und Gesellschaft* (1961) beschreibt er, wie die »Vernunft« sich zum Richter der »Unvernunft« aufschwingt und diese unterdrückt. Gerade im angeblichen Zeitalter der Vernunft, in der Aufklärung, begann man, »moderne« Gefängnisse zu bauen, in die alle, die andersartig waren und nicht in das Korsett des »Normalen« und »Vernünftigen« passten, weggesperrt wurden. Die seit der Aufklärung verbreitete Auffassung von einem stetigen Fortschritt der Menschheit in Richtung Humanität und Vernunft stellt für ihn pure Ideologie dar. Damit hat Foucault den Weg zur postmodernen Philosophie geebnet.

Was heißt »postmodern«?

»Postmodern« – wörtlich: das, was »nach« (von lat. »post« = nach) der Moderne kommt – war anfänglich die Kennzeichnung einer Kunstauffassung, die sich gegen die nüchternen, funktionalen Formen der modernen Kunst wandte und stattdessen einen spielerischen Umgang mit

Bau- und Stilformen, kurz: einen »Stilmix« proklamierte. In der Philosophie wurde daraus die Position, dass die Vernunft »viele Gesichter« hat, die nebeneinander akzeptiert werden müssten. Die Philosophie der Postmoderne, die vor dem Hintergrund der »multikulturellen Welt« und der populären Kritik am »westlichen Kulturimperialismus« gesehen werden muss, stellt daher unter dem Einfluss Nietzsches und Heideggers nicht nur den Begriff »wissenschaftlicher Vernunft« in Frage, sondern sie gibt die Annahme eines einheitlichen Vernunftbegriffs, also das Konzept der »einen« Vernunft, überhaupt preis. Auch in der postmodernen Philosophie löst letzten Endes die Kunst die Wissenschaft als Erkenntnismodell ab.

Eingeführt wurde der Begriff »postmodern« in die Philosophie von JEAN-FRANÇOIS LYOTARD (geb. 1924). In seiner Schrift *Das postmoderne Wissen* (1979) geht es ihm darum zu zeigen, dass das Denken der Moderne seine eigenen Ansprüche auf Fortschritt, Toleranz und Emanzipation nicht eingelöst hat. Als »Postmoderne« bezeichnet Lyotard den Versuch, der Sackgasse zu entkommen, in die die Moderne sich nach seiner Meinung durch ein falsches Verständnis von Vernunft selbst hineinmanövriert hat. Der Grundfehler besteht nach seiner Ansicht darin, überhaupt einen einheitlichen Begriff von Vernunft anzunehmen. Jeder Versuch, Vernunft mit einem großen, umfassenden Konzept, wie z. B. der Emanzipation des Menschen oder des Fortschritts der Geschichte, zu identifizieren, führt nach seiner Ansicht in die Irre und tendiert überdies dazu, alternative Konzepte gewaltsam zu unterdrücken. Lyotard bezeichnet solche umfassenden Konzepte mit einer aus der Kunst entnommenen Metaphorik als »große Erzählungen«, um durch diese Begriffswahl zu unterstreichen, dass es sich dabei um Erfindungen und Fiktionen handelt, die keinen philosophischen Begriff der Vernunft definieren können.

Mit dem Hinweis auf Wittgensteins Idee der »Sprachspiele« vertritt Lyotard in seiner Schrift *Der Widerstreit* (1983) die These, dass die »großen Erzählungen« von

Lyotards Angriff auf die Einheit der Vernunft

vielen »kleinen Erzählungen«, d.h. von verschiedenen, z.T. gegensätzlichen Vorstellungen von Emanzipation oder Fortschritt abgelöst werden müssen. Ähnlich wie die verschiedenen Sprachspiele haben auch die »kleinen Erzählungen« zwar gewisse Ähnlichkeiten, aber keinen gemeinsamen Kern. Ihre Vielfalt und Heterogenität besteht mit gleichem Recht nebeneinander. Auch Widersprüche zwischen den Konzepten müssen ausgehalten werden.

Jacques Derrida Der von Lyotard geführte Angriff auf universalistische Konzepte und Vernunftansprüche wurde von JACQUES DERRIDA (geb. 1930) noch radikaler geführt. Derrida richtet sich nicht nur gegen die großen Entwürfe der Vernunft, sondern bereits gegen den Begriff der Bedeutung schlechthin. In seinem frühen Werk *Die Schrift und die Differenz* (1967) kritisiert er die Auffassung, Begriffe und Theorien hätten eine eindeutige Bedeutung. Die einseitige Bezogenheit auf »Vernunft« und »Bedeutung« kritisiert er als »Logozentrismus« (nach griech. »logos« = Wort, Vernunft), ähnlich wie Heidegger die »Seinsvergessenheit« der Philosophiegeschichte kritisiert hatte. Es geht darum, De-konstruktion zu betreiben, d.h. einmal gewonnenes, konstruiertes Verständnis (Konstruktion) wieder einzureißen (zu destruieren) und so nicht in scheinbar sicheren Anschauungen zu versteinern. Wie bei Heidegger und verschiedenen postmodernen Philosophen ist es die Kunst, die Derrida als Gegenmodell versteht. Im ästhetischen Text gibt es anstelle einer eindeutigen Bedeutung ein Netz von Bezügen und Mehrdeutigkeiten. Für Derrida ist alles – die Kultur, die Tradition, die Welt – ein solcher Text nach ästhetischem Vorbild. Nach seiner Auffassung hat ein Text kein Zentrum und keine ein für alle Mal gültige Kernaussage.

Die »Dekonstruktion« Derridas Schriften beschäftigen sich zu einem großen Teil damit, die Vieldeutigkeit von Texten durch eine neue Art der Interpretation aufzuweisen, die er »Dekonstruktion« nennt. Diese besteht im Wesentlichen darin, die verborgenen, verdrängten Voraussetzungen überlieferter Theorien, insbesondere der Metaphysik, herauszuarbeiten und, nach dem Vorbild ästhetischer Texte, Eindeutigkeiten aufzulösen und unausgeschöpfte Bedeutungen aufzudecken. Dennoch gibt es bei Derrida so etwas wie ein verborgenes Organisationsprinzip von Texten: Er nennt dies (mit einem »a« eigentlich falsch geschrieben bzw. ein Kunstwort) »differance«, eine Wortschöpfung, die sowohl »Differenz« als auch »Aufschub« bedeutet. »Differance« als bedeutungsaufschiebendes, die Differenz zwischen Bedeutungen bewahrendes Prinzip ist gleichsam der Ursprung aller Differenzen. In Derridas Rede von der »differance«, die sich nirgendwo endgültig beschreiben oder aufdecken lässt, klingt die alte mystische Idee von Gott als dem Ursprung aller Gegensätze an. Derridas Methode der Dekonstruktion hat großen Einfluss auf die Literatur- und Kunstwissenschaften ausgeübt, wo das Aufzeigen ästhetischer Mehrdeutigkeiten eine erkenntnisfördernde Rolle spielt.

Im Gegensatz zur Postmoderne hat in Deutschland die von Apel und Habermas vertretene Diskurstheorie an einem einheitlichen Vernunftbegriff in der Tradition der Aufklärung festgehalten. Die Grundlage der Rationalität wird nun in der sprachlichen, zwischenmenschlichen Kommunikation gesehen. Damit erhält zum ersten Mal die »linguistische Wende« auch in der kontinentaleuropäischen Philosophie eine wichtige Bedeutung.

Der aus der Frankfurter Schule hervorgegangene JÜRGEN HABERMAS (geb. 1929) schloss sich in seiner frühen Phase der von Horkheimer und Adorno geübten Kritik der instrumentellen Vernunft weitgehend an. Im »Positivismusstreit« der 1960er Jahre hat er den Kritischen Rationalismus als »positivistisch« kritisiert, da er in Poppers Auffassungen einen einseitig an den Naturwissenschaften orientierten Vernunft- und Wissenschaftsbegriff sah, der den Bereich menschlichen Handelns als irrational ausklammert. In seinem Werk *Erkenntnis und Interesse* (1968) entwickelt er eine sich als »dialektisch« verstehende Wissenschaftskonzeption. Danach gibt es drei Formen von Wissenschaft, entsprechend den in ihnen anzutreffenden »erkenntnisleitenden Interessen«: Die empirisch-analyti-

Habermas' »Erkenntnis und Interesse«

Jürgen Habermas (geb. 1929)

Jürgen Habermas wurde am 18. Juni 1929 in Düsseldorf geboren. Nach seinem Studium der Philosophie, Geschichte und Psychologie wurde er von 1956 bis 1959 Assistent am Institut für Sozialforschung in Frankfurt a. M. Dort, unter Max Horkheimer und Theodor W. Adorno, entwickelte er sich zunächst zu einem Anhänger der »Kritischen Theorie« der Frankfurter Schule. 1964 erhielt Habermas schließlich selbst einen Lehrstuhl für Philosophie und Soziologie an der Frankfurter Universität, die er 1971 verließ, um Direktor des Max-Planck-Forschungsinstituts in Starnberg bei München zu werden. 1983 kehrte er wieder nach Frankfurt a. M. zurück und lehrte hier bis zu seiner Emeritierung 1994.

Das Erbe der Frankfurter Schule ist besonders in der frühen Schrift Erkenntnis und Interesse *(1968) erkennbar. Mit seiner* Theorie des kommunikativen Handelns *legte er 1981 sein Hauptwerk vor, in dem er seine Version der auch von Karl-Otto Apel vertretenen »Diskurstheorie« entwickelt. In seiner Schrift* Der philosophische Diskurs der Moderne *(1985) verteidigt er die Vernunfttradition der Aufklärung gegen die Postmoderne. Seine Moralphilosophie ist in dem Buch* Moralbewusstsein und kommunikatives Handeln *(1983) und seine Rechtsphilosophie in* Faktizität und Geltung *(1992) enthalten.*

Habermas ist nicht nur der international bekannteste deutsche Philosoph des späten 20. und beginnenden 21. Jahrhunderts, er hat auch seit den 1960er Jahren immer wieder engagiert in öffentliche Debatten eingegriffen. Sein Ruf als philosophisches Gewissen der Demokratie wurde quasi offiziell bestätigt, als man ihn, anlässlich der Verleihung des Friedenspreises des deutschen Buchhandels im Jahre 2001, als den »Philosophen der Bundesrepublik Deutschland« bezeichnete.

schen Wissenschaften werden von einem technischen Interesse an Naturbeherrschung, die historisch-hermeneutischen Wissenschaften von einem praktischen Interesse an zwischenmenschlicher Verständigung und die kritische Sozialwissenschaft wird schließlich von einem emanzipatorischen, gesellschaftskritischen Interesse geleitet. Als Modell kritischer Sozialwissenschaft versteht Habermas die Psychoanalyse Freuds, weil sie die Mündigkeit des Menschen zum Ziel hat. Ähnlich wie die Psychoanalyse im therapeutischen Gespräch die wahren Antriebsgründe des Menschen offenlegt, soll die »kritische Theorie« als Ideologiekritik die gesellschaftlichen Interessen enthüllen.

Die weitere Entwicklung seines Denkens wurde entscheidend durch KARL-OTTO APEL (geb. 1922) beeinflusst, der die Rolle der sprachlichen Kommunikation auf eine neue fundamentale Weise herausgearbeitet hat. In dessen zweibändiger *Transformation der Philosophie* (1973) hat Apel durch Verknüpfung von Ideen so unterschiedlicher Denker wie Kant, Peirce, Wittgenstein, Heidegger und Gadamer eine philosophische Position entwickelt, die im »Diskurs«, also in der rational geführten Diskussion, die Grundlagen von Wahrheit und Gerechtigkeit sieht. Die »Wende zur Sprache« betrachtet Apel als eine Errungenschaft der modernen Philosophie und als das verbindende Element von analytischer und hermeneutischer Philosophie. Daher betont er mit Gadamer und dem späten Wittgenstein, dass unsere Welt stets sprachlich erschlossene Welt ist. Wahrheit besteht nach Apel nicht in der »Übereinstimmung« von Aussagen mit der Wirklichkeit, sondern in dem »Konsens«, den die Gemeinschaft der rational Argumentierenden schließlich erreichen wird. Auf diese Weise erlangt die auf Peirce zurückgehende Annahme einer »idealen Kommunikationsgemeinschaft« bei Apel zentrale Bedeutung. In einer solchen Gemeinschaft, die einen rein sachlichen, von äußeren Zwängen freien Diskurs führt, sind nach Apel Grundregeln verankert, die in jedem Bemühen um Wahrheit vorausgesetzt werden, und zwar auch dann, wenn in realen Diskussionen gegen sie verstoßen

Apels »ideale Kommunikationsgemeinschaft«

wird. Zu diesen Regeln gehört nach Apel vor allem die gegenseitige Anerkennung der Diskursteilnehmer als jeweils mündige, gleichberechtigte Partner. Da diese Regeln nach Apel notwendige Bedingungen der Möglichkeit sprachlichen Handelns sind, betrachtet er seine Position als Verbindung der Transzendentalphilosophie Kants mit dem Pragmatismus von Peirce und bezeichnet sie daher als »Transzendentalpragmatik«.

Das Konzept der »kommunikativen Vernunft« bei Habermas

Ab den 1970er Jahren hat Habermas im Anschluss an Apel die sprachlich vermittelte Kommunikation in den Mittelpunkt seines Denkens gerückt. In seinem zweibändigen Werk *Theorie des kommunikativen Handelns* (1981) geht er davon aus, dass in jeder alltäglichen Kommunikation Geltungsansprüche erhoben werden, etwa dann, wenn die Wahrheit einer Aussage behauptet wird. Werden solche Geltungsansprüche von jemandem bezweifelt, dann kann es zu einem Diskurs kommen, also zu einer rationalen Diskussion, in der allein die Kraft der besseren Argumente zählt. Eine rationale Prüfung von Geltungsansprüchen setzt eine grundsätzlich gewaltfreie Situation voraus und hebt auch die Nötigung zum Handeln auf. Das Ergebnis eines Diskurses ist ein Konsens, der zu Recht Anspruch auf allgemeine Geltung erheben darf. Wie Apel betont Habermas, dass die Diskursteilnehmer sich wechselseitig als mündige Partner anerkennen müssen. Die Regeln einer solchen »idealen Sprechsituation« müssen nach Habermas als universal gültige Regeln sprachlichen Handelns vorausgesetzt werden, doch sieht er in ihnen, anders als Apel, keine durch »transzendentale« Reflexion gewonnenen evidenten, sondern lediglich als Hypothesen formulierte Regeln.

In solchen Regeln »kommunikativen Handelns« erschließt sich für Habermas eine »kommunikative Vernunft«, die er in der Tradition der Aufklärung sowohl gegen die positivistische Einschränkung der Vernunft auf bloße Zweckrationalität als auch gegen die totale Vernunftkritik der Postmoderne verteidigt. In der Philosophie des ausgehenden 20. und beginnenden 21. Jahrhunderts wurde Habermas damit zum einflussreichsten Gegenspieler der Vernunftkritik und des Relativismus der Postmoderne.

Die kontinentaleuropäische Philosophie der Moderne hat die Tradition des klassischen Rationalismus auf mehrfache Weise aufgenommen, fortgeführt und erweitert. Die Erkenntnis a priori wurde nicht mehr in Grundprinzipien des denkenden Subjekts, sondern in fundamentalen Strukturen der Erfahrungswelt gefunden. Vor allem Denker in der Tradition der Phänomenologie haben auf die soziale und physische Verankerung des Menschen hingewiesen, die noch vor der bewussten, insbesondere wissenschaftlichen Erkenntnis der Welt als Phänomen gegeben ist. Damit rücken die sozialen, historischen und kulturellen Bezüge des Menschen, also seine Lebenswelt, in den Rang eines philosophischen Grundthemas. Es bleibt auch ein Verdienst der kontinentaleuropäischen Philosophie, aufgezeigt zu haben, dass die menschliche Lebenswelt sich nicht erschöpfend durch kausale Naturgesetze beschreiben lässt. Die Debatte um die Eigenart des Verstehens im Unterschied zum kausalen Erklären ist freilich noch nicht abgeschlossen.

Die Erweiterung des Vernunftbegriffs in der kontinentaleuropäischen Philosophie

Erweitert wurde auch der Vernunftbegriff des klassischen Rationalismus, wie er seit Descartes entscheidend von den Vorgaben der Mathematik und Naturwissenschaften geprägt worden war. Es entstanden Ansätze eines neuen, erweiterten, die Natur- und die Kulturwissenschaften umfassenden Begriffs von Vernunft, der z. B. die sprachlichen, sozialen und kommunikativen Fähigkeiten des Menschen in den Mittelpunkt rückt. Die Kritik am Vernunftbegriff des klassischen Rationalismus führte aber auch zur Kontroverse zwischen Universalisten und Relativisten über die Frage, ob überhaupt ein Vernunftbegriff allgemeine Geltung beanspruchen kann. Zwar wird ein universaler Vernunftbegriff in der Moderne immer wieder als Maßstab von Gesellschafts- und Wissenschaftskritik verwendet, doch stößt seine Begründung vor allem bei denen auf

Widerspruch, die auf unterschiedliche Denkstile und Traditionen in einer globalisierten Welt hinweisen. Zu fragen ist aber, inwiefern ein universaler Vernunftbegriff nicht als »Idee« unverzichtbar ist, wenn das Ziel einer Einheit der Menschheit, auch im Angesicht kultureller Vielfalt, aufrechterhalten wird.

14. Sprache, Wissenschaft, Welt

Der moderne Empirismus als Sprach- und Wissenschaftstheorie

In seiner klassischen, von Locke und Hume vertretenen Form hat der Empirismus gelehrt, dass alle Erkenntnis sich auf die Wahrnehmung stützen muss und dass jede sich über die Erfahrung erhebende philosophische Spekulation nur Illusionen erzeugt. Auch der Erbe des Empirismus im 19. Jahrhundert, der Positivismus, hatte die Tatsachen der Wahrnehmung als Fundament der Erkenntnis betont.

Auch der Empirismus des 20. Jahrhunderts bleibt metaphysikkritisch. Doch gegenüber seinen klassischen Vorgängern zeichnet er sich dadurch aus, dass neben den »Tatsachen« auch die Erkenntnisse einer erneuerten Logik eine tragende Rolle spielen. Aus diesem Grund sind Sprachphilosophie und Wissenschaftstheorie seine zentralen Disziplinen geworden. Die beherrschende Rolle der Sprachphilosophie beruht auf der Überzeugung, dass philosophische Probleme sich nur durch eine genaue Analyse der Sprache klären lassen. Die zentrale Rolle der Wissenschaftstheorie gründet hingegen auf der Ansicht, dass die wissenschaftliche, und zwar vor allem die naturwissenschaftliche Erkenntnis, die verlässlichste Form menschlicher Erkenntnis darstellt.

Der moderne Empirismus

Die Sprache als Thema spielt die Hauptrolle in der Analytischen Philosophie, der breitesten Hauptströmung des modernen Empirismus. Mit der sogenannten »linguistischen Wende« (»linguistic turn«) vollzog sie einen folgenreichen philosophischen Themenwechsel: Die Analyse der Sprache wurde nun als Schlüssel zur Erkenntnis der Welt gesehen. So diskutierte man, ob die Sprache ein zutreffendes Bild der Welt liefert oder ob sie unsere Sicht der Welt von vornherein bestimmt oder gar verzerrt. Gefragt wurde auch, ob die natürliche Sprache den Anforderungen

Die »linguistische Wende«

von Logik und Wissenschaft genügt oder ob ihre Mängel die Konstruktion einer logischen Kunst- oder Idealsprache notwendig machen. Aus den unterschiedlichen Antworten auf diese Frage entwickelten sich die zwei Hauptströmungen der Analytischen Philosophie, die »Philosophie der Alltagssprache« (»ordinary language philosophy«) und die »Philosophie der Idealsprache«.

Die neue Wissenschaftstheorie In der Wissenschaftstheorie des modernen Empirismus, die sich vor allem im Kritischen Rationalismus ausprägte, spielte das Thema Sprache jedoch nur eine Nebenrolle. Hier wurde analysiert, welche Rolle Beobachtungen, Experimente und Theorien in der Wissenschaft spielen, ob wissenschaftliche Theorien beweisbar sind und was überhaupt »wissenschaftlicher Fortschritt« bedeutet.

In der zweiten Hälfte des 20. Jahrhunderts wurden aber sprachphilosophische und wissenschaftstheoretische Fragen wieder enger miteinander verknüpft, und die Trennlinien zwischen den verschiedenen Strömungen des modernen Empirismus begannen sich zu verwischen: Sogar vorher verpönte metaphysische Fragen wurden wiederbelebt.

Freges Begründung der mathematischen Logik Einen wichtigen Anstoß erhielt der moderne Empirismus durch die Entwicklung einer neuen mathematischen Logik. Sie entstand aus dem Bestreben, die Logik zu formalisieren, d. h. das logische Schließen zu einem »Rechnen« mit formalen Symbolen zu machen. Begründet wurde die mathematische Logik von dem deutschen Mathematiker GOTTLOB FREGE (1848–1925). Bei seinen Bemühungen, die Mathematik als einen Zweig der Logik nachzuweisen und damit das Programm des sogenannten »Logizismus« zu realisieren, war Frege auf Mängel der Sprache gestoßen. Um logische Schlüsse präzise ausdrücken zu können, entwickelte er in seinem Werk *Begriffsschrift* (1879) eine formale logische Kunstsprache.

Über Sinn und Bedeutung In seinem Aufsatz *Über Sinn und Bedeutung* (1892) zeigt Frege, dass Namen wie »Morgenstern« und »Abendstern« zwar die gleiche »Bedeutung« haben, nämlich den Planeten Venus bezeichnen, aber doch verschiedenen »Sinn« haben, d. h. denselben Gegenstand verschieden gedanklich repräsentieren. Außerdem machte er darauf aufmerksam, dass es Ausdrücke wie »der Wille des Volkes« gibt, die wie Eigennamen aussehen und auch einen Sinn haben, aber gar keinen Gegenstand bezeichnen. Aufgrund solcher Überlegungen forderte Frege von einer logisch präzisen Sprache, dass in ihr nur Namen vorkommen dürfen, die, sofern sie auf denselben Gegenstand Bezug nehmen, auch sinngleich sind. Frege wurde damit nicht nur zum Begründer der modernen Logik, sondern auch zum entscheidenden Anreger der Philosophie der Idealsprache, die vor allem von Russell, dem frühen Wittgenstein und Carnap geprägt wurde.

Die Universität Cambridge kann als einer der Geburtsorte des modernen Empirismus bezeichnet werden. Hier lehrte BERTRAND RUSSELL (1872–1970), einer der einflussreichsten und produktivsten Philosophen des 20. Jahrhunderts, der zu allen Bereichen der theoretischen Philosophie wichtige Beiträge geleistet hat. Überragende Bedeutung haben seine Beiträge zur Logik, Mathematik und zur logischen Analyse der Sprache. Zusammen mit seinem Lehrer ALFRED N. WHITEHEAD (1861–1947) unternahm er in dem dreibändigen Werk *Principia Mathematica* (1910–13) einen Versuch, die Mathematik allein aus logischen Grundsätzen abzuleiten.

Russell nahm das von Frege angeregte Projekt einer logischen Analyse der Sprache auf und entwickelte weitere Antworten. Als Musterbeispiel eine solchen Analyse gilt sein Aufsatz *Über das Kennzeichnen* (1905). Unter einer Kennzeichnung versteht er sprachliche Ausdrücke wie »der gegenwärtige Bundeskanzler (bzw. die gegenwärtige Bundeskanzlerin) der Bundesrepublik Deutschland« oder »der gegenwärtige König von Frankreich«, die sich jeweils auf einen Gegenstand oder eine Person beziehen. Im letzteren Fall entspricht der Kennzeichnung aber kein realer Gegenstand. Wird mit einer solchen Kennzeichnung ein

Russells logische Analyse der Sprache

Satz gebildet, dann sind Bejahung und Verneinung des Satzes gleichermaßen falsch. Die Aussagen »der gegenwärtige König von Frankreich ist ein Philosoph« und »der gegenwärtige König von Frankreich ist kein Philosoph« sind eben deshalb beide falsch, weil sie eine gemeinsame falsche Voraussetzung machen, nämlich die Existenz des gegenwärtigen Königs von Frankreich. Logisch korrekt ausgedrückt lautet der Satz bei ihm: »Ein (und nur ein) Gegenstand ist der gegenwärtige König von Frankreich und dieser Gegenstand ist ein Philosoph.« Der Ausdruck »der gegenwärtige König von Frankreich«, der in der ersten Fassung des Satzes noch grammatisches Subjekt ist, gehört in der logisch korrekten Fassung zur Satzaussage. Die philosophische Bedeutung von Russells Analyse liegt vor allem in dem Nachweis, dass die grammatische und die logische Form von Sätzen nicht miteinander identisch sein müssen.

Der logische Atomismus Aus der Theorie der Kennzeichnungen entwickelte Russell seine *Philosophie des logischen Atomismus* (1918). Ausgehend von der Annahme, dass die Struktur einer logisch korrekten Sprache und die Struktur der Wirklichkeit miteinander korrespondieren, vertrat Russell die Ansicht, dass den grundlegenden Ausdrücken der Logik individuelle Dinge, Eigenschaften und Relationen entsprechen, die damit zu »Atomen«, d. h. zu Grundbestandteilen der Wirklichkeit werden. Mit Hilfe der Logik lassen sich nach Russell in »atomaren Aussagen« die elementaren Tatsachen der Wirklichkeit vollständig beschreiben.

Moores Verteidigung des Common Sense Während Russells Analysen die Bemühungen um die Konstruktion einer logischen Idealsprache vorantrieben, wurde sein Cambridger Freund und Kollege GEORGE EDWARD MOORE (1873–1958) zum Stammvater der Philosophie der Alltagssprache. Moore prüfte philosophische Ansichten im Hinblick auf ihre Vereinbarkeit mit dem in der Alltagssprache enthaltenen Common Sense. So ist die idealistische Grundthese, dass es keine bewusstseinsunabhängige Außenwelt gibt, nach Moore mit dem Common Sense unvereinbar. So selbstverständliche Annahmen wie etwa die, dass ich in der Vergangenheit geboren wurde oder dass ich ein menschliches Wesen bin, sind »Binsenwahrheiten«, die die Existenz einer materiellen Welt voraussetzen. Wer die Außenwelt leugnet, stellt nach Moore eine Behauptung auf, Behauptungen werden aber von Personen gemacht, und Personen wiederum sind Wesen mit einem Körper. Kurz: Der Idealismus bestreitet das, was er voraussetzt, und widerspricht sich damit selbst.

Als die eigentliche Gründerfigur der Analytischen Philosophie gilt der Österreicher LUDWIG WITTGENSTEIN (1889–1951), der bei Russell und Moore studierte und von beiden beeinflusst wurde. Durch sein Frühwerk inspirierte er die Vertreter der Idealsprache, sein Spätwerk hingegen setzte die Philosophie der Alltagssprache in Gang.

Aus Diskussionen mit Russell und Moore ging Wittgensteins kaum siebzig Seiten umfassende Schrift *Tractatus logico-philosophicus* (1921) hervor. In ihr entwickelt er eine radikale sprachphilosophische Position, die eine scharfe Grenze zwischen sinnvollem und sinnlosem Reden ziehen und die traditionellen philosophischen Probleme damit als Scheinprobleme entlarven will. Wie Russell geht Wittgenstein davon aus, dass die Welt sich wie ein Mosaik in einfache, »atomare Tatsachen« zerlegen lässt und dass diese sich wiederum in einfachen Sätzen, den »Elementarsätzen«, darstellen lassen. Die sprachliche Darstellung von Tatsachen ist das gedankliche Abbild der Tatsachen. Ein gedankliches Bild braucht jedoch keine Ähnlichkeit mit der abgebildeten Tatsache zu haben, wohl aber muss zwischen Tatsache und Gedanke eine eindeutige Entsprechung bestehen, so wie bei einer Notenschrift jedem Ton eine Note zugeordnet ist, ohne dass es eine Ähnlichkeit zwischen Noten und Tönen gibt.

Wittgensteins »Tractatus«

Nach Wittgenstein besteht die alleinige Funktion der Sprache in der gedanklichen Abbildung der Wirklichkeit. Wahre und falsche Sätze haben gemeinsam, dass sie über

Sinnvolle und sinnlose Sätze

Ludwig Wittgenstein (1889–1951)

Ludwig Wittgenstein wurde am 26. April 1889 als Sohn eines der reichsten Wiener Industriellen geboren. Auf Druck seines Vaters studierte er zunächst Ingenieurwissenschaften in Berlin und Manchester, wandte sich dann aber der Philosophie zu. 1912 setzte er sein Studium in Cambridge bei Bertrand Russell und George E. Moore fort, zu denen er in eine freundschaftliche, aber auch von persönlichen Konflikten geprägte Beziehung trat.

Mit Ausbruch des Ersten Weltkriegs 1914 meldete sich Wittgenstein freiwillig, um sich als einfacher Soldat dem Kriegsgeschehen unmittelbar auszusetzen. In den Kriegsjahren schrieb er den 1921 erschienenen Tractatus logico-philosophicus, *der zu einem Kultbuch der modernen Logik und Sprachphilosophie wurde.*

In der Überzeugung, die Probleme der Philosophie im Wesentlichen endgültig gelöst zu haben, zog Wittgenstein sich für fast ein Jahrzehnt von der Philosophie zurück, verschenkte sein Vermögen an seine Geschwister und an Künstler und bemühte sich darum, ein einfaches Leben in religiös-mystischem Geist zu führen. Bis 1926 arbeitete er als Volksschullehrer in Österreich und auch kurze Zeit als Gärtner in einem Kloster. 1929 kehrte er schließlich in den akademischen Philosophiebetrieb nach Cambridge zurück und lehrte hier bis 1947. In dieser Zeit entstand sein zweites Hauptwerk, Philosophische Untersuchungen *(1953).*

Wittgenstein hat sowohl durch seine eindringliche, sehr persönliche Art des Philosophierens als auch durch seinen exzentrischen, von Rückzügen in die Einsamkeit bestimmten Lebenswandel große Faszination ausgeübt. Er starb am 29. April 1951 in Cambridge.

bekannte existierende Gegenstände sprechen und damit wirkliche oder mögliche Sachverhalte abbilden. Sätze sind also sinnvoll, wenn die in ihnen verwendeten Namen etwas Reales bezeichnen. Werden jedoch Sätze mit Namen ohne Bedeutung verwendet, also Namen, die nichts bezeichnen, so entstehen sinnlose Sätze. Damit fällt für Wittgenstein der Bereich des sinnvollen Redens im Wesentlichen mit dem Bereich der Naturwissenschaften zusammen. Die metaphysischen Fragen nach Gott, Unsterblichkeit und Willensfreiheit werden daher zu »Scheinproblemen«, aber auch die Aussagen der Logik und Ethik werden »sinnlos«, weil sie keine Tatsachen abbilden – obwohl man sich ständig um diese Probleme bemühen muss. Zuletzt erweist sich für Wittgenstein auch das Nachdenken über das Verhältnis von Sprache/Denken und Wirklichkeit als sinnlos, weil dieses Verhältnis selbst sprachlich nicht dargestellt werden kann. Wittgensteins Sprachtheorie ist daher nach ihren eigenen Kriterien sinnlos, aber nicht wertlos. Sie hat vielmehr die Funktion einer Leiter, die man wegwerfen muss, wenn man auf ihr hochgeklettert ist und die Welt richtig sieht.

Die Ausschaltung metaphysischer Fragen als Scheinprobleme bedeutet für Wittgenstein aber keineswegs, dass die metaphysischen Themen als solche gleichgültig wären. Im Gegensatz zu Russell und den meisten anderen Vertretern der Analytischen Philosophie betrachtet er sie vielmehr als das eigentlich Wichtige im Leben. Für Wittgenstein fallen die Bereiche des Erkennbaren und des Wertvollen gänzlich auseinander: Die wichtigen Fragen des Lebens sind genau die, die dem sinnvollen Reden und Erkennen prinzipiell unzugänglich sind. Daher lautet der berühmte letzte Satz des *Tractatus*: »Worüber man nicht sprechen kann, darüber muss man schweigen.« Doch dieses Schweigen ist kein passives Verstummen, sondern eben das religiöse Schweigen der Mystik, das Gott und den Sinn des Lebens in einem nicht-verstandesmäßigen, nicht aussagbaren Schauen und Erleben zu fassen versucht.

»Worüber man nicht sprechen kann, darüber muss man schweigen.«

14. Sprache, Wissenschaft, Welt

Der Wiener Kreis

Der *Tractatus* wurde neben den *Principia Mathematica* das Werk, das den »Wiener Kreis« am stärksten beeinflusst hat. Mit diesem Namen wird ein Diskussionskreis von Philosophen und Wissenschaftlern bezeichnet, der sich in den 1920er und 1930er Jahren um MORITZ SCHLICK (1882–1936) gebildet hatte. Das Ziel des Wiener Kreises war es, eine »wissenschaftliche Weltanschauung« zu begründen. Mit Wittgenstein bekämpfte er die »Sinnlosigkeit der Metaphysik«. Um zu unterstreichen, dass nur Logik und Mathematik einerseits und die Erfahrungswissenschaften andererseits wissenschaftliche Erkenntnis liefern, bezeichnete er seine philosophische Position als »Logischen Empirismus« bzw. »Logischen Positivismus«.

Carnaps Aufbau einer logischen Idealsprache

Der bedeutendste Vertreter des Logischen Empirismus war RUDOLF CARNAP (1891–1970), der an Russell und Wittgenstein anknüpfend den Aufbau einer logischen Idealsprache konkret in Angriff nahm, um die Mehrdeutigkeiten und Unklarheiten der natürlichen Sprachen zu überwinden. Carnap führte die heute verbreitete Unterscheidung zwischen »Objektsprache« und »Metasprache« ein. Gegenstand der Objektsprache sind normal wahrnehmbare Dinge der Welt, während Gegenstand der Metasprache die Sprache selbst ist, d. h. sprachliche Ausdrücke und Sätze. Während er in seiner Schrift *Der logische Aufbau der Welt* (1928) den Tatsachen des eigenen Bewusstseins, dem sogenannten »Eigenpsychischen«, noch eine besondere Rolle beim Aufbau einer wissenschaftlichen Sprache einräumt, geht er in seinem Werk *Logische Syntax der Sprache* (1934) zu der Auffassung über, dass die Sprache der Physik die universale Sprache ist, aus der sich die sinnvollen Ausdrücke aller Wissenschaften aufbauen lassen. Nach dieser Ansicht, dem sogenannten »Physikalismus«, lassen sich z. B. Aussagen über psychische Zustände wie »ich bin aufgeregt« in physikalische Aussagen wie »in diesem Organismus laufen die und die Nervenprozesse ab« übersetzen.

Die Sinnlosigkeit der Metaphysik

Aufsehen erregte Carnap durch die scharfe Metaphysikkritik, die er in seinem Aufsatz *Überwindung der Metaphysik durch logische Analyse der Sprache* (1931) und in seiner kleinen Schrift *Scheinprobleme in der Philosophie* (1928) vornahm. Grundlage dieser Kritik ist die von Wittgenstein übernommene Unterscheidung zwischen sinnvollen Sätzen der Wissenschaften und sinnlosen Sätzen der Metaphysik. Sinnlos sind Sätze, deren Wahrheit oder Falschheit sich weder logisch noch empirisch beweisen lässt. Wissenschaft und Metaphysik unterscheiden sich nach Carnap dadurch, dass Sätze und Theorien der Wissenschaften verifizierbar, d. h. entweder empirisch oder logisch beweisbar sind. Die Methode der Naturwissenschaften ist die Induktion, bei der aus der Gleichartigkeit bestimmter Einzelfälle auf ein allgemeines Gesetz geschlossen wird.

Berühmt ist auch Carnaps Kritik an Begriffen wie »das Nichts«, das in der Existenzphilosophie bei Heidegger und Sartre eine Rolle spielt. Die sinnvolle Verwendung des Ausdrucks »nichts« liegt nach Carnap darin, die Existenz eines Gegenstands mit bestimmten Eigenschaften, etwa eines runden Vierecks, zu verneinen, indem man sagt »nichts ist rund und viereckig«. Verwendet man jedoch das Substantiv »das Nichts«, so wird der Schein eines geheimnisvollen Gegenstands erzeugt, über den dann aber nur Unsinn gesagt werden kann. Als unsinnig kritisiert Carnap etwa Heideggers Satz »Das Nichts offenbart sich in der Angst«. Carnap hat seine radikale Metaphysikkritik später entschärft, aber daran festgehalten, dass ein Fortschritt der Philosophie nur durch eine verstärkte Anwendung der Logik zu erreichen ist.

Der Wiener Kreis hat für die Entwicklung des modernen Empirismus die entscheidende Rolle gespielt. Später wichtige Denker wie Alfred Tarski, Alfred J. Ayer und Willard V. O. Quine kamen nach Wien, um hier zu studieren oder die Diskussion mit den Mitgliedern des Kreises zu suchen. Auch Karl R. Popper studierte bei Schlick und bewegte sich im Umfeld des Kreises. Die Auflösung des Kreises begann mit der Ausbreitung des Nationalsozialismus in Mitteleuropa, durch die seine Mitglieder zur Emigration gezwungen wurden. Nach dem Zweiten Weltkrieg war die Weiterentwicklung des modernen Empirismus zu-

Die Emigration des Logischen Empirismus

nächst für gut zwei Jahrzehnte im Wesentlichen eine Sache der angelsächsischen Länder.

Wittgensteins »Philosophische Untersuchungen«

Diese Entwicklung wurde nicht zuletzt durch Wittgensteins Spätwerk bestimmt, der mit seinen *Philosophischen Untersuchungen* (1953) an Moores Verteidigung des Common Sense anknüpfte. Darin vollzieht er einen radikalen Bruch mit der sprachphilosophischen Konzeption seines eigenen *Tractatus:* Wittgenstein verwirft nun seine frühere These, dass die Funktion der Sprache darin besteht, die Wirklichkeit abzubilden. In den Mittelpunkt rückt nun die kommunikative, die Verständigungsfunktion der Sprache.

Die Theorie der »Sprachspiele«

Die Bedeutung eines sprachlichen Ausdrucks sieht er nun in dem Gebrauch dieses Ausdrucks in der Alltagssprache. Ein Ausdruck ist dann verstanden, wenn man ihn korrekt anwenden kann. Sprachliche Ausdrücke funktionieren wie ein Spiel, dessen Regeln man beherrscht. Daher bezeichnet Wittgenstein den regelhaften Gebrauch eines Ausdrucks als »Sprachspiel«. Eine Sprache zu beherrschen heißt, die Regeln zu beherrschen, die den Sprachgebrauch in einer Gemeinschaft bestimmen. Jede Sprache wurzelt in einer soziokulturellen Lebensform. Da es nun aber eine Vielzahl von Sprachen und »Sprachspielen« gibt, Sprache aber immer eine Sicht der Welt enthält, so kann daraus ein Relativismus miteinander unvereinbarer, sprachlich bedingter Weltsichten gefolgert werden.

Sprachgebrauch und philosophische Scheinprobleme

Die in einer Gemeinschaft gebräuchlichen Sprachspiele bestimmen nach Wittgenstein die Grenzen sinnvollen Redens. Dabei sind zwei Typen von sinnvollen Sätzen voneinander zu unterscheiden: Zunächst gibt es empirische Sätze wie »Körper dehnen sich bei Erwärmung aus«, mit denen etwas über die Wirklichkeit behauptet wird. Sodann gibt es »grammatische Sätze« wie »Mit dem Ausdruck ›Körper‹ werden ausgedehnte Gegenstände bezeichnet«, die etwas über die Sprache und den Sprachgebrauch aussagen. Diese Unterscheidung entspricht im wesentlichen Carnaps Unterscheidung zwischen Objekt- und Metasprache. Sinnlose oder Pseudosätze entstehen dann, wenn beide Arten sinnvoller Sätze miteinander verwechselt werden. Ein sinnloser Satz ist nach Wittgenstein etwa »Körper sind ausgedehnt«, weil er scheinbar etwas über die Welt aussagt, tatsächlich jedoch nur eine verschleierte Aussage über den Sprachgebrauch ist, da man etwas Unausgedehntes nie als »Körper« bezeichnen würde. Die Verwechslung von grammatischen Sätzen mit empirischen Aussagen begreift er nun als Missbrauch der Alltagssprache und als Ursprung philosophischer Scheinprobleme. Ihre Auflösung geschieht jetzt nicht mehr wie im *Tractatus* durch die Verwendung der Logik und die Konstruktion einer logischen Idealsprache, sondern durch die Zurückführung der philosophisch »missbrauchten« Ausdrücke auf ihren sinnvollen alltäglichen Gebrauch. Die Funktion der sprachanalytischen Philosophie ähnelt damit einer Psychotherapie: Wie der Psychoanalytiker eine seelische Krankheit durch Bewusstmachen der sie verursachenden verdrängten Erlebnisse und Gefühle heilt, so löst der »Sprachanalytiker« ein traditionelles Scheinproblem der Philosophie, indem er seinen Ursprung im Missbrauch der Alltagssprache aufweist und damit das Problem verschwinden lässt.

Mit der These, dass die menschliche Sicht der Welt durch die Sprache bestimmt ist, hat der späte Wittgenstein die gesamte weitere Entwicklung der Analytischen Philosophie tief beeinflusst. Seine Thesen finden sich aber auch in der »Transzendentalpragmatik« Karl-Otto Apels und in der Philosophie der Postmoderne wieder. Ihre Fortsetzung fand die Spätphilosophie Wittgensteins aber vor allem in der Philosophie der Alltagssprache, die das philosophische Denken in den 1950er und 1960er Jahren in England dominiert hat. Anders als der Logische Empirismus beschäftigt sie sich nicht mit wissenschaftlichen Begriffen, Aussagen und Theorien, sondern sie untersucht, in welcher Weise Probleme und Positionen der philosophischen Tradition durch eine Analyse der Alltagssprache aufgeklärt werden können.

Wittgenstein und die Philosophie der Alltagssprache

14. Sprache, Wissenschaft, Welt

Ryles »Gespenst in der Maschine«

So untersucht GILBERT RYLE (1900–1976) in seinem einflussreichen Buch *Der Begriff des Geistes* (1949) die auf Descartes zurückgehende Idee eines körperlosen Geistes und kritisiert diese Idee als »Gespenst in der Maschine«. Zwar stimmt Ryle zu, dass geistige Vorgänge nicht allein naturwissenschaftlich erklärt werden können, doch hält er es für einen grundlegenden Fehler, den Geist, in grundsätzlichem Gegensatz zum Körper, als eine nicht-ausgedehnte, immaterielle Substanz zu verstehen. Das, was wir »Geist« nennen, bezeichnet nach Ryle in Wahrheit nichts anderes als eine »Einstellung« (»Disposition«) des Menschen, dann in einer bestimmten Weise zu handeln, wenn entsprechende Bedingungen gegeben sind.

Austins »Theorie der Sprechakte«

JOHN L. AUSTIN (1911–1960) hat in Anknüpfung an den späten Wittgenstein seine *Theorie der Sprechakte* (1962) entwickelt und mit ihr auf die Vielschichtigkeit sprachlicher Aussagen aufmerksam gemacht: Eine Aussage besteht nach Austin zunächst aus dem Aussprechen eines sinnvollen Satzes, sodann aus dem Vollzug einer Handlung wie Behaupten oder Warnen und schließlich aus dem Erreichen einer Wirkung bei einem Hörer.

Grundbegriffe der Alltagssprache bei Strawson

PETER F. STRAWSON (geb. 1919) hat in seiner Schrift *Einzelding und logisches Subjekt* (1959) dasjenige Wirklichkeitsverständnis herauszuarbeiten versucht, das in Grundbegriffen des alltäglichen Denkens und Redens wie »Ursache«, »Raum«, »Zeit« und »Erfahrung« enthalten ist. Zu diesem grundlegenden Wirklichkeitsverständnis, das selbst nicht mehr begründet werden kann, gehört die Auffassung einer raum-zeitlichen Welt, die aus Einzeldingen besteht. Dabei gibt es zwei Grundtypen von Einzeldingen, nämlich materielle Dinge und Personen. Der Begriff der Person, der eine körperlich-geistige Einheit meint, ist nach Strawson ein in der Alltagssprache enthaltener unverzichtbarer Grundbegriff, wohingegen der Begriff einer immateriellen Seele eine unhaltbare philosophische Erfindung darstellt.

Im Gegensatz zu der von Wittgenstein ausgehenden Analytischen Philosophie hat der Begründer des Kritischen Rationalismus, KARL R. POPPER (1902–1994), sprachliche Probleme nie für die eigentlich wichtigen Probleme der Philosophie gehalten. Als solche galten ihm vielmehr die Fragen nach der wissenschaftlichen Methode und nach der Abgrenzung zwischen Wissenschaft und Metaphysik, die bereits vom Wiener Kreis aufgeworfen worden waren. Der Ausgangspunkt von Poppers *Logik der Forschung* (1934) ist die Einsicht, dass der vom Wiener Kreis unternommene Versuch, Wissenschaft und Metaphysik durch das Kriterium der Verifizierbarkeit zu unterscheiden, deshalb verfehlt ist, weil weder metaphysische noch wissenschaftliche Theorien im strengen Sinne verifizierbar, d. h. empirisch beweisbar sind. Wissenschaftliche Theorien bestehen nämlich aus sogenannten »Allaussagen« wie »Alle Schwäne sind weiß«, die über eine unbegrenzt große Anzahl von Einzelfällen etwas behaupten. Sie behaupten also auch etwas über alle zukünftigen Fälle und können daher niemals vollständig überprüft werden. Aus der Tatsache, dass alle bisher beobachteten Schwäne weiß waren, folgt nicht, dass tatsächlich auch alle jemals existierenden Schwäne weiß sind. Nach Popper wäre ein solcher Schluss von Einzelfällen auf eine Allaussage nur dann haltbar, wenn vorausgesetzt werden dürfte, dass es eine Gleichförmigkeit des Naturverlaufs in Vergangenheit und Zukunft gibt. Ein solches »Induktionsprinzip« kann jedoch, eben weil es die Voraussetzung aller Erfahrungsschlüsse vom Beobachteten auf Unbeobachtetes bildet, durch Erfahrung selbst nicht begründet werden. Wissenschaftliche Theorien sind daher nicht beweisbar, sondern bleiben stets »Hypothesen«.

Poppers »Logik der Forschung«

Aus der Einsicht, dass Allaussagen zwar nicht bewiesen, aber durch Gegenbeispiele widerlegt (»falsifiziert«) werden können, zieht Popper wichtige Folgerungen für die wissenschaftliche Methodenlehre: Die wissenschaftliche Vorgehensweise besteht danach darin, Hypothesen zu formulieren, sie harten Tests zu unterwerfen und anschließend falsche Hypothesen auszumerzen. Theorien, die die

Falsifizierbarkeit als Abgrenzungskriterium

Prüfung durch Beobachtungen und Experimente bestehen, dürfen als vorläufig wahr und als Annäherung an die Wahrheit gelten. Umgekehrt bedeutet dies, dass Theorien, die sich nicht falsifizieren lassen, gar keine wissenschaftlichen Theorien sind. Falsifizierbarkeit stellt für Popper daher das »Abgrenzungskriterium« von Wissenschaft und Metaphysik dar, nicht jedoch ein »Sinnkriterium«.

Wissenschaft versus Dogmatismus
Im Gegensatz zur landläufigen Vorstellung ist Unwiderlegbarkeit gerade kein Kennzeichen von Wissenschaft, sondern vielmehr von Pseudowissenschaft und Ideologie, die sich gegen (widerlegende) Erfahrungen abschirmen, sozusagen »immunisieren«. Der Geist der Wissenschaft ist die Kritik, der Ungeist der Ideologie ist der Dogmatismus. Das Musterbeispiel einer wissenschaftlichen Haltung, die sich dem Scheitern durch Erfahrung aussetzt, fand Popper bei Einstein, der aus der Relativitätstheorie die Ablenkung von Lichtstrahlen durch große Massen voraussagte, bevor dies empirisch bestätigt wurde. Pseudowissenschaftliche Erklärungen sind demgegenüber so vage, dass sie mit jedem möglichen Weltzustand vereinbar sind und daher gerade nichts über Wirklichkeit aussagen. Pseudoerklärungen gibt es nach Popper vor allem in der Astrologie, aber auch in der Psychoanalyse Freuds, die sich seiner Ansicht nach in einem vorwissenschaftlichen Stadium befindet. Im Gegensatz zu Wittgenstein und dem Wiener Kreis hält Popper aber eine rationale Diskussion metaphysischer Probleme für möglich. In seinem Spätwerk *Das Ich und sein Gehirn* (1977) hat er selbst eine metaphysische Theorie des Leib-Seele-Problems vorgelegt.

Poppers Kritischer Rationalismus
Popper hat seine Wissenschaftstheorie zu einer sogenannten »fallibilistischen« Erkenntnistheorie erweitert. Die Grundthese lautet, dass alles menschliche Erkennen fehlbar (»fallibel«) ist und dass die Philosophie dann in Sackgassen gerät, wenn sie diese Tatsache leugnet oder missachtet. Insbesondere die Suche nach einem absolut sicheren Fundament der Erkenntnis, die seit Descartes immer wieder unternommen wurde, stellt nach Popper einen philosophischen Irrweg dar, der allzu leicht zu Dogmatismus

Karl Raimund Popper (1902–1994)

Karl Raimund Popper wurde am 28. Juli 1902 in Wien als Sohn eines bekannten Rechtsanwalts geboren. 1918 verließ er das Gymnasium ohne Abschluss und begann damit, sich seinen Lebensunterhalt selbst zu verdienen. Er engagierte sich in der sozialistischen Arbeiterbewegung und wurde für kurze Zeit Mitglied der Kommunistischen Partei. 1922 holte er das Abitur nach, machte eine Tischlerlehre und ließ sich gleichzeitig zum Grundschullehrer ausbilden. Ein Studium der Philosophie und Psychologie schloss er 1929 mit einer Promotion ab und erwarb ebenfalls die Lehrbefähigung als Hauptschullehrer für Mathematik und Physik. Anschließend arbeitete er als Erzieher, bis er 1930 eine Anstellung als Lehrer fand.

Die Kontakte zu Mitgliedern des Wiener Kreises veranlassten ihn schließlich zur Abfassung der Logik der Forschung *(1934), mit der er die moderne Wissenschaftstheorie begründete. Die Ausbreitung der Nazi-Herrschaft in Mitteleuropa vertrieb Popper aus Österreich. Von 1937 bis 1945 war er Philosophiedozent im neuseeländischen Christchurch. Hier schrieb er sein Hauptwerk zur politischen Philosophie,* Die offene Gesellschaft und ihre Feinde *(1945).*

Poppers stürmischer Jugendzeit in Wien steht eine ebenso ruhige und unspektakuläre zweite Lebenshälfte gegenüber. Von 1946 bis zu seiner Emeritierung 1969 lehrte er an der renommierten London School of Economics. 1965 wurde er wegen seiner Verdienste um die Demokratie von der britischen Königin in den Adelsstand erhoben. Seine Autobiographie Ausgangspunkte *(1976) und sein metaphysisches Spätwerk* Das Ich und sein Gehirn *(1977) fallen bereits in die Zeit seines Ruhestands.*

Popper starb am 17. September 1994 in einem Londoner Krankenhaus.

oder Skeptizismus führt. Zur Grundeinstellung kritischer Vernunft, die Popper nun als »Kritischen Rationalismus« bezeichnet, gehört nach seiner Ansicht vor allem die Anerkennung der Fehlbarkeit der Vernunft.

»Wissenschaftliche Revolutionen« und »Paradigmenwechsel« bei Kuhn

Poppers Auffassung von kritischer Vernunft und Wissenschaft löste die wichtigste wissenschaftstheoretische Diskussion des 20. Jahrhunderts aus, die um die Frage kreist, welche Rolle die wissenschaftliche Methode für den Erkenntnisfortschritt spielt. Die Kritik an seiner Theorie wurde zum Teil von seinen ehemaligen Schülern und Anhängern formuliert. Der Amerikaner THOMAS S. KUHN (1922–1996) hat in seinem Buch *Die Struktur wissenschaftlicher Revolutionen* (1962) die These vertreten, dass es in der Geschichte der Wissenschaften viel weniger rational zugegangen sei, als es nach Popper hätte sein dürfen. In Zeiten »normaler« Wissenschaft werden nach Kuhn anerkannte Theorien (»Paradigmen«) nicht kritisch geprüft, sondern lediglich verwendet, um Einzelfragen zu lösen. Nur in Zeiten »revolutionärer« Wissenschaft werden herrschende Theorien in Frage gestellt und neue Theorien formuliert. Aber auch der Übergang von einer alten zu einer neuen Theorie, ein sogenannter »Paradigmenwechsel«, geschieht nicht durch rationale Kritik und »Falsifikation«, sondern durch »wissenschaftliche Revolutionen«, die Machtkämpfen und Glaubenskriegen mehr ähneln als rationalen Diskussionen.

Feyerabends »Anything goes«

PAUL FEYERABEND (1924–1994) hat in seinem Hauptwerk *Wider den Methodenzwang* (1974) die Kritik Kuhns noch radikalisiert. Durch wissenschaftsgeschichtliche Fallstudien versucht er zu zeigen, dass keine Regel der wissenschaftlichen Methode allgemein anwendbar ist, dass es einen wissenschaftlichen Fortschritt nie gegeben hätte, wenn Wissenschaftler stets nach dem Popperschen Verständnis von wissenschaftlicher Methode verfahren wären und ihre neuen, revolutionären Theorien angesichts widerstreitender Erfahrungen sofort verworfen hätten. Feyerabends Schlussfolgerung ist ein radikaler Pluralismus, ja Relativismus von Methoden und Theorien: Alle möglichen Wege, die Welt zu erforschen und zu deuten, müssen anerkannt werden, und zwar auch dann, wenn sie nicht in das westliche Bild von »Wissenschaft« passen, sondern wie Orakel, Astrologie oder chinesische Medizin gewöhnlich als Aberglauben gelten. Seine anarchistische Erkenntnistheorie stellte Feyerabend selbst unter das Motto »Anything goes«, was er selbst mit »Tu, was du willst!« übersetzt hat.

Während Feyerabends Relativismus und seine Kritik am Alleinvertretungsanspruch der wissenschaftlichen Erkenntnis in die Philosophie der Postmoderne verweist, hat HANS ALBERT (geb. 1921), der wichtigste Vertreter des Kritischen Rationalismus in Deutschland, an der erkenntnisfördernden Rolle von Kritik in Wissenschaft, Gesellschaft und Politik festgehalten und dennoch die Fehlbarkeit menschlicher Vernunft unterstrichen. In seinem einflussreichen *Traktat über kritische Vernunft* (1968) zeigt er, dass jeder Versuch einer »Letztbegründung« in eine ausweglose Situation führt, die er als »Münchhausen-Trilemma« bezeichnet, da sie dem Freiherrn von Münchhausen gleicht, der sich (und sein Pferd) am eigenen Schopf aus dem Sumpf ziehen will. Derjenige, der alle seine Ansichten begründen will, hat nach Albert nur die Wahl zwischen drei gleichermaßen unbefriedigenden Alternativen: Man kann erstens das Begründen ohne Ende fortsetzen, doch ist ein solcher »unendlicher Regress« praktisch undurchführbar. Oder man kann zweitens die zu begründende These heimlich unter die Prämissen der Begründung schmuggeln, womit man jedoch in einen »logischen Zirkel« gerät, der gerade keine Begründung darstellt. Oder man kann drittens das Begründen an irgendeiner Stelle abbrechen und behaupten, die erreichte Begründung sei evident. Eine solche Berufung auf Gewissheit wäre jedoch nur wieder ein verkappter »Dogmatismus«. In diesem Sinne hat Albert auch die »Letztbegründung« in Karl-Otto Apels »Transzendentalpragmatik« als verfehlt kritisiert.

Alberts Kritik philosophischer Letztbegründungen

In der zweiten Hälfte des 20. Jahrhunderts lag das Zentrum des modernen Empirismus in den USA. Hier wurden die verschiedenen Traditionen der Analytischen Philosophie und des amerikanischen Pragmatismus auf neue Art miteinander verknüpft. Eine zentrale Gestalt des modernen Empirismus in den USA ist WILLARD VAN ORMAN QUINE (1908–2000).

Quines Kritik der Dogmen des Empirismus

In seiner Wissenschaftstheorie bemüht sich Quine zu zeigen, dass das Verhältnis von Wahrnehmung und Theorie nicht so einfach ist, wie die Empiristen früher glaubten. Mit Popper stimmt er darin überein, dass Theorien durch Erfahrung nicht bewiesen, sondern nur bestätigt oder widerlegt werden können. Die vom Wiener Kreis vertretene These, dass wissenschaftliche Theorien sich ganz auf Tatsachenaussagen zurückführen lassen, kritisiert er als ein »Dogma des Empirismus«. Tatsachen lassen eben, so seine These, stets verschiedene theoretische Deutungen zu. So kann etwa die Tatsache, dass morgens die Sonne »aufgeht«, durch eine geozentrische oder durch eine heliozentrische Kosmologie erklärt werden. Auch die Voraussetzung des Logischen Empirismus, dass es eine scharfe Grenze zwischen logischen (»analytischen«) und empirischen (»synthetischen«) Aussagen gibt, lehnt er als weiteres Dogma des Empirismus ab. Damit verschwindet für ihn, anders als für Popper, auch die strikte Unterscheidung zwischen Philosophie und empirischer Wissenschaft: Philosophie und Wissenschaft sitzen für ihn vielmehr im selben Boot und arbeiten gemeinsam an der Verbesserung des begrifflichen Netzes, durch das die Welt erfasst wird. Anders als Popper vertritt Quine auch einen »Holismus« (nach griech. »to holon« = das Ganze), d.h. die These, dass wissenschaftliche Hypothesen sich nicht isoliert, sondern stets nur im Rahmen einer Gesamttheorie überprüfen lassen. In Übereinstimmung mit Popper verteidigt er aber den Realitätsanspruch der Wissenschaften, wenn er behauptet, dass das als real anerkannt werden muss, was die besten wissenschaftlichen Theorien jeweils als real voraussetzen.

Quines Sprachphilosophie

Quine hat aber auch eine eigene Sprachphilosophie vorgelegt. In seinem Hauptwerk *Wort und Gegenstand* (1960) versteht er die Sprache als eine soziale Kunstfertigkeit, die aus verbalem Verhalten zu erklären ist. Die alte Auffassung, dass die Bedeutung sprachlicher Ausdrücke etwas abstrakt Gedankliches oder Mentales sei, das den sprachlichen Zeichen fest zugeordnet ist, kritisiert er als »Mythos vom Museum«: Ein Zeichen ist einer Bedeutung gerade nicht angeheftet wie ein Schildchen einem Ausstellungsgegenstand. Die Annahme abstrakter Bedeutungen ist nach Quine auch deshalb unbrauchbar, weil der ganze Bereich mentaler Begriffe einer logischen Präzisierung gar nicht fähig ist.

Quines Schüler HILARY PUTNAM (geb. 1926) versucht ebenfalls, die Funktionen der Sprache aus dem verbalen Verhalten zu verstehen. In seinem Buch *Repräsentation und Realität* (1988) behauptet er ähnlich wie Wittgenstein und Quine, dass die Bedeutung sprachlicher Ausdrücke nichts Mentales sein kann. Sie ist vielmehr das Ergebnis einer Festlegung durch die Sprachgemeinschaft: Das menschliche Denken vollzieht sich stets im Rahmen einer Sprache. Zwar erkennt Putnam, wie Wittgenstein und Quine, an, dass es eine unabhängige Realität der Außenwelt und damit bessere und schlechtere Beschreibungen der Welt gibt, doch kann die Übereinstimmung von Sprache und Welt nicht von einem neutralen Standpunkt jenseits der Welt – gleichsam mit den Augen Gottes – beurteilt werden. Erweisen sich daher zwei Beschreibungssysteme als empirisch gleichwertig, dann gibt es keine Möglichkeit mehr, darüber zu entscheiden, welche der beiden die bessere Annäherung an die Wahrheit darstellt. Die Welt ist uns also stets nur »intern«, d. h. relativ zu einem sprachlichen Beschreibungssystem gegeben. Putnams »interner Realismus« lässt damit zwar Platz für ein Nebeneinander verschiedener Beschreibungssysteme und Weltbilder, aber durch die Anerkennung besserer und schlechterer Beschreibungen unterscheidet er sich doch von einem Relativismus.

Sprache und Welt bei Putnam

Ein klares Votum für den Relativismus findet sich dagegen bei RICHARD RORTY (1931–2007). Die Philosophie ist für ihn keine Wissenschaft, die die sprachliche Reprä-

Rortys Relativismus

sentation der Welt zu klären hätte, sondern sie ist eine Art »Kunst«, die das seit der Antike bestehende Gespräch über philosophische Fragen in Gang hält. In seinem Hauptwerk *Der Spiegel der Natur. Eine Kritik der Philosophie* (1979) kritisiert er die Versuche der traditionellen Erkenntnistheorie, Bewusstsein als einen inneren »Spiegel der Natur« zu begreifen. Aber auch Vertreter der Analytischen Philosophie begehen nach seiner Diagnose denselben Fehler, wenn sie Theorien der sprachlichen Repräsentation der Welt entwickeln und sich dabei mit Unterscheidungen wie »Objekt« und »Subjekt«, »Materie« und »Geist« herumschlagen, die nach Rorty bloße Folgen eines verfehlten Sprachgebrauchs sind. Damit schließt er sich an Thesen des späten Wittgenstein und der Philosophie der Alltagssprache an, erweitert aber die Theorie der Sprachspiele zu einem philosophischen Relativismus, für den alle Beschreibungssysteme der Welt prinzipiell gleichwertig sind. Obwohl die Wurzeln von Rortys Denken in der Analytischen Philosophie liegen, ist er in der Konsequenz seines Denkens in der postmodernen Philosophie angelangt.

Philosophie des Geistes Philosophen wie Quine, Strawson, Putnam und Rorty haben wesentlich dazu beigetragen, dass die antimetaphysische Haltung des modernen Empirismus überwunden wurde und dass sich seit den 50er Jahren eine eigene analytische Metaphysik entwickelt hat, wozu vor allem die »Philosophie des Geistes« (»philosophy of mind«) gehört. Sie ist gekennzeichnet durch eine lebhafte, doch keineswegs leichtverständliche Debatte, an der sich überwiegend Philosophen aus der englischsprachigen Welt beteiligen. Ausgestattet mit dem Rüstzeug moderner Logik und Semantik, befassen sie sich vor dem Hintergrund der modernen Hirnforschung mit dem Leib-Seele-Problem, aber auch mit dem Problem der Willensfreiheit. Im Unterschied zur neuzeitlichen Diskussion, die von Descartes' Leib-Seele-Dualismus, demzufolge Körper und Geist zwei verschiedene, für sich bestehende Substanzen sind, ausgelöst wurde, gilt nun als unstrittig, dass es Bewusstsein nur in Abhängigkeit von einem Gehirn gibt. Daher dreht sich die moderne Debatte fast ausschließlich um die Frage, wie das Verhältnis von Bewusstseinsprozessen zu den sie tragenden Gehirnprozessen zu deuten ist, also um die Frage, welche Form von (radikalem oder gemäßigtem) Materialismus richtig ist.

Ins Zentrum der Diskussion geriet zunächst die u.a. von Quine vertretene »Identitätstheorie«. Die Verfechter dieser Theorie behaupten, dass die Beschreibungen von Bewusstseins- und Gehirnprozessen, obwohl sie jeweils ganz verschiedene Begriffe verwenden, sich im Grunde dennoch auf dieselben Gegenstände beziehen. Ihre Grundthese lautet daher, dass Bewusstseinsprozesse identisch sind mit bestimmten Gehirnprozessen. Eine Konsequenz der Identitätstheorie ist offenbar, dass es einen freien, von materiellen Bedingungen unabhängigen Willen nicht geben kann. Die Identitätstheorie wurde zum Ausgangspunkt einer kontroversen Diskussion. Aus den Einwänden, die gegen sie erhoben wurden, wurden teilweise selbst wiederum neue, diffizile Positionen entwickelt.

Ein wichtiger, von Putnam vorgebrachter Einwand richtet sich gegen eine vermeintliche Konsequenz der Identitätstheorie. Wenn Bewusstseinsprozesse mit bestimmten Gehirnprozessen identisch wären, dann könnte es Bewusstsein nur bei Lebewesen mit unserer physiologischen Ausstattung geben. Mit dem Auftreten von Bewusstsein sollte man aber auch bei ganz andersartigen Lebewesen, ja vielleicht sogar bei Maschinen rechnen. Hier liegt der Ausgangspunkt für die moderne Debatte um künstliche Intelligenz.

Ein anderer, z.B. von Strawson formulierter Einwand lautet, dass zum Bewusstsein eines Lebewesens auch spezifische Erlebnisqualitäten gehören, die nicht auf materielle Prozesse reduzierbar sind und von der objektiv-wissenschaftlichen Beschreibung nicht erfasst werden. Während hier die Eigengesetzlichkeit des Mentalen anerkannt wird, hat u.a. Rorty die Position vertreten, dass mentale Prozesse keine Tatsachen, sondern im Grunde Fiktionen sind. Sie sind Konstrukte der Alltagspsychologie, die der Mensch in vorgeschichtlicher Zeit geschaffen hat, um sich und sein Verhalten zu verstehen. Diese Konstrukte seien jedoch, einschließlich der Idee eines freien Willens, durch den wissenschaftlichen Fortschritt der Hirnforschung schlicht überholt.

Die Diskussionen der Philosophie des Geistes sind in vollem Gange und ihre Erträge daher nur schwer abzuschätzen. Klar ist jedoch, dass insbesondere der klassische Leib-Seele-Dualismus und damit auch die Idee einer unsterblichen Seele in der modernen Debatte keine Rolle mehr spielen. Auch der Begriff der Willensfreiheit dürfte ohne eine Revision, die den materiellen Bedingungen des Willens Rechnung trägt, nicht auskommen.

Die neue kritische Grundhaltung

Im Unterschied zum klassischen Empirismus, der alles Wissen auf die Erfahrung zurückführen wollte, hat der moderne Empirismus gezeigt, dass die Erfahrung allein nicht ausreicht, um einen vollständigen Beweis wissenschaftlicher oder philosophischer Theorien über die Welt zu erbringen. Während er beim frühen Wittgenstein und dem Wiener Kreis noch mit der klassischen Forderung nach einer strengen empirischen Begründung allen Wissens und einer radikalen Metaphysikkritik angetreten war, hat er sich im Laufe seiner Entwicklung von diesen »Dogmen des Empirismus« verabschiedet und ist zu einer toleranteren Einstellung gegenüber der Metaphysik gelangt. An die Stelle der traditionellen Auffassung, dass die wissenschaftliche Methode im Beweisen von Theorien besteht, sieht man ihre wichtigste Aufgabe nun darin, durch strenge logische und empirische Prüfungen einen Erkenntnisfortschritt zu erzielen, ohne damit den Anspruch auf endgültige Wahrheit zu verbinden. Diese neue »kritische Grundhaltung« hat sich auch im Umgang mit metaphysischen Fragen als fruchtbar erwiesen. Damit ist auch eine Diskussion mit den eher metaphysikfreundlichen Traditionen der kontinentaleuropäischen Philosophie möglich geworden.

Auch die Sprachphilosophie des modernen Empirismus hat kaum bestreitbare Errungenschaften aufzuweisen. Zu diesen gehört nicht zuletzt, die enge Verknüpfung zwischen Sprache und Weltsicht freigelegt zu haben. Die Analysen philosophischer Probleme, die teils mit Blick auf die Alltagssprache, teils mit Hilfe einer erneuerten Logik vorgenommen wurden, haben traditionelle Irrwege des philosophischen Denkens sichtbar gemacht. Die Sprache ist durch den modernen Empirismus zu einem weiterhin zentralen Thema geworden, obwohl sie ihre alles beherrschende Rolle in der philosophischen Diskussion eingebüßt hat.

15. Die Eigenart der Kunst

Fragen der philosophischen Ästhetik
seit der Aufklärung

Kunst im Dienst religiöser Zwecke

Wie alle anderen wichtigen Bereiche der menschlichen Kultur, so war auch die Kunst von Beginn an ein Thema der Philosophie. Eine eigenständige philosophische Disziplin, die sich mit der Kunst beschäftigte, bildete sich aber erst mit der Aufklärung des 18. Jahrhunderts heraus. Ein wichtiger Grund hierfür lag in der Rolle, die die Kunst über lange Zeit in der Kultur und Gesellschaft gespielt hatte: Die Kunst wurde über Jahrhunderte als eine dienende kulturelle Tätigkeit verstanden und praktiziert. Man beschäftigte sich nicht mit ihr um ihrer selbst willen. Als Schmuck oder Zeremonie diente sie entweder u. a. der politischen Machtentfaltung oder sie war ein Mittel, um an etwas »Höherem« teilzuhaben und eine religiöse Wahrheit darzustellen. Die Kunst war also ein bevorzugter Bestandteil religiöser Feiern und Riten. Der Maler Matthias Grünewald (um 1475/1480–1528) schuf z. B. den berühmten »Isenheimer Altar« zu religiösen Zwecken, und christliche Musiker wie Johann Sebastian Bach (1685–1750) komponierten Messen, die nicht für den Konzertsaal, sondern für den Gottesdienst gedacht waren. Auch das antike Drama wurde als Teil einer religiösen Zeremonie aufgeführt. Wegen dieser engen Bindung der Kunst an religiöse Zwecke wurde viele Jahrhunderte lang weder zwischen Kunst und Kunsthandwerk unterschieden noch Kunst notwendig mit Schönheit verknüpft.

Kunst als »mimesis«

Die einflussreichste, in der Antike und im Mittelalter vertretene Theorie der Kunst bestätigte diese dienende Rolle. Danach war Kunst eine Art der »Nachahmung« oder, wie der griechische Begriff heißt, »mimesis«. Nicht immer jedoch war man sich darüber einig, »was« eigentlich durch die Kunst nachgeahmt wird, also etwa die einfache, wahrgenommene Wirklichkeit oder eine verborgene und höhere Wirklichkeit. Daneben verstand man die Kunst auch als moralische Erzieherin und behandelte sie als solche in Schulen und Universitäten. Kunst war in jedem Fall nützlich: Sie belehrte, schmückte und erbaute. Reste dieser Kunstauffassung haben sich bis in die Gegenwart erhalten.

Eine allmähliche Veränderung dieser Haltung setzte im späten Mittelalter und in der Renaissance ein. Die Kunst wurde nun zunehmend als etwas Eigenständiges empfunden, dessen Bedeutung sich nicht mehr darin erschöpft, im Dienst religiöser Zeremonien und Wahrheiten oder herrschaftlicher Prachtentfaltung zu stehen. Die Künstler lösten sich mehr und mehr von religiösen und politischen Abhängigkeiten. Kunst wurde zum bevorzugten Raum der Schönheit, die als solche sich nicht mehr auf Wahrheit oder Nützlichkeit reduzieren ließ: Die Kunst wurde autonom. Erst diese Eigenständigkeit in der Praxis und in der öffentlichen Wahrnehmung bildete die Voraussetzung dafür, dass auch eine Kunstphilosophie, die Ästhetik, als eigene Disziplin innerhalb der Philosophie entstand.

Autonomie der Kunst

Ein Hauptthema der Ästhetik war es fortan zu klären, wie weit diese Eigenständigkeit der Kunst geht und worin sie besteht. Dabei stehen bis heute zwei Fragen im Mittelpunkt: Die erste führt zu einer Theorie der ästhetischen Erkenntnis und wurde schon ganz zu Beginn der philosophischen Ästhetik gestellt, nämlich: Wie lässt sich die Wahrnehmung oder Erkenntnis des Schönen beschreiben? Welche Anforderungen stellt die Kunst an uns, damit wir die uns gebotene Schönheit auch würdigen können? In der Ästhetik des 20. Jahrhunderts verlagerte sich der Schwerpunkt von der ästhetischen Wahrnehmung auf eine Untersuchung des Aufbaus und der Struktur des Kunstwerks.

Am Ende der Aufklärung, mit der Philosophie des Deutschen Idealismus, schob sich eine zweite Frage in den Vordergrund: Welche Rolle spielen die Kunst und das Schöne in der Welt des Geistes und der menschlichen Kultur? In welcher Verbindung stehen sie z.B. zur Welt der Wissenschaft, der Religion oder auch der Philosophie? Beide Fragen, die nach den Merkmalen ästhetischer

Erkenntnis und die nach der Bedeutung der Kunst im menschlichen Leben, beschäftigen die Philosophen bis in die Gegenwart hinein.

Ästhetische Erkenntnis bei Baumgarten

Derjenige, der den Begriff »Ästhetik« (wörtlich etwa »Lehre von der sinnlichen Wahrnehmung«) im 18. Jahrhundert in die Philosophie einführte und die Diskussion um die Eigenart der ästhetischen Erkenntnis in Gang brachte, war ALEXANDER BAUMGARTEN (1714–1762). Wie Descartes und seine deutschen Nachfolger Leibniz und Wolff war Baumgarten Rationalist. Als solcher ist für ihn nur die Vernunft der Garant für Wahrheit und Gewissheit, also für Erkenntnis im eigentlichen Sinne. Nur die rationale Erkenntnis ist »klar« und führt zu wahren Aussagen über die Welt. Sollen Schönheit und Wahrheit voneinander unterschieden werden, dann kann Schönheit nicht Ergebnis einer klaren, rationalen Erkenntnis sein. Eine rein »sinnliche« Erkenntnis konnte es nach traditioneller rationalistischer Auffassung aus dem Grunde nicht geben, weil sinnliche Wahrnehmung als solche immer mit Täuschung und Irrtum verbunden ist. Baumgarten jedoch wertet die Sinnlichkeit auf: In seinem Hauptwerk *Aesthetica* (1750–58) führt er den Begriff der »sinnlichen Erkenntnis« ein. Sie ist für ihn das, was wir heute mit dem Begriff »ästhetische Wahrnehmung« bezeichnen würden. Als Erkenntnis des Schönen ist sie einerseits der rationalen Erkenntnis analog, bleibt aber andererseits eine untergeordnete Erkenntnis, eine Erkenntnis zweiter Klasse. Ihr fehlt es an der Klarheit der Begriffe, ihre Verwendung von Bildern und rhetorischem Beiwerk macht sie zu einer »dunklen« Erkenntnis. Dennoch hat Baumgarten erstmals philosophisch der Tatsache Rechnung getragen, dass der Zugang zu Kunst und Schönheit keine Sache des Verstandes ist.

Das Schöne und das Erhabene

Eine veränderte Haltung gegenüber der Natur führte im 18. Jahrhundert zu einer breiten Diskussion über verschiedene Arten der ästhetischen Empfindung. Besonders verbreitet war die Unterscheidung zwischen dem »Schönen« und dem »Erhabenen«. Im Schönen verwirklichen sich harmonische und der Empfindung angenehme Formen, wie z. B. in fein gearbeitetem Porzellan. Das Erhabene fand man vor allem in der Natur, in der Betrachtung des Ozeans oder riesiger Berggipfel, die die menschliche Vorstellungskraft übersteigen und uns mit dem Unendlichen konfrontieren. Sowohl das Schöne als auch das Erhabene fanden Eingang in den Stil der zeitgenössischen Kunst, z. B. in der Malerei oder der Dichtung. Heute würde man eher von zwei verschiedenen Arten der Schönheitserfahrung sprechen.

Eine der einflussreichsten Untersuchungen dieser Frage legte EDMUND BURKE (1729–1797) mit seiner Schrift *Philosophische Untersuchung über den Ursprung unserer Ideen vom Erhabenen und Schönen* (1757) vor. Burke erklärte das Schöne und das Erhabene »sensualistisch«, d. h. von ihren sinnlich erfahrbaren Eigenschaften und Wirkungen her. Das Schöne wird nach Burke u. a. durch das Kleine, Zierliche und Helle hervorgerufen, das Erhabene demgegenüber durch das Riesige, Dunkle und Schroffe.

Burkes sensualistische Ästhetik

IMMANUEL KANT (1724–1804) nahm in seinen beiden Schriften *Beobachtungen über das Gefühl des Schönen und Erhabenen* (1764) und *Kritik der Urteilskraft* (1790) diese Diskussion auf, knüpfte aber auch an den Ansatz Baumgartens an. Kant sah wie Baumgarten in der ästhetischen Wahrnehmung eine Art der vorrationalen Erkenntnis, aber eine Charakterisierung dieser als »sinnliche« Erkenntnis war ihm zu vage. Auch glaubte er nicht wie Burke, dass sich diese Erkenntnis auf ganz spezifische sinnliche Eigenschaften wie das Helle, das Zierliche oder das Schroffe richtet. Um die Erfahrung des Schönen und des Erhabenen zu beschreiben, bringt er den Begriff der Zweckmäßigkeit ins Spiel. Das Erhabene, das Kant vor allem in der Natur verwirklicht sieht, erscheint als etwas Zweckwidriges, das wir zunächst nicht fassen und benennen können. Schön ist dagegen ein Gegenstand, wenn er irgendwie »passt«, d. h. wenn er eine zweckvolle Form hat, ohne dass

Ästhetische Zweckmäßigkeit bei Kant

man diesen Zweck konkret beschreiben kann. Der Künstler ist derjenige, der ohne feste Regeln Gegenstände herstellen kann, die genau diese zweckmäßige Form haben. Kunst ist bei Kant nicht mehr Nachahmung, sondern eine freie schöpferische Produktion.

Kants »interesseloses Wohlgefallen«

Das Wohlgefallen am Schönen hat Kant durch ein eigenes Erkenntnisvermögen erklärt, nämlich durch die Einbildungskraft. Sie ist eine aktive, bildliche Vorstellungskraft. Ein Gegenstand erweist sich nach Kant dann als schön, wenn er die Einbildungskraft derart in Tätigkeit versetzt, dass er einerseits als tauglich für begriffliche Erkenntnis, andererseits jedoch als durch Begriffe nicht erschöpfbar vorgestellt wird. Das Schöne ist also in gewisser Hinsicht dem Verstand angemessen, lässt sich aber als Ganzes nicht durch Mittel des Verstandes ausdrücken. Es ist dieser Kontrast, gleichsam das Pendeln der Vorstellung zwischen der Eignung für und der Unausschöpfbarkeit durch begriffliche Erkenntnis, das als ästhetische Lust erlebt wird. Es kommt in der ästhetischen Wahrnehmung also nicht zur Begriffsbildung, sondern es bleibt bei einem lustvollen Verweilen auf der Ebene der »Ein-Bildung«, d. h. der bildhaften Vorstellung. Dem Schönen liegt daher, wie Kant sagt, ein von Begriffen »freies Spiel« der Einbildungskraft zugrunde. In diesem Sinne bleibt sie wie die sinnliche Erkenntnis Baumgartens vorrational. Dass die ästhetische Betrachtung den schönen Gegenstand nicht einem bestimmten Zweck, einem Begriff oder einer Funktion unterordnet, erklärt auch die berühmte Wendung Kants, ästhetische Wahrnehmung sei bestimmt von einem »interesselosen Wohlgefallen«.

Das Schöne als Symbol des Guten

Damit hatte Kant einen großen Schritt in die Richtung getan, die Eigenständigkeit der ästhetischen Wahrnehmung und Erkenntnis zu begründen. Doch es finden sich in seinem Werk auch Überlegungen, die nachfolgende Philosophen zu einer Kulturtheorie der Kunst bzw. zur Frage nach der Bedeutung der Kunst in der Welt des menschlichen Geistes geführt haben. So bringt Kant das Schöne auch in einen engen Zusammenhang mit dem Guten: Indem das Schöne sich als freie schöpferische Form über die Naturgebundenheit erhebt, wird es zum Symbol des Guten. Denn auch der moralisch handelnde Mensch erhebt sich durch freie Selbstbestimmung über natürliche Bedürfnisse. Auch erhabene Gegenstände führen unsere Gedanken, durch den Vergleich unserer Beschränktheit mit der Unendlichkeit, zum Bewusstsein einer höheren Bestimmung des Menschen. Während das Schöne von Kant mit dem moralischen Handeln in Verbindung gebracht wird, hat der Begriff des Erhabenen einen eher religiösen Beiklang. Die Kunst erhält damit eine Rolle für die Erziehung des Menschen und die Entwicklung seiner Kultur.

Diese Überlegungen übten großen Einfluss auf FRIEDRICH SCHILLER (1759–1805) aus, den wichtigsten Kunsttheoretiker unter den klassischen deutschen Dichtern. Nicht mehr der Erkenntnisvorgang der ästhetischen Wahrnehmung stand bei ihm im Mittelpunkt, sondern die Bedeutung der Kunst für die Kultur und die Erziehung. Dabei wurde Schiller nicht nur von Kant, sondern auch von den Schriften des Altertumsforschers JOHANN JOACHIM WINCKELMANN (1717–1768) inspiriert. Dessen Sicht der griechischen Kunst als Ausdruck von »edler Einfalt und stiller Größe« ist vor allem für die Ästhetik im deutschsprachigen Raum maßgeblich geworden: Die Kunst wird zu einem Bereich der Kultur, in dem moralische und gesellschaftliche Gegensätze zu einer Harmonie gelangen.

»Edle Einfalt und stille Größe«

In den Schriften *Über Anmut und Würde* (1793) und *Über die ästhetische Erziehung des Menschen in einer Reihe von Briefen* (1795) beschreibt Schiller entsprechend Kunst als den Bereich, in dem sich Geist und Sinnlichkeit, Freiheit und Natur, Pflicht und Neigung harmonisch miteinander verbinden. Die Kunst wird somit vor allen anderen Leistungen der menschlichen Kultur ausgezeichnet und zum Medium der Selbstverwirklichung erklärt. Schiller nimmt Kants Rede vom »freien Spiel« der Einbildungskraft auf und gibt ihr eine neue anthropologische Bedeutung. Im Spiel als einer freien schöpferischen Tätigkeit

Kunst als schöpferisches Spiel bei Schiller

liegt nach Schiller das Wesen des Menschen: Der Mensch hat einen natürlichen Spieltrieb und ist nur dort wirklich Mensch, wo er spielt. Das Prinzip des Spiels ist aber auch das Prinzip der Schönheit im Kunstwerk. Im Spiel verbinden sich der »sinnliche Stofftrieb« und der »geistige Formtrieb«. Im Schaffen von Kunst und im Umgang mit Kunst verwirklicht sich also die menschliche Natur. Sie steht für ein Leben, in dem auch Moral und Gesetz zwanglos und natürlich Geltung erlangt haben. Damit erhält die Kunst auch die Rolle einer gesellschaftlichen und politischen Utopie.

Schiller kann als ein Verbindungsglied zwischen der Ästhetik Kants und der des Deutschen Idealismus betrachtet werden. Dort tritt die Frage nach den Merkmalen ästhetischer Erkenntnis ganz hinter die Frage nach der Rolle der Kunst in der geistigen Entwicklung der Menschheit zurück. Kunst wird nun als eine Brücke zum Absoluten gesehen, zu dem geistigen Grund- und Entwicklungsprinzip der Wirklichkeit.

Kunst als Darstellung des Absoluten bei Schelling
Für FRIEDRICH WILHELM JOSEPH SCHELLING (1775–1854) verwirklicht sich dieses Absolute parallel auf zwei verschiedene Arten, nämlich erstens in einer unbewussten Form als Natur und zweitens in einer bewussten Form in der Geschichte der menschlichen Kultur. Doch während die Erkenntnis des Absoluten für die Philosophie eine nie abgeschlossene Aufgabe darstellt, ist sie in der Kunst immer schon verwirklicht: In jedem Kunstwerk wird das Absolute in unmittelbarer und intuitiver Weise sichtbar. Bei Schelling hat die Kunst eine gegenüber der Philosophie hervorgehobene Position.

Kunst als das »sinnliche Scheinen der Idee« bei Hegel
GEORG WILHELM FRIEDRICH HEGEL (1770–1831) dagegen sieht dieses Verhältnis genau umgekehrt: Auch für ihn ist (neben der Religion) sowohl die Philosophie als auch die Kunst eine Ausdrucksform des Absoluten. Die Kunst stellt aber lediglich eine untergeordnete, sinnliche Ausdrucksform dar und ist als solche der klaren, rationa-

len Erkenntnis des Absoluten in der Philosophie unterlegen. Damit knüpft Hegel an die Tradition der Rationalisten an: Das Schöne als das »sinnliche Scheinen der Idee« ist eine unvollkommene Form des Wahren.

ARTHUR SCHOPENHAUER (1788–1860), ein leidenschaftlicher Gegner des Deutschen Idealismus, hat kein eigenes Werk zur Ästhetik geschrieben. Seine Theorie der Kunst und des Schönen ist vielmehr Teil seines metaphysischen Systems, das er in seinem Hauptwerk *Die Welt als Wille und Vorstellung* (1818) entwickelt hat. An die Stelle der Lehre vom Absoluten als geistigem Weltgrund tritt eine pessimistische Weltsicht, nach der ein irrationaler Wille die Entwicklung aller Lebensäußerungen bestimmt. Schopenhauers Ästhetik beschäftigt sich sowohl mit den Besonderheiten der ästhetischen Erkenntnis als auch mit der Rolle der Kunst im menschlichen Leben.

Schopenhauers metaphysische Kunsttheorie

Ähnlich wie Kant in seiner These vom interesselosen Wohlgefallen meint auch Schopenhauer, dass in der Kunstbetrachtung das trieb- und zweckgesteuerte Leben des Menschen zur Ruhe kommt. Anders als Kant weist Schopenhauer jedoch der Musik den höchsten Rang unter den Künsten zu: In ihr gelangt der Mensch zu der reinsten und unmittelbarsten Anschauung der Welt, und sie ist es, die seine tiefsten seelischen Schichten berührt. Die Kunstbetrachtung hat für Schopenhauer somit den Charakter einer Meditation und Kontemplation. Die Kunst wird zum Mittel, sich der Kraft des Willens zu entziehen. In dieser willensverneinenden Rolle der Kunst liegt aber auch ihre kulturelle Funktion. Kunst wird zum Lebensprogramm. Sie ist für Schopenhauer eine der wenigen Trostquellen in einer ansonsten trostlosen Welt.

Kunst als Kontemplation und Lebenstrost

Bei FRIEDRICH NIETZSCHE (1844–1900) tritt die kulturprägende Rolle der Kunst ganz in den Vordergrund. Im Gegensatz zu Schopenhauer ist Kunst für ihn aber nicht Lebenstrost, sondern Lebenselixier. In seiner frühen Schrift *Die Geburt der Tragödie aus dem Geist der Musik*

Das Apollinische und das Dionysische bei Nietzsche

(1872) jedoch ist er noch stark von dem Pessimismus Schopenhauers beeinflusst: Am Beispiel der altgriechischen Kunst unterscheidet er zwischen zwei ästhetischen Ausdrucksformen, nämlich dem »Apollinischen« und dem »Dionysischen«. Das Apollinische ähnelt dem »Schönen« des 18. Jahrhunderts und schafft eine harmonische Schein- und Traumwelt. Im Dionysischen, in dem sich Anklänge an das »Erhabene« finden, kommt dagegen die wahre Welt zum Ausdruck, die, ähnlich dem Schopenhauerschen Willen, durch rohe Instinkte, Leiden und Schrecken gekennzeichnet ist. Gegen Winckelmanns harmonisierende Sicht der griechischen Kunst macht Nietzsche auf die pessimistischen und chaotischen Elemente in der griechischen Tragödie aufmerksam, in der sich nach seiner Meinung das Apollinische und Dionysische miteinander vereinigen. Eine Wiedergeburt dieses Dionysischen sah er in der Musik Richard Wagners.

Kunst als Moralersatz Die positive Bewertung des Dionysischen hat bei Nietzsche von Anfang an das Ziel, die »rationalen«, christlich und wissenschaftlich bestimmten Werte der europäischen Kultur in Frage zu stellen. In der Betrachtung des Dionysischen empfindet Nietzsche nicht Trost und beruhigende Resignation, sondern höchste Lust. Von dieser positiven Einschätzung einer die Triebe und Instinkte bejahenden Kunst führt ein direkter Weg zu seinen späteren Schriften, in denen Kunst an die Stelle der trieb- und lebensfeindlichen christlichen Moral tritt. Er wandte sich nun vom Pessimismus ab und vertrat eine Lebensanschauung, in der biologische Vitalität und Loslösung von einer reinen Verstandeskultur als Mittel der Befreiung gesehen wurden. Kunst wird zum Medium einer die Lebensinstinkte bejahenden neuen Lebensform.

Kunst als intuitive Erkenntnis bei Croce Doch gab es auch im späten 19. und frühen 20. Jahrhundert immer wieder Bemühungen, von einer kulturphilosophischen Erörterung der Kunst zu der Frage zurückzukehren, wie ästhetische Wahrnehmung selbst eigentlich funktioniert und welche Art von Erkenntnis mit ihr verbunden ist. Eines der wichtigsten Beispiele hierfür ist die 1902 erschienene *Ästhetik* des italienischen Philosophen BENEDETTO CROCE (1866–1952). Obwohl Croce sich in seinem philosophischen System, der »Philosophie des Geistes«, eng an Hegel orientiert, lehnt sich seine Kunstphilosophie doch viel enger an Kant an: Croce unterscheidet zwischen einer rationalen, begrifflichen Erkenntnis und einer bildlichen Erkenntnis, die er »Intuition« nennt. Die Intuition ist ein Vorstellungsvermögen konkreter, sowohl realer als auch möglicher Gegenstände. Im Gegensatz zu den Kunstphilosophen des 18. Jahrhunderts betrachtet Croce beide Erkenntnisformen aber als gleichwertig. Ästhetische Wahrnehmung ist keine unvollkommene, halb-rationale Erkenntnis mehr, sondern steht als eine gänzlich andersgeartete Erkenntnis neben der rationalen Erkenntnis. Während diese die Grundlage für Wissenschaft ist, bildet die Intuition den Kern sowohl der ästhetischen Wahrnehmung als auch der künstlerischen Produktion. Sie stellt allerdings keine vage Phantasievorstellung dar, sondern ist immer auch »Expression«, d.h. sie muss in der Sprache oder in anderen Medien konkret zum »Ausdruck« kommen und auf diese Weise auch für andere nachvollziehbar werden. Eine sogenannte »Intuition«, die nicht »Expression« ist, hat für Croce die Ebene der ästhetischen Darstellung noch nicht erreicht.

JOHN DEWEY (1859–1952), ein Zeitgenosse Croces und einer der wichtigsten Vertreter des amerikanischen Pragmatismus, verbindet wiederum die Frage nach den Merkmalen der ästhetischen Erkenntnis sehr eng mit der der kulturellen Rolle der Kunst. Dewey, der sich auch ausführlich mit Fragen der Gesellschafts- und Erziehungsreform befasst hatte, wollte die Kunst wieder auf den Boden der alltäglichen Erfahrung zurückbringen und sie in den Dienst der Persönlichkeitsentwicklung stellen. »Erfahrung« im Sinne einer erfüllten und erfolgreichen Begegnung des Menschen mit der Welt ist auch der wichtigste Begriff seiner Kunsttheorie. In seinem ästhetischen Hauptwerk *Kunst als Erfahrung* (1934) bestimmt er die ästhetische Erfahrung als Teil der allgemeinen

Deweys »Kunst als Erfahrung«

menschlichen Bemühung, sich die stoffliche, natürliche Welt anzueignen. In der Kunst und im ästhetischen Umgang mit der Welt werden die Spannungen und Widerstände zwischen Subjekt und Objekt schöpferisch aufgelöst. Als eine Werte schaffende »integrale«, d. h. ganzheitliche Erfahrung, in der sinnliche und geistige Kräfte zusammenwirken, nimmt sie deshalb innerhalb der menschlichen Kultur eine herausragende Stellung ein. Damit hat Dewey nicht nur die Kunstpädagogik, sondern auch moderne Kunstformen wie »action art« beeinflusst, bei der der Kunstbetrachter durch Einbeziehung in den Prozess des Kunstschaffens auch selbst zum Akteur wird.

Die Schichten des Kunstwerks bei Ingarden und Hartmann

Die vom Neukantianismus und von der Phänomenologie beeinflussten Kunstphilosophen verknüpften die ästhetische Erfahrung wieder viel enger mit der Struktur des Kunstwerks. Sowohl NICOLAI HARTMANN (1882–1950) als auch der polnische Philosoph ROMAN INGARDEN (1893–1970) haben diese Struktur mit Hilfe eines Schichtenmodells beschrieben. Beide stützen ihre Theorie auf eine Ontologie, nach der auch die Wirklichkeit aus mehreren aufeinander aufbauenden Seinsschichten besteht. In *Das Literarische Kunstwerk* (1931) unterscheidet Ingarden vier Schichten des literarischen Werks, nämlich erstens die sprachliche Lautschicht, zweitens die Bedeutungsschicht, drittens die Schicht der dargestellten Gegenstände und schließlich meistens die Schicht der im Werk thematisierten Ansichten, also die ideellen und philosophischen Gehalte. Auch in Hartmanns *Ästhetik* (1953) gibt es Außenschichten, die mit der sinnlichen Repräsentation des Werks zusammenhängen, und Innenschichten, in denen der ideelle Gehalt realisiert ist. Dieser komplexe Schichtenaufbau verlangt vom Kunstbetrachter eine ebenso komplexe Erkenntnisleistung. Ästhetische Erfahrung entsteht damit erst in einer mühsamen und genauen Auseinandersetzung mit den verschiedenen Ebenen eines Werks.

Marxistische Ästhetik

Auch die Kunstphilosophen in der Tradition des Marxismus haben sich bemüht, den Besonderheiten der Kunst gerecht zu werden, obwohl die beiden Väter des Marxismus, KARL MARX (1818–1883) und FRIEDRICH ENGELS (1820–1895), vor allem die Parteilichkeit der Kunst und ihre Funktion im politischen Kampf gesellschaftlicher Klassen betont haben. Gemeinsam ist allen marxistischen Kunstphilosophen, dass sie die Kunst in engem Verhältnis zur Politik und Gesellschaft sehen. Damit wurde die Ästhetik von vornherein als Teil einer umfassenden Gesellschafts-, Geschichts- und Kulturphilosophie betrachtet.

Unter dem Einfluss der Schichtentheorie Nicolai Hartmanns schrieb der ungarische Marxist GEORG LUKÁCS (1885–1971) sein großes kunsttheoretisches Hauptwerk, *Die Eigenart des Ästhetischen* (1963). Auch er erkennt im Kunstwerk mehrere Bedeutungsebenen. Gleichzeitig belebt er aber auch die alte Theorie von der Kunst als »mimesis« (Nachahmung) auf marxistischer Grundlage neu. Lukács gilt als der bedeutendste Vertreter der sogenannten »Widerspiegelungstheorie«. Doch Widerspiegelung bedeutet für ihn keine einfache, fotomechanische Wiedergabe der Realität. Vielmehr soll der Künstler die hinter den Figuren und Handlungen stehenden gesellschaftlichen und historischen Entwicklungen sichtbar machen. Anders als die Wissenschaft bildet die Kunst die Wirklichkeit nicht in einer abstrahierenden, sondern in einer »anthropomorphisierenden« Form, d. h. mit Hilfe konkreter Gegenstände und Figuren ab.

Mit dieser Analyse der Merkmale ästhetischer Darstellung verbindet Lukács aber auch seine Auffassung von der politischen und gesellschaftlichen Rolle der Kunst. Indem die Kunst die »Totalität« – ein von Hegel übernommener Begriff – der gesellschaftlichen Beziehungen und Konflikte zum Ausdruck bringt, soll sie die Richtung aufzeigen, in der sich die Geschichte und der Fortschritt bewegen. Auch in einem anderen Punkt finden sich Anklänge an Hegel: Lukács betrachtete Kunst, Philosophie und Religion als die drei höchsten Formen der Deutung und der Abbildung von Wirklichkeit.

Lukács' Widerspiegelungstheorie

15. Die Eigenart der Kunst

Benjamins Analyse der modernen Kunst

Die gesellschaftliche Rolle der Kunst steht auch ganz im Mittelpunkt der Kunsttheorie WALTER BENJAMINS (1892–1940). Sein Essay *Das Kunstwerk im Zeitalter seiner technischen Reproduzierbarkeit* (1936) beschäftigt sich mit den Folgen der revolutionären technischen Neuerungen in der modernen Kunst für die Kunstbetrachtung. Benjamin weist darauf hin, dass das traditionelle Kunstwerk, wie z. B. ein klassisches Gemälde, ein Original gewesen ist und durch seine Einmaligkeit eine fast sakrale Ausstrahlung, eine sogenannte »Aura« gehabt hat. Durch die technischen Möglichkeiten der Vervielfältigung, z. B. in der Fotografie und im Film, geht diese Aura aber verloren. Dadurch verändern sich auch die Formen ästhetischer Wahrnehmung. An die Stelle einer ehrfürchtigen kontemplativen Haltung tritt ein zerstreuter Massenkonsum. Doch genau dadurch erhält die Mehrheit der Bevölkerung Zugang zur Kunst und kann am Prozess der Kunstproduktion mitwirken. Die moderne Kunst erhält dadurch eine wichtige Aufgabe im politischen Kampf gegen den Kapitalismus.

Adornos »Ästhetische Theorie«

Diese optimistische Einschätzung des Verhältnisses zwischen Masse und Kunst teilte ein anderer Vertreter der neomarxistischen Frankfurter Schule, THEODOR W. ADORNO (1903–1969), nicht mehr. In seiner *Ästhetischen Theorie* (1970) stellt er resigniert fest, dass es dem kapitalistischen System gelungen sei, die Massenkunst für seine eigenen Zwecke einzuspannen. Der wahren Kunst fällt die Aufgabe zu, die Widersprüche der Gesellschaft ohne falsche Harmonie und schönen Schein zum Ausdruck zu bringen. Gerade die komplexen und schwierigen Werke der modernen Kunst bewahren durch ihre »negative« Aussage für Adorno ein Widerstandspotenzial gegen eine Gesellschaft, die auf Manipulation und Unterdrückung beruht.

In der englischsprachigen Philosophie des 20. Jahrhunderts wurden sowohl metaphysische als auch politische Interpretationen von Kunst weitgehend abgelehnt. Stattdessen versuchte man mit den Mitteln der modernen Zeichentheorie (Semiotik), die Eigenart und Struktur des Kunstwerks näher zu beschreiben, aber auch auf den Zusammenhang zwischen Kunstwelt und Alltagswelt aufmerksam zu machen.

Dies gilt auch für die Amerikaner CHARLES WILLIAM MORRIS (1901–1979) und NELSON GOODMAN (1906–1998), die beide von der pragmatistischen Ästhetik Deweys beeinflusst wurden. Morris geht wie Dewey davon aus, dass das Kunstwerk Abschluss einer schöpferischen Handlung ist und damit einen bestimmten eigenen Wert verwirklicht. Doch die wichtigste Frage für ihn lautet, in welchem Sinn das Kunstwerk als Zeichen aufgefasst werden kann. In seinem Essay *Ästhetik und Zeichentheorie* (1939) bestimmt er das Kunstwerk als ein »ikonisches Zeichen«, d. h. als ein Zeichen, das nicht auf einen außerhalb des Kunstwerks liegenden Gegenstand oder eine abstrakte Aussage, sondern auf seine eigene Gestalt verweist. Mit anderen Worten: Im Kunstwerk sind Form und Inhalt nicht voneinander zu trennen. Das Kunstwerk verkörpert also unmittelbar den Wert, den es ausdrückt.

Ästhetische Zeichentheorie

Auch Goodman vertritt in seinem ästhetischen Hauptwerk, *Sprachen der Kunst* (1968), die These, dass das Kunstwerk kein »normales« Symbol mit einer »normalen« Aussage ist. Ästhetische Symbole werden nicht abstrakt und konventionell eingeführt wie z. B. das Dollarzeichen »$«, sondern sie haben »Fülle«, d. h. jedes Detail hat Bedeutung und steht in einer unmittelbaren bildlichen Beziehung zu dem, was symbolisiert werden soll. Das Kunstwerk »exemplifiziert« seine Bedeutung, es ist in seiner Ausdrucksform selbst ein Beispiel für das, was es sagen will.

Goodmans amerikanischer Landsmann ARTHUR C. DANTO (geb. 1924) knüpft an eine andere Tradition der Ästhetik Deweys an, nämlich an den Versuch, die Lücke zwischen Alltagswelt und der Welt der Kunst zu schließen. Danto wurde in seinen Überlegungen besonders von der Entwicklung der bildenden Kunst im 20. Jahrhundert angeregt. So haben Künstler wie etwa Marcel Duchamps

Danto und die Rolle des Kunstbetriebs

oder Andy Warhol in ihren Werken Alltagsgegenstände wie Kloschüsseln oder Suppendosen als Kunst deklariert. In seinem Buch *Die Verklärung des Gewöhnlichen* (1981) geht Danto der Frage nach, was diese Gegenstände nun eigentlich zu Kunstwerken macht. Seine Antwort erscheint banal einfach und ist dennoch höchst folgenreich: Ein Gegenstand wird zum Kunstwerk, indem wir ihn durch eine Interpretation zum Kunstwerk erklären. Dies bedeutet, dass das Schöne nie »an sich«, sondern immer nur im kulturellen Zusammenhang einer Interpretation und einer Theorie von Wahrnehmungen schön ist. Es sind der Kunstbetrieb und die Medien, die letztlich bestimmen, was Kunst ist. Im Gegensatz zu Morris und Goodman ist Danto nicht der Meinung, dass die Kunst durch eine eigene ästhetische Symboltheorie verständlich werden kann.

Eigenart und Unzugänglichkeit der Kunst

Hatte man in der Kunstphilosophie des 18. Jahrhunderts die ästhetische Wahrnehmung noch der begrifflichen, rationalen Erkenntnis untergeordnet, so wurde sie im 20. Jahrhundert, durch die Analysen von Croce bis Goodman, als eine komplexe, bildlich-symbolische Erkenntnisform der rationalen Erkenntnis gleichwertig an die Seite gestellt und damit das Bewusstsein für die Autonomie der Kunst gefestigt. Andererseits hat sich die Ästhetik mit der Entwicklung auseinandersetzen müssen, dass die Kunst immer vielfältiger und komplexer und für die Mehrheit auch unzugänglicher geworden ist. Während die Eigenart der Kunst im öffentlichen Bewusstsein anerkannt ist, stellen sich dem Verständnis von modernen Kunstwerken immer größere Hindernisse entgegen.

16. Die Grundlagen der Moral

Die Ethik von der Aufklärung bis zur Gegenwart

Ethik in der Antike und im Mittelalter

Seit Beginn der Philosophiegeschichte hat die Ethik nach einem rational begründbaren Fundament moralischen Handelns gesucht. In der Antike war der Bezugspunkt der vernünftig geordnete Kosmos, aus dem sich die Forderung nach einem »naturgemäßen«, d.h. der kosmischen Vernunft angepassten Handeln ergab. Für die mittelalterlichen Philosophen wurde Gott als Schöpfer des Kosmos zum neuen Bezugspunkt. Aus der Gegenüberstellung von Gott und Mensch, Jenseits und Diesseits, ergaben sich die moralischen Forderungen eines christlichen, tugendhaften Lebens im Diesseits, das mit der ewigen Seligkeit im Jenseits belohnt wurde.

Die These von der Autonomie des Menschen

In der Neuzeit lenkte die Ethik ihre Aufmerksamkeit auf den einzelnen Menschen, auf das Individuum. Auch die christliche Ethik der Reformation mit ihrer These, dass der einzelne Mensch unmittelbar Gott gegenüber verantwortlich ist, leistete dazu einen Beitrag. Vollendet wurde dieser Prozess in der Ethik der Aufklärung. Mit der Annahme, dass der Mensch in moralischer Hinsicht »autonom«, d.h. »selbstgesetzgebend« ist, wurde die endgültige Ablösung der Ethik von der Religion vollzogen. Der Bezugspunkt für eine Begründung der Moral lag nun ausschließlich im Menschen selbst.

Begründung moralischer Normen als Aufgabe der Ethik

Der Schwerpunkt der neuen, seit der Aufklärung entwickelten Ethik lag entsprechend in der Begründung von moralischen Regeln, die zwischen Individuen gelten sollten. Über die Art der Begründung moralischer Regeln gab es jedoch unterschiedliche Vorstellungen: Die schon in der Antike verbreitete Meinung, die »Natur« selbst enthalte die Maßstäbe für moralisches Handeln, fand in einer psychologischen Begründung von Moral ihre Erneuerung. Danach lässt sich moralisches Handeln durch die in der menschlichen Natur verankerten Handlungsmotive erklären. Auf der anderen Seite gab es Versuche, ein grundlegendes »Sittengesetz« oder Moralprinzip, das als Maßstab für alle anderen moralischen Normen gelten konnte, aus der Vernunft des Menschen selbst abzuleiten. Dem wiederum stellte sich eine Ethik entgegen, die moralisches Handeln durch seine Folgen und Konsequenzen begründete.

Universalismus und Relativismus

In der Aufklärung setzte sich auch zunehmend die Überzeugung durch, dass moralische Normen in gleicher Weise für alle gelten müssen und nicht auf eine Gruppe von Menschen einer bestimmten Klasse, Nation oder Kultur beschränkt bleiben dürfen. Doch dieser ethische »Universalismus«, d. h. die Auffassung, dass moralische Gebote für alle Menschen gelten, wurde bis in die Gegenwart immer wieder von einem ethischen »Relativismus« bestritten: Für diesen waren moralische Regeln immer nur »relativ«, d. h. begrenzt auf bestimmte kulturelle, religiöse, ethnische oder soziale Gruppen gültig.

Erneuerung der Tugendlehre

Im 20. Jahrhundert wurde die Tugendlehre erneuert, die in der antiken und mittelalterlichen Ethik eine so große Rolle gespielt hatte. Nach dieser Auffassung können Menschen nicht allein durch die Anerkennung abstrakter Regeln zum moralischen Handeln gebracht werden, sondern nur durch eine Erziehung, also durch gemeinsame Tugenden und Werte.

Die wichtigsten Fragen, die sich in der philosophischen Ethik bis in die Gegenwart stellen, sind also: Was motiviert den Menschen dazu, moralisch zu handeln? Gibt es ein für alle geltendes und einsehbares Moralprinzip? Worin liegt es und wie lässt es sich begründen?

Theorie des »moral sense« bei Shaftesbury und Hutcheson

In der britischen Aufklärungsphilosophie des 18. Jahrhunderts herrschte eine psychologisch begründete Moralauffassung vor. Danach lässt sich moralisches Handeln aus einem in der menschlichen Natur verankerten »moral sense« ableiten, einem Moralgefühl, das den Menschen zur Nächstenliebe und zur Hilfe anhält. Je natürlicher sich der Mensch benimmt, so die Annahme, desto moralischer handelt er. Zu den Vertretern dieser »moral sense«-Theorie gehörten u. a. ANTHONY ASHLEY COOPER, EARL OF SHAFTESBURY (1671–1713) und FRANCIS HUTCHESON (1694–1746). Ähnlich wie die Griechen versteht Shaftesbury den Menschen als Teil eines harmonisch geordneten Kosmos. Moralische Gesinnung und moralisches Handeln ergeben sich für ihn dadurch, dass der Mensch die Zusammengehörigkeit, die Harmonie von Mensch und Welt gefühlsmäßig annimmt und damit seinen »moral sense« aktiviert.

Der Schotte DAVID HUME (1711–1776) ist durch seinen *Traktat über die menschliche Natur* (1738) und die *Untersuchung über die Prinzipien der Moral* (1752) bis heute einer der wichtigsten Vertreter einer psychologischen Begründung der Moral geblieben. Nach Hume ist der Mensch ein soziales, von Sympathie und Wohlwollen gegenüber anderen geprägtes Wesen. Dieses grundlegende, dem »moral sense« sehr verwandte Sozialgefühl bestimmt das Ziel des moralischen Handelns, nämlich Gerechtigkeit und allgemeines Wohl. Der Verstand liefert uns mit seiner Erkenntnis lediglich die Tatsachen, auf die sich unser moralisches Gefühl bezieht, und er weist uns auf die geeigneten Mittel hin, das moralische Ziel zu erreichen. [Wohlwollen als Grundlage der Moral bei Hume]

Hume war auch der erste, der den grundsätzlichen Unterschied zwischen Tatsachenbehauptungen und Bewertungen theoretisch erläuterte: Die ersteren sagen uns, was »ist«, die zweiten das, was sein »soll«. Dieser Unterschied zwischen »Seinssätzen« und »Sollenssätzen« ist bei Hume verknüpft mit der unterschiedlichen Rolle von Verstand und Gefühl: Die »Seinssätze«, die Tatsachenbehauptungen, sind Sache des Verstandes. Die eigentliche Bewertung, das »Sollen« kommt erst durch das Gefühl ins Spiel. [Seinssätze und Sollenssätze]

Hume ist für die Ethik in den englischsprachigen Ländern der wichtigste Anreger geblieben. Der Gedanke, dass moralisches Handeln sich am Allgemeinwohl ausrichten muss, rückte in der Ethik des Utilitarismus in den Mittelpunkt. Mit seinem Ansatz, moralische Bewertungen zu untersuchen, hat er die Analytische Ethik des 20. Jahrhunderts, insbesondere die Metaethik beeinflusst.

16. Die Grundlagen der Moral

Kants Ablehnung einer Glücks- und Zweckethik

Obwohl IMMANUEL KANT (1724–1804) seinen etwas älteren schottischen Zeitgenossen sehr schätzte, ging er in seiner Ethik einen völlig anderen Weg als Hume. Kant war in der Tradition des Rationalismus aufgewachsen und bemühte sich daher, eine universalistische Ethik zu begründen, die sich ganz auf die Vernunft stützt und von Gefühlen und Zwecken unabhängig ist. Seit der antiken Ethik galt Glück als das selbstverständliche Ziel moralischen Handelns. Da die Vorstellungen von Glück und Allgemeinwohl unter den Menschen aber verschieden sind, ist es nach Kant unmöglich, aus dem Streben nach Glück moralische Gebote abzuleiten, die für alle Menschen gleichermaßen gelten. Eine Glücksmoral ist also nicht verallgemeinerbar.

Kants Pflichtethik

Deshalb trennt Kant zum ersten Mal in der Geschichte der Philosophie strikt zwischen moralischem Handeln auf der einen Seite und Glück und Allgemeinwohl auf der anderen Seite. An die Stelle einer an Zwecken ausgerichteten Nützlichkeitsethik setzt er in seiner *Grundlegung zur Metaphysik der Sitten* (1785) und seiner *Kritik der praktischen Vernunft* (1788) eine Pflichtethik: Moralische Gebote müssen nicht deshalb eingehalten werden, weil ihre Befolgung für uns oder andere nützlich ist oder weil wir dafür belohnt werden, sondern weil es unsere Pflicht ist. Nicht auf das Ergebnis einer Handlung kommt es nach Kant an, sondern nur auf die Gesinnung, d.h. auf die gute Absicht. Nur dann, so Kant, wenn die entscheidenden Motive des Handelns nicht in äußeren Zwecken, sondern im Menschen selbst liegen, ist seine »Autonomie« gewahrt.

Der Kategorische Imperativ und seine Anwendung

Die Abkehr von einer Glücks- und Zweckethik stellte Kant vor die Aufgabe, ein oberstes Moralprinzip zu formulieren, in der diese Autonomie und Selbstbestimmung zum Ausdruck gebracht werden. Es soll für alle Menschen in allen Situationen gelten, von Zwecken unabhängig sein und ein Handeln aus reiner Pflicht begründen. Kant nennt dieses Moralprinzip oder »Sittengesetz« den »Kategorischen Imperativ«, und zwar deshalb, weil dieser kategorisch, d.h. immer und überall zu befolgen ist. Er unterscheidet ihn von den verschiedenen Arten von »hypothetischen Imperativen«, deren Befolgung von Zwecken abhängig ist. Auch das Glück als Handlungszweck kann nur hypothetische Imperative und keinen Kategorischen Imperativ hervorbringen.

Der Kategorische Imperativ stellt keine konkrete Handlungsanweisung dar, sondern er gibt ein Verfahren an, mit dessen Hilfe jeder feststellen kann, ob eine Regel oder eine Handlung moralisch ist oder nicht. Kant hat verschiedene Formulierungen des Kategorischen Imperativs aufgestellt: Die wichtigste lautet: »Handle nur nach derjenigen Maxime, durch die du zugleich wollen kannst, dass sie ein allgemeines Gesetz werde!« In dieser Formulierung steht das Prinzip der Universalisierbarkeit im Vordergrund. Stehe ich also vor der Frage, ob ich einem Ertrinkenden zu Hilfe eilen soll, so frage ich nicht danach, ob dies dem allgemeinen Wohl nützt (es könnte sich ja um einen Schwerverbrecher handeln), sondern danach, ob es meinem Willen entspricht, wenn andere meine Entscheidung in einer ähnlichen Situation übernehmen und genauso handeln würden. Die Antwort lautet hier eindeutig »Ja!« Doch nicht immer gibt es eine solche unbestrittene Eindeutigkeit. Nehmen wir den berühmten Fall eines unschuldig Verfolgten, der sich bei mir versteckt hat und der von Häschern gesucht wird. Bin ich verpflichtet, ehrliche Auskunft über den Verbleib des Verfolgten zu geben? In seinem kleinen Aufsatz *Über ein vermeintes Recht aus Menschenliebe zu lügen* (1797) bejaht Kant auch diese Frage: Jede Lüge widerspricht seiner Meinung nach dem Sittengesetz, weil sie den Menschen in seiner Würde herabsetzt.

Kants Lehre vom Kategorischen Imperativ ist nicht nur die einflussreichste Theorie des ethischen Universalismus, sondern bis heute Ausgangspunkt jeder »deontologischen« Ethik (von griech. »deon« = Pflicht) geblieben, die das »Moralische« einer Handlung nicht an deren Folgen, sondern an der pflichtgemäßen Einhaltung bestimmter Regeln misst.

16. Die Grundlagen der Moral

Das »größtmögliche Glück der größtmöglichen Zahl« bei Bentham

Als höchst einflussreich erwies sich auch die von JEREMY BENTHAM (1748–1832) begründete Gegenposition zu Kant, nämlich die des Utilitarismus (von lat. »utile« = nützlich), die alle Handlungen danach beurteilt, ob sie für das Allgemeinwohl nützlich sind oder nicht. Im Gegensatz zur deontologischen Ethik Kants ist der Utilitarismus eine neue Form der teleologischen (von griech. »telos« = Ziel, Zweck), d. h. zweckorientierten Ethik.

Wie die Ethik Humes knüpft der Utilitarismus an die sozialen Tugenden des Menschen und an das Ziel des allgemeinen Wohls an. In seinem Hauptwerk *Einführung in die Prinzipien der Moral und der Gesetzgebung* (1789) sieht Bentham das Ziel moralischen Handelns darin, das »größtmögliche Glück der größtmöglichen Zahl von Menschen« herbeizuführen, wobei er unter Glück noch ganz allgemein »pleasure«, d. h. Lust und Wohlbefinden versteht. Für Bentham war alles das moralisch wertvoll, was diesem Ziel diente. Als einer der ganz wenigen Moralphilosophen des 18. Jahrhunderts erhob er außerdem die Forderung, das Wohl der Tiere im moralischen Handeln mit zu berücksichtigen.

Mills Utilitarismus

Der wichtigste Vertreter des Utilitarismus im 19. Jahrhundert war JOHN STUART MILL (1806–1873). Dass Glück und Allgemeinwohl die Ziele moralischen Handelns sein müssen, stellte auch Mill nicht in Frage. Doch im Gegensatz zu Bentham bemühte er sich darum, dieses Ziel etwas genauer zu bestimmen und zu qualifizieren. Mit seinem »qualifizierten« Utilitarismus wollte er den Kritikern entgegentreten, die behaupteten, der Utilitarismus mache keinen Unterschied zwischen dem lustvollen Wohlbefinden eines Schweins und dem Glück als Ergebnis einer moralischen Lebensweise. In seiner Schrift *Utilitarismus* (1861) betont Mill, dass auch soziale Gerechtigkeit zur Vergrößerung des allgemeinen Glücks beiträgt und deshalb notwendig ist. Es genügt nicht, wenn eine Gesellschaft insgesamt wohlhabend ist. Moralisch ist nur eine Handlungsweise, die auch dazu beiträgt, dass alle an diesem Reichtum teilhaben können. Auch ist nach Mill nicht jede

John Stuart Mill (1806–1873)

John Stuart Mill, am 20. Mai 1906 in London als Sohn des Nationalökonomen und Historikers James Mill geboren, hatte eine ungewöhnliche und keineswegs unbeschwerte Kindheit. Sein Vater, ein Freund des Utilitaristen Jeremy Bentham, betrachtete ihn als Wunderkind und unterwarf ihn einem strengen Erziehungsprogramm: Mit drei Jahren musste er Griechisch, mit acht Jahren Latein lernen.

Mill tat sich früh als Publizist hervor und wurde wie sein Vater Angestellter der East India Company. Erst langsam, nach schweren Krankheiten und Krisen, befreite er sich aus den Fesseln der väterlichen Erziehung. Seine Beziehung mit der verheirateten Frauenrechtlerin Harriet Taylor wurde zum Skandal. 1851, nach dem Tod ihres Mannes, konnte er sie schließlich heiraten. 1865 wurde er als Abgeordneter in das britische Unterhaus gewählt. Als engagierter Reformer setzte er sich für soziale Verbesserungen und das Frauenwahlrecht ein, kritisierte die kirchliche Moral und den Kolonialismus.

Mill war ein umfassend gebildeter und vielseitiger Philosoph. 1843 veröffentlichte er sein System der deduktiven und induktiven Logik, 1848 seine Grundsätze der politischen Ökonomie. Seine beiden berühmtesten Essays, Über die Freiheit *und* Utilitarismus, *erschienen 1859 und 1861. 1869 folgten seine Streitschrift für Frauenemanzipation,* Die Hörigkeit der Frau, *1873 seine Autobiographie und 1874 seine* Drei Essays über Religion.

1868 zog sich Mill, nach einer Niederlage bei der Parlamentswahl, nach Avignon zurück. Dort starb er am 7. Mai 1873.

Art von Glück moralisch gleichwertig: Den kulturellen und geistigen Formen des Glücks räumt er einen höheren Stellenwert ein.

Handlungsutilitarismus und Regelutilitarismus

Eine der ungelösten Fragen des von Bentham und Mill begründeten klassischen Utilitarismus lautete, ob eine Handlung nur dann moralisch ist, wenn sie unmittelbar zum Glück beiträgt, oder auch dann, wenn sie einer Regel folgt, deren allgemein praktizierte Einhaltung zum allgemeinen Wohl führt. Im 20. Jahrhundert bildeten sich zwei Richtungen des Utilitarismus heraus, die diese Frage jeweils unterschiedlich beantworteten: Der sogenannte »Handlungsutilitarismus« fordert den unmittelbaren Nachweis des Glücks für jede einzelne Handlung; der »Regelutilitarismus« dagegen erwartet diesen Nachweis nur für die allgemeine Einhaltung eines moralischen Gebots.

Klassenmoral im Marxismus

Eine enge Verknüpfung der Moral mit Fragen der sozialen Gerechtigkeit nahm auch der von KARL MARX (1818–1883) und FRIEDRICH ENGELS (1820–1895) begründete Marxismus vor. Doch sowohl im Gegensatz zum Utilitarismus als auch zur Vernunftmoral Kants vertrat der Marxismus einen Relativismus. Aus der materialistischen Grundanschauung, entsprechend der die Moral Ausdruck ökonomischer, gesellschaftlicher Interessen und jede Gesellschaft eine Klassengesellschaft ist, in der eine herrschende Klasse eine andere Klasse unterdrückt und ausbeutet, leitet der Marxismus die These ab, dass jede Moral eine Klassenmoral, d.h. ein Ausbeutungsinstrument der herrschenden Klasse ist.

Schopenhauers Mitleidsethik

Der Marxismus war nicht die einzige philosophische Theorie des 19. Jahrhunderts, die den Anspruch der normativen Ethik aufgegeben hatte, ein oberstes Moralprinzip zu begründen. Die Ethik ARTHUR SCHOPENHAUERS (1788–1860) baut auf seiner Willensmetaphysik auf. Für diese ist Leiden der Grundzustand der Welt, der sich aus der »Individuation«, d.h. aus der Zersplitterung des kosmischen Lebenswillens in einzelne individuelle Wesen ergibt. Für die Ethik folgert Schopenhauer daraus eine Art negativen Utilitarismus: Da Glück für ihn etwas völlig Unerreichbares ist, besteht das Ziel moralischen Handelns in der Vermeidung des Leidens. Hauptantrieb moralischen Handelns ist das Mitleid. Im Mitleid hebt man die Individuation wieder auf und stellt dadurch, dass man sich in die Lage des anderen hineinversetzt, die Einheit alles Lebenden wieder her. Zu dieser Einheit gehören auch Tiere. Schopenhauer ist damit neben Bentham einer der wenigen europäischen Philosophen der Neuzeit, die ihre Ethik nicht auf dem Unterschied, sondern auf der Gemeinsamkeit zwischen Tier und Mensch aufbauen. Deshalb betrachtet er Tierquälerei auch als eine der schlimmsten moralischen Verfehlungen.

Richtet sich bei Schopenhauer die Moral gegen die menschliche Triebabhängigkeit, so will FRIEDRICH NIETZSCHE (1844–1900) sie umgekehrt von ihrer Triebfeindlichkeit, deren Ursprung er vor allem im Christentum sieht, befreien. Nicht zufällig ist Nietzsches Moralphilosophie zu einem guten Teil Kritik an den vom Christentum geprägten Moralvorstellungen. Nietzsche wendet sich sowohl gegen die Mitleidsethik Schopenhauers als auch gegen die Nützlichkeitsmoral des Utilitarismus und die Pflichtethik Kants. Stattdessen vertritt er eine auf einer »Umwertung aller Werte« beruhende, auf den Kopf gestellte Tugendethik, in der Tugend mit natürlicher Stärke identifiziert wird. **Nietzsches »Umwertung aller Werte«**

Nach Meinung Nietzsches ist jede »altruistische«, d. h. auf das Wohl der Mitmenschen bezogene Moral Ausdruck des Ressentiments der natürlich Schwachen, die mit Tugenden wie Demut und Barmherzigkeit den starken und vitalen Menschen Gewissensbisse und Schuldgefühle eingeimpft und sie damit unter ihre Herrschaft gebracht haben. Für Nietzsche beruht eine solche Moral auf Heuchelei: In Wahrheit stehe dahinter immer ein versteckter Egoismus, der sich mit raffinierten psychologischen Mitteln Geltung verschaffe. Nietzsche entwickelt daraus die Forderung, die eigentlichen Wertmaßstäbe wieder zur Geltung zu bringen, die vor Einführung der christlichen Moral ge- **»Herrenmoral« und »Sklavenmoral«**

golten haben. Deshalb setzt er in Werken wie *Jenseits von Gut und Böse* (1886) und *Zur Genealogie der Moral* (1887) der christlichen »Sklavenmoral« seine Vorstellung einer »Herrenmoral« entgegen. Ursprünglich bedeutete »gut« seiner Ansicht nach nämlich nichts anderes als »gesund« und »stark«, während »schlecht« mit »schwach« identifiziert wurde. In der Herrenmoral wird also das »Recht des Stärkeren« wieder eingesetzt und der natürlichen Vitalität des Menschen Rechnung getragen. Moralisch ist nun wieder das, was der natürlichen Kräfteverteilung unter den Menschen entspricht.

Nietzsche hat vor allem als Moralkritiker und Moralpsychologe gewirkt, der hinter den gängigen Moralvorstellungen verborgene Motive aufspürte. Seine Vorstellungen einer Herrenmoral sind allerdings, vor allem angesichts der rassistischen Verbrechen des 20. Jahrhunderts, meist auf heftige Ablehnung gestoßen.

Die »materiale Wertethik« bei Scheler und Hartmann

Im Gegensatz zu Nietzsche hat die im frühen 20. Jahrhundert von MAX SCHELER (1874–1928) und NICOLAI HARTMANN (1882–1950) begründete »materiale Wertethik« versucht, den Gedanken objektiver moralischer Werte zu rehabilitieren und neu zu begründen. Wie die Ethik Kants stellt sie eine deontologische Ethik dar, weil sie die Erfüllung moralischer Forderungen als Pflicht begreift. Sie will jedoch keinen formalen Maßstab moralischen Handelns aufstellen, sondern die wichtigsten moralischen Werte konkret und inhaltlich bestimmen und die Beziehung klären, in der sie zueinander stehen.

Für Scheler wie für Hartmann können Werte objektive Existenz beanspruchen, d. h. sie existieren unabhängig vom Menschen in einer Sphäre des »idealen Seins«. In Schelers *Der Formalismus in der Ethik und die materiale Wertethik* (1913/16) und in Hartmanns *Ethik* (1926) wird dieses ideale »Reich der Werte« als eine Art Pyramide dargestellt, an deren unterem Ende materielle Werte und an deren oberem Ende bei Scheler die religiösen und bei Hartmann die sittlichen Werte stehen. Der Mensch hat durch ein ursprüngliches, intuitives »Wertgefühl« die Möglichkeit, diese

Friedrich Nietzsche (1844–1900)

Nietzsche wurde am 15. Oktober 1844 in Röcken, südlich von Leipzig, als Sohn eines protestantischen Pfarrers geboren. Nach dem frühen Tod des Vaters zog die Familie 1849 nach Naumburg. Dort erhielt der junge Nietzsche ein Stipendium, das ihm die Ausbildung am nahe gelegenen Elitegymnasium Schulpforta ermöglichte. 1864 nahm er das Studium der klassischen Philologie in Bonn und Leipzig auf. Bereits 1869 bot man dem 24jährigen hochbegabten Studenten, der noch kein Universitätsexamen abgelegt hatte, eine außerordentliche Professur in Basel an. In der Baseler Zeit entstanden seine ersten Werke, in denen sich Nietzsche, unter dem Einfluss Schopenhauers und des Komponisten Richard Wagner, der Philosophie zuwandte. 1879 gab er schließlich wegen Krankheit sein Lehramt auf. Von da an lebte er ohne festen Wohnsitz, vor allem im Alpen- und Mittelmeerraum.

Seine frühe Schrift Die Geburt der Tragödie (1872) löste vor allem bei seinen Akademikerkollegen viel Unruhe und Widerspruch aus. Nach seiner Abkehr von Schopenhauer und Wagner entstanden Menschliches, Allzumenschliches (1876–80), Die fröhliche Wissenschaft (1881–82) und vor allem sein Hauptwerk Also Sprach Zarathustra (1883–85). Seine Moralkritik gipfelt in den Spätwerken Jenseits von Gut und Böse (1886) und Zur Genealogie der Moral (1887).

1889 führte Nietzsches Krankheit zu einem geistigen Zusammenbruch. Bis zu seinem Tod lebte er als Pflegefall zunächst bei seiner Mutter in Naumburg und ab 1897 bei seiner Schwester in Weimar. Zu seinen Lebzeiten weitgehend unbeachtet, wurde Nietzsche im 20. Jahrhundert als Vertreter der Lebensphilosophie sowie als Metaphysik- und Moralkritiker zu einem der einflussreichsten Philosophen.

Seine kleine Schrift Über Lüge und Wahrheit im außermoralischen Sinne (1873) wurde zur Gründungsurkunde rationalitätskritischer Ansätze im 20. Jahrhundert und darüber hinaus.

Werte in ihrer Höher- oder Minderwertigkeit zu erkennen und sie in seinem Handeln zu verwirklichen.

Freiheit im Zentrum der existenzphilosophischen Ethik

Während sich die Ethik bei Hartmann und Scheler auf objektiv existierende Werte ausrichtete, betonte die in der ersten Hälfte des 20. Jahrhunderts entstandene Existenzphilosophie die Eigenverantwortlichkeit des Subjekts. Im Anschluss an die Philosophie Kierkegaards gehen sowohl Heidegger und Jaspers in Deutschland als auch JEAN-PAUL SARTRE (1905–1980) und ALBERT CAMUS (1913–1960) in Frankreich von der Freiheit des Menschen aus, die ihn zwingt, durch eine Wahl die Verantwortung für das eigene Leben zu übernehmen. In dieser Verwirklichung der Freiheit liegt die moralische Würde des Menschen. Bei Sartre wird diese Grundposition zu einer Ethik der »Situationen« erweitert: Jeder Mensch ist durch die ihn umgebenden Umstände Begrenzungen, »Situationen« ausgesetzt, die ihn zu einer Stellungnahme und Handlungsentscheidung zwingen, die ihm niemand abnehmen kann. Der Mensch ist, so Sartre, »zur Freiheit verurteilt«.

Begründung der Metaethik durch Moore

Eine völlig andere Richtung als in Kontinentaleuropa schlug die Ethik im englischsprachigen Raum ein. Zwar vertrat GEORGE EDWARD MOORE (1873–1958), ähnlich wie Scheler und Hartmann, die Auffassung, dass wir moralische Werte intuitiv erkennen können, doch lenkte er in seinen 1903 erschienenen *Principia Ethica* die Aufmerksamkeit auf die Sprache, d.h. auf die Bedeutung moralischer Begriffe und Aussagen. Moore wurde damit zu einem entscheidenden Anreger der »Metaethik« (von griech. »meta« = über, nach), die die Analyse moralischer Bewertungen und sprachlicher Äußerungen über Moral in den Vordergrund stellte.

Der »naturalistische Fehlschluss«

Für Moore bezeichnet »gut« keine natürliche Eigenschaft und kann deshalb nicht wie andere Begriffe durch Hinweis auf wahrnehmbare Tatsachen definiert werden. Mit »gut« beschreiben wir nichts, sondern wir fügen von uns aus dem Beschriebenen eine Bewertung hinzu. Damit unterstreicht Moore die grundsätzliche Unterscheidung zwischen »Seinssätzen« und »Sollenssätzen«, auf die schon Hume aufmerksam gemacht hatte. Wer »gut« mit einer natürlichen Eigenschaft identifiziert und deshalb von einem »Sein« auf ein »Sollen« schließt, begeht den sogenannten »naturalistischen Fehlschluss«.

Moores Untersuchungen übten großen Einfluss auf die in der Tradition des Empirismus und Positivismus stehende Analytische Ethik des 20. Jahrhunderts aus. Die sogenannten »Emotivisten« zogen den Schluss, dass moralische Sätze überhaupt nichts bedeuten, sondern lediglich die Gefühle des Sprechers ausdrücken. Auch MORITZ SCHLICK (1882–1936), ein Hauptvertreter des neopositivistischen Wiener Kreises, glaubt, dass sich moralische Bewertungen auf Lust- und Unlustgefühle beziehen. Aus dem Streben nach Lust und Glück lässt sich auch das moralische Handeln erklären. Ethik wird damit zu einer Form der empirischen Psychologie. Doch Schlick vertritt keinen ethischen Egoismus: In seinen *Fragen der Ethik* (1930) geht er in der Tradition Humes davon aus, dass der Mensch mit sozialen Trieben ausgestattet ist und dass die Befriedigung dieser Triebe ihm das größte Glücksgefühl beschert. Damit wird individuelles Glücksstreben mit dem Anreiz zu sozialem Verhalten verknüpft.

<small>Schlicks psychologische Ethik</small>

Einer der wichtigsten Vertreter der Analytischen Ethik im 20. Jahrhundert, RICHARD M. HARE (1919–2002), kommt in den metaethischen Untersuchungen seines frühen Hauptwerks *Die Sprache der Moral* (1952) zu anderen Ergebnissen. Moralische Urteile drücken nach Hare keine Gefühle aus, sondern sind Anleitungen für mein eigenes Handeln. Im Gegensatz zu »deskriptiven«, also beschreibenden Sätzen gehören sie zu einer »präskriptiven«, d. h. vorschreibenden Sprache, wie sie sich in Sollenssätzen, also in Imperativen, ausdrückt. Um moralische Gebote handelt es sich bei diesen aber erst dann, wenn man ihnen auch in allen vergleichbaren Situationen folgen würde, wenn sie also universalisierbar sind. Mit diesen sprachlogischen Maßstäben der Präskriptivität und Universalisierbarkeit steht Hare dem Kategorischen Imperativ Kants sehr nahe.

<small>Hares Sprache der Moral</small>

In seinem zweiten Hauptwerk *Freiheit und Vernunft* (1963) fordert Hare in der Tradition des Utilitarismus, dass moralische Gebote auch die Interessen der Betroffenen und das allgemeine Wohl berücksichtigen müssen.

Damit hat Hare einen ersten Schritt von einer Metaethik zur Wiederbelebung der normativen Ethik gemacht. Die Erneuerung der normativen Ethik, die sich um die Begründung eines obersten Moralprinzips bemüht, erfolgte in der zweiten Hälfte des 20. Jahrhunderts in den USA durch John Rawls und in Deutschland durch Karl-Otto Apel und Jürgen Habermas.

Normenbegründung durch Übereinkunft bei Rawls

JOHN RAWLS (1921–2002) stützte sich in seiner *Theorie der Gerechtigkeit* (1971) auf Kant und die Vertragstheorie der Aufklärung und wendet sich gegen den Utilitarismus. Es geht ihm um Gerechtigkeitsprinzipien, an denen sich jedes moralische Handeln messen lassen soll. Wie Kant glaubt Rawls, dass nur die Vernunft, d. h. die auf Argumente sich stützende Einsicht, solche Prinzipien begründen kann. Doch sind diese Vernunftprinzipien nicht, wie im Kategorischen Imperativ, einfach »gegeben«, sondern sie müssen in einer ursprünglichen vertraglichen Übereinkunft durch Abwägung der gegenseitigen Interessen erst gefunden werden. Dabei gelangt man nach Rawls zum Grundsatz einer »Gerechtigkeit als Fairness«, der sowohl für die Ethik als auch für die politische Philosophie gilt. Er beinhaltet u. a. den Respekt vor den Persönlichkeitsrechten des Einzelnen als auch das Gebot, die grundsätzliche Gleichheit aller Menschen anzuerkennen.

Diskursethik bei Apel und Habermas

Auch die von KARL-OTTO APEL (geb. 1922) und JÜRGEN HABERMAS (geb. 1929) begründete Diskursethik steht in der Vernunfttradition Kants. Hier geht es allerdings um eine Vernunft, die sich weder, wie bei Kant, dem reinen Denken, noch, wie bei Rawls, einer vertraglichen Übereinkunft entnehmen lässt, sondern die sich in den Argumentationsregeln einer sprachlichen Kommunikation zeigt. Die von Apel in seiner *Transformation der Philosophie* (1973) und von Habermas in *Moralbewusstsein und kommunikatives Handeln* (1983) entwickelte Moraltheorie verlegt die Entscheidung über moralische Urteile in eine »ideale Sprechsituation«, in der autonome und gleichberechtigte Individuen einander gegenüberstehen und sich, unabhängig von Kultur, Gesellschaft und Herkunft, auf allgemeinverbindliche Handlungsgrundsätze einigen. Den Spielregeln einer solchen Kommunikation liegen aber immer schon elementare moralische Prinzipien zugrunde. Zu diesen gehört z. B. die Verpflichtung, die Wahrheit zu sagen, oder die, alle Gesprächspartner als gleichwertig anzuerkennen.

Sowohl Rawls als auch die Diskursethik nehmen das liberale, in der Aufklärung verwurzelte Modell autonomer, sich voneinander abgrenzender Individuen zum Ausgangspunkt der Beantwortung der Frage, wie sich moralische Normen begründen lassen. Die in Nordamerika entstandene Richtung des »Kommunitarismus« (von engl. »community« = Gemeinschaft) behauptet demgegenüber, dass die Moral in bestimmten Tugenden und Werten verankert sein muss, die in täglichen Gemeinschaften wie der Familie oder der Nachbarschaft eingeübt werden. Sie glaubt, dass die Ethik nicht auf abstrakten Gerechtigkeitsprinzipien, sondern auf konkreten Formen eines »guten Lebens« begründet werden muss. Vorbild ist dabei die Tugendlehre des Aristoteles, die vom Menschen als einem sozialen Wesen ausgeht, das sich nur in der Gemeinschaft mit anderen als »moralische« Person entwickeln kann, und die daher den gemeinschaftsfördernden Tugenden eine zentrale Rolle zuspricht.

Der Kommunitarismus

Der aus Irland stammende und in den USA lebende ALASDAIR MACINTYRE (geb. 1929) fordert in seiner Schrift *Verlust der Tugend* (1981), dass sich Moral in einer sozialen Lebensform verkörpern muss, in der eine Übereinstimmung über Werte, Ziele und Tugenden herrscht und sich ein bestimmter moralischer Typ, ein »Sozialcharakter«, ausprägt. Solche Sozialcharaktere, denen man sich zugehörig fühlt, machen nach MacIntyre erst die moralische Identität des Menschen aus. Damit steht MacIntyre

Kultur und soziale Lebensform als Grundlage der Ethik

einem ethischen Relativismus nahe, da es schwierig zu begründen ist, warum die Werte einer bestimmten Lebensform auch für andere Lebensformen gelten sollen. Postmoderne Moralphilosophen wie RICHARD RORTY (1931–2007) vertreten einen solchen Relativismus ganz offen, indem sie behaupten, dass die Geltung moralischer Normen nur durch die Besonderheiten einer Kultur und nicht durch eine »universalistische« Moraltheorie begründet werden kann.

Eine andere Vertreterin des Kommunitarismus, MARTHA NUSSBAUM (geb. 1947), lehnt dagegen den ethischen Relativismus ab. Sie glaubt, dass alle sozialen Lebensformen versuchen, eine Antwort auf bestimmte Grundbedürfnisse des Menschen, wie körperliche Unversehrtheit, Nahrungsaufnahme, Sexualität, Entwicklung intellektueller Fähigkeiten usw. zu geben. Eine moralische Theorie des Guten muss deshalb auf diesen »universalen« Grundbedürfnissen aufbauen.

Die ökologische Ethik Die zunehmenden Möglichkeiten von Wissenschaft und Technik, in das menschliche Leben und die menschliche Umwelt einzugreifen, haben am Ende des 20. Jahrhunderts dazu geführt, dass der angewandten Ethik verstärkte Aufmerksamkeit geschenkt wurde. So entstand z.B. eine ökologische Ethik, die zu begründen versucht, dass der Mensch nicht nur gegenüber seinen Mitmenschen, sondern auch gegenüber der Natur moralische Verantwortung übernehmen muss. So fordert HANS JONAS (1903–1993) in seinem 1979 erschienenen Werk *Das Prinzip Verantwortung*, das technisch »Machbare« einer grundsätzlichen moralischen Kritik zu unterziehen. Der Mensch solle der Natur in der Haltung des Hütens und Bewahrens gegenübertreten, um nicht seine eigene Zukunft aufs Spiel zu setzen.

Angewandte Ethik Der international bekannteste, aber auch umstrittenste Moralphilosoph, der sich mit Fragen der angewandten Ethik beschäftigt, ist der Australier PETER SINGER (geb. 1946). Singers Zustimmung zur aktiven Sterbehilfe, mit der er das Recht auf Selbstbestimmung in bestimmten Situationen höher bewertet als die Erhaltung körperlicher Unversehrtheit, hat seine Thesen zum Gegenstand einer heftigen Kontroverse werden lassen. Doch ist es ihm und anderen Vertretern der angewandten Ethik zu verdanken, dass sich die heutige philosophische Ethik mit Fragen beschäftigt, die auch in der öffentlichen Diskussion eine Rolle spielen. Dazu gehören z. B. auch die moralische Bewertung der Abtreibung, Fragen der Gentechnik und des Klonens, aber auch das Problem, inwieweit es auch moralische Pflichten gegenüber Tieren gibt.

Wenn auch anerkannt wird, dass die Metaethik zur Klärung der logischen Eigenart ethischer Begriffe und Aussagen vieles beigetragen hat, so hat sich doch die Überzeugung durchgesetzt, dass die zentrale Aufgabe der Ethik eigentlich in der Begründung moralischer Normen liegt. Mit der Anerkennung der normativen Ethik als philosophischer Aufgabe ist auch die Anerkennung grundlegender moralischer Ideen verknüpft. Dass jede Moral von der Verantwortlichkeit und persönlichen Würde des Einzelnen und gleichzeitig von der Gleichbehandlung aller moralisch Handelnden ausgehen muss, ist inzwischen allgemein anerkannt.

Die Unverzichtbarkeit universaler moralischer Normen

Die Versuche, ein oberstes Moralprinzip rational zu begründen, sind freilich durchweg umstritten geblieben. Nicht nur die Ansätze Kants und des Utilitarismus, sondern auch die neueren Versuche von Rawls und der Diskursethik können sich keiner allgemeinen Zustimmung erfreuen. Aus diesem – tatsächlichen oder vermeintlichen – Scheitern aller bisherigen Begründungsversuche oberster Moralprinzipien haben Relativisten seit jeher die Unmöglichkeit einer rationalen Grundlage der Ethik abgeleitet. Demgegenüber haben ethische Universalisten immer wieder darauf verwiesen, dass die Idee der Allgemeingültigkeit schon mit dem Begriff einer ethischen Norm selbst verknüpft ist, aber auch, dass es wichtig ist, in einer von Globalisierung und dem Zusammenprall der Kulturen geprägten Welt an der Idee universaler Moralgrundsätze

Das Bedürfnis nach konkreter moralischer Orientierung

festzuhalten. Es scheint, dass eine reine Moralkritik, eine Psychologie des moralischen Handelns oder ein leidenschaftliches Pathos der Freiheit nicht ausreichen, um allgemeingültige Maßstäbe des Zusammenlebens zu formulieren.

Daneben hat sich aber auch die Einsicht durchgesetzt, dass die Ethik nicht bei abstrakten Begründungsfragen stehenbleiben darf, sondern dass sie als angewandte Ethik sich sowohl mit den moralischen Werten und Tugenden konkreter Gemeinschaften und Lebensformen beschäftigen als auch eine Orientierung in moralischen Konflikten des Alltagslebens geben muss.

17. Freiheit und soziale Gerechtigkeit

Die politische Philosophie im 19. und 20. Jahrhundert

Die Französische Revolution mit ihrer Forderung nach Verwirklichung von »Freiheit, Gleichheit, Brüderlichkeit« markierte auch für die politische Philosophie eine Epochenzäsur. Im Gefolge der Ereignisse in Frankreich entwickelten sich in Europa zwei große philosophische und politische Bewegungen, nämlich Sozialismus und Liberalismus. Beide nahmen das Erbe der Aufklärung auf und verfolgten in unterschiedlicher Weise das Ziel einer Emanzipation, d.h. einer sozialen und politischen Befreiung des Menschen. »Freiheit, Gleichheit, Brüderlichkeit«

Die Theorie des Sozialismus war eng verbunden mit der Entstehung einer neuen sozialen Schicht, der Industriearbeiterschaft. Der Sozialismus versteht sich als Antwort auf die »soziale Frage«, die durch das explodierende Bevölkerungswachstum und die zunehmende Verarmung breiter Schichten entstanden war. Er strebt die Befreiung des Menschen durch eine grundlegende Umgestaltung der Gesellschaft und ihrer Eigentumsordnung an und wendet sich nicht nur gegen die adlige Standesgesellschaft, sondern auch gegen die neue, vom Bürgertum beherrschte gesellschaftliche Ordnung. Ziel des Sozialismus ist eine »klassenlose Gesellschaft«, in der jeder über die Produkte seiner Arbeit selbst verfügen kann. Die Ziele des Sozialismus

Die Theorie des Liberalismus setzte demgegenüber das Individuum mit seinen Rechten und Freiheiten in den Mittelpunkt. Der Liberalismus übernahm die Forderung Lockes und Montesquieus nach einem politischen System, das auf einer Verfassung beruht, in dem Gewaltenteilung herrscht und die Regierung einem gewählten Parlament verpflichtet ist. Dem Bürger werden dabei unverlierbare Rechte zugesprochen, die auch der Staat nicht einschränken darf. Dazu gehören auch die Rechte auf Privateigentum und auf freien, unbegrenzten Warenaustausch. Das Anliegen des Liberalismus

Im Mittelpunkt der Auseinandersetzung zwischen diesen beiden Strömungen stand die Frage, in welcher Weise Freiheit und soziale Gerechtigkeit miteinander verbunden werden sollten. Haben Freiheit und Grundrechte des Individuums Vorrang oder konnten sie zugunsten der sozialen Gerechtigkeit oder des gesellschaftlichen Fortschritts eingeschränkt werden? Genügen schrittweise Reformen oder ist eine soziale und politische Revolution notwendig?

Die Frühsozialisten

Die im frühen 19. Jahrhundert auftretenden Frühsozialisten wie CLAUDE-HENRI DE SAINT-SIMON (1760–1825), CHARLES FOURIER (1772–1837) und ROBERT OWEN (1771–1858) waren wie Rousseau der Meinung, dass der Mensch ursprünglich gut ist, aber durch die gesellschaftlichen Umstände verdorben wird. Die Verwirklichung von Freiheit und Gleichheit ist ihrer Meinung nach nur dann möglich, wenn die ökonomische Ausbeutung des Menschen beendet und der Mensch am Ertrag seiner Arbeit beteiligt wird. Dazu gehörte auch die Gleichstellung von Mann und Frau sowie die Abschaffung der Frauen- und Kinderarbeit.

In ihrer Vorstellung von der idealen Gesellschaft griffen die Frühsozialisten auch auf Ideen der Renaissanceutopien zurück, so z. B. auf die Forderungen nach einer Gütergemeinschaft und nach der gleichen Teilhabe aller am Gesellschaftsvermögen.

Stirners Begründung des Anarchismus

Einer der Begründer des modernen Anarchismus, MAX STIRNER (eigentl. Johann Caspar Schmidt, 1806–1856), vertrat, im Gegensatz zu den meisten Theoretikern des Sozialismus, einen radikalen Individualismus, der auch weit über liberale Vorstellungen hinausging. In seinem Hauptwerk *Der Einzige und sein Eigentum* (1844) lehnt Stirner den Gedanken ab, dass der Mensch ein Gemeinschaftswesen ist, und sieht in Religion und Staat, aber auch in einer klassenlosen Gesellschaft lediglich Einschränkungen der Freiheit des Individuums. Auch einem Gesetz der Geschichte ist der Mensch nach Stirner nicht unterworfen. Das »Eigentum«, das er für den Menschen einfordert, ist nicht der durch Arbeit erworbene Besitz, sondern das Individuum selbst, das »Ich«, das Stirner grundsätzlich mit großem Anfangsbuchstaben schreibt. Er fordert eine kompromisslose Selbstverwirklichung und Emanzipation dieses »Ich« gegen die Ansprüche der Gesellschaft. Sein Wahlspruch lautet: »Mir geht nichts über Mich!«

Die Begründer des modernen Liberalismus, Tocqueville und Mill, sahen ebenfalls in der Anhäufung von Staatsmacht eine der größten Gefahren und pladierten für eine Erweiterung der Freiheiten des Individuums durch Bürgerengagement und institutionelle Reformen.

In seinen beiden Hauptwerken *Über die Demokratie in Amerika* (1835–40) und *Der alte Staat und die Revolution* (1856) untersucht ALEXIS DE TOCQUEVILLE (1805–1859) vor allem die Frage, welche Institutionen diese Freiheit schützen oder gefährden können. Die junge amerikanische Republik war für ihn insofern Vorbild, als sie den Sinn für Eigenverantwortlichkeit durch kommunale Organisationen, durch Vereine, Kirchen oder auch durch die Institution der Geschworenengerichte förderte, sie war aber auch deswegen Vorbild, weil sie jedem einzelnen Bürger Möglichkeiten der Teilnahme am staatlichen Leben garantierte und ihm erlaubte, seine Sitten, Gebräuche und Traditionen einzubringen. Staatlichen Zentralismus, wie er sich in Frankreich auch nach der Revolution erhalten hatte, lehnte er ab. Damit wurde Tocqueville zu einem frühen Befürworter dessen, was heute »Bürgergesellschaft« genannt wird, und zum Vorläufer des sogenannten »Kommunitarismus«, der sich am Ende des 20. Jahrhunderts in den USA entwickelte.

Die Idee der Bürgergesellschaft bei Tocqueville

Tocqueville war aber auch ein früher Kritiker der Massengesellschaft, in der die politische Entscheidungsbildung in die Hände einer von wenigen gesteuerten öffentlichen Meinung fällt. Die für ihn wichtigen, zwischen Staat und Bürger stehenden Institutionen wie kommunale und regionale Vertretungen werden seiner Meinung nach durch solche Steuerungen ausgehöhlt.

Mills Plädoyer für individuelle Freiheit

Beeinflusst durch die These Tocquevilles, dass die moderne Massengesellschaft eine neue Art von Uniformität und Konformität hervorbringt, verteidigte der Engländer JOHN STUART MILL (1806–1873) in seinem Essay *Über die Freiheit* (1859) das Recht des Individuums auf freie Entfaltung seiner Persönlichkeit. Das Individuum, so Mill, steht nicht nur den Ansprüchen des Staates gegenüber, sondern auch unter dem Druck und den Erwartungen der Konventionen und der öffentlichen Meinung. In all diesen Konflikten hat die Selbstbestimmung des Einzelnen Vorrang. Mit seiner Schrift *Die Hörigkeit der Frau* (1869) wurde Mill auch zu einem Vorkämpfer der Frauenemanzipation: Er forderte die vollständige gesellschaftliche und politische Gleichstellung der Frau, da das sogenannte natürliche Rollenverhältnis von Mann und Frau lediglich auf Gewohnheit und gesellschaftlichen Konventionen beruht.

Dem Staat fällt nach Mill die Aufgabe zu, die Vielfalt der individuellen Lebensentwürfe zu schützen, aber auch das allgemeine Wohl zu fördern. Von JEREMY BENTHAM (1748–1832) und dessen *Einführung in die Prinzipien der Moral und der Gesetzgebung* (1789) übernimmt er die These, dass es das Ziel von Gesetzen sei, »das größtmögliche Glück der größtmöglichen Zahl von Menschen« zu befördern, ein Grundsatz, den er in seiner eigenen Schrift *Utilitarismus* (1861) umfassend erläutert und begründet. Meinungsfreiheit, Gewissensfreiheit, die Freiheit, sich politisch zu organisieren, und die Freiheit, sein Leben nach eigenen Vorstellungen zu gestalten, dürfen nur dann eingeschränkt werden, wenn sie die Freiheit oder das Glück anderer beeinträchtigen. Mit seiner Verteidigung von Toleranz und individueller Freiheit gehört Mill zu den wichtigsten Erben der Aufklärung im 19. Jahrhundert.

Die soziale Frage bei Mill

Im Gegensatz zu vielen anderen liberalen Philosophen widmete sich Mill auch der »sozialen Frage«. In seinen *Grundsätzen der politischen Ökonomie* (1848) hielt er allerdings an den Grundsätzen einer freien Marktproduktion und des Privateigentums an Produktionsmitteln fest. Nur in einer Gesellschaft, in der durch Konkurrenz die

Kreativität der Menschen herausgefordert wird, entstehen Fortschritt und Wohlstand. Aber er sah sowohl die Grenzen des wirtschaftlichen Wachstums als auch die Notwendigkeit voraus, das erwirtschaftete Volksvermögen sozial gerecht zu verteilen. Während die Produktion den freien Gesetzen des Marktes folgen sollte, trat er dafür ein, die Distribution, d. h. die Verteilung des Volksvermögens, öffentlich zu steuern. Damit werden die Gesetze des Marktes durch ethische Maßstäbe ergänzt.

Im Gegensatz dazu war die Abschaffung des Privateigentums an Produktionsmitteln durch eine gesellschaftliche Revolution eine der Hauptforderungen des von KARL MARX (1818–1883) und FRIEDRICH ENGELS (1820–1895) begründeten Marxismus.

Die für den Marxismus typische Verknüpfung von Gesellschaftstheorie und Geschichtsphilosophie hat ihren Ursprung in der politischen Philosophie GEORG WILHELM FRIEDRICH HEGELS (1770–1831). Hegel begriff die Geschichte als einen sich nach dem Gesetz der Dialektik entwickelnden Prozess, in dem sich die Vernunft mehr und mehr durchsetzt und sich am Ende im modernen Verfassungsstaat ganz verwirklicht. Im Gegensatz zu den Vertretern des Gesellschaftsvertrags unterschied Hegel zwischen bürgerlicher Gesellschaft und Staat: Die bürgerliche Gesellschaft ist ein sozialer Bereich, in dem an die Stelle der alten feudalen gesellschaftlichen Bindungen privatrechtliche Beziehungen zwischen den Individuen treten, die durch Privateigentum, Arbeitsteilung und freien Warenaustausch gekennzeichnet sind. Der Staat selbst ist aber für Hegel mehr als die Summe der Privatinteressen. Er bleibt der bürgerlichen Gesellschaft und damit auch den Interessen des Individuums übergeordnet.

Hegels Unterscheidung von Staat und bürgerlicher Gesellschaft

Marx übernahm von Hegel den Begriff der »bürgerlichen Gesellschaft« und die Idee ihrer gesetzmäßigen »dialektischen« Entwicklung, sah die Triebkräfte dieser Entwicklung aber in materiellen und ökonomischen Bedingungen. Entsprechend unterzog er die bürgerliche Ge-

»Wissenschaftlicher Sozialismus« bei Marx

sellschaft einer neuen, ökonomischen Analyse. Aus der Verbindung zwischen Hegels Philosophie und der Nationalökonomie leiteten Marx und Engels auch ihren Anspruch ab, den »utopischen« Sozialismus der Frühsozialisten durch einen »wissenschaftlichen« Sozialismus überwunden zu haben.

»Das Kommunistische Manifest«
Die neue marxistische Geschichtsdeutung fand ihren einflussreichsten Ausdruck in dem von Marx und Engels gemeinsam verfassten *Manifest der Kommunistischen Partei* (1848). Am Ende der Geschichte steht dabei nicht wie bei Hegel der Staat, sondern die klassenlose Gesellschaft des Kommunismus, in der sowohl die Ausbeutung der Menschen als auch der Staat selbst abgeschafft sein werden.

Die Entwicklung von Technik und die Nutzbarmachung neuer Naturressourcen, also die Erschließung neuer »Produktivkräfte«, führen nach Marx und Engels zu immer höher entwickelten Produktions- und Eigentumsverhältnissen. Dabei kommt es auf jeder geschichtlichen Stufe zu ökonomischen und politischen Verteilungskämpfen zwischen der jeweils unterdrückten Klasse und der jeweils besitzenden Klasse. Damit wird die Geschichte zu einer »Geschichte von Klassenkämpfen«. So kämpfte in der feudalen Standesgesellschaft die bürgerliche Klasse, die Bourgeoisie, gegen feudale Privilegien der Aristokratie. In der aus dem Feudalismus hervorgegangenen bürgerlichen Gesellschaft sieht sich die nun herrschende Bourgeoisie den Forderungen des Proletariats, d.h. der vom Privateigentum an Produktionsmitteln abgeschnittenen Industriearbeiterschaft, gegenüber. Diesem fällt die Aufgabe zu, die Geschichte durch eine revolutionäre Umgestaltung der Gesellschaft zu vollenden: An die Stelle einer neuen Klassengesellschaft wird die klassenlose Gesellschaft des Kommunismus treten. Mit ihrem Slogan »Proletarier aller Länder vereinigt euch!« forderten Marx und Engels die Arbeiter auf, sich auf internationaler Basis zu organisieren.

»Das Kapital«
In seinem umfangreichen dreibändigen Hauptwerk *Das Kapital* (1867–94) beschreibt Marx die bürgerliche Gesellschaft als »kapitalistische« Gesellschaft, weil die

Karl Marx (1818–1883)

Karl Marx wurde am 5. Mai 1818 in Trier als Sohn eines Rechtsanwalts geboren. 1835 begann er sein Studium der Rechtswissenschaften in Bonn, das er in Berlin fortsetzte. Dort geriet er unter den Einfluss der Philosophie Hegels und schloss sich den politisch links orientierten »Junghegelianern« an. Nachdem die Universität Jena ihn 1841 zum Doktor der Philosophie promoviert hatte, wurde er 1842 Mitarbeiter der liberalen, in Köln erscheinenden »Rheinischen Zeitung«. Bekannt als Anhänger radikaler politischer und sozialer Veränderungen, wurde er aus Preußen und später auch aus Paris und Brüssel ausgewiesen. Von 1849 bis zu seinem Tod lebte er im Exil in London, wo er seine philosophischen Anschauungen durch intensive ökonomische Studien ergänzte. Als einer ihrer führenden Köpfe war er aktiv am Aufbau einer internationalen sozialistischen Arbeiterbewegung beteiligt. In Paris hatte er seinen Freund und Mitarbeiter Friedrich Engels (1820–1895) kennengelernt, mit dem zusammen er 1848, im Jahr der europäischen Revolutionen, das Manifest der Kommunistischen Partei veröffentlichte. 1852 erschien seine Streitschrift Der 18. Brumaire des Louis Bonaparte, 1867 der erste Band von Das Kapital. Der zweite und dritte Band seines unvollendeten Hauptwerks konnten erst 1885 und 1887 von Engels aus dem Nachlass herausgegeben erscheinen.

Marx führte ein engagiertes und materiell ungesichertes Leben und blieb immer auf finanzielle Unterstützung durch seinen Freund Engels angewiesen. Als Staatenloser geächtet und in ständige ideologische Grabenkämpfe mit anderen Vertretern der Arbeiterbewegung verwickelt, starb er am 14. März 1883 in London.

ständige Umwandlung von Arbeit in Kapital in dieser Gesellschaft die entscheidende Rolle spielt. Arbeit ist für Marx das natürliche Mittel menschlicher Selbstverwirklichung. Menschliches Leben in seiner natürlichen Form ist eine Art ständiger, durch Arbeit vollzogener Stoffwechsel zwischen Mensch und Natur. Durch Arbeit schafft der Mensch Produkte, in denen er sich selbst wiederfindet, mit denen er sich identifizieren kann. In der kapitalistischen Gesellschaft dagegen gibt es einen »Grundwiderspruch« zwischen Arbeit und Kapital: Während die Arbeit vergesellschaftet, also die Leistung aller ist, sind die Produktionsmittel und damit das erwirtschaftete Kapital Privateigentum in den Händen der Bourgeoisie. Arbeit wird zur Ware, die dazu dient, dem Kapitalisten Profit zu erwirtschaften. Die Mehrheit der Bevölkerung, die Arbeiterschaft, wird auf diese Weise nicht nur ausgebeutet, sondern auch an ihrer natürlichen menschlichen Selbstverwirklichung gehindert. Marx fasste dies durch den Begriff »Entfremdung«.

Die Zukunftsprognosen des Marxismus

Marx sagte voraus, dass sich innerhalb der kapitalistischen Gesellschaft die Klassengegensätze zunehmend verschärfen würden. So werde sich immer mehr Kapital in wenigen Händen konzentrieren und andererseits immer mehr Proletarier unter das Existenzminimum fallen und »verelenden«. Dies führt notwendigerweise zu einer Revolution, in der das Privateigentum an Produktionsmitteln abgeschafft wird. Da nach Marx erst im Kommunismus Freiheit und Gerechtigkeit verwirklicht werden können, muss das Individuum bis dahin »Einsicht in die Notwendigkeit« des Geschichtsprozesses üben und seine Ansprüche hinter der weltgeschichtlichen Rolle des Proletariats zurücktreten lassen.

Engels' »Ursprung der Familie«

In seiner Schrift *Der Ursprung der Familie* (1884) wandte Engels diese Überlegungen auch auf die gesellschaftlichen Institutionen der bürgerlichen Ehe und Familie an. Auch sie sind Produkte ökonomischer Beziehungen und müssen im Sozialismus neu gestaltet werden. Daraus folgt u.a. die völlige gesellschaftliche Gleichberechtigung der Frau.

Aufbauend auf Marx und Engels hat LENIN (eigentl. Wladimir Iljitsch Uljanow, 1870–1924) die politische Philosophie des Marxismus vor allem um zwei wichtige Elemente ergänzt, nämlich erstens um die Rolle der kommunistischen Partei in Staat und Gesellschaft und zweitens um eine neue Sicht des Kapitalismus vor dem Hintergrund der internationalen Entwicklungen.

In seinem Pamphlet *Was tun?* (1902) spricht Lenin erstmals von der »kommunistischen Partei« im Sinne einer straff und hierarchisch organisierten »Kaderpartei« von Berufsrevolutionären, die sich als »Avantgarde« des Proletariats begreifen solle. Sie hat die Aufgabe, den »Massen einen Schritt voraus« zu sein und auch in einem zentralistisch organisierten sozialistischen Staat, der der eigentlichen klassenlosen Gesellschaft vorhergehen solle, die führende Rolle zu spielen. Individuelle Freiheitsrechte haben sich den Vorgaben der Partei unterzuordnen.

Lenin

In seiner Schrift *Der Imperialismus als höchstes Stadium des Kapitalismus* (1916) sieht Lenin den Kapitalismus als neues, internationales Weltwirtschaftssystem, in dem sich Großkonzerne bilden, Kapital sich bei wenigen Banken konzentriert und die Rohstoffe der weniger entwickelten Länder ausgebeutet werden. Als Kolonialismus und »Imperialismus« sei der Kapitalismus in seine letzte Phase eingetreten und steuere auf eine Weltrevolution zu.

»Der Imperialismus als höchstes Stadium des Kapitalismus«

Mit der russischen Oktoberrevolution von 1917, die Lenins bolschewistische Partei an die Macht brachte, begann ein Prozess, in dem sich der sogenannte »Marxismus-Leninismus« zu einer dogmatisch erstarrten Staatsphilosophie entwickelte. Dem trat der vor allem in Mittel- und Westeuropa entstehende Neomarxismus mit dem Versuch entgegen, den Marxismus kritisch weiterzuentwickeln.

Der Neomarxismus

In der Tradition der Sozialutopien betonte ERNST BLOCH (1885–1977) in seinem Hauptwerk *Das Prinzip Hoffnung* (1959) den Charakter des Marxismus als Utopie einer klassenlosen, materiell gesicherten und freien Gesellschaft. Als solche bleibt der Marxismus Motor für ständige gesellschaftliche Veränderungen.

Lukács' Begriff der »Verdinglichung«

Der Ungar GEORG LUKÁCS (1885–1971) griff in seiner Aufsatzsammlung *Geschichte und Klassenbewusstsein* (1923) die Marxsche Analyse der »Entfremdung« auf. Mit dem Begriff »Verdinglichung« bezeichnet er alle Formen der Entfremdung in der modernen Industriegesellschaft, die sich aus den Folgen der Rationalisierung ergeben. Verdinglichung bedeutet, dass die gesellschaftlichen Beziehungen, in denen der Mensch steht, zur Ware werden und er der Möglichkeit der Kreativität und Selbstbestimmung beraubt wird. Die Befreiung von dieser universellen Herrschaft der »Warenform« bleibt für ihn, wie für Marx und Lenin, eine revolutionäre Mission des Proletariats.

Die Kritische Theorie der Frankfurter Schule

Anknüpfend an diesen Begriff der Verdinglichung strebten die Vertreter der in den 1920er Jahren entstandenen Frankfurter Schule an, den Marxismus zu einer allgemeinen Methode der Sozialforschung und Sozialkritik zu entwickeln. Der Begriff »Kritische Theorie«, der sich für den Neomarxismus der Frankfurter Schule eingebürgert hat, meint genau diese Verbindung von Analyse und Kritik. Die Offenheit für nichtmarxistische Theorien, wie z. B. die Psychoanalyse Freuds, führte dabei zu Schlussfolgerungen, die den traditionellen marxistischen Annahmen auch widersprechen konnten.

»Dialektik der Aufklärung«

Während Marx an die Entfaltung von Wissenschaft und Technik positive Hoffnungen knüpfte und der Meinung war, dass der Kapitalismus an seiner eigenen Irrationalität scheitern werde, sahen die Vertreter der Frankfurter Schule den Kapitalismus des 20. Jahrhunderts dadurch gekennzeichnet, dass er Rationalität erfolgreich zu einem Herrschaftsinstrument entwickelt hat. In dem von MAX HORKHEIMER (1895–1973) und THEODOR W. ADORNO (1903–1969) gemeinsam verfassten Hauptwerk der Frankfurter Schule, der *Dialektik der Aufklärung* (1944), wird der Nachweis versucht, dass die Vernunft, von der Aufklärung als befreiende Kraft verstanden, in der modernen Industriegesellschaft auf »instrumentelle Vernunft« im Dienst des Markts und des

Profits reduziert worden ist. Mit ihrer Kritik an der »Kulturindustrie«, in der Kultur als marktgerechte Ware der kapitalistischen Herrschaft dienstbar gemacht wird, verbanden Horkheimer und Adorno einen Kultur- und Geschichtspessimismus, der dem ursprünglichen Marxismus fremd war.

Besonders deutlich ist die Verbindung von psychoanalytischen Analysen mit marxistischer Gesellschaftskritik in HERBERT MARCUSES (1898–1979) *Der eindimensionale Mensch* (1964). Die Eindimensionalität von Mensch und Gesellschaft besteht in der »rationalen« Ausrichtung des Menschen auf die Marktinteressen der kapitalistischen Gesellschaft. Durch gesellschaftliche Steuerung menschlicher Triebe und Bedürfnisse wird ein »glückliches Bewusstsein« geschaffen, das sich an die gesellschaftlichen Erwartungen anpasst.

Marcuses »eindimensionaler Mensch«

Die Vertreter der Frankfurter Schule setzten, im Gegensatz zu Marx, Lenin oder Lukács, ihre Hoffnungen nicht mehr auf das wohlhabend gewordene Proletariat, sondern auf die kritischen Intellektuellen und die Befreiungsbewegungen der Dritten Welt. Doch am Ziel einer grundsätzlichen sozialen Umgestaltung der »kapitalistischen« Gesellschaft als Voraussetzung für die Verwirklichung von Freiheit und sozialer Gerechtigkeit hielten sie fest.

Im Gegensatz dazu wurden die Vertreter des Liberalismus in der ersten Hälfte des 20. Jahrhunderts von der Erfahrung neuer, »totalitärer« Diktaturen geprägt, wie sie nicht nur der Faschismus, sondern auch der sich auf den Marxismus berufende Stalinismus hervorgebracht hatte.

Liberalismus als Totalitarismuskritik

Der ursprünglich als Wissenschaftstheoretiker hervorgetretene KARL R. POPPER (1902–1994) wandte sich vor allem gegen die Geschichtsphilosophie des Marxismus, die er in seinem Essay *Das Elend des Historizismus* (1944/45) als unwissenschaftliche Geschichtsprophetie kritisierte. Der von Hegel und Marx herrührende »Historizismus« glaubt, so Popper, den Gang der Geschichte und das Endziel der gesellschaftlichen Entwicklung voraussagen zu können. Anders als Naturereignisse, die mit Hilfe allgemeiner Na-

Poppers Kritik der marxistischen Geschichtsphilosophie

turgesetze prognostiziert werden können, gibt es aber kein Gesetz, mit dessen Hilfe man den Verlauf der Geschichte voraussagen könnte. Der Historizismus ist auch ein Feind des Liberalismus, weil die Rechte und Bedürfnisse des Individuums der vermeintlichen historischen Notwendigkeit untergeordnet werden. In seinem staatsphilosophischen Hauptwerk *Die Offene Gesellschaft und ihre Feinde* (1945) untersuchte Popper eingehend die philosophischen Wurzeln der totalitären politischen Systeme des 20. Jahrhunderts und legte gleichzeitig die Grundrisse einer liberalen, demokratischen politischen Ordnung dar, für die er den Begriff »offene Gesellschaft« prägte.

Platon, Hegel und Marx gelten Popper als philosophische Vertreter einer totalitären, geschlossenen Gesellschaft. Ihre Gemeinsamkeiten liegen darin, dass sie den Bedürfnissen des Staates, der Nation oder der Klasse Vorrang vor den Bedürfnissen des Individuums geben und einem auserwählten Staat, einer auserwählten Nation oder einer auserwählten Klasse das Recht einräumen, sich durch Krieg und Gewalt gegen Gegner durchzusetzen.

Poppers Konzept einer »offenen Gesellschaft«

Im Gegensatz dazu zeichnet sich die »offene Gesellschaft« dadurch aus, dass sie auf einen großangelegten »Gesamtentwurf«, d. h. auf ein utopisches Idealbild der gesellschaftlichen Ordnung verzichtet. Popper übt grundsätzliche Kritik am marxistischen Utopiedenken, das die konkreten Bedürfnisse der Menschen zugunsten einer jetzt nur prophezeiten idealen Zukunft opfert. Nicht durch eine Revolution, sondern nur durch ein »piecemeal-engineering«, eine an konkreten Missständen orientierte Reformpolitik, lassen sich die gesellschaftlichen Probleme schrittweise lösen, so Popper. Wie in einer freien Wissenschaft, so ist auch in der offenen Gesellschaft die Kritik die entscheidende Kraft, die Fortschritt und Problemlösung ermöglicht. Kritik ist aber nur auf der Grundlage von Freiheit möglich. In der liberalen Demokratie sind deshalb die Machthaber jederzeit der Kritik und Kontrolle unterworfen und können friedlich abgewählt werden.

HANNAH ARENDT (1906–1975) hat in ihrem Standardwerk *Elemente und Ursprünge totaler Herrschaft* (1951) auf die Gemeinsamkeiten zwischen kommunistischen und faschistischen Diktaturen aufmerksam gemacht und dafür den Begriff »Totalitarismus« in die philosophische Diskussion eingeführt. Der Totalitarismus als eine neue Form diktatorischer Herrschaft hat den Anspruch, eine »totale« Welterklärung und eine auf dieser Erklärung aufbauende politische Weltanschauung vorzugeben, gegen die kein Widerspruch erlaubt ist und die mit Terror durchgesetzt wird. Der Mensch wird als Bürger entmündigt, indem er als bloßes Mittel und Material benutzt wird.

Hannah Arendts Analyse totaler Herrschaft

Arendt fordert, die Freiheit und Verantwortlichkeit des Individuums durch politische Institutionen zu gewährleisten. Nicht die Französische Revolution, sondern die Gründung einer Republik in der amerikanischen Revolution von 1776 hat sie in ihrem Buch *Über die Revolution* (1963) als Vorbild beschrieben. Politische Institutionen sind aber nach Arendt nicht statisch, sondern müssen immer wieder erneuert werden. Im Laufe ihres Aufenthalts in den USA entwickelte sie sich zu einer Radikaldemokratin, die ein basisdemokratisches Rätesystem forderte.

Das Vorbild der amerikanischen Revolution

Die zunehmende Aufnahme liberaler Ideen in das neomarxistische Denken und schließlich der von vielen vollzogene Abschied vom Marxismus spiegelt sich in der Philosophie von JÜRGEN HABERMAS (geb. 1929). Habermas ist der letzte bedeutende Vertreter der Frankfurter Schule und gleichzeitig Vertreter einer neuen liberalen Rechts- und Staatstheorie.

In seinem frühen Denken warf Habermas liberalen Philosophen wie Popper u.a. vor, die grundlegenden Widersprüche der kapitalistischen Gesellschaft zu vernachlässigen und das gesellschaftliche System im Ganzen nicht zum Gegenstand kritischen Denkens zu machen. Allerdings betonte Habermas, dass sich auch der Marxismus die liberale Forderung nach Freiheit und Selbstbestimmung des Individuums zu eigen machen muss. Von der liberalen

Der frühe Habermas als Neomarxist

bürgerlichen Demokratie forderte er, individuelle Bürgerrechte durch soziale Grundrechte zu ergänzen.

Habermas als Theoretiker des demokratischen Rechtsstaats

Mit seiner *Theorie des kommunikativen Handelns* (1981) und mit seiner rechtsphilosophischen Schrift *Faktizität und Geltung* (1992) unternahm Habermas den Versuch, in der Tradition der Aufklärung eine rationale, überzeitliche Grundlage des Rechts und des Staates zu begründen. Er führt den Begriff der »kommunikativen Vernunft« ein, der mit der These verknüpft ist, dass Recht und Gesetz in einem demokratischen Rechtsstaat nur dann Geltung beanspruchen können, wenn sie aus einer rationalen, herrschaftsfreien Kommunikation unter den Bürgern hervorgehen. Dadurch entsteht nach Habermas in der Gesellschaft eine »kommunikative Macht«, d. h. eine öffentliche demokratische Willensbildung, die auf die »administrative Macht«, also Verwaltung und Politik, Einfluss nimmt.

Rawls' »Theorie der Gerechtigkeit«

Den Versuch, eine neue Art des »Naturrechts« zu begründen, und die Überzeugung, dass auch die liberale Demokratie für soziale Gerechtigkeit sorgen muss, verbindet Habermas mit dem Amerikaner JOHN RAWLS (1921–2002). In seinem Hauptwerk *Theorie der Gerechtigkeit* (1971) erneuerte Rawls die Vertragstheorie der Aufklärung: In dem Gedankenexperiment eines »Urzustands« wägen die Menschen auf der Grundlage von Freiheit und Gleichheit ihre Lebenschancen und Ansprüche gegeneinander ab. Da sie mit dem »Schleier des Nichtwissens« behaftet sind, also nicht einschätzen können, wie erfolgreich sie im Vergleich zu den anderen sein werden, werden sie sich nach rationaler Überlegung, so Rawls, auf Grundsätze einigen, bei denen sie auch als gesellschaftliche Verlierer noch den Schutz des Staates genießen. Die beiden elementaren Grundsätze der Gerechtigkeit lauten: Alle Menschen haben erstens das gleiche Recht auf das Maximum an Grundfreiheiten, das mit den Grundfreiheiten der anderen vereinbar ist. Und zweitens sind soziale und wirtschaftliche Ungleichheiten nur dann zulässig, wenn sie zum Vorteil aller, insbesondere der sozial Benachteiligten sind und

John Rawls (1921–2002)

John Rawls wurde am 21. Februar 1921 in Baltimore im US-Staat Maryland geboren. Sein Studium, das von 1943 bis 1945 vom Militärdienst unterbrochen wurde, absolvierte er an den Universitäten von Cornell und Princeton. Nach seiner Promotion 1950 lehrte er zunächst in Princeton, danach von 1954 bis 1959 in Cornell. In den Jahren 1960 bis 1962 ging er an das renommierte Massachusetts Institute of Technology und anschließend an die ebenfalls in Cambridge/Massachusetts gelegene Harvard University. Rawls, der als eine höfliche und bescheidene Person beschrieben wird, führte ein unspektakuläres Gelehrtenleben. Er widmete sich ganz der Lehrtätigkeit und der Ausarbeitung seiner Philosophie, die er gegen vorgebrachte Einwände immer weiter zu verbessern versuchte.

Anders als die meisten amerikanischen Philosophen seiner Zeit konzentrierte sich Rawls von Anfang an auf Fragen der Ethik und der politischen Philosophie, deren Grundlagen er erneuern wollte. Aus Vorstudien und Aufsätzen ging schließlich sein Hauptwerk Eine Theorie der Gerechtigkeit *(1971) hervor, in dem er die Forderung nach individueller Freiheit mit den Forderungen eines Wohlfahrtsstaats verknüpfte. In seinem zweiten größeren Werk* Politischer Liberalismus *(1993) hat er seine Position noch einmal erläutert und erweitert.*

1991 wurde Rawls emeritiert. Er arbeitete und publizierte zwar stetig weiter, doch sein Gesundheitszustand wurde durch zwei Schlaganfälle beeinträchtigt, die er seit 1995 erlitt. Rawls, der vielfach als der bedeutendste politische Denker der zweiten Hälfte des 20. Jahrhunderts gilt, starb am 24. November 2002 in seinem Haus in Lexington/Massachusetts in der Nähe von Boston.

wenn Ämter und Positionen allen zugänglich gemacht werden.

Aus diesen Grundsätzen ergibt sich für Rawls eine Definition der Gerechtigkeit als Fairness. In diesen Grundsätzen spiegeln sich auch die alten Forderungen der Französischen Revolution: Freiheit als garantierter Rechtsstatus, Gleichheit durch Förderung der Schwachen und Brüderlichkeit durch Aufteilung des gesellschaftlichen Einflusses auf alle. Mit dieser Verbindung von liberalen und sozialstaatlichen Ideen wurde die *Theorie der Gerechtigkeit* zum einflussreichsten Werk der politischen Philosophie des späten 20. Jahrhunderts und bildete die Grundlage einer breiten Diskussion.

Nozicks radikaler Liberalismus

Im Gegensatz zu Rawls vertritt sein Landsmann ROBERT NOZICK (1938–2002) einen radikalliberalen Standpunkt. Nozick lehnt in seinem Buch *Anarchie, Staat und Utopie* (1974) die Idee einer staatlichen Sozialfürsorge ab. Er begreift das Funktionieren der menschlichen Gesellschaft nach dem Vorbild des freien Marktes. Seine Devise lautet: So wenig Staat wie irgend möglich. Es bedarf lediglich eines Minimalstaats, damit die Freiheit des Einzelnen nicht durch Chaos und ständige Bedrohung wieder in Frage gestellt wird. So hat jeder Bürger uneingeschränkten Anspruch auf alles das, was er rechtmäßig erworben hat, und auch Anspruch darauf, dass der Staat dieses erworbene Eigentum schützt. Nicht der Staat soll den gesellschaftlich Bedürftigen helfen, sondern freiwillige, auf Privatinitiative beruhende gesellschaftliche Gruppen. Diese auf Selbsthilfe und Bürgerinitiative beruhenden Gemeinschaften sind für Nozick auch der Ort, an dem sich, ohne Eingriffe des Staates, die verschiedensten Lebensformen verwirklichen können. Auf diese Weise erneuert Nozick die Forderung John Stuart Mills an den Staat, nicht in die Lebensentwürfe des Einzelnen einzugreifen.

Rortys Liberalismus und Relativismus

Auch RICHARD RORTY (1931–2007) steht auf dem Boden des Liberalismus. Doch anders als z. B. Habermas oder Rawls sieht er entsprechende Überzeugungen in den Traditionen der westlichen Kultur und nicht in einer philosophischen Theorie begründet. Sie sind damit auch nicht auf andere Kulturen übertragbar. In seinem einflussreichen Buch *Kontingenz, Ironie und Solidarität* (1989) führte Rorty aus, dass nicht die Philosophie, sondern die Kunst den Menschen zu Werten wie Gerechtigkeit und Solidarität erzieht. Rortys Relativismus steht damit in engem Zusammenhang mit der postmodernen Philosophie, die sich in allen Bereichen des Denkens gegen einen Universalismus, d. h. eine Allgemeingültigkeit philosophischer Theorien wendet.

Dem Liberalismus und insbesondere der Vertragstheorie von Rawls ist in jüngerer Vergangenheit der sogenannte »Kommunitarismus« (nach engl. »community« = Gemeinschaft) entgegengetreten, der die zunehmende Vereinzelung des Menschen in der modernen Gesellschaft kritisiert. Abgelehnt wird die liberale Vorstellung, dass die Gesellschaft vor allem als eine Vereinigung von Individuen zu denken ist. Nach kommunitaristischer Auffassung vollzieht sich das menschliche Handeln vielmehr stets in Gemeinschaften wie Familie, Gemeinde oder Nachbarschaften. Daher sind gerade die Tugenden, die das Individuum zu Diensten an der Gemeinschaft verpflichten, Voraussetzung einer funktionierenden Gesellschaft. Im Kommunitarismus erhalten also die Gemeinschaftstugenden Vorrang vor individuellen Freiheitsrechten.

Die kommunitaristische Kritik am Liberalismus

Eine Verbindung von Kommunitarismus und liberalem Gedankengut vertritt MICHAEL WALZER (geb. 1935) in seinem Hauptwerk *Sphären der Gerechtigkeit* (1983). Gegen den Wohlfahrtsstaat im Sinne von Rawls, aber auch gegen die radikalliberalen Vorstellungen Nozicks entwickelt er einen neuen Gleichheitsbegriff, den er »komplexe Gleichheit« nennt: Im Gegensatz zur »einfachen Gleichheit«, derzufolge jeder materiell gleich ausgestattet ist und auf allen gesellschaftlichen Ebenen den gleichen Einfluss besitzt, beruht die komplexe Gleichheit auf der Trennung verschiedener gesellschaftlicher Sphären wie Wirtschaft, Politik, Religion usw. Die ungleiche Verteilung von materiellen Gütern stellt für Walzer so lange noch keine Unge-

»Komplexe Gleichheit« bei Walzer

rechtigkeit dar, wie z. B. der Reichtum, also die herausgehobene Stellung in der wirtschaftlichen »Sphäre«, nicht zu Privilegien in anderen gesellschaftlichen »Sphären« wie Politik oder Gesundheitsversorgung führt.

Das Erbe des Liberalismus und Sozialismus Am Beginn des 21. Jahrhunderts scheinen sich die Grundsätze der Aufklärung und des politischen Liberalismus in der politischen Philosophie durchgesetzt zu haben. Vor allem nach dem Zusammenbruch der kommunistischen Staatenwelt 1989/90 hat die marxistische Geschichts- und Staatstheorie an Einfluss verloren. Dennoch hat auch der Sozialismus in der politischen Philosophie seine Spuren hinterlassen, indem er das Bewusstsein dafür geschärft hat, dass ohne ein gewisses Maß an sozialer Gerechtigkeit auch der Rechtsstaat und damit die Freiheit des Bürgers gefährdet sind. In einer Welt des rasanten technologischen Wandels und der Globalisierung gibt es auch soziale Verlierer, deren Rechte und Lebensmöglichkeiten auch nach liberalem Verständnis geschützt werden müssen. Nach dem Scheitern der Gesellschaften, die sich auf den Marxismus beriefen, muss sich der Liberalismus verstärkt der Frage stellen, wie sich ein liberaler mit einem sozialen Staat verbinden lässt. Allerdings hat der Liberalismus im Kommunitarismus einen neuen Gegenspieler erhalten, der das Ausmaß individueller Freiheitsrechte zugunsten sozialer Pflichten zurückdrängen möchte. Offen ist allerdings, ob der Kommunitarismus eine Revision oder eher doch nur eine Ergänzung des Liberalismus ist.

Anhang

Zeittafel

Geschichte

500–479 Perserkriege

443–429 Das Perikleische Zeitalter
431–404 Peloponnesischer Krieg
399 Tod des Sokrates
387 Gründung der platonischen Akademie

336–323 Alexander der Große
Beginn des Hellenismus

136 Ende der Punischen Kriege:

Philosophie

Vorsokratische Naturphilosophie:
PYTHAGORAS (580–500 v.Chr.), HERAKLIT (544–483 v.Chr.), PARMENIDES (540–480 v.Chr.), DEMOKRIT (460–371 v.Chr.)
Sophistik: PROTAGORAS (480–410 v.Chr.)

Klassische griechische Philosophie:
SOKRATES (469–399 v.Chr.; → S. 48)
PLATON (427–347 v.Chr.; → S. 39): *Apologie, Politeia, Phaidon*
ARISTOTELES (384–322 v.Chr.; → S. 27): *Metaphysik, Nikomachische Ethik, Politik, Organon*

Schulen der Weisheitslehre:
Skeptiker: PYRRHON (360–270 v.Chr.)
EPIKUR (347–271 v.Chr.)
Stoiker: ZENON (333–262 v.Chr.)
CICERO (106–43 v.Chr.)

Personen

HERAKLIT: geb. 544 v.Chr. in Ephesus, vermutlich von aristokratischer Herkunft. Es gibt keinen unveränderlichen Urstoff, die Ordnung der Welt ist eine Harmonie von Gegensätzen. Gest. 483 v.Chr. Einfluss auf Platon, Hegel und Marx.

PARMENIDES: geb. 540 v.Chr. in der griech. Stadt Elea in Süditalien. Die veränderliche Natur ist bloßer Schein, die wahre Wirklichkeit ist ein unveränderliches »reines Sein«, das nur durch das Denken zu erfassen ist. Gest. 480 v.Chr. in Elea. Beeinflusste vor allem Platon.

DEMOKRIT: geb. um 460 v.Chr. in Abdera in Thrakien/Nordgriechenland, Begründer des Materialismus. Die Materie besteht aus »Atomen«, alle Veränderung ist Bewegung von Atomen, alles geschieht notwendig. Gest. 371 v.Chr. in Abdera. Einfluss auf Epikur und die Naturwissenschaften.

EPIKUR: geb. um 347 v.Chr. auf der Insel Samos, begründete die Philosophenschule der Epikureer, Vertreter des Atomismus. Glück besteht in Lust

Zeittafel

0	Vormachtstellung Roms im Mittelmeerraum	PHILON v. ALEXANDRIA (25 v. Chr.–50 n. Chr.) *Spätere Stoiker:* SENECA (4 v. Chr.–65 n. Chr.), EPIKTET (55–138) MARC AUREL (121–180): *Selbstbetrachtungen* PLOTIN (204–270; → S. 71): *Enneaden* PORPHYRIOS (234–305) *Frühchristliche Philosophie:* ORIGENES (185–254) AUGUSTINUS (354–430; → S. 82), *Bekenntnisse, Der Gottesstaat*	und Freude im Sinne einer mäßigen Befriedigung natürlicher Bedürfnisse. Gest. 271 v. Chr. in Athen.
100			
200			
300	375 Hunneneinfall löst Völkerwanderung aus		
	391 Christentum Staatsreligion im Römischen Reich		
400	476 Ende des Weströmischen Reiches		
	529 Schließung der platonischen Akademie	DIONYSIUS AREOPAGITA (um 500) BOETHIUS (480–524)	BOETHIUS: geb. 480 in einer römischen Senatorenfamilie, hohe politische Ämter unter dem Ostgotenkönig Theoderich, 524 wegen Verrats hingerichtet. Im Gefängnis entstand sein Buch *Trost der Philosophie*. Große Bedeutung als Vermittler antiker Philosophie.
500			
600	Mohammed (570–632) begründet den Islam.		
700	756 Pippinsche Schenkung: Kirchenstaat in Mittelitalien Karl der Große wird zum Kaiser in Rom gekrönt	JOHANNES SCOTUS ERIUGENA (810–877)	
800			

Geschichte	Philosophie	Personen
1077 Investiturstreit zwischen Papst und Kaiser	AVICENNA (980–1037)	
1096 Beginn der Kreuzzüge	ANSELM VON CANTERBURY (1033–1109)	
	ABÄLARD(US) (1079–1142)	
	AVERROES (1126–1198)	
1215 Magna Charta	THOMAS VON AQUIN (1225–1274; → S. 102): *Summe der Theologie* (1266–1273)	
1227 Entstehung der Inquisition		
	DUNS SCOTUS (ca. 1265–1308): *Abhandlung über das erste Prinzip* (1305)	DUNS SCOTUS: geb. um 1265 in Maxton in Schottland, Franziskaner, lehrte in Oxford, Paris und Köln. Die Existenz Gottes, aber nicht die Unsterblichkeit der Seele ist vernünftig einsehbar. Gest. 1308 in Köln.
1339–1453 Hundertjähriger Krieg zwischen England und Frankreich		
	MEISTER ECKHART (1260–1328)	MEISTER ECKHART: geb. um 1260 bei Erfurt, Dominikaner, lehrte in Paris. Gott ist der absolut jenseitige Weltgrund, der sich nicht durch die Vernunft, sondern nur im mystischen Erleben erfassen lässt. Der Ketzerei angeklagt, starb er 1328 in Avignon.
	MARSILIUS VON PADUA (1275–1343)	
1348 Pest in Europa		
	WILLIAM VON OCKHAM (1290–1349)	WILLIAM VON OCKHAM: geb. um 1290 in Ockham in Südengland, Franziskaner, lehrte in Oxford, schließlich polit. Berater von Kaiser Ludwig dem Bayern. Die Glaubenslehren sind nicht rational beweisbar, kirchliche und staatliche Gewalt sind zu trennen. Gest. 1349 in München.

Zeittafel

Zeit	Ereignisse	Personen/Werke	Beschreibung
1400	1450 Der Buchdruck mit beweglichen Lettern wird erfunden 1453 Ende des Oströmischen Reiches 1492 Entdeckung Amerikas	NICOLAUS VON KUES (1401–1464): *Gelehrte Unwissenheit* (1440)	NICOLAUS VON KUES: geb. 1401 in Kues an der Mosel, Theologe und Kardinal. Sein Werk steht an der Schwelle zwischen Mittelalter und Neuzeit. Gott ist durch den Verstand nicht begreifbar, die Gegensätze der endlichen Welt fallen in ihm zusammen. Gest. 1464 in Todi in Umbrien.
1500	N. Kopernikus (1473–1543) ca. 1500 Beginn der Renaissance und Reformation in Mitteleuropa 1524–25 Bauernkrieg in Deutschland	MARTIN LUTHER (1483–1546) JEAN CALVIN (1509–1564) N. MACHIAVELLI: *Der Fürst* (1513) MICHEL DE MONTAIGNE (1533–1592; → S. 58) GIORDANO BRUNO (1548–1600)	
1550	1545–63 Konzil von Trient: Beginn der Gegenreformation 1555 Augsburger Religionsfriede Galileo Galilei (1564–1642) Johannes Kepler (1571–1630)	FRANCIS BACON (1561–1626) JAKOB BÖHME (1575–1624) MONTAIGNE: Essais (1580–1588)	FRANCIS BACON: geb. 1561 in London, Philosoph und Staatsmann, 1618–1621 Lordkanzler, Begründer des Empirismus stellte die Induktion als die Methode der Naturwissenschaften heraus. Gest. 1626 in London. Einfluss auf Erkenntnis- und Wissenschaftstheorie.
1600	1618–1648 Dreißigjähriger Krieg	THOMAS HOBBES (1588–1679) RENÉ DESCARTES (1596–1650; → S. 131) F. BACON: *Neues Organon* (1620)	THOMAS HOBBES: geb. 1588 in Malmesbury, Vertreter des Materialismus und eines pessimistischen Menschenbildes, Begründer der Lehre vom Gesellschaftsvertrag. Um den »Krieg aller gegen alle« zu beenden, treten die Menschen ihre Rechte an den Staat ab. Gest. 1679. Große Bedeutung für die polit. Philosophie.

Geschichte

1642–48 Englischer Bürgerkrieg
Isaac Newton (1643–1727)
1653 Oliver Cromwell wird Lordprotektor
1661–1715 Ludwig XIV., Höhepunkt des Absolutismus

1685 Aufhebung des Edikts von Nantes: Flucht der Hugenotten

1650

Philosophie

BLAISE PASCAL (1623–1662)

BARUCH DE SPINOZA (1632–1677)
SAMUEL VON PUFENDORF (1632–1694)
JOHN LOCKE (1632–1704; → S. 151)
DESCARTES: *Abhandlung über die Methode* (1637), *Meditationen* (1641)
GOTTFRIED WILHELM LEIBNIZ (1646–1716; → S. 166)
HOBBES: *Leviathan* (1651)
PASCAL: *Gedanken* (1669/70)
SPINOZA: *Ethik* (1677)

CHRISTIAN WOLFF (1679–1754)
GEORGE BERKELEY (1685–1753)

Personen

BLAISE PASCAL: geb. 1623 in Clermont-Ferrand, Mathematiker und Philosoph, wandte sich nach einer persönlichen Krise dem christlichen Glauben zu, betonte die Grenzen der Vernunfterkenntnis und forderte, in Lebensfragen der »Logik des Herzens« zu folgen. Gest. 1662 in Paris. Gilt als Vorläufer der Existenzphilosophie.

BARUCH DE SPINOZA: geb. 1632 in Amsterdam, Privatgelehrter. Früher Aufklärer und Vertreter eines Pantheismus (»deus sive natura«). Körper und Geist sind zwei Seiten derselben Substanz. Gest. 1677 in Den Haag. Einfluss auf Schelling, Hegel und Schopenhauer.

CHRISTIAN WOLFF: geb. 1679 in Breslau, Vertreter des Rationalismus und der deutschen Aufklärung, hielt die Existenz Gottes, die Unsterblichkeit der

Seele und die Freiheit des Willens für rational beweisbar, gab der Leibniz-Wolffschen Schulphilosophie ihre systematische Gestalt. Gest. 1754 in Halle.

CHARLES-LOUIS DE SECONDAT MONTESQUIEU: geb. 1689 als Abkömmling einer alten Adelsfamilie bei Bordeaux, Kulturphilosoph und politischer Denker, entwickelte die Lehre von der Dreiteilung der Staatsgewalt. Gest. 1755 in Paris. Einfluss auf die Aufklärung.

VOLTAIRE (eigentl. François Marie Arouet): geb. 1694 in Paris, Hauptvertreter der Franz. Aufklärung, kritisierte die Macht der Kirche und setzte sich für Toleranz und politische Freiheit ein. Gest. 1778 in Paris. Populärster Aufklärungsphilosoph.

JEAN-JACQUES ROUSSEAU: geb. 1712 in Genf, Vertreter eines optimistischen Menschenbildes und einer pessimistischen Zivilisationstheorie, entwickelte die polit. Theorie, dass der Einzelne sich dem »Gemeinwillen« unterwerfen muss. Gest. 1778 bei Paris. Einfluss auf die Franz. Revolution, Hegel und Marx.

MONTESQUIEU (1689–1755)
LOCKE: *Versuch über den menschlichen Verstand* (1690), *Zwei Abhandlungen über die Regierung* (1690)
VOLTAIRE (1694–1778)

LEIBNIZ: *Neue Untersuchungen über den menschlichen Verstand* (1704)
LAMETTRIE (1709–1751)
LEIBNIZ: *Theodizee* (1710)
DAVID HUME (1711–1776; → S. 120)

JEAN-JACQUES ROUSSEAU (1712–1778)
DENIS DIDEROT (1713–1784)
LEIBNIZ: *Monadologie* (1714)
BARON VON HOLBACH (1723–1789)
IMMANUEL KANT (1724–1804; → S. 123)
GOTTHOLD E. LESSING (1729–1781)
EDMUND BURKE (1729–1797)

1688/89 Glorreiche Revolution in England, Bill of Rights

1701–1714 Spanischer Erbfolgekrieg

1700

1725

Geschichte

1740–1786 Friedrich der Große, König von Preußen, »aufgeklärter Absolutismus«

1756–1763 Siebenjähriger Krieg

Zeitalter der Aufklärung

1776 Amerikanische Unabhängigkeitserklärung

1789 Französische Revolution
1793–94 Terrorherrschaft der Jakobiner
1799 Staatsstreich Napoleons

Philosophie

HUME: *Traktat über die menschliche Natur* (1739/40)
JEREMY BENTHAM (1748–1832)
MONTESQUIEU: *Vom Geist der Gesetze* (1748)
A. BAUMGARTEN: *Aesthetica* (1750–58)
VOLTAIRE: *Candide* (1759)
ROUSSEAU: *Der Gesellschaftsvertrag* (1762)
JOHANN GOTTLIEB FICHTE (1762–1814)
G.W.F. HEGEL (1770–1831; → S. 180)
F.W.J. SCHELLING (1775–1854)
KANT: *Kritik der reinen Vernunft* (1781)
KANT: *Kritik der praktischen Vernunft* (1788)
ARTHUR SCHOPENHAUER (1788–1860; → S. 182)
BENTHAM: *Einführung in die Prinzipien der Moral und Gesetzgebung* (1789)

Personen

JEREMY BENTHAM: geb. 1748 in London, Moralphilosoph und politischer Reformer, Begründer des Utilitarismus. Ziel moralischen Handelns ist das »größtmögliche Glück der größtmöglichen Zahl von Menschen«. Gest. 1832 in London.

FRIEDRICH WILHELM JOSEPH SCHELLING: geb. 1775 in Leonberg, Vertreter des Deutschen Idealismus, mit 23 Jahren Prof. in Jena, vertrat zunächst eine pantheistische Naturphilosophie, später eine mystische Theologie. Starb 1854 in Bad Ragaz in der Schweiz.

1800		EDMUND BURKE: *Gedanken über die Französische Revolution* (1790) AUGUSTE COMTE (1798–1857)	AUGUSTE COMTE: geb. 1798 in Montpellier, Begründer des Positivismus und Vertreter einer Drei-Stadien-Theorie der geschichtlichen Entwicklung. Aufgabe der Wissenschaft ist die Beschreibung und Vorhersage der Naturvorgänge, um sie für den Menschen nutzbar machen zu können. Gest. 1857 in Paris.
	1806 Sieg Napoleons über Preußen bei Jena und Auerstedt, Reformen in Preußen		
		LUDWIG FEUERBACH (1804–1872) ALEXIS DE TOCQUEVILLE (1805–1859) JOHN STUART MILL (1806–1873; → S. 273) HEGEL: *Phänomenologie des Geistes* (1807) SCHELLING: *Untersuchungen über das Wesen der menschlichen Freiheit* (1809)	LUDWIG FEUERBACH: geb. 1804 in Landshut, Vertreter einer phi.. Anthropologie, lehrte die Einheit körperlicher und geistiger Kräfte, deutete Gott als eine Projektion des Menschen. Gest. 1872 bei Nürnberg. Einfluss auf Marx und Engels.
	Charles Darwin (1809–1882)		
1810			
	1815 Niederlage Napoleons bei Waterloo, Wiener Kongress, Restauration	HEGEL: *Wissenschaft der Logik* (1812/16) SÖREN KIERKEGAARD (1813–1855) SCHOPENHAUER: *Die Welt als Wille und Vorstellung* (1818) KARL MARX (1818–1883; → S. 291)	SÖREN KIERKEGAARD: geb. 1813 in Kopenhagen, religiöser Denker scharfer Kritiker Hegels. Die wichtigen Lebensfragen müssen durch rational nicht begründbare Entscheidungen gelöst werden. Gest. 1855. Gilt als geistiger Vater der Existenzphilosophie.
	1819 Karlsbader Beschlüsse: Pressezensur, »Demagogenverfolgung«		

Geschichte

1832 Hambacher Fest: Demonstration für ein demokratisches Deutschland

1848 Revolutionen in Europa, Nationalversammlung in der Frankfurter Paulskirche

Philosophie

FRIEDRICH ENGELS (1820–1895)

HERBERT SPENCER (1820–1903)
HEGEL: *Grundlinien der Philosophie des Rechts* (1821)

WILHELM DILTHEY (1833–1911)
ERNST MACH (1838–1916)
CHARLES SANDERS PEIRCE (1839–1914)
FEUERBACH: *Das Wesen des Christentums* (1841)
WILLIAM JAMES (1842–1910)
KIERKEGAARD: *Entweder – Oder* (1843)
→ S. 277)
FRIEDRICH NIETZSCHE (1844–1900)
MARX/ENGELS: *Manifest der kommunistischen Partei* (1848)

Personen

FRIEDRICH ENGELS: geb. 1820 in Barmen, Freund und Mitarbeiter von Karl Marx, war maßgeblich an der Ausarbeitung des Marxismus beteiligt, vertrat eine dialektische Naturphilosophie. Gest. 1895 in London. Einfluss auf Lenin und den dialektischen Materialismus.

HERBERT SPENCER: geb. 1820 in Derby, engl. Ingenieur und Privatgelehrter, Vertreter eines evolutionären Weltbildes. Evolution ist ein gesetzmäßiger, kontinuierlicher Prozess der Höherentwicklung. Gest. 1903 in Brighton. Einfluss auf Bergson und die Naturphilosophie.

WILHELM DILTHEY: geb. 1833 in Wiesbaden, Hauptvertreter des Historismus und der Lebensphilosophie. Erkennen ist stets von historischen Umständen abhängig. »Verstehen« ist die Methode der Geisteswissenschaften. Gest. 1911 bei Bozen. Einfluss auf Heidegger und Gadamer.

Zeittafel

1850	Zeitalter der Industrialisierung	GOTTLOB FREGE (1848–1925) SIGMUND FREUD (1856–1939) JOHN DEWEY (1858–1952) MILL: *Über Freiheit* (1859) HENRI BERGSON (1859–1941; → S. 198)
1860	1866 Preußisch-österreichischer Krieg, Vorherrschaft Preußens in Deutschland	EDMUND HUSSERL (1859–1938) SAMUEL ALEXANDER (1859–1938) MILL: *Utilitarismus* (1861) ALFRED N. WHITEHEAD (1861–1947) MARX: *Das Kapital* (Bd. 1, 1867)
1870	1870/71 Deutsch-französischer Krieg, Deutsches Kaiserreich	BERTRAND RUSSELL (1872–1970)
		GEORGE EDWARD MOORE (1873–1958)
	1878 Sozialistengesetze	

EDMUND HUSSERL: geb. 1859 in Proßnitz/Mähren, Begründer der Phänomenologie. Aufgabe der Philosophie ist die Beschreibung der im Bewusstsein gegebenen »Phänomene«. Gest. 1938 in Freiburg. Einfluss auf die kontinentaleuropäische Philosophie, vor allem auf Heidegger und Sartre.

BERTRAND RUSSELL: geb. 1872 in Südwales, Logiker, Mathematiker und politisch engagierter Philosoph. Begründer der logischen Analyse der Sprache. 1950 Nobelpreis für Literatur, gest. 1970 in Wales. Einfluss auf den frühen Wittgenstein, den Wiener Kreis und die Analytische Philosophie.

GEORGE EDWARD MOORE: geb. 1873 in London, verteidigte den Common Sense gegen phil. Zweifel und kritisierte den Versuch, die Bedeutung ethischer Begriffe durch natürliche Eigenschaften zu erklären, als »naturalistischen Fehlschluss«. Gest. 1958 in Cambridge. Einfluss auf Wittgenstein und die Analytische Ethik.

Geschichte

Philosophie

FREGE: *Begriffsschrift* (1879)
MAX SCHELER (1874–1928)

ERNST CASSIRER (1874–1945)
MORITZ SCHLICK (1882–1936)

NICOLAI HARTMANN (1882–1950)
DILTHEY: *Einleitung in die Geisteswissenschaften* (1883)

KARL JASPERS (1883–1969)
GEORG LUKÁCS (1885–1971)
ERNST BLOCH (1885–1977)
NIETZSCHE: *Also sprach Zarathustra* (1883–85)

Personen

MAX SCHELER: geb. 1874 in München, Prof. in München, Köln und Frankfurt a. M., Vertreter der Phänomenologie, Begründer der »materialen Wertethik« und der modernen phil. Anthropologie. Gest. 1928 in Frankfurt a. M.

ERNST CASSIRER: geb. 1874 in Breslau, Prof. in Hamburg, 1933 Emigration, entwickelte die Erkenntnistheorie der Neukantianer zu einer umfassenden Symboltheorie weiter. Alle Erkenntnis der Welt ist symbolisch vermittelt. Gest. 1945 in New York. Einfluss auf die Sprach- und Kulturphilosophie.

NICOLAI HARTMANN: geb. 1882 in Riga, Prof. in Marburg und Berlin, vertrat eine realistische Erkenntnistheorie, eine Wertethik und eine ontologische Schichtenlehre. Gest. 1950 in Göttingen.

KARL JASPERS: geb. 1883 in Oldenburg, zuerst Prof. für Psychiatrie, dann für Philosophie in Heidelberg, Hauptvertreter der Existenzphilosophie. Letzte Fragen lassen sich nicht wissenschaftlich beantworten,

1890	1890 Entlassung Bismarcks	
		LUDWIG WITTGENSTEIN (1889–1951; → S. 234)
		MARTIN HEIDEGGER (1889–1976; → S. 214)
1900	Freud: *Traumdeutung* (1900)	RUDOLF CARNAP (1891–1970)
		MAX HORKHEIMER (1895–1973)
		HUSSERL: *Logische Untersuchungen* (1900/01)
		GILBERT RYLE (1900–1976)
		HANS-GEORG GADAMER (1900–2002)
		KARL POPPER (1902–1994; → S. 243)
		B. CROCE: *Ästhetik* (1902)
	Zeitalter des Imperialismus und Kolonialismus	MOORE: *Principia Ethica* (1903)
		THEODOR W. ADORNO (1903–1969)
		RUSSELL: *Über das Kennzeichnen* (1905)

sondern nur philosophisch »erhellen«. Gest. 1969 in Basel.

RUDOLF CARNAP: geb. 1891 bei Düsseldorf, Mitglied des Wiener Kreises, ab 1935 Prof. in Prag, später in Chicago und Los Angeles. Trug maßgeblich zur Entwicklung der modernen Sprach- und Wissenschaftstheorie bei. Gest. 1970 in Santa Monica/Kalifornien.

HANS-GEORG GADAMER: geb. 1900 in Marburg, Begründer einer philosophischen Hermeneutik, betrachtet »Verstehen« als Grundform der Erkenntnis. Gest. 2002 in Heidelberg. Beeinflusste Apel, Habermas und die Postmoderne.

THEODOR W. ADORNO: geb. 1903 in Frankfurt a. M., Mitbegründer der neomarxistischen Frankfurter Schule, seit 1949 Prof. in Frankfurt a. M., vertrat eine radikale Gesellschafts- und Vernunftkritik, auch als Musikkritiker und Kunstphilosoph einflussreich. Gest. 1969 in Visp/Wallis.

Geschichte

1914–18 Erster Weltkrieg
1917 Oktoberrevolution in Russland
1918 Revolution in Deutschland: Ende des Kaiserreichs
1919 Versailler Vertrag, Weimarer Verfassung

Philosophie

JEAN-PAUL SARTRE (1905–1980)

BERGSON: *Schöpferische Entwicklung* (1906)
HANNAH ARENDT (1906–1975)
WILLARD V.O. QUINE (1908–2000)
JOHN L. AUSTIN (1911–1960)
HUSSERL: *Ideen zu einer reinen Phänomenologie und phänomenologischen Philosophie* (1913)
SCHELER: *Der Formalismus in der Ethik und die materiale Wertethik* (1913/16)
RUSSELL: *Philosophie des logischen Atomismus* (1918)
PETER STRAWSON (geb. 1919)
MARIO BUNGE (geb. 1919)
JOHN RAWLS (1921–2002; → S. 299)
HANS ALBERT (geb. 1921)

Personen

JEAN-PAUL SARTRE: geb. 1905 in Paris, Philosoph, Schriftsteller und politischer Publizist, Hauptvertreter des franz. Existenzialismus, stellte die Freiheit und Verantwortung des Individuums in den Mittelpunkt. Gest. 1980 in Paris. Prägte maßgeblich das franz. Geistesleben nach 1945.

WILLARD VAN ORMAN QUINE: geb. 1908 in Akron/Ohio, Hauptvertreter der Analytischen Philosophie, Prof. in Harvard, bemühte sich um einen Empirismus ohne Dogmen und leugnete eine scharfe Grenze zwischen Philosophie und Wissenschaft. Gest. 2000.

HANS ALBERT: geb. 1921 in Köln, Prof. in Mannheim, Vertreter des Kritischen Rationalismus, betont die menschliche Fehlbarkeit in Wissenschaft und Politik, kritisiert alle phil. Versuche einer »Letztbegründung« menschlichen Wissens.

KARL-OTTO APEL (geb. 1921)

WITTGENSTEIN: *Tractatus logico-philosophicus* (1921)
LUKÁCS: *Geschichte und Klassenbewusstsein* (1923)
CASSIRER: *Philosophie der symbolischen Formen* (1923–29)
PAUL FEYERABEND (1924–1994)
THOMAS KUHN (1924–1996)
FRANÇOIS LYOTARD (geb. 1924)
HARTMANN: *Ethik* (1926)
MICHEL FOUCAULT (1926–1984)
HILARY PUTNAM (geb. 1926)
HEIDEGGER: *Sein und Zeit* (1927)
SCHELER: *Die Stellung des Menschen im Kosmos* (1928)
CARNAP: *Scheinprobleme in der Philosophie* (1928)
WHITEHEAD: *Prozess und Realität* (1929)
JÜRGEN HABERMAS (geb. 1929;
→ S. 224)

1929 »Schwarzer Freitag«, Weltwirtschaftskrise

KARL-OTTO APEL: geb. 1921 in Düsseldorf, Prof. in Kiel, Saarbrücken und Frankfurt a. M., Vertreter der Diskurstheorie. Ethische Grundnormen als Voraussetzung rationaler Kommunikation. Großer Einfluss auf Habermas.

1925

Geschichte

1933 Hitlers »Machtergreifung«

1938 Anschluss Österreichs
1939–45 Zweiter Weltkrieg

Philosophie

JACQUES DERRIDA (1930–2004)

RICHARD RORTY (1931–2007)
JASPERS: *Philosophie* (1932)
POPPER: *Logik der Forschung* (1935)
BENJAMIN: *Das Kunstwerk im Zeitalter seiner technischen Reproduzierbarkeit* (1936)
ROBERT NOZICK (1938–2002)
HARTMANN: *Aufbau der realen Welt* (1940)
CAMUS: *Der Mythos von Sisyphos* (1942)
SARTRE: *Das Sein und das Nichts* (1943)

Personen

JACQUES DERRIDA: geb. 1930 in El Biar im heutigen Algerien, Prof. an der École Normale Supérieure in Paris, Hauptvertreter der Philosophie der Postmoderne. Philosophische Erkenntnis durch »Dekonstruktion«, d. h. Demontage von scheinbar eindeutigen Sinn- und Bedeutungsstrukturen und Aufzeigen ihrer Entstehungsbedingungen. Großer Einfluss auf die Kunst- und Kulturwissenschaften. Gest. 2004.

RICHARD RORTY: geb. 1931, amerikanischer Philosoph, Prof. an den Universitäten von Princeton und Virginia, Vertreter eines postmodernen Relativismus, hält sowohl alle Versuche einer allgemeinen Erkenntnis- oder Sprachtheorie als auch eine Letztbegründung moralischer Normen für verfehlt. Gest. 2007.

	1945 Potsdamer Konferenz, Gründung der UNO	HORKHEIMER/ADORNO: *Dialektik der Aufklärung* (1944) POPPER: *Die offene Gesellschaft und ihre Feinde* (1945) HEIDEGGER: *Brief über den Humanismus* (1946)	
	1948 UNO-Erklärung der Menschenrechte 1949 Gründung der BRD und DDR 1950–53 Koreakrieg 1953 Arbeiteraufstand in Ost-Berlin	PETER SINGER (geb. 1946) RYLE: *Der Begriff des Geistes* (1949) ARENDT: *Elemente und Ursprünge totaler Herrschaft* (1951) HARE: *Die Sprache der Moral* (1952) WITTGENSTEIN: *Philosophische Untersuchungen* (1953) BLOCH: *Das Prinzip Hoffnung* (1959) QUINE: *Wort und Gegenstand* (1960) GADAMER: *Wahrheit und Methode* (1960)	PETER SINGER: geb. 1946 in Melbourne/Australien, seit 1999 Prof. an der Princeton-University (New Jersey / USA), Pionier und wichtigster Vertreter der angewandten Ethik im 20. und 21. Jahrhundert. Von einer utilitaristischen Position aus begründete er die moderne Tierethik und forderte eine Lösung von Problemen wie Schwangerschaftsabbruch und Sterbehilfe, die die Interessen der Betroffenen berücksichtigt.
	1961 Bau der Berliner Mauer 1964–75 Vietnamkrieg der USA 1968 Studentenunruhen	KUHN: *Die Struktur wissenschaftlicher Revolutionen* (1962) MARCUSE: *Der eindimensionale Mensch* (1964) ADORNO: *Negative Dialektik* (1966) DERRIDA: *Die Schrift und die Differenz* (1967) ALBERT: *Traktat über kritische Vernunft* (1968)	

	Geschichte	Philosophie	Personen
1970	1969 Erster Mensch auf dem Mond 1970 Neue Ostpolitik von Willy Brandt	ADORNO: *Ästhetische Theorie* (1970) RAWLS: *Eine Theorie der Gerechtigkeit* (1971) APEL: *Transformation der Philosophie* (1973) NOZICK: *Anarchie, Staat und Utopie* (1974)	
1975		FEYERABEND: *Wider den Methodenzwang* (1975) POPPER/ECCLES: *Das Ich und sein Gehirn* (1977) RORTY: *Der Spiegel der Natur* (1979) LYOTARD: *Das postmoderne Wissen* (1979) JONAS: *Das Prinzip Verantwortung* (1979)	
1980		HABERMAS: *Theorie der kommunikativen Vernunft* (1981) HABERMAS: *Moralbewusstsein und kommunikatives Handeln* (1983)	
1985	1985 Gorbatschows Perestrojka, Liberalisierung in Osteuropa	WALZER: *Sphären der Gerechtigkeit* (1983) RORTY: *Kontingenz, Ironie und Solidarität* (1989)	
1990	1989/1990 Fall der Berliner Mauer,		

HABERMAS: *Faktizität und Geltung* (1992)

Auflösung der kommunistischen Staatenwelt, Deutsche Wiedervereinigung
Massaker auf dem Platz des Himmlischen Friedens in China
1991 Auflösung der UdSSR, Golfkrieg
2001 Angriff auf das World Trade Center in New York
Krieg in Afghanistan
2003 Krieg der USA und ihrer Verbündeten im Irak
2010/11 Aufstände in der arabischen Welt

1995

2010

Personenregister

Abälard, P. 306
Adorno, T. W. 219f., 223f., 264, 294f., 315, 319, 320
Albert, H. 245, 316
Albertus Magnus 102
Alexander, S. 197, 199–201, 203, 313
Ammonios Sakkas 71
Anaximander 16
Anaximenes 16
Anselm v. Canterbury 97, 113, 306
Antisthenes 52
Apel, K.-O. 188, 223–226, 239, 245, 280, 315, 317, 320
Arendt, H. 297, 316, 319
Aristoteles 8, 24–30, 39, 41–44, 49–51, 60, 76, 85f., 89, 96, 98–103, 112, 129, 144, 146, 150, 193, 281, 304
Augustinus, A. 72–77, 80–83, 85–87, 93f., 100, 305
Austin, J. L. 240, 316
Averroes 99, 306
Avicenna 99, 306
Ayer, A. J. 237

Bacon, F. 111f., 114, 143, 307
Baumgarten, A. 254–256, 310
Benjamin, W. 264, 318
Bentham, J. 272–275, 288, 310
Bergson, H. 183, 187, 195–203, 205f., 312, 313, 316
Berkeley, G. 117, 119, 125, 167, 308
Bertalanffy, L. v. 205
Bloch, E. 293, 314, 319
Böhme, J. 160, 164, 172, 307
Boethius 75f., 96, 305
Bruno, G. 159f., 162, 307
Bunge, M. 205f., 316
Burke, E. 154f., 255, 309, 311

Calvin, J. 74, 92–94, 307
Campanella, T. 143
Camus, A. 278, 318
Capra, F. 206
Carnap, R. 231, 236–238, 315, 317
Cassirer, E. 126, 217f., 314, 317
Chamfort, N. 61
Cicero, M. T. 78, 304
Cohen, H. 126
Collins, A. 167
Comte, A. 186f., 311
Condillac, E. B. 117f.
Croce, B. 260f., 266, 315

Dante 30, 101
Danto, A. C. 265f.
Darwin, C. 191, 194f., 311
Demokrit 19, 304
Derrida, J. 222f., 318, 319
Descartes, R. 11, 112–117, 119, 129–136, 141, 161, 227, 240, 242, 248, 254, 307, 308
Dewey, J. 188f., 261f., 265, 313
Diderot, D. 168, 309
Dilthey, W. 209f., 212, 217, 312, 314
Diogenes v. Sinope 52
Dionysios Areopagita 74–77
Duns Scotus 101, 103, 105f., 108, 306

Eccles, J. C. 205, 320
Eckhart (Meister Eckhart) 104f., 107f., 160, 306
Einstein, A. 187, 242
Emerson, R. W. 187, 189
Empedokles 18
Engels, F. 184f., 192, 263, 274, 289–293, 311, 312
Epiktet 55, 65, 305
Epikur 51–55, 57, 64, 72, 131, 304
Erasmus v. Rotterdam 91

Feuerbach, L. 184f., 311, 312
Feyerabend, P. 244f., 317, 320
Fichte, J.G. 172, 176, 180, 310
Foucault, M. 220, 317
Fourier, C. 286
Frege, G. 230f., 313, 314
Freud, S. 183, 190–192, 225, 242, 294, 313, 315
Fromm, E. 192

Gadamer, H.G. 210, 213, 218f., 225, 312, 315, 319
Galilei, G. 128f., 131f., 135, 144, 307
Gehlen, A. 212
Geulincx, A. 133
Goethe, J.W. 162, 182
Goodman, N. 265f.
Gracian, B. 57, 59–61

Habermas, J. 223–227, 280, 297f., 300, 315, 317, 320, 321
Hamann, J.G. 171
Hare, R.M. 279f., 319
Hartmann, N. 13, 30, 201–203, 205, 262f., 276, 278, 314, 317, 318
Hegel, G.W.F. 18, 155, 157, 160, 164, 172, 177–180, 182–185, 258f., 261, 263, 289–291, 295f., 304, 308, 309, 310, 311, 312
Heidegger, M. 30, 184, 190, 210–218, 221f., 225, 237, 278, 312, 313, 315, 317, 319
Heraklit 17f., 24, 28, 65, 304
Herder, J.G. 171
Herodot 32
Hobbes, T. 11f., 114f., 132f., 135, 144–149, 152f., 156, 307, 308
Hölderlin, F. 180
Holbach 138, 168, 309
Horkheimer, M. 219f., 223f., 294f., 315, 319
Hume, D. 118–122, 126, 150, 152, 167, 186, 229, 269f., 272, 279, 309, 310

Husserl, E. 210–214, 216, 313, 315, 316
Hutcheson, F. 268f.

Ibn Ruschd, s. Averroes
Ibn Sina, s. Avicenna
Ingarden, R. 262

Jacobi, F.H. 169
Jamblichos 70
James, W. 188f., 312
Jaspers, K. 215, 278, 314, 318
Joachim de Fiore 84f., 93
Johannes Roscelinus v. Compigne 97
Johannes Scotus Eriugena 76f., 96, 305
Jonas, H. 206, 282, 320

Kallikles 35, 37
Kant, I. 13, 107, 121–126, 139–141, 155f., 170f., 176, 179, 208, 210, 215, 217, 225f., 255–259, 261f., 270–272, 274–276, 279f., 283, 309, 310, 314
Kepler, J. 128, 307
Kierkegaard, S. 172f., 183f., 192, 213, 278, 311, 312
Kopernikus, N. 128, 159, 191, 307
Kuhn, T.S. 244, 317, 319

La Boëtie 58
La Bruyère 60f.
Lamarck, J.B. 194
Lamettrie, J.O. 138, 168, 309
Langer, S.K. 217
La Rochefoucauld 60f.
Leibniz, G.W. 116–118, 122, 135–141, 160, 163–166, 168, 170, 172, 254, 308, 309
Lenin 293–295, 312
Lessing, G.E. 169f., 309
Locke, J. 115–118, 146–157, 163–166, 168, 170f., 186, 229, 285, 308, 309
Lorenz, K. 203

Personenregister 325

Lukács, G.   203, 263, 294f., 314, 317
Luther, M.   74, 91–94, 307
Lyotard, J. F.   221 f., 317, 320

Mach, E.   187, 312
Machiavelli, N.   142 f., 307
MacIntyre, A.   281
Malebranche, N.   119, 133
Marc Aurel   55, 65, 78, 305
Marcuse, H.   192, 295, 319
Marsilius v. Padua   89–92, 94, 142 f., 306
Marx, K.   18, 41, 93, 184–186, 192, 203, 219, 262–264, 274, 289–297, 302, 304, 309, 311, 312, 313, 315
Mendelssohn, M.   169
Merleau-Ponty, M.   216
Mill, J. S.   186 f., 272–274, 287 f., 300, 311, 313
Montaigne, M.   56–59, 62, 159, 167, 307
Montesquieu   43, 149 f., 156, 285, 309, 310
Moore, G. E.   232–234, 238, 278 f., 313, 315
Morris, C. W.   265 f.
Morus, T.   143

Natorp, P.   126
Newton, I.   135, 137, 139, 308
Nietzsche, F.   182 f., 187, 189–192, 221, 259 f., 275–277, 312, 314
Nikolaus v. Kues   106–108, 307
Nozick, R.   300 f., 318, 320
Nussbaum, M.   282

Ockham, W. v.   88–92, 94, 105 f., 108, 142 f., 306
Origines   68, 71 f.
Owen, R.   286

Paine, T.   155
Parmenides   18, 20, 23, 26, 304
Pascal, B.   160 f., 172 f., 308
Paulus   66 f., 74 f.

Peirce, C. S.   188 f., 225 f., 312
Philon v. Alexandria   66–69, 72, 305
Platon   8 f., 11, 17, 19–27, 29 f., 35–44, 47–51, 53, 65 f., 68–77, 96, 100, 104, 106–108, 143, 169, 204, 296, 304, 305
Plessner, H.   212
Plotin   68–71, 73, 75 f., 96, 305
Popper, K.   10 f., 114, 121, 126, 188, 201, 204–206, 223, 237, 241–244, 246, 295–297, 315, 318, 319, 320
Porphyrios   96
Proklos   70
Protagoras   20, 35, 46, 304
Pufendorf, S.   146 f., 149, 308
Putnam, H.   247–249, 317
Pyrrhon   55, 304
Pythagoras   16 f., 304

Quine, W. V. O.   237, 246–249, 316, 319

Rawls, J.   157, 280 f., 283, 298–301, 316, 320
Reimarus, H. S.   170
Rickert, H.   210
Rorty, R.   247–249, 282, 300 f., 318, 320
Rousseau, J.-J.   152–157, 175, 286, 309, 310
Russell, B.   231–236, 313, 315, 316
Ryle, G.   240, 315, 319

Saint-Simon, H.   286
Sartre, J.-P.   211, 213, 216 f., 237, 278, 313, 316, 318
Scheler, M.   201 f., 211 f., 276, 278, 314, 316, 317
Schelling, F. W. J.   160, 171 f., 176 f., 180, 258, 308, 310, 311
Schiller, F.   257 f.
Schleiermacher, F.   171
Schlick, M.   236 f., 279, 314
Schopenhauer, A.   61–63, 137, 140, 160, 172, 179, 181–184, 189–192,

196, 201, 259 f., 274 f., 277, 308, 310, 311
Seneca   54, 56, 65, 305
Sextus Empiricus   55
Shaftesbury, Earl (Anthony Ashley Cooper)   151, 268 f.
Singer, P.   282, 319
Sokrates   19, 22, 27, 35–37, 39, 43, 46–48, 51 f., 62, 304
Spencer, H.   195–197, 207, 312
Spinoza, H.   116, 133–136, 141, 146 f., 160–165, 168–170, 308
Stirner, M.   286 f.
Strawson, P. F.   240, 248 f., 316

Tarski, A.   237
Teilhard de Chardin, P.   203
Thales   16
Theophrast   50, 60
Thomas v. Aquin   30, 85, 88, 99–102, 108, 145 f., 306
Thrasymachos   35

Thukydides   32
Tocqueville, A.   287 f., 311
Toland, J.   167

Voltaire   165, 167 f., 309, 310

Walzer, M.   301, 320
Weber, M.   210
Whitehead, A. N.   24, 30, 199–201, 204 f., 207, 231, 313, 317
Wilhelm v. Champeaux   97
Winckelmann, J. J.   257, 260
Windelband, W.   13, 210
Wittgenstein, L.   221, 225, 231, 233–242, 247 f., 250, 313, 315, 317, 319
Wolff, Ch.   137 f., 166, 168, 170, 254, 308, 309

Xenophon   32

Zenon   54, 65, 304

Grundwissen Philosophie

Was ist Vernunft?
Die Vorstellung von dieser
besonderen Ausstattung
und Fähigkeit des Menschen
hat sich im Laufe der Zeit
grundlegend geändert.
Herbert Schnädelbach zeichnet
den Wandel des Vernunftbegriffs
nach.

Herbert Schnädelbach:
Vernunft
155 S. · ISBN 978-3-15-020317-0

Reclam

Grundwissen Philosophie

»Wer wissen will, ob der Mensch willensfrei ist, der kann sich sicher sein, dass er die richtigen Fragen gestellt hat, und er bekommt in Keils Buch die richtigen Antworten gleich mitgeliefert. ... Dieses Buch ist die beste Einführung zu diesem kontroversen Thema, die es zurzeit gibt.«
Der Blaue Reiter

»Philosphisch Interessierten auch ohne spezielle Vorkenntnisse kann das gehaltvolle Bändchen empfohlen werden.
EKZ

Geert Keil:
Willensfreiheit und Determinismus
140 S. · ISBN 978-3-15-020329-3

Reclam

Von den Vorsokratikern bis Jürgen Habermas

Welches sind die klassischen Werke der Philosophie? Und wie kann man sich ihnen nähern?

Robert Zimmer:
Basis Bibliothek Philosophie
Hundert klassische Werke
Originalausgabe
274 Seiten
RT 20137

»Wer über vielgehörte, aber nie richtig verstandene Namen mehr wissen möchte - sei es William von Ockham oder Duns Scotus, John Rawls oder Paul Feyerabend - findet hier eine ebenso kurze wie erhellende Einführung.« NEUE ZÜRCHER ZEITUNG AM SONNTAG

»Die hilfreiche und motivierende ›Basis-Bibliothek‹ von Robert Zimmer stellt 100 klassische Werke vor ... Für den verständlichen Schreibstil werden alle Leser dankbar sein!«
SCIENCEGARDEN – MAGAZIN FÜR JUNGE FORSCHUNG

Reclam